市町村会議員 及 公民提要
【昭和5年初版】

自治行政事務研究会 編輯

地方自治法研究
復刊大系〔第二五八巻〕

市町村会議員 及 公民提要

〔昭和五年初版〕

日本立法資料全集 別巻 1068

信山社

市町村會議員及公民提要目次

市町村會議員提要

第一章　公共團體ノ意義

公共團體ハ或ハ之ヲ公法上ノ團體ト稱ス、凡ソ如何ナル團體ト雖皆公法上ノ關係ヲ有セサルナシ公共團體ハ啻ニ國家ニ對シテ關係ヲ有スルノミナラス之ニ對シテ特別ノ關係ヲ有スルモノナラサルヘカラス、公共團體ハ國家ノ機關トナリ國家ノ組織ノ一部ヲ爲スモノナリ公共團體カ國家ノ機關タル點ニ於テ其ノ國家ニ對スル關係ハ恰モ行政官廳ノ國家ニ對スル關係ト等シキモノナリト雖行政官廳ハ國家ノ爲ニ存在スル機關ニシテ獨立ノ生存目的ヲ有スルモノニ非ス、從テ法律上人格ヲ有セサルニ比シ公共團體ハ國家ノ事務ヲ以テ其ノ生存ノ目的ト爲スモノナルカ故ニ法律上人格ヲ有ス、又公共團體ノ處理スル事務ハ國家ノ事務ナルト同時ニ團體自體ノ事務ナルモ、之ニ反シテ行政官廳ノ事務ハ國家ノ事務ニシテ官廳自己ノ事務ニ非ス從テ其ノ行フ所ノ權利ハ國家ノ權利ニシテ本來官廳自身ニ屬スル權利ナルモノナシ、公共團體ト行政官廳トノ最モ異

ナレル點ハ其ノ法人タルト否トニ在リテ存ス
所謂法人トハ自然人ニ非スシテ權利義務ノ主體タルモノヲイフ、法人ノ本質ニ關シテハ從來ノ學說極メテ種々アリト雖先ッ大體ニ於テ之ヲ三種ニ分ッコトヲ得
（一）其ノ一ハ所謂擬制說ニシテ即チ法人ヲ以テ法ノ擬制ニ依リテ人格ヲ有スト爲スモノナリ、其說ノ要旨トスル所ハ凡ソ權利ハ意思ノ力ナルカ故ニ意思ノ作用アルモノニ非サレハ權利ノ主體タルコトヲ得ス而シテ本來權利ノ主體タルコトヲ得ルモノハ唯人類ノミニ限ル然レトモ法ハ其ノ萬能力ニ依リ意思アル者ヲモ權利主體タラシメサルヲ得ルカ如ク意思ナキ者ニ對シテモ意思アリト假想シ之ヲシテ權利主體タラシムルヲ得、此ノ如ク法ニ依リ作ラルルモノナルカ故ニ即チ法人ナリトイフニ在リ
（二）ハ所謂不存在說ニシテ即チ法人ナルモノハ全然存在スルニ非ストノ見解ナリ、而シテ此ノ說ニハ又數派アリ、或ハ法人ヲ以テ或目的ノ爲ニ存在スル無主財產トスル說アリ、或ハ擬制人ニ裝ヒタル共同財產ニ外ナラストシ或ハ又法人ナル獨立ノ人格者ナルハ唯外觀ニ過キス眞實ノ權利主體ハ各個人ノ全體ナリト說クモノアリ
（三）ハ所謂實在說ニシテ此ノ說ノ要旨ハ法人ハ決シテ法ノ擬制ニ成ルモノニ非ス、人間共同生活ノ結果トシテ團體其レ自身ニ於テ獨立ノ生存ノ目的ヲ有セル現實ノ事

實ニ對シ法ハ之ヲ認メテ權利主體タラシメタルモノ即チ之ヲ法人ナリト爲スニ在リ
以上法人ノ本質ニ關スル問題ハ今日尙學說紛然トシテ歸著スル所ヲ見ス、未タ以テ研究ヲ盡サレタルモノト謂フヘカラス、吾人ハ此ノ如キ學理上ノ問題ヲ決定セントスルモノニ非ス、本項公共團體ノ性質ヲ叙述スル上ニ於テ其ノ人格ノ基礎ヲ論スルノ必要アルコトナシ唯吾人ノ所見ニ依リ此ノ如キ問題ノ存セルコトヲ錄スルニ止メントス、
法人ハ之ヲ公法人及私法人ニ區別ス此ノ標準ニ付テハ學說ノ岐ルル所ニシテ一定セス
或ハ公法人ノ特質トシテ國家ニ對シ負フ所ノ義務ノ上ヨリ之ヲ定メントスル學者アリ或ハ公法人ノ特質ヲ以テ權力團體タルニ在リト爲スコトモ亦學者ノ試ミル所ナリト雖此等兩者ノ區別カ專ラ其ノ目的ニ存スルコトハ多數學者ノ一致スル所ナリ、元來法人ノ法人タル所以ノモノハ各生存ノ目的ヲ有スルモノナルニ由ル、即チ此ノ目的カ法人ノ個性ノ岐ルルル基タルナリ
公法人トハ國家ノ公ノ事務ヲ行フヲ以テ目的トスルモノニシテ私法人トハ國家ノ公ノ事務ニ關係ナキ私ノ事務ヲ以テ目的トスル法人ナリ
公法人ハ其ノ有スル權力カ固有的ナルト又付與的ナルニトニ依リテ之ヲ國家及公共團體トニ別ツ

國家ハ固有ニ統治權ヲ有スルモノニシテ其ノ權力ハ最高絶對ノモノナリ、又其ノ人格ハ法律以前ニ存シ法律ヲ以テ付與セラレタルモノニ非ス、之ニ反シテ公共團體ハ國家ノ付與ニ依リ行政權ヲ有スルモノニシテ其ノ權力ノ行使ニ付テモ國家ノ意思ニ服從セサルヘカラス

公共團體ハ其ノ一定ノ地域ヲ有スルト否トニ依リ更ニ之ヲ地方團體及公共組合ニ區別ス

（一）　地方團體ハ所謂一ノ領土團體ナリ、即チ一定ノ彊土ト人民トヲ以テ構成ノ要素ト爲ス領土團體ノ特質ハ單ニ其ノ團體ノ構成カ一定ノ地域ノミヲ基礎トスルニ非スシテ其ノ地域内ニ在ル凡テノ人民ハ其ノ自然ノ狀態ニ於テ當然團體員タル關係ヲ生シ其ノ團體ノ權力ニ服從スルモノナラサルヘカラス、地域トハ其ノ權力ノ發動ヲ限界スル區域ナリ、此ノ地域ニ付テハ國家ノ領土ト等シク其ノ地域内ニ於テ自已ノ意思ニ反シテ之ト對等ナル團體ノ權力ノ發動ヲ排斥シ得ルト共ニ地域内ニ存スル總テノ人民ニ對シテハ其ノ本來ノ住民タルト否トヲ問ハス團體ノ權力ニ服從セシムルヲ得ヘシ、是レ即チ地方團體ノ本質ニシテ公共組合ト依リテ岐ルル所以ナリ、現行ノ地方制度ニ於テ府縣市町村ハ即チ此ノ種ノ團體ニ屬ス

（二）公共組合ハ一定ノ人類ノ組合ヨリ成ル團體ナリ公共組合ニ於テモ例ヘハ何郡水利組合ト稱スルカ如キ一定ノ地域ヲ以テ其ノ成立ノ要素ト爲スモノアレトモ此等ノ地域ハ地方團體カ其ノ地域ニ對スル關係ト異ナリ單ニ其ノ團體ノ目的及事業ノ地域ヲ定メ組合員タルヘキ者ノ資格ヲ定ムルノ原因タルニ過キス組合員ハ或ハ任意ニ或ハ特別ノ公法上ノ義務（國家ハ或程度ニ依リ組合員ノ加入ヲ强制スルコトアリ）ニ依リ其ノ組合ニ加入スルニ依リテ其ノ組合ノ一員トナリ其ノ權力ニ服從スルモノニシテ地方團體ノ如ク其ノ地域内ニ在ル凡テノ人民カ當然團體ノ一員トナリ團體ノ權力ニ服從スルモノトハ大ニ其ノ趣ヲ異ニス

現行法ニ於テ認メラルル公共組合ハ其ノ種類尠カラス最モ其ノ重ナルモノヲ揭クレハ水利組合北海道土功組合ノ如キ又ハ商業會議所ノ如キ即チ是ナリ

第二章　市町村ノ性質及其ノ事務

市町村ハ一ノ法人ナリ所謂法人トハ自然人ニ非スシテ法律上權利義務ノ主體タルモノヲ云フ

法人ハ之ヲ公法人ト私法人トニ區別ス此ノ區別ノ標準ニ付テハ學說區々ニ岐レ一定セスト雖先ツ其ノ標準ハ專ラ法人タル目的ノ如何ニ在リテ存スルコトハ多數ノ學者ノ一致スル所ナリ、凡ソ法人ハ皆一定ノ生存ノ目的ヲ有ス蓋シ此ノ目的カ法人タル觀念ノ中心點タルモノニシテ其ノ個性ノ依リテ分ルル本源ナリ、故ニ法人ハ其ノ目的ノ異ナルニ依リテ或ハ公法人タリ又ハ私法人タルナリ今此ノ標準ニ依リテ之ヲ區別スレハ公法人トハ公共ノ事務ヲ行フヲ以テ其ノ存立ノ目的ト爲シ私法人トハ私ノ事務ヲ以テ目的トスルモノナリ

市町村ハ公共ノ事務ヲ行フヲ以テ其ノ生存ノ目的ト爲セルモノナルカ故ニ即チ公法人タルナリ、而シテ國家ノ公法人タルハ固ヨリ言ヲ俟タサル所ナルモ仍府縣其ノ他公共組合ノ如キ亦等シク公法人ニ屬ス

凡ソ市町村ノ處理スヘキ事務ノ範圍ハ之ヲ左ノ三項ニ區別シ得ヘシ

（一）　法令ノ範圍內ニ於テ其ノ公共事務ヲ處理ス

（二）　從來法令又ハ慣例ニ依リ市町村ニ屬スル事務ヲ處理ス

（三）　將來法律勅令ニ依リ市町村ニ屬スル事務ヲ處理ス

而シテ市町村カ以上ノ事務ヲ處理スルニハ必ス國家ノ監督ヲ承クルヲ以テ其ノ要件ト

爲ス

市町村ノ事務ハ通例之ヲ固有事務ト委任事務トニ別ツ、所謂固有事務トハ市町村本來ノ生存ノ目的タル事務ヲイヒ、委任事務トハ其ノ生存ノ目的以外ニ於テ國家又ハ他ノ公共團體ヨリ委任セラレタル事務ヲイフ

此ノ如ク市町村ノ事務ハ之ヲ固有事務ト委任事務トニ別ツヲ得ヘシト雖元來其ノ事務タル市町村カ當然ニ有スル權能ニ非スシテ何レモ國家ノ目的ヲ達スル上ニ於テ國家カ特ニ市町村ニ之ヲ付與シタルモノナレハ畢竟兩者共ニ國家ノ事務タルニ外ナラス隨テ其ノ事務ノ擧ルト否トハ直ニ國家ノ隆替ニ關スルコト亦大ナリ若シ夫レ市町村ニシテ自己ノ任意ヲ以テ其ノ事務ヲ拋棄シ又ハ其ノ權限ヲ超越シテ事務ヲ執行スルコトヲ得ヘシトセハ即チ國家ハ其ノ目的ヲ達スルニ由ナシ、是レ國家カ市町村ヲシテ其ノ監督ノ下ニ事務ヲ處理セシムル所以ニシテ本條ニ於テ『官ノ監督ヲ承ケ云々』ト規定シタルハ畢竟之カ爲ナリトス

『公共事務』トハ所謂固有事務ヲ指セルモノニシテ市町村ノ公共團體タル所以ノモノ亦實ニ此ノ事務ヲ有スルカ爲ナリ蓋シ該事務タル固ヨリ直接ニ市町村自體ノ利益ニ關シ又ハ市町村住民ノ公共ノ利益ニ關スルモノニシテ市町村ノ資力ヲ以テ之ヲ執行スルコ

トヲ得ルノ性質ヲ有スルモノナヲサルヘカス而シテ其ノ如何ナル事務ヲ以テ市町村ノ公共事務ト爲スヘキヤハ事實上ノ問題ニ屬シ其ノ範圍ニ就テモ亦具體的ニ之ヲ列記シ能ハスト雖市制第四十二條町村制第四十條ニ列記セル事件ノ如キ即チ此ノ一例ナリ要スルニ市町村自體ノ生存ノ爲ニシ又ハ市町村住民ノ公共ノ利益ニ關スル事務ニシテ國家又ハ他ノ公共團體ノ權限ニ屬セサルモノハ凡テ市町村ノ公共事務ナリト謂フヲ得ヘシ

玆ニ住民ノ公共ノ利益ト謂フハ市町村住民ノ一般的利益ニ關スルモノヲ指シタル義ニシテ單ニ一個人又ハ特定ノ數個人ノミノ利益ノ爲ニシ一般住民ノ利益ト何等關係ナキモノノ如キ又ハ國家全體ノ利益ニ關スルモノノ如キハ之ニ該當セサルモノナリトス

市町村カ營利的行爲ヲ爲シ得ルヤ否ヤハ從來數次問題トナレル所ニシテ要ハ營利的行爲ナルモノヲ市町村ノ公共事務トシテ執行シ得ヘキヤ否ヤニ在リ今理論上ヨリ之ヲ考フレハ其ノ目的カ單純ナル營利ニ在ルニ於テハ固ヨリ公共事業タル性質ヲ有スルモノニ非ス隨テ市町村ニ於テ之ヲ經營スルヲ得ヘカラスト雖、從來市町村ニ於テ其ノ慣行アルモノ又ハ市町村公共ノ利益ニ關スルモノナル以上ハ假令收利ノ之ニ伴フコトアルモ市町村ノ公共事業トシテ之ヲ經營スルヲ妨ケス、例ヘハ瓦斯電氣事業ノ如キ私人カ之ヲ經營スルニ於テハ其ノ目的專ラ營利ニ在ルヲ以テ其ノ營業行爲タルハ固ヨリ言ヲ俟タスト雖市町村ニ於テ之ヲ經營スル場合ノ如キハ其ノ目旨主トシテ公共ノ利益ヲ企圖スルニ在リテ收利ハ自ラ之ニ隨伴スルニ過キサルモノナレハ之ヲ以テ直ニ營利行爲ナリト爲スヲ得サルナリ

市町村ニ請願ノ權能アリヤ否ヤハ又從來問題トシテ起レル所ナリ、想フニ法人ト雖法令ニ於テ特ニ之ヲ禁セサル限リハ一般ノ自然人ト等シク請願ヲ爲シ得ヘキモノナリト解セサルヘカラス、隨テ市町村カ既ニ法人格ヲ有スル以上ハ其ノ自體ニ屬スル事務ニシテ且法令ノ範圍内ナルニ於テハ又請願ノ能力アルモノト爲スヲ至當ナリトス

市町村ハ其ノ領域内ニ於テ自治權ヲ絕對ニ行使シ得ルモノナルヲ以テ其ノ公共事務ヲ處理スルニハ固ヨリ獨立ノ意思ニ依ルモノナリト雖國家ノ目的ニ背反シテ行動スルコト能ハス市町村ハ必ス法律命令ノ範圍内ニ於テ行動セサルヘカラス是レ本條ニ於テ『法令ノ範圍內ニ於テ云云』ト定メタル所以ナリトス

此ノ如ク國家カ市町村ニ對シ法令ノ範圍內ニ於テ其ノ行動ヲ爲スヲ認メタル所以ノモノハ畢竟國家ノ目的ヲ達センカ爲ニシテ國家ノ公益上其ノ行動ヲシテ常軌ヲ逸スル勿カラシメンコトヲ期スルニ在リサレト市町村カ法令ノ範圍內ニ於テ爲セル行爲ニ對シ

テハ國家トイヘトモ其ノ意思ヲ侵犯シ其ノ行爲ヲ制限スルコトヲ得サルモノナリ、即チ市町村ハ法令ノ範圍內ニ於テ其ノ公共事務ヲ處理スルニ獨立ノ意思ト權能トヲ有ス『法令』トハ法律命令ノ併稱ニシテ命令トハ法規命令ヲ指シ訓令ノ如キ之ニ該當セス即チ命令ハ勅令ハ勿論閣令省令及地方官廳ノ發スル警視廳令及北海道廳令及府縣令ノ如キヲ凡テ包含ス

『從來法令又ハ慣例ニ依リ市町村ニ屬スル事務』トハ所謂委任事務ヲ指セルモノニシテ市町村ハ其ノ自體ノ固有事務ヲ處理スルノ外仍國又ハ府縣ノ委任ニ依リテ市町村ニ屬スル事務ヲ處理スヘキコトヲ規定シタルモノナリ、所謂『從來』トハ本法ノ施行以前ヲ指シタルモノニシテ又『命令』トイフハ前ニ敍述シタル如ク勅令以下ノ命令ヲモ包含スルハ勿論ナリトス

從來法律命令ノ規定ニ依リ市町村ニ屬セシメタル事務ヲ例示スレハ

(一)市町村ハ其ノ市町村內ノ地租及勅令ヲ以テ命シタル國稅ヲ徵收シ其ノ稅金ヲ國庫ニ納付スルノ義務(明治三十年法律第二十一號國稅徵收第五條)

(二)市町村ハ其ノ區域內ノ學齡兒童ヲ敎育スル爲尋常小學校ヲ設置スヘキ義務(明治三十三年勅令第三百四十四號小學校令第六條)

（三）市町村ハ消防ニ必要ナル器具及建物ヲ設備シ消防組ニ關スル費用ヲ負擔スルノ義務（明治二十七年勅令第十五號消防組規則第十二條第十三條）ノ如キ即チ是ナリ

『慣例』トハ所謂慣習法ヲ指セルモノニシテ事實上ノ慣例ニ依リ法規ト同一ノ效力ヲ有スルモノヲイフ、從來ノ慣例ニ依リ市町村ニ屬スル事務ノ例ヲ擧クレハ市町村カ明治十一年太政官布達第三十二號戶長職務概目第十一ニ依リ取扱ヒ來リ舊市制町村制ノ施行後仍引續キ襲踏セル印鑑整備ニ關スル事務ノ如キモノ即チ之ニ屬ス

『將來法律勅令ニ依リ市町村ニ屬スル事務』トハ國家カ將來ニ於テ法律又ハ勅令ノ規定ニ依リ市町村ニ命シテ處理セシムヘキ事務ヲ豫想シタルモノニシテ所謂將來ニ於ケル委任事務ヲ指セルナリ

市町村ハ本法施行前ニ於テ法律命令又ハ慣習依リ市町村ニ屬セシメラレタル委任事務ハ仍引續キ之ヲ處理スルノ義務アルモ將來即チ本法ノ施行後ニ在リテハ國家カ市町村ニ對シ國又ハ他ノ團體ノ事務ヲ負擔セシムルニハ必ス法律カ又ハ勅令ノ規定ニ依ラサルヘカラサルコトトセリ隨テ將來中央及地方官廳ノ命令ヲ以テシテハ市町村ニ對シ其ノ團體以外ノ事務ヲ負擔セシムルヲ得サルナリ、是レ市町村ノ將來ニ於ケル委任事務

負擔ノ義務ヲシテ其ノ範圍ヲ明確ナラシムルト共ニ濫リニ命令ヲ以テ其ノ委任事務ノ範圍ヲ擴張シ爲ニ市町村ノ負擔スヘキ義務ヲ過大ナラシメ且經費ヲ增加セシムルカ如キ弊ヲ防遏セントスル立法ノ趣旨ニ出ツ

國家カ市町村ニ事務ヲ委任スルニハ團體委任ニ屬スルモノト機關委任ニ屬スルモノトノ別アリ前者ハ團體自身ヲ以テ其ノ義務ノ主體ト爲スモノニシテ此ノ場合ニ於テハ市町村會ノ議決ヲ經テ執行スル義務ヲ負フ後者ハ市町村ノ機關タル市町村長及收入役等（東京京都大阪ノ三市ニ於テ區長及區收入役ニ委任スルコトアリ）ニ其ノ事務ヲ委任スルモノニシテ此ノ場合ニ於テハ其ノ事務ヲ執行スルニ多クハ市町村會ノ拘束ヲ受クルコトナク上級官廳ノ指揮命令ニ遵由スルコトヲ要ス凡テ其ノ事務ノ執行ニ要スル費用ハ市町村ノ負擔タリ（市制第九十三條第九十七條乃至第九十九條町村制第七十七條及第八十條）此ノ機關ニ委任セラレタル事務ノ如キハ本條ニ規定スル所ノ事務ノ範圍外ニ屬スルモノトス

市町村ノ處理スヘキ事務ハ又之ヲ必要事務ト隨意事務トニ區別スルコトヲ得ヘシ、此ノ區別ハ固ヨリ市町村ノ事務ニ對シ其ノ必要ナリヤ否ヤヲ決スルモノニ非スシテ只其ノ事務ノ性質ノ區別タルナリ、凡ソ市町村ノ事務ハ其ノ必要ナラサルモノ一モアルナク又其ノ之ヲ必要ナリトスルニ非サレハ之ニ關スル經費ノ支出ヲ爲スヲ得サルナリ、所謂必要事務トハ市町村カ法規上必ス爲スヘキ義務ヲ負擔シ其ノ必要ナリヤ否ヤヲ選擇スルノ餘地ヲ存セサルモノヲイヒ隨意事務トハ市町村カ之ヲ施設スヘキヤ否ヤニ就キ之ヲ判斷スルニ法規ノ拘束ヲ受ケス全ク市町村ノ自由裁量ニ依リテ決定シ得ヘキモノヲイフ前ノ例示ニ付テイヘハ(一)國稅徵收事務ノ如キ(二)尋常小學校設置事務ノ如キ即チ前者ニ屬シ又小學校令ニ依リ市町村カ其ノ負擔ヲ以テ高等小學校ヲ設置スル事務或ハ公共ノ利益上市町村カ電氣水道事業ヲ經營スルカ如キモノハ後者ニ屬ス、而シテ委任事務ハ法規カ市町村ニ或特定ノ事務ヲ負擔セシムルモノナルヲ以テ之ヲ必要事務ナリトスル塲合多ク固有事務ハ市町村自身ノ爲ニスル事務ナルヲ以テ隨意事務タル塲合多シ、然レトモ其ノ固有事務ノ內ニハ市町村ノ生存發達上必須ノ事柄ニ屬スルモノアリ是等ハ固ヨリ其ノ必要事務タルヲ失ハス故ニ必要事務ト隨意事務トノ區別ハ必スシモ亦固有事務及委任事務ノ區別ト一致スルモノニ非サルナリ

第三章　市町村公民

第九條　帝國臣民タル年齢二十五年以上ノ男子ニシテ二年以來市町村住民タル者ハ其ノ市町村公民トス但シ左ノ各號ノ一ニ該當スル者ハ此ノ限ニ在ラス

一　禁治産者及準禁治産者

二　破産者ニシテ復權ヲ得サル者

三　貧困ニ因リ生活ノ爲公私ノ救助ヲ受ケ又ハ扶助ヲ受クル者

四　一定ノ住居ヲ有セサル者

五　六年ノ懲役又ハ禁錮以上ノ刑ニ處セラレタル者

六　刑法第二編第一章、第三章、第九章、第十六章乃至第二十一章、第二十五章又ハ第三十六章乃至第三十九章ニ掲クル罪ヲ犯シ六年未滿ノ懲役ノ刑ニ處セラレ其ノ執行ヲ終リ又ハ執行ヲ受クルコトナキニ至リタル後其ノ刑期ノ二倍ニ相當スル期間ヲ經過スルニ至ル迄ノ者但シ其ノ期間五年ヨリ短キトキハ五年トス

七　六年未滿ノ禁錮ノ刑ニ處セラレ又ハ前號ニ掲クル罪以外ノ罪ヲ犯シ六年未滿ノ懲役ノ刑ニ處セラレ其ノ執行ヲ終リ又ハ執行ヲ受クルコトナキニ至ル迄ノ者

市町村ハ前項二年ノ制限ヲ特免スルコトヲ得

第一項二年ノ期間ハ市町村ノ廢置分合又ハ境界變更ノ爲中斷セラルルコトナシ

第一項　公民タルノ要件

市町村住民中特別ノ資格ヲ具有スル者ヲ以テ之ヲ市町村公民トシ市町村ノ公務ニ參與スルノ權利ヲ付與スルト共ニ其ノ名譽職ヲ擔任スルノ義務ヲ負擔セシムルコトハ自治ノ本旨ニシテ市町村ノ行政ハ廣ク其ノ公民ヲシテ擔當掌理セシメムトスルニアリ、斯ノ如ク公民ハ自治行政上特別ノ權利ヲ付與セラルルト同時ニ重大ナル義務ヲ負擔スル者ナルヲ以テ唯單ニ住民タルノ資格ノミヲ以テ律スルヲ得ス、蓋シ住民タルノ要件ハ其ノ市町村內ニ住所ヲ有スレハ足ルノミナルヲ以テ老若男女、貴賤貧富、强弱賢愚等雜然トシテ存スルヲ以テ是等ノ者ニ對シ廣ク自治參政權ヲ付與スルハ適當ナラサルカ故ニ公民タルニハ法律ハ特別ノ要件ヲ具備スヘキコトヲ要求セリ

公民タルノ資格要件ハ之ヲ別チテ積極要件ト消極要件ト爲ス積極要件トハ其ノ要件ヲ具備スルコトニ依リ公民タラシムルモノニシテ消極要件トハ其ノ要件ニ該當スルトキハ公民タルヲ得サラシムルモノナリ

公民權ノ積極要件ヲ列記スレハ左ノ如シ

（一）　帝國臣民タルコト

（二）年齡二十五年以上ノ男子タルコト

（三）二年以來市町村住民タルコト

（一）帝國臣民トハ外國人ニ對スル語ニシテ外國人ハ假令住民タルモ公民タルコトヲ得サルナリ、又臣民トイフハ自然人ヲ意味シ其ノ帝國臣民タルノ要件ハ憲法第十八條ノ規定ニ依リ法律ヲ以テ定ム即チ國籍法是ナリ故ニ元來外國人タルモ國籍法第四條ニ依リ日本人ノ入夫ト爲リタルトキ、日本人タル父又ハ母ニ依リ認知セラレタルトキ、日本人ノ養子ト爲リタルトキ又ハ歸化シタルトキハ日本ノ國籍ヲ取得スルモノナルヲ以テ此ノ場合ニ該當スルニ於テハ爾後帝國臣民タルヘク反之元來帝國臣民タル者カ本人ノ志望ニ依リ外國ノ國籍ヲ取得シタルトキ又ハ日本ノ國籍ヲ離脫シタルトキハ爾後帝國臣民タラサルヤ（國籍法第二十條）勿論ナリ

（二）年齡二十五年以上ノ男子タルコトト規定セルヲ以テ法人及女子ニハ公民權ヲ付與セサルナリ、近時女子參政權ノ問題喧シク國會ニ於ケル參政權ノ付與ニ付テハ熾烈ノ運動ヲ起セルモ我邦家族制度ノ沿革及其ノ性能ヨリ見テ未タ之ニ參政權ヲ付與スルニ到ラサルカ故ニ市町村公民權ノ付與ニ付テモ之ヲ認サルナリ、年齡二十五年以上タルコトハ說明ヲ要セサルモ民法ニ於ケル成年ハ滿二十年ヲ以テシ私法上ノ行

為能力ヲ認メタルニ公民權ノ要件トシテ仍ホ二十五年ト爲セルハ蓋シ私法行爲能力ト參政能力トハ必シモ一致スルモノニアラサルヘク且公民ハ市町村ノ名譽職タルノ要務ヲ擔任スヘキ重要ナル地位ニアル者ナルヲ以テ社會ノ事情ニ通シ經驗者タルコトヲ要ス既ニ衆議院議員選擧權付與ノ要件ニ於テハ之ヲ二十五年以上トシ其ノ被選擧權付與ノ要件トシタハ三十年以上ト爲セルニ鑑ミルモ我國ノ現况ニ於テハ參政要件トシテ二十五年以上タラシムルヲ以テ適當ト爲スカ故ナリ、年齡ノ計算ニ付テハ明治三十五年法律第五十號ニ依リ出生ノ日ヨリ起算シ暦ニ從ヒ滿二十五年以上タル者ナルコトヲ要ス

（三） 二年以來市町村ノ住民タルトハ二年間經續シテ同一市町村ノ住民ニシテ又現ニ住民タル者ナラサルヘカラス夫ノ一時外國ニ單身旅行シ若ハ滯在スル者又ハ徵兵ノ爲在營スル者ノ如キハ住所ヲ變更スルノ事實アルモノニ非サルヲ以テ其ノ間ノ年數ハ固ヨリ中斷スヘキニアラス又市町村ノ廢置分合、境界變更等ニヨリ其ノ住所地カ甲村ヨリ乙町ニ移ルコトアリト雖之カ爲メ住所ノ年限ハ中斷セラルヘキモノニアラサルナリ、衆議院議員選擧人名簿登載ノ要件トシテハ一年以上其ノ市町村內ニ住居ヲ有スルコトヲ要スルモ此ノ住居トハ生活ノ本據タルト共ニ『スマヰ』タル一定ノ有

形的設備アルコトヲ要スルモ公民タルノ要件ニ付テハ二年以來住所ヲ有シ現ニ住居ヲ有スレハ足ルモノナルヲ以テ其ノ『スマヰ』タル有形的設備ノ存在ハ現ニ存スレハ足リ其ノ二年間繼續シテ存スルヤ否ハ何等問フ所ニアラサルナリ又二年トハ暦ニ從ヒ計算スヘキモノトス

以上(一)乃至(三)ノ要件ヲ具備スルニ依リ初メテ市町村公民タルヲ得ルモノニシテ其ノ一ヲ缺クニ至レハ當然公民タルノ資格ヲ喪失スルモノタルヤ勿論ナリ、而シテ(一)乃至(三)ノ要件ヲ具備スル者ハ其ノ住所地市町村ノ公民タルニ止マリ夫レ以外ノ市町村公民タルヲ得サルナリ、唯市制第七十六條町村制第六十三條ニ依リ職ニ就キタルカ爲公民タル者ニアリテハ同時ニ二個市町村ニ於テ公民權ヲ取得スルコトアリト雖之全クノ例外タリ

公民權ノ消極要件ヲ列記スレハ左ノ如シ

(一) 禁治産者及準禁治産者

(二) 破産者ニシテ復權ヲ得サル者

(三) 貧困ニ依リ生活ノ爲公私ノ救助ヲ受ケ又ハ扶助ヲ受クル者

(四) 一定ノ住居ヲ有セサル者

（五）　六年ノ懲役又ハ禁錮以上ノ刑ニ處セラレタル者

（六）　刑法第二編第一章、第三章、第九章、第十六章乃至第二十一章、第二十五章又ハ第三十六章乃至第三十九章ニ掲クル罪ヲ犯シ六年未満ノ懲役ノ刑ニ處セラレ其ノ執行ヲ終リ又ハ執行ヲ受クルコトナキニ至リタル後其ノ刑期ノ二倍ニ相當スル期間ヲ經過スルニ至ル迄ノ者但シ其ノ期間五年ヨリ短キトキハ五年トス

（七）　六年未満ノ禁錮ノ刑ニ處セラレ又ハ前號ニ掲クル罪以外ノ罪ヲ犯シ六年未満ノ懲役ノ刑ニ處セラレ其ノ執行ヲ終リ又ハ執行ヲ受クルコトナキニ至ル迄ノ者

公民ノ要件ニ關シ消極要件ヲ定メタルハ凡ソ市町村住民ニシテ積極要件ヲニ該當スル者ハ總テ之ヲ公民トシ自治行政ニ參與スルノ權ヲ付與スヘシト雖私法上ノ行爲能力ナシトシテ禁治産又ハ準禁治産ノ宣告ヲ受ケタル者ノ如キ私法上ノ債務不履行ニ因リ破産者ト爲リタル者ノ如キ、貧困ニ因リ生活上公私ノ救恤ヲ受クル者ノ如キ、一定ノ住居ヲ有セサル浮浪者ノ如キ、刑法上ノ罪ヲ犯シ處刑中ノ者又ハ刑餘者ノ如キハ社會上ノ自治觀念上之ヲシテ自治行爲ニ參與セシムルハ適當ナラサルヲ以テ、住民ニシテ是等ノ事項ニ該當スル塲合ハ公民タルヲ得サラシメタルナリ

（一）　禁治産者又ハ準禁治産者ハ民法ノ規定ニ依リ無能力者タルモノナリ『禁治産

者』トハ心神喪失ノ常況ニ在ル者ニシテ本人、配偶者、四親等内ノ親族、戸主、後見人、保佐人又ハ檢事ノ請求ニ因リ裁判所ヨリ禁治產者ノ宣告ヲ受ケタル者ヲイフ(民法第七條)心神喪失ノ常況ニ在ルトハ精神上ノ障礙ニ因リ平常行爲ノ辨識力ヲ缺クコトヲイフナリ『準禁治產者』トハ心神喪失ノ常況ニハ至ラサルモ老衰疾病等ノ事由ニ因リ心神耗弱セル者又ハ不具等ノ爲ニ精神ノ健全ヲ缺キ法律行爲ヲ爲スニ就テノ利害ヲ判斷スル智識ヲ具有セサル者ニシテ關係者(禁治產ノ場合ト同シ)又ハ檢事ノ請求ニ因リ裁判所ヨリ準禁治產ノ宣告ヲ受ケタル者ヲイフ(民法第十一條及第十三條)是等ハ私法上ニ於テモ行爲能力ヲ有セサルヲ以テ市町村ノ公務ニ參與セシムル能ハサルハ蓋シ當然ノ理ナリトス

(二) 破產者ニシテ復權ヲ得サル者トハ破產ノ宣告ヲ受ケ破產者ト爲リタル者カ未タ復權ノ決定ヲ受ケス又ハ其ノ決定確定セサル者ヲ云フ『破產者』トハ破產法第百二十六條ニ依リ營業ヲ爲ス者タルト否トヲ問ハス債務者カ其ノ債務ニ付支拂ヲ爲スコト能ハサルトキ又ハ其ノ支拂ヲ停止シタルトキニ於テ債權者又ハ債務者ノ申立ニ因リ裁判所ノ決定ニ依リ破產ヲ宣告セラレタル者ヲ云ヒ、其ノ宣告ノ時ヨリ破產ノ效力ヲ發生スルモノトス然レトモ此ノ破產手續ニ關スル裁判ニ關シテハ其

ノ破産宣告ニ關シ利害關係ヲ有スル者ニ於テ抗告スルコトアルヘク、此ノ抗告ニ基ク裁判ニ於テ破産ノ宣告ヲ取消サルルコトナキニアラサルヲ以テ注意スルヲ要ス『復權』トハ破産者カ辨濟其ノ他ノ方法ニ因リ破産債權者ニ對スル債務ノ全部ノ免責ヲ得タルトキ破産者ノ申立ニ因リ破産裁判所ニ於テ復權ノ決定ヲ爲スモノナルモ、此ノ復權ノ決定ニ付テハ復權ノ申立アリタル旨ノ公告アリタル日ヨリ起算シテ三月内ニ利害關係人ヨリ異議ノ申立ヲ爲スコトヲ得ルカ故ニ此ノ申立ノ結果復權ノ決定ニ變動ヲ及ホスヘキヲ以テ復權ノ決定ハ其ノ確定後ニ非サレハ效力ヲ生セサルモノトス、大正十二年一月一破産法施行以前ニ於テ身代限ノ處分ヲ受ケタル者ニシテ債務ヲ完濟セサル者及家資分散ノ宣告ヲ受ケタル者ハ破産法第三百八十六條ノ規定ニ依リ破産者ト看做サルルカ故ニ、本條ニ所謂破産者中ニハ是等ノ者ヲ包含スルモノト解スヘキナリ

（三） 貧困ニ因リ生活ノ爲公私ノ救助ヲ受ケ又ハ扶助ヲ受クル者トハ無資力者ニシテ貧困ニ陷リ自力ヲ以テ生活ヲ維持シ難キヲ以テ公費ノ救助ヲ受ケ又ハ私費ノ扶助ヲ受クル者ヲ謂フ貧困ニ因リ生活ノ爲公私ノ救助又ハ扶助ヲ受クル者ノ如キハ公私ノ負擔ニ依リ生活スルモノニシテ社會生活ノ落伍者ナルヲ以テ是等ノ者ヲシ

テ自治行政ニ參與セシムルハ適當ナラサルカ故ニ其ノ公民タルヲ得サラシメタリ『公費ノ救助』トハ國府縣市町村其ノ他公共團體ノ經費ヲ以テ救助スルコトヲ意味ス故ニ明治七年太政官達第百六十二號恤救規則ニ依リ國費ノ救助ヲ受クルカ如キハ勿論府縣税其ノ他公團體ノ費用ヲ受クル者ハ總テ之ヲ包含ス『私費ノ扶助』トハ個人又ハ私法人若ハ私設團體カ貧困者ニ對シ生活ノ資ヲ與フルコトヲ意味シ其ノ金錢ヲ贈與スルト米麥ヲ施與スルトヲ問ハス總テ他人ノ扶助ニ依リ生活ヲ維持スル者ヲ謂フ

茲ニ公私ノ救助又ハ扶助ヲ受クル者ニ付キ實例ヲ示セハ乞食ヲ爲ス者、養老院ニ收容セラルル者、養老院ヨリ院外救助ヲ受クル者、貧困ニ陷リ舊弟子ヨリ生活上ノ扶助ヲ受クル者、養子ト爲リテ他人ノ家ニ入リタル者カ貧困ニ陷リタル爲實家ヨリ生活ノ補助ヲ受クル者、生活ノ爲他ヨリ補助ヲ受クル者ノ世帶ニ屬スル者及極貧ノ獨身者又ハ癈疾ニ罹リ產業ヲ營ムコトヲ得サルカ爲メ恤救規則ニ依リ救助セラルル者ノ如キモノヲ指スモノトス、然レトモ單ニ公費又ハ私費ヲ以テ救助又ハ扶助セラルルモノト雖其ノ貧困ニ基因セス又生活ノ爲ニスルニ非サルモノハ本號ニ該當セサルモノトス、之ヲ例示スレハ左ノ如シイ、軍事救護法ニ依リ傷病兵其ノ家族若ハ遺族又ハ下士卒ノ家族遺族カ現役兵ノ入營、下士兵卒ノ應召、傷死、亡又ハ傷病兵ノ死亡ノ爲メ生活スルコト能ハサルニ因リ生業扶助、醫療、現品給與又ハ現金給與ヲ受クルカ如キハ特別勤務ニ從事シタルニ對シ國家カ特典ヲ與フルモノナルヲ以テ茲ニ所謂貧困救助ヲ受クル者ニ非ス

ロ、廢兵院法ニ依リ戰鬪ノ爲メ傷痍ヲ受ケ又ハ公務ノ爲傷ヲ受ケ若ハ疾病ニ罹リ軍人恩給法ニ依リ增加恩給ヲ受クル者ニシテ救護ヲ受クル者ノ如キハ軍事救護法ニ依リ救助セラル者ト同樣國家カ其ノ特別ノ勤務ニ從事シタルニ因リ特典ヲ與フルモノナルヲ以テ是等ハ貧困ニ因リ救助セラルル者ニ該當セス

ハ、非常災害ニ遭遇シ罹災救助基金法ニ依リ避難所ニ收容サレ、焚出飯ヲ受ケ、被服治療、小屋掛費ヲ受ケ學用品ノ給與ヲ受クル等所謂罹災救助ヲ受クル者ノ如キハ必スシモ貧困ニ因ルニアラスシテ一時ノ罹災ニ付救助ヲ受クルニ外ナラサルモノトス

ニ、恩給法、軍人恩給法、退隱料、扶助料修例等ノ規程ニ基キ恩給、退隱料、遺族扶助料等ヲ受クル者ノ如キハ一定ノ官公職ニ在リタルニ依リ其ノ老後死後ヲ

保護セラルルモノニシテ貧困ニ基クモノニアラサルヲ以テ所謂貧困ニ依リ救助ヲ受クル者ニ該當セス

ホ、工場法ニ依リ業務上負傷シ疾病ニ罹リ又ハ死亡シタルトキ工業主ヨリ受クル療治費用、扶助料、葬祭料、給與ノ如キ又鑛業法ニ依リ鑛夫ノ負傷疾病又ハ死亡シタルトキ採掘權者ヨリ受クル遺族扶助料、葬祭料ノ如キ又ハ傭人扶助令ニ依リ國ノ雇傭スル職工鑛夫其他ノ傭人ニシテ業務上負傷シ疾病ニ罹リ又ハ死亡シタルトキ國家ヨリ受クル療治料、休業扶助料、障害扶助料、一時扶助料、遺族扶助料及葬祭料等ノ如キハ貧困ニ基因シテ受クルモノニアラスシテ特種ノ雇傭關係ニ基キ法令ノ規定ニ依リ給與セラルルモノナルヲ以テ所謂貧困ノ爲救助セラルルモノニ非ス

ヘ、各種ノ共濟組合例ヘハ鐵道部內現業員共濟組合、土木事業從事員共濟組合、印刷局現業員共濟組合、專賣局現業共濟組合、造幣局共濟組合、陸軍作業廳現業員共濟組合、海軍造船造兵事業共濟組合、林野現業員共濟組合、警部補巡査消防共濟組合等ヨリ其ノ組合員ニ對シ醫療金、疾病、特症、公傷、産婦、遺族死亡、葬祭、罹災、脱退等ノ場合ニ於テ給與セルル金員ノ如キハ法令ノ規定ニ

基キ組合ヨリ給與セラルルモノナルヲ以テ所謂貧困ノ爲ニ救助セラルルモノニ該當セス

ト、公私ノ機關ニ依リ施藥又ハ施療ヲ受クル者ノ如キハ生活ノ爲メ救助又ハ扶助ヲ受クル者ニ該當セス

チ、勉學修業ノ爲メ公私ノ機關又ハ特志家ヨリ學資ノ補助ヲ受クル者ノ如キハ貧困ニ因リ生活ノ爲救助又ハ扶助ヲ受クル者ニアラス

リ、年末年始等ニ於テ何等カノ名義ノ下ニ施與ヲ受クル者ノ如キ又ハ親戚故舊ヨリ體面維持ノ爲メ補助ヲ受クル者ノ如キハ所謂貧困ニ因リ生活ノ爲メ扶助ヲ受クル者ニ該當セス

ヌ、父兄ヨリ扶養ヲ受クル子弟、或ハ子弟ヨリ扶養ヲ受クル父兄其ノ他民法上ノ家族タルト否トヲ問ハス同一世帶內ニ在ル者ヨリ扶助ヲ受クル者ノ如キハ我邦家族生活ノ常道ニアルモノナルヲ以テ之ヲ以テ貧困ニ因リ扶助セラルル者ト謂フヲ得ス

ル、托鉢僧雲水巡禮等ノ如キハ民衆ノ喜捨施與ヲ受クルモノナリト雖之レ宗敎ニ基ク所爲ニシテ其ノ貧困ニ基因スルモノニアラス

ヲ、傳染病豫防法ニ依リ傳染病患者アリタル家又ハ病毒汚染ノ怖アル家ノ交通ヲ遮斷サレ隔離サレ又ハ一時營業ヲ失ヒ自活ヲ爲スコト能ハサルニ依リ其ノ生活費ヲ給與セラルル者ノ如キハ傳染病豫防上特別ノ處分ヲ受クル者ナルヲ以テ所謂貧困ニ因リ救助セラルル者ニ該當セス

ワ、大正十年勅令第四百二十二號府縣稅戶數割規則ノ賦課ヲ免除セラレタル者又ハ小學校令施行規則第百八十八條ノ規定ニ依リ小學校授業料ノ全部又ハ一部ヲ免除セラレタル者ノ如キハ所謂救助ニ該當セス

（四）一定ノ住居ヲ有セサル者トハ一般ノ社會通念ニ依リ正當ト認メラレ得ヘキ『スマヰ』（人ノ住居スル有形的設備）ヲ有セサルカ如キ者換言スレハ社寺、堂宇、公園、橋下、床下等ニ露宿スルヲ常トシ或ハ所々ヲ彷徨徘徊スル乞食、浮浪人ノ如キ者ヲ謂フ、如斯一定ノ住居ヲ有セサル者ハ鄕土的愛著ノ觀念ナキカ故ニ自治行政ニ參與セシムルハ適當ナラサルヲ以テ之ニ對シテハ公民權ヲ付與セサルコトトセリ『住居』トハ各個人ノ生活ノ中心タル具體的住所ヲ謂フモノニシテ法律上ノ單ニ住所ト稱スル抽象的觀念ニアラス、之ヲ換言スレハ住居トハ各人ノ生活ノ本據タル住所ニ加フルニ人ノ生活上必要ナル『スマヰ』タル有形的設備ヲ具備スルコ

トヲ必要トス故ニ同時ニ同一人ニ付二個以上ノ住居ヲ存スルコトナシ又住居トハ住所及居所ヲ併セ稱スルモノニアラス故ニ甲地ニ住所ヲ有シ乙地ニ居所ヲ有スル者カ甲地ニ『スマヰ』タル有形的設備ヲ具フルトキハ其ノ者ハ甲地ニ於テ公民タルニ何等支障ナキモノトス

(五) 六年ノ懲役又ハ禁錮ノ刑ニ處セラレタル者トハ刑法施行法第三十三條ニ所謂死刑無期又ハ六年以上ノ懲役若ハ六年以上ノ禁錮ノ刑ニ處セラレタル者ニシテ舊刑法ノ重罪ノ刑ニ該當シ當然公權ヲ剝奪セラルル者ヲイフ、如斯重罪ノ刑ニ處セラレタル者ハ反社會性著シキモノアルヲ以テ是等ノ者ヲシテ市町村ノ公務ニ參與セシメサルハ當然ナリト謂フヘシ『處セラレタル者』トハ刑ノ宣告確定シタル者ノ義ナリ、サレハ本項列擧ノ刑ノ宣告ヲ受クルモ未タ確定セサル間ハ公民權ヲ失フモノニアラス、而シテ現行刑法ハ復權ノ規定ヲ缺クヲ以テ一旦本項列擧ノ刑ニ處セラレタル後ハ再ヒ公民權ヲ有スルヲ得サルニ至ルヘキモ、大正元年九月勅令第二十三號恩赦命ノ公布アリテ公民權回復ノ途ヲ開カレ即チ刑ノ言渡ヲ爲シタル裁判所ノ檢事ハ職權ヲ以テ又ハ本人ノ出願ニ依リ司法大臣ニ復權ノ申立ヲ爲シ得ヘク此ノ恩典ニ浴スルトキハ將來ニ向テ公民權ヲ得ルノ資格ヲ回復シ得ルモノトス

(六) 刑法第二編第一章、第三章、第九章、第十六章乃至第二十一章、第二十五章又ハ第三十六章乃至第三十九章ニ掲クル罪ヲ犯シ六年未滿ノ懲役ノ刑ニ處セラレ其ノ執行ヲ終リ又ハ執行ヲ受クルコトナキニ至リタル後其ノ刑期ノ二倍ニ相當スル期間ヲ經過スルニ至ル迄ノ者トハ以上列記ノ特殊ノ犯罪ニ依リ六年未滿ノ懲役ニ處セラレタル者ニ付テハ其ノ刑ノ執行期間又ハ執行ヲ受クルコトナキニ至ル迄ノ期間及其ノ後ニ於テ刑期ノ二倍ニ相當スル期間若其ノ期間カ五年ヨリ短キトキハ五年間ハ市町村ノ公務ニ參與スルコトヲ得サラシムルナリ

刑法第二編第一章ハ皇室ニ對スル罪第三章ハ外患ニ關スル罪、第九章ハ放火及失火ノ罪、第十六章乃至第二十一章ハ通貨僞造ノ罪、文書僞造ノ罪、有價證券僞造ノ罪、印章僞造ノ罪、僞證ノ罪、誣告ノ罪、第二十五章ハ瀆職ノ罪、第三十六章乃至第三十九章ハ竊盜及强盜ノ罪、詐欺及恐喝ノ罪、横領ノ罪、贓物ニ關スル罪ニ就キ夫々規定セリ、是等ノ罪ヲ犯シタル者ハ死刑、無期懲役又ハ六年以上ノ懲役ノ刑ニ處セラルモノナリト雖又六年ニ滿タサル短期懲役ニ過キサルモノアリ、而シテ其ノ六年以上ノ懲役ノ刑ニ處セラレタル者ハ前號ニ依リ其ノ罪ノ何タルトヲ問ハス總テ永久公民タルヲ得サラシムルモノニシテ、本號ニ依リ公民タルヲ得

サラシムルハ其ノ六年未滿ノ懲役ニ處セラレタル者ニ限ルモノトス、是等短期刑ニ屬スル者ト雖皇室ニ對シ不敬ヲ致シ國家ヲ危ウスル等我國民精神上相容レサルアリ又其ノ罪破廉恥ナルモノアリテ共ニ市町村ノ公務ニ參與セシムルハ甚タ適當ナラサルヲ以テ其ノ刑ノ執行中ハ勿論執行ヲ終リ又ハ執行ヲ受クルコトナキニ至リタル後ニ於テモ、刑期ノ二倍ニ相當スル期間ハ仍ホ公民タルヲ得サラシム、然ルニ是等ノ罪ニ付テハ刑期一年ニ滿タサルモノアリテ其ノ刑期ノ二倍ニ相當スル期間モ亦半ケ年ヲ出サルヘク斯クテハ公務ヨリ忌避スルノ期間餘リニ短キニ失シ適當ナラサルヲ以テ、刑期ノ二倍ニ相當スル期間カ五年ニ滿タサル場合ニ於テモ仍ホ五年間ハ公務ニ參與スルヲ得サラシメタリ、是レ本號但書ノ規定アル所以ナリ

（七）　六年未滿ノ禁錮ノ刑ニ處セラレ又ハ前號ニ揭クル罪以外ノ罪ヲ犯シ六年未滿ノ懲役ノ刑ニ處セラレ其ノ執行ヲ終リ又ハ執行ヲ受クルコトナキニ至ル迄ノ者トハ六年以上ノ懲役又ハ禁錮ノ刑ニ處セラレタル者ヲシテ永ク公民タラシメサルハ第五號ノ規定スルトコロニ係リ又特殊犯罪ニ因リ六年未滿ノ懲役ノ刑ニ處セラレタル者ニ對シテハ一定ノ期間公民タラシメサルコトハ前號ノ規定スルトコロニ依

リ本號ハ六年未滿ノ禁錮又ハ前號ニ揭クル特殊犯罪以外ノ罪ニ依リ六年未滿ノ懲役ニ處セラレタル者ニ對シ公民タラシメサルノ規定ナリ、六年未滿ノ禁錮ノ刑又ハ前號ニ揭クル特殊犯罪ノ罪ニ因リ六年未滿ノ懲役ニ處セラレタル者ノ如キハ其ノ罪狀比較的輕キモノト認メラルルカ故ニ其ノ公民タラシメサル期間モ亦前二者ヨリ短カカラシメタリ、即チ六年未滿ノ禁錮又ハ懲役ニ處セラレタルトキヨリ其ノ執行ヲ終リ又ハ執行ヲ受クルコトナキニ至ル迄ノ間ニ止マリ其ノ後ニ在リテハ公民タルニ毫モ支障ナカラシメタリ

第二項　制限特免

市町村公民タル資格要件中住民ニ關スル二年ノ制限ハ最モ必要ノ要件ナリト雖實際ニ在リテハ有望ナル人材ヲシテ市町村ノ公務ニ參與セシメムルトスル塲合ナキニ非ス之レ本項カ之カ制限ノ特免ニ付キ規定シタル所以ナリ『市町村』トアルハ市町村會ノ議決ヲ經ルノ意タルハ言ツ俟タス

玆ニ『特免』トハ特殊ノ必要アルモノニ限リ二年ノ制限ヲ免除スルノ義ナルヲ以テ年限ヲ短縮シ又ハ未タ住民ト爲ラサル者ノ年限ヲ免除スルカ如キハ之ニ包含セス、又之カ

處分ヲ爲スニ當リ或ハ情弊ニ拘泥シテ公平ヲ缺キ或ハ一時ノ事由ノ爲ニ濫リニ之カ特免ヲ爲スカ如キハ蓋シ立法ノ趣旨ニ非サルナリ
玆ニ注意スヘキハ元來公民タル制限ノ特免ハ其ノ特免ヲ爲シタル市町村ト特免セラレタル者トノ間ニ於テノミ效力ヲ有スルモノナルカ故ニ其ノ市町村ノ廢滅ニ歸スルトキハ特免ノ效力ハ自ラ消滅ス隨テ新市町村ニ於テ特免セラルルニ非サレハ其ノ市町村ノ公民權ヲ有スルモノニ非サルコト是ナリ其ノ境界變更ノ爲ニ住民關係ノ變更ヲ生シタル場合モ亦同樣ナリ

第二項　住民ノ年限中斷

市町村ノ廢置分合又ハ境界變更ノ如キハ素ト公益上ノ必要ニ基キ處分セラルルモノニシテ個人ノ意思ハ毫モ介在スルモノニ非ス然ルニ市町村ノ公民ハ其ノ市町村トノ關係ニ於テノミ存スルトノ理由ノ許ニ是等ノ場合ニ於テ其ノ市町村ニ屬スル公民ノ資格ヲ喪失スヘキモノトスルハ條理上固ヨリ妥當ニ非サルナリ故ニ公民タル資格要件中住所年限ニ付テハ市町村ノ廢置分合又ハ境界變更アルモ之カ爲メ中斷セラルルコトナキコトヲ規定セリ

町村制第七條中『第一項二年ノ期間』トハ第一項ニ規定スル市町村住民タル期間ノ意ニシテ『中斷セラルルコトナシ』トハ假令市町村ノ廢置分合又ハ境界變更アリト雖之カ爲メ從來住民タリシ期間ヲ失フコトナク依然存續スルモノナルコトヲ意味シ隨テ廢置分合又ハ境界變更ノ結果新ニ屬シタル市町村ニ在リテモ從來ノ住所ニ付テノ資格ヲ繼續スルモノナラサルコトハ自明ノ理ナリ

◎以下本書ニ編輯シアル議案ノ様式ハ總テ市町村長ヨリ市町村會ニ提出スヘキ場合ヲ豫想シタルモノニシテ議案ニ對スル備考ハ提出ニ際シ市町村長ノ注意ヲ要スヘキ点ヲ採錄セリ（本會發行「自治行政事務文例」ヨリ拔萃ス）

町村制第七條第二項ノ規定ニ依ル制限特免ノ議案

議案第　　號

町村制第七條第二項ノ規定ニ依ル制限特免ノ件

住所番地

何　　某

右者　年　月　日ヨリ本町(村)住民トナリ未タ二年ニ達セサル爲本町(村)公民タルヲ得サル者ナルモ何々(特免シテ差支ナキ理由詳記)ナルヲ以テ町村制第七條第二項ノ規定ニ依リノ二年制限ヲ特免スルモノトス

年　月　日生

年　月　日提出

何町(村)長　何　某

第四章　公民ノ權利義務

第十八條　市町村公民ハ市町村ノ選擧ニ參與シ市町村ノ名譽職ニ選擧セラルル權利ヲ有シ市町村ノ名譽職ヲ擔任スル義務ヲ負フ

左ノ各號ノ一ニ該當セサル者ニシテ名譽職ノ當選ヲ辭シ又ハ其ノ職ヲ辭シ若ハ其ノ職務ヲ實際ニ執行セサルトキハ市町村ハ一年以上四年以下其ノ市町村公民權ヲ停止スルコトヲ得

一　疾病ニ罹リ公務ニ堪ヘサル者

二　業務ノ爲常ニ市町村内ニ居ルコトヲ得サル者

三　年齢六十年以上ノ者

四　官公職ノ爲市町村ノ公務ヲ執ルコトヲ得サル者
五　四年以上名譽職市町村吏員、名譽職參事會員、市町村會議員又ハ區會議員ノ職ニ任シ爾後同一ノ期間ヲ經過セサル者
六　其ノ他市町村會ノ議決ニ依リ正當ノ理由アリト認ムル者
前項ノ處分ヲ受ケタル者其ノ處分ニ不服アルトキハ府縣參事會ニ訴願シ其ノ裁決ニ不服アルトキハ行政裁判所ニ出訴スルコトヲ得
第二項ノ處分ハ其ノ確定ニ至ル迄執行ヲ停止ス
第三項ノ裁決ニ付テハ府縣知事又ハ市町村長ヨリモ訴訟ヲ提起スルコトヲ得

第一項　名譽職擔任ノ義務

市町村ノ名譽職ヲシテ其ノ議決及執行ノ樞機ニ參與セシムルハ所謂自治ノ本義ニシテ蓋シ自治制度ノ眞髓ナリ
市町村ノ名譽職ヲ擔任スルハ市町村公民ノ義務タルト共ニ亦其ノ權利ナルコトヲ明ニ

シ仍公民ニ付與スルニ市町村ノ選擧ニ參與セシムルノ權利ヲ以テセリ市町制中『市町村ノ選擧ニ參與シ』トハ市町村ノ議決機關タル市町村會又ハ區會ノ議員ノ選擧權ヲ行使スルノ義ニシテ『名譽職ニ選擧セラルルノ權利ヲ有ス』トハ名譽職ニ當選シ得ル資格ヲ有スルノ謂ナリ『名譽職』トハ專務職又ハ有給職ニ對スルノ語ナリ即チ其職務ヲ以テ本業ト爲スコトナク隨テ俸給ヲ受クルコトナク公務ニ任スルノ地位ヲ云フ、市町制ニ於テ市町村ノ名譽職トセラレタル者ヲ擧クレハ市町村會議員及其ノ選擧立會人、投票立會人、名譽職參事會員、名譽職市參與、名譽町村長、町村助役、市（市制第六條及第八十二條第三項ノ市ヲ除ク）町村區長及其ノ代理者、市町村委員、區會議員等ノ職務是ナリ「名譽職ヲ擔任スル義務ヲ負フ」トハ是等名譽職ニ選擧セラレタルトキハ必ス其ノ義務ニ就任スヘキ義務ヲ指シ若自已ノ任意ニ依リ之ヲ拒否シタル塲合ニ於テハ次ニ說明スル如キ制裁ヲ受クルコトアルヘキモノトス

市町村公民カ名譽職ヲ擔任スルハ其ノ權利ナルト共ニ亦其ノ義務ナルヲ以テ故ナク其ノ義務ヲ盡サヽルカ如キコトアルヲ許サス然レトモ特別ノ事情アル者ニ對シテハ義務免除ノ例外アリ、名譽職ニ選擧セラレタル者カ其ノ當選ヲ拒否シ又ハ其ノ當選ニ應シ一旦就職シタル後ニ於テ其ノ職務ヲ辭シ（無任期ノ者ハ勿論任期中ニ退職スル者モ含

ム）或ハ一旦就職シ其ノ職ニ在リト雖實際ニ於テ職務ヲ曠廢ニ付シテ顧ミス（其ノ如何ナル者カ果シテ之ニ該當スルヤハ固ヨリ事實ノ認定ニ俟タサルヘカラス）故ナク是等ノ義務ヲ盡ササル者ハ即チ公民ノ義務ニ違背スルモノナルヲ以テ之ニ對シテ制裁ヲ加フルノ要アリ、市町村ハ其ノ制裁トシテ一年以上四年以下ノ範圍ニ於テ其ノ者ノ市町村公民權ノ行使ヲ停止シ得ルニアリ

元來公民權停止ノ制裁ハ公民權ヲ有スル者ニ對シテ加フルノ處分ナリ故ニ若其ノ停止期間內ニ於テ其ノ處分ヲ受ケタル者カ公民權ヲ喪失スルニ至リタルトキハ其ノ處分ノ目的ヲ失フノ結果停止ノ處分ハ自ラ消滅ニ歸スヘキハ自明ノ理ナリ而シテ他日其ノ者カ再ヒ公民權ヲ回復シタル場合ニ於テ其ノ曾テ受ケタル停止處分ノ殘存期間アルトキハ之ニ對シテ仍以前ノ停止ノ處分ヲ續行シ得ヘシトノ實例アリト雖吾人ハ此ノ場合ニハ既ニ一旦消滅ニ歸シタル處分ノ回復ヲ認ムルモノニ非サルヲ以テ再ヒ續行スルコトヲ得ルト爲スカ如キハ其ノ論據ノ那邊ニ在ルヤ之ヲ知ルニ苦マサルヲ得ス

公民權ノ停止ハ固ヨリ其ノ處分ヲ爲シタル市町村ト其ノ處分ヲ受ケタル者トノ關係ニ止マルモノナルヲ以テ其ノ處分ヲ受ケタル後他市町村ニ住所ヲ轉シタルトキハ公民權停止處分ノ消滅スルハ固ヨリ言ヲ俟タス而シテ其ノ處分ヲ受ケタル者カ他市町村ニ於

テ更ニ公民權ノ要件ヲ具有スルニ於テハ其ノ市町村ノ公民タリ得ヘキヤ勿論ナリトス

第二項　名譽職擔任義務免除

名譽職擔任ノ義務ヲ免除スル塲合左ノ如シ

（一）疾病ニ罹リ公務ニ堪ヘサル者　疾病ニ罹レル者ニ公務ノ參與ヲ强要スルハ事理ニ適セサル所ナリ然レトモ名ヲ病痾ニ藉リテ擔任義務ヲ免レントスル者ノ如キハ固ヨリ許スヘキニ非ス故ニ疾病ノ事由ヲ以テ名譽職ヲ辭セントスルニハ或ハ醫師ノ診斷書ヲ以テスル等相當ノ立證アルヲ要ス此ノ事由ノ當否ニ付テハ固ヨリ市町村ノ認定ニ依リ決セラルヘキモノタリ然レトモ市町村會ニ於テ其ノ事由ヲ否認セントスルニハ相當ナル反證ヲ擧ケサルヘカラス若然ラスシテ之ヲ否認シタル塲合ハ不當ノ認定タルヲ免レス

（二）業務ノ爲常ニ市町村内ニ居ルコトヲ得サル者　他市町村ニ於テ店舖ヲ有シ此ノ監督ノ爲ニ常ニ旅行スル者又ハ船舶乘組員等ノ業務ノ性質上自己ノ市町村内常住スル能ハサル者ハ擔任義務ヲ免ルルコトヲ得ヘシ而シテ『業務』トハ廣ク營業以外ノ行爲ヲモ包括スルモノナリ

（三） 年齡六十年以上ノ者　是等ハ民法上ニ於テ自由ニ戶主ノ退隱ヲ認メラルルノ年配ナルカ故ニ是等ノ者ニ對シ公務ヲ强要スルハ酷ニ失スルモノト謂ハサルヘカラス故ニ之ニ該當スル者ハ擔任義務ヲ免レ得ルモノナリ而シテ其ノ年齡ノ計算ハ明治三十五年法律第五十號ニ依ルヘキハ勿論ナリ

（四） 官公職ノ爲市町村ノ公務ヲ執ルコトヲ得サル者　官職又ハ公職ニ在ル者ハ已ニ官公務ヲ奉セル者ナルヲ以テ之ニ對シテハ公民トシテ其ノ市町村ノ職務ヲ擔任スヘキ義務ヲ免除スヘキモノナリ官公職トハ官吏ハ勿論雇員以上ヲ總テ官職ニ包含シ又貴衆兩院議員以下府縣會議員及其ノ市町村以外ノ公共團體ノ職務ハ總テ公職ニ該當ス而シテ『官公職ノ爲』トアルヲ以テ一旦名與譽職就職後ニ於テ官公職ヲ帶フルニ至レルトキト雖亦適用アルモノナリ

（五） 四年以上名譽職市町村吏員名譽職參事會員市町村會議員又ハ區會議員ノ職ニ任シ爾後同一ノ期間ヲ經過セサル者　既ニ一定ノ期間是等ノ職ニ在リタル者ニ對シテ間モナク再ヒ公務ニ參與セシムルハ個人ニ取リテハ重大ナル負擔タルヲ以テ一定ノ期間是等ノ職務ニ在リタル者ハ爾後從前ノ在職期間ニ相當スル期間內ニ於テハ公務ヲ强要セラルルコトナキモノト爲シタルナリ、而シテ此ノ四年ノ期間ハ繼續ヲ要スルヤ否ヤ判明セサルモ十數年間ヲ通算シテ辛ウシテ四年ニ達スルモノノ如キハ之ニ包含スルモノト解スルハ至當ナラス其ノ名譽職タル以上何レノ職タルヲ問ハス繼續シテ四年間在職スルモノタルコトヲ要スルモノト解スルヲ至當トス

（六） 其ノ他市町村會ノ議決ニ依ノ正當ノ理由アリト認ムル者 前掲（一）乃至（五）以外ノ場合ニ於テ市町村ノ名譽職ニ就職又ハ在職スルヲ得サルヲ正當ノ事由アル者等ニ對シテハ市町村ノ認定ニ依リテ之カ義務ヲ免除シ得ルモノト爲シタルナリ

以上ノ事由ニ該當スルヤ否ヤハ一ニ市町村ノ認定如何ニ由ルモノナリト雖茲ニ注意スヘキハ其ノ退職ノ效果ハ市町村會ノ認定ヲ俟チテ發生スヘキモノニアラスシテ其ノ退職届出ト同時ニ發生ス故ニ一旦其ノ届出ヲ爲シタル後ニ於テ市町村會ニ於テ其ノ事由ヲ否認シタリトテ届出ヲ撤廢スルカ如キコトヲ爲スヲ得サルナリ

第三項　名譽職擔任事務違背ノ制裁及其ノ決定

前項ノ事由ナクシテ名譽職ノ當選ヲ辭シ又ハ退職シ若ハ其ノ職務ヲ實際ニ執行セサルトキハ之ニ對シテ市町村ハ公民權停止ノ制裁ヲ加フ其ノ制裁處分ヲ受ケタル者ニシテ其ノ處分ニ不服アルトキハ府縣參事會ニ訴願シ其ノ府縣參事會ノ裁決ニ不服アルトキ

ハ行政裁判所ニ出訴シテ其ノ救濟ヲ求ムルコトヲ得ヘシ而シテ其ノ訴願又ハ訴訟提起ノ手續ニ付テハ訴願法又ハ行政裁判法ノ規定ニ依リ爲スヘキモノナリト雖其ノ提起期間ハ市制第百六十條町村制第百四十條ノ規定ヲ適用スヘキハ勿論ナリ

前項ノ訴願又ハ訴訟アリタル場合ニ於テハ公民權停止ノ處分ハ其ノ訴願又ハ訴訟ノ確定ニ至ル迄其ノ執行ヲ停止スルヲ要ス訴願又ハ訴訟ニ關シテ本法ハ訴願法及行政裁判法ノ一般的規定ヲ適用スルノ趣旨ヲ以テ訴訟ヲ提起セルモ處分又ハ裁決ノ執行ハ之ヲ停止セサルヲ原則ト爲セルカ故ニ本條ノ場合ニ於テ訴願又ハ訴訟ノ提起アルトキ此ノ原則ニ依リ直ニ其ノ處分ヲ執行スルニ於テハ或ハ弊資ヲ醸生スルコトヲ保シ難ク且其ノ者ノ權利ニ重大ナル關係ヲ有スルヲ以テ是等ノ處分ハ其ノ確定ニ至ル迄之カ執行ヲ防止スルヲ妥當ナリトス訴訟『確定』ノ期日ハ市制第百六十條町村制第百四十條ノ規定ニ依リ定マルモノニシテ即チ處分アリタル日ヨリ二十一日以內ニ訴願ノ提起ナキトキ又訴願ノ提起アリタルトキハ其ノ裁決アリタル日ヨリ三十日以內ニ行政訴訟ニ付テハ其ノ判決アリタルトキ確定ス

府縣參事會ノ裁決ニ對シテハ其ノ裁決ヲ受ケタル者不服アルトキ行政訴訟ヲ提起シ得ヘキハ勿論ナルモ若府縣參事會ノ裁決ニシテ反テ其ノ被處分者ニ對シ利益ナル場合ノ

如キハ訴訟ヲ提起スルコトナカルヘシ故ニ其ノ裁決ハ假令不當ナリトスルモ遂ニ確定スルニ至ルヘキヲ以テ本項ニ於テ市町村長及府縣知事ニモ行政裁判所ニ出訴スルノ權ヲ認メ公益上之カ救濟ノ途ヲ開キタルナリ

此ノ塲合ニ於ケル訴權ハ單ニ府縣知事又ハ市町村長ニ屬スルモノナルヲ以テ其ノ單獨ノ意思ニ依リ之ヲ行使シ得ヘク特ニ府縣會又ハ市町村會ノ議決ニ待ツノ要ナキモノナリ

名譽職退職當選理由審議々案

議案第　　號

名譽職退職(當選辭退)理由審議ノ件

本町(村)會議員何某(助役何某)(區長何某其ノ他一切ノ町村名譽職員)何々ノ理由ヲ以テ　年　月　日退職シタルニ依リ(當選ヲ辭シタルニ依リ)其ノ理由ノ當否ヲ審議ニ付ス

年　月　日提出

何町(村)長　何　某

（年　月　日正當ノ理由アルモノト議決）
（年　月　日正當ノ理由ナキモノト議決）

備考

一、町村制第八條第二項第一號乃至第五號ニ該當スル者ハ審議ノ要ナシ然レ共同第一號、第二號、第四號、第五號ノ理由アリト自ラ稱シ辭職又ハ當選辭退ヲ爲ス者ノ內ニハ其ノ理由眞實ナラサル場合アリ此ノ場合ハ本文例ニ依ル議決ノ要ナク次ニ示ス處分議決ヲナスヘキナリ

二、正當ノ理由アルモノ又ハ正當ノ理由ナキモノト議決シタルトキハ議決書餘白ヘ其ノ要領記載シ置クコト

三、名譽職ノ職務ヲ實際執行セサル者ハ本文例ニ依ル議決ノ要ナク直ニ次ニ示ス處分議決ヲナスヘキナリ

四、町村長又ハ助役ニシテ町村會議員タル者、町村長又ハ助役ノ辭職（當選辭退）ヲ爲シタルトキハ町村會議員トシテ會議ニ出席シ居ルヘキヲ以テ此ノ場合ハ町村制第五十條ノ規定ニ依リ議事ニ參與セシメサルコト

町村制第八條第二項ノ規定ニ依ル處分議決議案

議案第　　號

町村制第八條第二項ノ規定ニ依ル處分ノ件

前何々（名譽職名記載）何　　某

右者　年　月　日何々ノ理由ヲ以テ名譽職町（村）長（　會議員）ノ職ヲ辭シタルモ町村制第八條第二項第一號乃至第五號以外ノ理由ナルヲ以テ本町（村）會ノ審議ニ付シタル處年月日其ノ理由正當ナラサルモノト議決セラレタリ依テ何年（一年以上四年以下）間本町（村）ニ於テ公民タルノ權ヲ停止スルモノトス

年　月　日提出

何町（村）長　何　　某

備　考

一、「何年何月何日ヨリ何年間本町（村）ニ於テ公民タルノ權ヲ停止ス」ト爲スノ例アルモ右ハ適當ナラス如何トナレバ本處分ハ確定ノ日（處分ノ日ノ翌日ヨリ起算シ二十一日以内ニ縣參事會ヘ訴願ナキヲ以テ確定ス「町村制第百四十條第一項

參照」若シ訴願アリタルトキハ其ノ裁決確定ノ日、行政訴訟アリタルトキハ判決アリタル日）ヨリ起算シテ何年間ノ謂ヒナレハナリ

同上ノ訴願アリタル場合ノ辯明書議案

議案第　　號

訴願ニ對スル辯明書

何郡何町（村）大字何何番地

訴願人　何　　某

處分ヲ爲シ且訴願經由ニ當レル行政廳

何　郡　何　町（村）

右訴願人ニ對シ　年　月　日本町（村）ニ於テ町村制第八條第二項ノ規定ニ依リ何年間公民タルノ權ヲ停止シタル處分ニ對シ右訴願人ヨリ訴願ノ提起アリ　年　月　日其ノ訴願書ヲ受領シタルニ依リ訴願法第十一條第一項ノ規定ニ基キ其ノ辯明ヲ爲スコト左ノ如シ

不服ノ要点ニ對スル辯明

訴願人カ訴願書不服ノ要点ニ於テ陳述スル事實ハ之ヲ認ム（訴願人ハ訴願書不服ノ要点ニ於テ何々ト陳述スルモ何ハ何々セルモノニシテ何々セルモノニ非ラス、之レ別紙何々ニ徵シ爭フヘカラサル所ニシテ訴願人カ云々ト陳述セルハ畢竟虛構ノ事實カ然ラサレハ誤解タルニ過キサルモノトス）

理由ニ對スル辯明

訴願人ハ甞テ本町（村）何々區長ニ就職一年間勤務ノ上退職シタルコトアルニ依リ今回町（村）會議員ノ職ヲ辭シタリトスルモ前後通算シテ四年間本町（村）名譽職ヲ擔任シタルヲ以テ町村制第八條第二項第五號ノ規定ニ該當セリ故ニ本町（村）ニ於テ公民權停止ノ處分ヲ爲シタルハ違法ナリト云フモ前記條文ニ所謂「四年以上云々」トハ間斷ナク繼續シテ四年以上ナルヲ要スト解スヘキヲ相當トス依テ本町（村）ニ於テ爲シタル處分ニハ毫モ違法ノ点ナシ（又ハ何々）

要求ニ對スル辯明

訴願人ノ申立タサル旨ノ裁決ヲ與フルヲ相當ト信ス

年　月　日提出

何町（村）長　何　某

備考

一、必要文書トシテ(一)退職理由審議ノ場合ニ於ケル議決書寫及會議錄抄本(二)處分スヘキ旨議決ノ場合ニ於ケル議決書寫及會議錄抄本添付ノコト

二、本件ニ於ケル經由行政廳ニ關シテハ明治二十四年四月十日縣甲第二十九號內務省縣治局長ヨリノ通牒市町村會ヲ以テ訴願法第二條ノ行政廳ト看做シ之ヲ經由スヘキ旨アルモ右ハ明治二十一年公布ニ係ル市町村制第八條ノ處分ノ場合ニシテ現行町村制第八條處分ハ町村カ之ヲ爲ナスヘキモノニ付訴願法第二條ノ行政廳ハ町村ナリト思料ス

三、訴願經由ハ辨明書トハ別個ノ議案トシテ提案スルヲ便宜トス

同上訴願經由ノ件議案

議案第　　號

訴願經由ノ件

別紙本町(村)何某ヨリ提起ニ係ル訴願ヲ經由スルモノトス

年　月　日提出

何町（村）長　何　　某

備考

一、訴願書寫印刷ノ上各議案ニ添付ノコト

二、訴願裁決書ノ交付アルトキモ亦處分行政廳トシテ町村ヲ經由スヘキニ依リ町村會ヲ招集シテ本例ニ準シ經由ノ議決ヲ爲スコト

第五章　議員ノ選擧

第一項　議員ノ數並ニ增減

第十三條　市町村會議員ハ其ノ被選擧權アル者ニ就キ選擧人之ヲ選擧ス

議員ノ定數左ノ如シ

一　人口五萬未滿ノ市（削除）……三十人

二　人口五萬以上……十五萬未滿ノ市　三十六人

　　　　　　　　　　五千未滿ノ町村　十二人

三　人口十五萬五千以上二十萬一萬未滿ノ市町村四十八人十八人

四　人口二十萬一萬以上三十萬二萬未滿ノ市町村四十四人二十四人

五　人口三十萬二萬以上ノ市町村四十八人三十人

人口三十萬ヲ超ユル市ニ於テハ人口十萬、人口五十萬ヲ超ユル市ニ於テハ人口二十萬ヲ加フル毎ニ議員四人ヲ增加ス（市制）

議員定數ハ市町村條例ヲ以テ特ニ之ヲ增減スルコトヲ得

議員ノ定數ハ總選擧ヲ行フ場合ニ非サレハ之ヲ增減セス但シ著シク人口ノ增減アリタル場合ニ於テ内務大臣府縣知事ノ許可ヲ得タルトキハ此ノ限ニ在ラス

議員選擧ニ關スル立法ノ主義ハ大體之ヲ直選法ト復選法トノ二種ニ區別スルコトヲ得直選法トハ選擧人カ直ニ議員ヲ選擧スルヲ謂ヒ、復選法トハ選擧人カ先ツ議員ヲ選擧スヘキ少數ノ選擧人ヲ選擧シ、其ノ少數選擧人カ更ニ議員ヲ選擧スルヲ謂フモノニシテ兩者各一長一短アリ其ノ優劣未タ俄ニ之ヲ斷スルヲ得スト雖我市制町村制ハ最初ヨリ直選法ヲ採用シタルモノナリ

從前ノ規定ニ依レハ町村會議員ノ定數ハ人口千五百未滿ノ町村ニ在リテハ八人ナリシ

モ、町村自治ノ發展ニ伴ヒ施設經營漸ク多キヲ加ヘ來リタル現狀ヲ以テスレハ議員定數八人ナルハ餘リニ少數ニ過クルカ故ニ相當之ヲ增加スルノ必要アリトシ、人口五千未滿ノ町村ハ總テ議員定數十二人トシ、之ヲ以テ町村會議員定數ノ最低限ト爲スコトニ今回改正セラレタリ、是レ第五十一議會ニ於ケル衆議院ノ修正ニ基キ可決セラレタル所タリ、人口五千以上ノ町村ニ付テハ更ニ之ヲ三階級ニ分チ、議員定數三十人ヲ以テ最高トス、市ニ在リテハ人口五萬未滿マテハ議員定數三十人トシ、人口ノ增加ニ伴ヒ之ヲ各階級ニ區分シ、人口三十萬以上ノ市ニ付テハ議員定數四十八人トス、而シテ町村ニ在リテハ前述ノ如ク三十人ヲ以テ議員定數ノ定限ト爲シ、如何ニ人口增加スルモ議員定數ノ增加ヲ許ササルモ市ニ付テハ人口三十萬以上五十萬マテハ人口十萬毎ニ議員四人ヲ人口五十萬以上ノ市ハ人口二十萬毎ニ議員四人ヲ增加シ得ルコトト爲セリ

市町村會議員ニ選擧セラルル權利ヲ被選擧權ト言フ、其ノ被選擧權ノ要件ニ付テハ市制第十八條町村制第十五條ニ規定スル所ナリ即チ市町村ノ公民ニシテ市町村會議員ノ選擧權ヲ有スル外仍左ノ條件ニ該當セサルコトヲ要ス

（一）　一般的被選擧權ヲ有セサル者

一　檢事、警察官吏及收稅官吏
二　判事
三　會計檢查院長及同檢查官
四　行政裁判所長官及同評定官
五　陸海軍法務官
（二）關係的被選擧ヲ有セサル者
一　選擧事務ニ關係アル官吏及市町村ノ有給吏員

市會議員ノ定數ハ人口ノ增加ニ伴ヒ漸次增加セシムヘキニ町村會議員ハ三十人ヲ以テ定限トセリ、如斯市ト町村トノ間議員定數ノ規定ヲ異ニスルハ町村ニ在リテハ人口ノ增加頗ル緩漫ニシテ市ノ如ク著シキ增加ヲ見ルコトナク、又若其ノ人口ニシテ急激ニ增加シ市街地ノ形體ヲ具フルニ於テハ之ヲ市ト爲シ得ヘキ途アルヲ以テ人口ノ遞增ニ適應シ無限ニ議員定數ヲ增加スルカ如キ規定ヲ存スルノ必要ナキニ由レリ

町村制中人口五萬未滿ノ市又ハ五千未滿ノ町村云々トアル『未滿』ナル文字ニ付テハ往々之ヲ『以下』ナル意義ト同一ナルモノナリトノ誤解ヲ爲スモノナキニ非ス、然レトモ五萬未滿又ハ五千未滿トイフトキハ五萬又ハ五千ノ數ハ之ヲ包含セス、即チ四萬九千

九百九十九、四千九百九十九迄ノ數ヲ指スモノニシテ五萬以上又ハ五千以上ノイフトキハ五萬又ハ五千ノ數ハ之ニ包含セルモノナルヲ以テ、兩者ニ付テハ混同セサランコトヲ要ス

市制第三項ノ議員定數增加率ノ規定ニ人口十萬又ハ人口二十萬ヲ加フル每ニ議員四人ヲ增加ストアルハ十萬若ハ十萬未滿二十萬若ハ二十萬未滿ヲ加フル每ニトノ趣旨ニ非スシテ、十萬ニ達スル人口、二十萬ニ達スル人口ヲ加フル每ニ議員四ヲ增加スルノ趣旨ナリト解スヘキナリ

所謂人口ハ市制第百七十四條町村制第百五十四條ノ規定ニ依リ內務大臣ノ定ムル所ニ屬ス、即チ內務大臣ハ大正十五年六月內務省令第十九號市制町村制施行規則第一條ヲ以テ之ヲ定メタリ、之ニ依レハ通例內閣ニ於テ官報ヲ以テ公示シタル最近ノ人口中部隊艦船及監獄內ニ在リタル人員ヲ除キタル人口ニ依リ、若其ノ以後ニ於テ市町村ノ廢置分合又ハ境界變更ヲ爲シ、又ハ所屬未定地ヲ市町村ノ區域ニ編入シタル場合ニ於テハ府縣知事ノ告示シタル人口ニ依ルモノト爲セリ、而シテ最近官報ヲ以テ公示シタル人口ハ大正十五年六月(官報號外)內閣告示ヲ以テ公示シタル第二回國勢調査ノ結果ニ據ル大正十四年十月一日現在ノ人口ナリ、茲ニ注意スヘキハ內閣ニ諸統計調査ノ便宜

ノ爲メ毎年國勢調査ノ結果ヲ基準トシタル推計人口ヲ發表シ、官報中官廳彙報ニ登載セルモノアルモ、斯ハ市制町村制施行規則第一條ニ所謂『公示シタル最近ノ人口』ニ該當セサルモノナリ

前項ノ議員定數ハ一般市町村ニ對スルモノナリト雖、地方ノ情況ニ依リテハ此ノ法定議員數ヲ以テ律シ難キ場合ナキ能ハス、例ヘハ數部落ノ聚合セル市町村ノ如キ各其ノ事情ヲ異ニセルモノニ在リテハ法定議員數ノミニテハ周ネク一般住民ノ意思ヲ反映セシムル上ニ於テ適應セサルカ如キ其ノ他特殊ノ事由アル市町村ニ在リテハ强テ法定議員數ニ準據セシムルノ必要アラサルヘキヲ以テ、是等ノ市町村ニ於テハ市町村條例ヲ以テ議員定數ヲ適宜增減セシムルノ方法ヲ存シ以テ地方ノ實際ノ情況ニ適應セシメムトセルモノナリ

茲ニ注意スヘキハ市ニ於テハ議員定數ニ付キ法律上定限ナキモ町村ニ在リテハ議員定數ノ定限ヲ三十人ト爲セルヲ以テ、假令條例ヲ以テスルモ此ノ定數以上ニ議員ヲ增加スル能ハサルコト是ナリ

增員條例ヲ設定シタル後人口增加シ其ノ人口ニ對スル法定議員數カ增員條例ニ定メタル數ト一致シタルトキ、又ハ之ヨリ超過シタルトキニ於テモ增員條例ハ依然トシテ其

ノ效力ヲ有スルヤ否ヤ、此ノ疑問ニ對シ一旦設定シタル增員條例ハ更ニ條例ヲ以テ之ヲ廢止スルニ非サレハ永久ニ消滅スルモノニ非スト爲ス者アリ、然レトモ是レ單ニ形式上ヨリ條例ノ效力ヲ云爲シ實質上ヨリ其ノ設定ノ目的如何ヲ顧サルノ見解ニ出タルモノニシテ固ヨリ謬說タルヲ免レス、如何トナレハ最初增員條例ヲ設定シタル趣旨ハ法定ノ議員數ニテハ實際ノ狀況ニ適セサルカ爲特ニ之ニ應セントスルノ目的ヨリ出タルモノナリ、然ルニ其ノ既ニ人口增加シテ法定議員數カ條例ニ依ル議員數ニ達シ又ハ之ヲ超過シタル場合ニ於テハ特ニ條例ノ規定ヲ要セスシテ當初ノ目的ヲ遂ケ得ヘキニ依リ條例ノ效力ハ自ラ之ヲ失フモノタルハ自明ノ理ナレハナリ、現ニ行政實例ニ於テモ此ノ說ヲ採レルカ如キ蓋シ其ノ當ヲ得タルモノト謂フヘシ

議員ノ定數增減ニ付テハ人口ノ增減ニ伴フモノタルト條例ヲ以テスルモノタルトヲ問ハス、隨時ニ之カ增減ヲ爲ストキハ或ハ議員ヲシテ法定ノ任期ヲ完ウスルコトヲ得サルノ結果ヲ呈スヘキヲ以テ總。選。擧。ヲ行フ場合ニ非サレハ之ヲ行ハシメサルモノナルコトハ前既ニ叙述シタル所ノ如シ、然レトモ議員ノ任期ヲ尊重シテ此ノ原則ヲ絕對ニ貫徹セシメントスルトキハ反テ市町村ノ實況ニ適セサルカ如キ結果ヲ生スル場合ナシトセス、依テ例外トシテ市町村ノ人口ニ著シク增減アリタル場合ニ限リ總選擧ノ時期ニ

非スト雖、市ニ在リテハ内務大臣(町村ニ在リテハ府縣知事)ノ許可ヲ得テ議員定數ヲ增減スルヲ得セシムルコトト爲セリ、從前ノ規定ニ依レハ町村ノ人口著シク增減アリタル塲合ニ於テ議員定數ヲ增減スルニハ内務大臣ノ許可ヲ受クルコトヲ要シタリシモ今回ノ改正ニ於テ、事務簡捷ノ趣旨ニ依リ之ヲ府縣知事ノ許可ヲ受クルコトニ改メタリ

茲ニ『總選擧』トイフハ市制第十九條町村制第十六條ノ下ニ述フルカ如ク一般議員ノ改選ヲ行フノ意義ニシテ議員ノ法定任期滿了シ、若ハ市町村會ノ解散ヲ命セラレ若ハ其ノ議員總辭職ヲ爲シ又ハ選擧ノ全部無效ト爲リタルカ如キトキニ於テ議員全體ノ選擧ヲ行フ塲合ヲイフ、其ノ『著シク人口ノ增減アリタル塲合』トイフハ市町村ノ分合若ハ境界變更等ノ結果市町村ノ人口ニ著シク異動ヲ生シタル場合ノ如キヲ指シタルモノニシテ是等ノ塲合ニ於テハ總選擧ノ時期ヲ待ツコトナク機ニ臨ンテ議員定數ノ增減ヲ行ヒ、以テ其ノ變ニ應セシメンカ爲ナリ

總選擧ノ時期以外ニ於テ議員定數ノ增減ヲ爲スハ固ヨリ異例ニ屬スルヲ以テ假令市町村ノ分合若ハ境界變更ノ爲ニ人口ニ多少ノ異動ヲ生シタリトスルモ容易ニ議員定數ノ增減ヲ行フヘキモノニ非ス

法文ニ於テ特ニ『著シク』ト規定シ又市ニ在リテハ内務大臣、町村ニ在リテハ府縣知事ノ許可ヲ要件ト爲シタルハ畢竟之カ爲ナリ、而シテ其ノ『著シク』トイフハ本來事實ノ問題ニ屬スルヲ以テ今之ヲ明言スルヲ得スト雖、實際ノ取扱ニ於テハ其ノ人口增減ノ程度ヲ考査シ妄リニ議員定數ノ增減ヲ爲スヘカラサルヤ固ヨリ言ヲ俟タス

第六章　被選擧權

第十八五條　選擧權ヲ有スル市町村公民ハ被選擧權ヲ有ス
在職ノ檢事、警察官吏及收稅官吏ハ被選擧權ヲ有セス
選擧事務ニ關係アル官吏及市町村ノ有給吏員ハ其ノ關係區域內ニ於テ被選擧權ヲ有セス
市町村ノ有給ノ吏員教員其ノ他ノ職員ニシテ在職中ノ者ハ其ノ市町村ノ市町村會議員ト相兼ヌルコトヲ得ス

市町村會議員ノ被選擧權ハ原則トシテ選擧權ヲ有スル者ヲシテ之ヲ有セシメ且其ノ要件ハ選擧權ノ要件ト等シクシ別ニ何等ノ制限ヲ設ケサリシハ適材選擇ノ區域ヲ徒ニ減

縮セサラシメムカ爲ナリ、然レドモ在職中ノ檢事警察官吏收稅官吏ノ如キ特殊ノ官職ニ在ル者ハ或ハ其ノ地位ヲ利用シテ選擧ノ公正ヲ缺クノ惧アルヲ以テ之ニ對シテ一般ニ被選的擧權ヲ有セサラシムルコトトシ又選擧事務ニ關係アル官吏及市町村ノ有給吏員ハ直接選擧事務ヲ掌理スルモノナルカ故ニ事務執行ノ公正ヲ期セムカ爲其ノ關係區域內ニ於テハ被選擧權ヲ有セサラシメタリ、又市町村ノ有給ノ吏員敎員其ノ他ノ職員ニシテ在職中ノ者ハ市町村ヨリ俸給給料ヲ受クル者ナルヲ以テ是等ノ者ヲシテ市町村會議員タラシムルハ適當ナラサルカ故ニ其ノ在職中ノ者ニ限リ其ノ市町村ノ市町村會議員ト相兼ヌルコトヲ禁止セリ

一、被選擧權トハ所謂被選擧資格ノ謂ニシテ議員當選者タルニ必要ナル資格ヲイフ而シテ本條ハ選擧權ヲ有スル市町村公民ハ被選擧權ヲ有スルモノト爲セル故ニ被選擧權ノ要件ハ(一)町村公民タルコト(二)選擧權ヲ有スルコトノ二トス隨テ市町村公民タルモ選擧權ヲ有セサル者ノ如キハ被選擧權ヲ有セサルナリ即チ之ニ該當スル者ヲ揭クレハ左ノ如シ

一 名譽職擔任義務違反ノ制裁トシ市町村公民權停止處分中ニ在ル者（市制第十條第二項町村制第八條）

二　陸海軍軍人ニシテ現役中ノ者（未タ入營セサル者及歸休下士官兵ヲ除ク）（市制第十一條町村制第九條）
三　戰時事變ニ際シ召集中ノ者（同上）
四　兵籍ニ編入セラレタル學生生徒（勅令ヲ以テ定ムル者ヲ除ク）（同上）
五　志願ニ依リ國民軍ニ編入セラレタル者（同上）
以上ノ者ハ選擧權ヲ停止セラレ又ハ公務ニ參與スルコトヲ得サルニ依リテ被選擧權ヲ有セサル者ナルモ市町村公民ニシテ且選擧權ヲ有スルモ特種ノ官職ニ在ル故ヲ以テ被選擧權ヲ有セサル者アリ、以下各項ニ説明スヘシ

二、市町村會議員ノ被選擧權ハ市町村公民ニシテ選擧權ヲ有スル者ニ對シ之ヲ認ムルモノナルモ在職ノ檢事、警察官吏、收税官吏ノ如ク特種ノ官職ニ在ル者ニ付テハ其ノ被選擧權ヲ有セシメサルコトトセリ、檢事トハ裁判所構成法ニ規定スル所ニシテ專ラ犯罪ヲ檢擧シ公訴ヲ提起シ且之ヲ實行スル官吏ヲイフ、警察官吏トハ各種ノ警察事務ニ從事シ警察ノ執行機關タル者ヲイフ、警察官吏ニハ警視總監アリ府縣書記官タル警察部長アリ、警視アリ警部及警部補アリ巡査ハ明治二十四年勅令第七十號ニ依リ判任官ノ待遇ヲ受クルモノナルヲ以テ之亦等シク警察官吏タリ、而シテ是等

檢事警察官吏ニ被選擧權ヲ有セシメサルハ其ノ職務ノ性質上一般人民ニ對シテ自ラ一種ノ威嚴ヲ抱持スルモノナルカ故ニ選擧ニ關シテ威壓誘導ノ行ハルル機會多ク爲ニ選擧人ノ自由意思ヲ害スルノ惧アルヲ以テナリ、又收税官吏トハ直接ニ國税ノ徵收ニ關スル事務ニ從事スル者ニシテ税關官吏、司税官、副司税官、税務屬及技手ノ類之ナリ、而シテ收税官吏ニ被選擧權ヲ付與セサルハ警察官吏等ト同シク其職務ノ性質上之ヲ除外スルノ要アルヲ認メタルニ由ル

以上ノ官職ニ在ル者ハ市町村ニ於テ一般的ニ被選擧權ヲ有セサルモノナルモ之カ爲選擧權ノ行使ヲ禁止シタルニアラサルハ勿論是等ノ官吏ハ在職中ニ限リ被選擧權ヲ有セサルモノナルヲ以テ休職中ノ檢事警察官吏等ニ被選擧權アルハ論ヲ俟タサルナリ

右以外ノ官吏ニシテ一般的ニ被選擧權ヲ有セサルモノアリ判事、陸軍法務官、海軍法務官、行政裁判所長官、同評定官及會計檢査院長、其ノ他ノ檢査官等ノ如キ是ナリ、其ノ之ヲ本項中ニ揭ケサルハ特別法（裁判所構成法陸軍軍法會議法海軍軍法會議法行政裁判法及會計檢査院法）ノ已ニ規定スル所ナルヲ以テナリ

三、市町村公民ニシテ選擧權ヲ有スル者ト雖市町村會議員ノ選擧事務ニ關係アル官吏

及市町村ノ有給吏員ハ其關係區域内ニ於テ被選擧權ヲ有セシメサルコトトセリ、蓋シ是等ノ官吏吏員ハ選擧ニ關シ絶好ノ地位ニ在ル者ナルヲ以テ其ノ職務關係ヲ利用シテ自己ノ選擧ニ關シ有利ナル方策ヲ講スルコトナキニシモアラサルナリ、如斯ハ選擧ノ公正ヲ保持スル所以ニ非サルヲ以テ其ノ職務關係ノ存スル區域内ニ於テハ被選擧權ヲ有セシメサルコトト爲セリ「選擧事務ニ關係アル官吏」トハ市町村ノ監督官廳タル府縣廳ノ官吏ニシテ其ノ選擧ニ關スル監督事務ヲ執掌スヘキ職務關係ニアルモノ即チ府縣知事、書記官、地方事務官、屬等ヲイフ、視學、技師技手通譯道路主事、同書記、土木書記、地方農林主事、同主事補、地方商工主事、同主事補、地方統計主事、同主事補、地方社會事業主事、同主事補、地方社會教育主事、同主事補、等ハ之ヲ包含セス、蓋シ是等ノ者ハ官制上又ハ職制上特別ナル事務ヲ掌ルヘキモノニシテ選擧事務ニ關係スヘカラサルモノナルヲ以テナリ、又本項ハ關係アル官吏トアルヲ以テ府縣知事ニ依リ任命セラレタル府縣吏員ヲ含マサルヤ勿論ナリ「選擧事務ニ關係アル市町村ノ有給吏員」トハ市長、助役、有給町村長、有給町村助役有給區長、其ノ他ノ有給吏員ヲ指シ市町村ノ名譽職吏員ヲ含マサルハ勿論有給市參與、收入役、副收入役等ハ假令市町村ノ有給吏員ナリト雖法令上特別ノ事業ヲ擔任サルヲ以テ茲ニ所謂選擧事務ニ關係アル有給吏員中ニ包含セサルモノトス「關係區域內」トハ其ノ選擧ニ關スル職務執行上關係アル區域ノ謂ニシテ府縣知事其ノ他府縣ノ官吏ニ付テハ管下ノ全市町村ノ區域ヲ指シ市町村長助役其ノ他ノ有給吏員ニ付テハ假令選擧區ノ設ケアル場合ト雖其ノ市町村ノ全區域ヲ指シ有給區長及其ノ區ニ屬スル有給吏員ニ付テハ其ノ區ヲ區域トスル選擧區ヲ指スモノトス、蓋シ府縣ノ官吏ハ管下市町村全般ニ亘リ監督事務ニ從事スヘク、市町村長助役其ノ他ノ有給吏員モ亦其ノ市町村ノ全區域ニ亘リ職務ヲ執行スヘキ地位ニアルモ獨リ有給區長及所屬ノ有給吏員ハ其ノ區內ニ關スル事務ニ付テノミ權限ヲ有スルニ止マルヲ以テナリ、故ニ是等ノ官吏吏員ハ其ノ關係區域內ニ於テハ被選擧權ヲ有セサルヲ以テ其ノ區域內ニ於ケル是等ノ官吏吏員ニ對スル投票ハ被選擧權ナキ者ノ氏名ヲ記載シタルモノナルカ故ニ市制第二十八條町村制第二十五條ニ依リ當然無效タリ

然レトモ是等官吏吏員ハ其ノ關係區域外ニ於テハ職務上ノ地位ヲ利用シ選擧ノ公正ヲ害スルコトナキカ故ニ被選擧權ヲ禁止セサルヘカラサル何等ノ事由存セサルヲ以テ其ノ關係區域外ニ於ケル市町村會議員ノ被選擧權ニ付テハ法ハ之ヲ禁止セサリシ

ナリ

四、市町村ノ有給ノ吏員教員其ノ他ノ職員ハ市町村ヨリ給料給與ヲ受クヘキ特種ノ地位ニ在ル者ナルヲ以テ其ノ在職中ハ市町村會議員ト相兼ヌルコトヲ得サラシメタリ蓋シ是等ノ者ヲシテ議員タラシメハ其ノ位置ヲ利用シテ自己ノ給與ニ關シ不公正ナル方策ヲ講スルノ虞ナキヲ保セサルヲ以テナリ「市町村ノ有給吏員」トハ市長、市助役、有給市參與、有給區長、有給町村長、有給町村助役、收入役、副收入役及市制第八十五條第八十六條町村制第七十一條ノ規定ニ依リ設クル有給吏員ヲイフ、然レトモ是等ノ有給吏員中第三項ニ説述セシ者ノ如キハ選擧事務ニ關係アル市町村ノ有給吏員ニ該ルヲ以テ關係區域内ニ於テハ全然被選擧權ヲ有セサルカ故ニ本項ノ適用ヲ受クルコト殆ントナシ、從テ本項ノ適用ヲ受クル有給吏員ハ結局有給市參與收入役副收入役ニシテ、有給區長ハ其ノ關係區域外ニ於テノミ本項ノ適用ヲ受クヘキモノトス、「市町村ノ有給ノ教員」トハ市町村立ノ各種學校ニ奉職スル教員ヲ指ス義ニシテ市立ノ大學、高等學校、專門學校、實業專門學校、市町村立ノ小學校、實業補習學校、中學校、高等女學校、實業學校ノ總長、大學長、教授、助教授、學生監、學校長、教諭、教諭心得、助教諭、訓導、準訓導及幼稚園ノ園長、等是ナリ、茲ニ「市町村」ノトアルヲ以テ市町村又ハ市ノ學區ノ經營ニ係ル學校ノ敎員ハ本項ニ所謂「敎員」中ニ包含セサルナリ、蓋シ本項ニ於テ市町村會議員トノ兼職ヲ禁止スルハ其ノ市町村ヨリ給料給與ヲ受クヘキ者ヲ議員タラシムルニ由テ各種ノ弊害ヲ生スヘキカ爲ナリ、學區立各學校ノ敎員ハ其ノ給料給與ハ學區ヨリ受クルモノニシテ之ヲ議スル機關亦學區ノ機關タルヘク偶學區會ノ設ケナキ場合ニ市町村會ニ於テ之ヲ議スルコトアルハ一ノ例外ニ止マルヘク、之カ爲メ團體ヲ異ニスル學區ノ經營スル學校ノ敎員ニ付テモ市町村會議員タルコトヲ禁止スルハ酷ニ失スヘキカ故ニ本項ノ「敎員」中ニハ之ヲ包含セサルモノト解スヘキナリ、「其ノ他ノ職員」トハ市町村ヨリ給料給與ヲ受クヘキ吏員敎員以外ノ職員ヲ指ス道路管理職員制ニ依リ市ニ設置スル道路技師技手主事書記、大正十四年勅令第四十三號ニ依ル地方農林主事同主事補、地方商工主事、同主事補、地方統計主事、同主事補等ハ勿論職制ノ設ケナキモノト雖、所謂職員ト認メ得ヘキモノハ總テ之ヲ包含スルモノト解スルヲ至當トス

以上ノ吏員、敎員、其ノ他ノ職員ハ在職中ノ者ニ限リ其ノ市町村ノ市町村會議員ヲ相兼ヌルコトヲ得サラシメタルモノナルヲ以テ休職中ノ者ハ之ヲ包含セサルモノト

ス
「相兼ヌルコトヲ得ス」トハ吏員敎員又ハ其ノ他ノ職員ニシテ同時ニ市町村會議員タルコトヲ禁止シタルモノナルヲ以テ彼ノ被選擧權ヲ有セサル者トハ趣ヲ異ニシ在職中ト雖被選擧權ヲ有スルモノナルヲ以テ是等ノ者ニ對スル投票カ有效タルハ勿論ナリ、故ニ是等ノ者カ其ノ現ニ奉職スル市町村又ハ奉職スル學校ヲ經營スル市町村ノ市町村會議員タラムニハ、當選ヲ定ムル日迄ニ其ノ職ヲ辭スレハ足ルモノトス

第七章　選擧人名簿調製及縦覽並ニ異議ノ決定

第一項　名簿調製

第二十一條　市町村長ハ毎年九月十五日ノ現在ニ依リ選擧人名簿ヲ調製スヘシ、但シ第十八…選擧區アルトキハ選擧區毎ニ之ヲ調製スヘシ

第六條ノ市ニ於テハ市長ハ區長ヲシテ前項ノ例ニ依リ選擧人名簿ヲ調製セシマヘシ

（市制）

選擧人名簿ニハ選擧人ノ氏名住所及生年月日等ヲ記載スヘシ

選擧人名簿ハ何人カ選擧權ヲ有スルカヲ形式的ニ文書ヲ以テ確定スル公簿ニシテ之ニ依リ實質的ニ選擧權ヲ付與スルモノニ非サルモ假令選擧權アリトスルモ選擧人名簿ニ登錄セラルルニ非サレハ選擧權ヲ行使スルコトヲ得サルナリ、故ニ此ノ選擧人名簿ニ登載セラルルト否トハ結局選擧權ノ行使ノ能否ヲ定ムル重要ナル公簿ナリトス

選擧人名簿調製上ノ區分ニ隨時名簿ト定期名簿トアリ、隨時名簿トハ選擧ヲ行フニ方リ隨時ニ調製スルモノニシテ選擧ニ近接シタル日ニ於ケル選擧人ニ付選擧權ノ有無ヲ調査スルカ故ニ、最近ノ事實ニ依リ選擧權ヲ行使セシメ得ルノ利アリト雖、調製上一定ノ期日ヲ限定セラルルカ爲メ往々調査粗雜トナリ之カ爲メ名簿ノ適確ヲ期シ難キ缺點アリ、從來市町村會議員選擧ニ採用シ來リシ選擧人名簿是ナリ、定期名簿トハ每年一定ノ期日ニ於テ選擧人ニ付選擧權ヲ調査シテ調製スルモノナルヲ以テ名簿ノ登載ヲ適確ナラシムルノ便宜アリト雖、選擧ノ有無ニ拘ラス每年必ス調製セサルヘカラサルカ故ニ手數繁多ニシテ往々選擧ニ關シ名簿ヲ使用セサルニ至リ全ク無用ノ手數タル場合アリ、府縣會議員及衆議院議員選擧ニ關シ調製スル選擧人名簿是ナリ、隨時名簿ト定期名簿トハ各一長一短アルモ今次市町村會議員ノ選擧權ヲ一大擴張シ從前ニ比シ約六割以上ノ選擧人ヲ增加スルニ及ヒテ依然トシテ隨時名簿主義ヲ踏襲スルニ於テハ調

製上多數ノ日子ヲ要スルニ至リ隨時名簿ノ特長タル最近ノ事實ニ依リ選擧權ヲ行使セシメ得ルノ機ヲ失スルノ惧アリ、加之今次市町村會議員選擧權擴張ノ結果ハ衆議院議員ノ選擧權ノ要件ト密接シ僅ニ二年ノ住所ヲ要スル點ニ於テ異ルノミナルヲ以テ兩者ノ名簿調製期日ヲ同一ナラシムルハ相互ニ便宜ニシテ又以テ適確ヲ保チ得ルニアリ、茲ニ於テ市町村會議員ノ選擧人名簿ニ付テハ從前ノ隨時名簿主義ヲ排シ衆議院議員選擧ト同樣定期名簿主義ヲ採用シタルモノニシテ名簿調製上主義ノ大變革ナリ、而シテ此ノ名簿調製上ノ主義ノ改正ニ方リ更ニ注意スヘキハ市町村會議員ノ選擧人名簿ハ一面府縣會議員ノ選擧ニ使用セラルルコト是ナリ、今次府縣制ノ改正ニ依リ其ノ選擧權ノ要件中納税要件ヲ撤廢シタル結果ニ市町村公民タルニ於テハ直ニ府縣會議員ノ選擧權ヲ有シ、從テ其ノ選擧權ヲ形式的ニ確定スヘキ選擧人名簿ハ特ニ府縣會議員選擧ノ爲調製スルノ要ナク市町村會議員ノ選擧人名簿ヲ利用セシムルコトトセリ（府縣制第九條）如斯將來市町村會議員ノ選擧人名簿ハ市町村會議員ノ選擧ノ爲ナルト共ニ府縣會議員ノ選擧ニモ併用セシムヘキモノナルヲ以テ最モ適確ナル調査ニ基クヲ要スルモノトス

選擧人名簿ハ選擧權ノ存在ヲ形式的ニ確定スルモノニシテ之ニ記載セラレサレハ選擧

權ヲ行使シ得サルト共ニ、假令選擧人名簿ニ登錄セラレタル者ト雖選擧權ヲ有セサルニ至リタルトキハ選擧權ノ行使ヲ爲シ得サルハ勿論ナリ、又選擧人名簿ハ選擧權行使ニ付制限ヲ爲スト雖被選擧權ノ有無ヲ決スルモノニアラサルヲ以テ、假リニ選擧人名簿ニ登載セラレサルコトアリトスルモ現實ニ選擧權ノ資格ヲ具有スルニ於テハ市町村會議員ニ當選スルニ何等支障アルコトナシ

市町村長ハ毎年九月十五日現在ニ依リ市町村會議員ノ選擧人名簿ヲ調製スヘキモノトス『毎年九月十五日ノ現在ニ依リ』トハ毎年九月十五日現在ニ於ケル市町村會議員選擧人ノ選擧資格ヲ調査シ、之ニ依リ名簿ヲ調製スヘキノ義ナリ。選擧人ノ資格ノ要件ハ前叙ノ如ク帝國臣民タル年齢二十五年以上ノ男子ニシテ二年以來市町村住民タルコトヲ要シ、且公民權ノ消極要件ニ該當セス、選擧權停止ノ處分ヲ受クルコトナク又公務ニ參與スルコトヲ禁示セラレタル者ニアラサルコトヲ要ス、而シテ年齢二十五年以上トハ名簿調製期日ニ於テ滿二十五年ニ達スレハ足リ、又二年以來市町村住民タルコトモ亦名簿調製期日ニ於テ市町村住民トシテ滿二年ニ達スレハ足ルヘク、仍二年ノ制限ヲ特免スルコトモ亦調製期日タル九月十五日迄ニ特免シ議決決定スレハ足ルモノトス之ニ反シテ假令選擧人名簿ノ確定期日タル毎年十二月二十五日迄ニ年齢二十五年ニ達

シ又ハ市町村住民タルコト二年ニ達スル者アリト雖名簿調製期日ニ於テ之カ要件ヲ具有セサル者ハ名簿ニ登載スヘキ限ニ在ラス

第二項　名簿ノ縱覽

第二十一條 第十八條ノ二　市町村長ハ十一月五日ヨリ十五日間市役所（第六條ノ市ニ於テハ區役所）町村役場又ハ其ノ指定シタル場所ニ於テ選擧人名簿ヲ關係者ノ縱覽ニ供スヘシ

市町村長ハ縱覽開始ノ日前三日目迄ニ縱覽ノ場所ヲ告示スヘシ

選擧人名簿ハ選擧權ノ形式的確定ヲ爲ス公簿ニシテ之ニ登載シアルト否トハ係リテ以テ選擧權ノ行使ニ重大ナル影響ヲ及スモノナルヲ以テ廣ク利害關係者ノ縱覽ニ供シ錯誤脫落アラハ夫々救濟ノ途ヲ設ケ之カ修正ノ方法ヲ講スルノ必要アリ、是レ選擧人名簿ヲ縱覽ニ供スル所以ナリ

一、選擧人名簿ハ市町村長ニ於テ之ヲ縱覽ニ供スヘキモノニシテ縱覽期間ハ『十一月五日ヨリ十五日間』ト爲セリ、如斯時期ヲ選定シタルハ名簿調製上ノ期間ト名簿確定期迄ノ間ニ於テ異議申立及其ノ決定竝訴願ノ提起及其ノ裁決ニ要スル期間ヲ存セ

シメタルモノナリ『十一月五日ヨリ十五日間』トハ十一月五日ヨリ十一月十九日迄毎日必ス縱覽セシムルノ法意ニシテ假令日曜祝祭日等休日ニ際會スルモ之カ爲名簿ノ縱覽ヲ廢止スヘカラサルモノトス、從前ノ規定ニ依レハ毎日午前八時ヨリ午後四時迄縱覽ニ供スヘキ旨ヲ規定セシモ、本條ニハ斯ノ如キ規定ヲ存セスト雖之カ爲メ毎日短時間ノミ縱覽ニ供シ爲ニ著シク縱覽者ノ便ヲ缺クカ如キハ決シテ法意ニアラサルヲ以テ地方ノ情況ニ相應シ適當ナル時間ヲ定ムヘキモノトス

縱覽ニ供スヘキ場所ハ之ヲ市役所（第六條ノ市ニ於テハ區役所）町村役場又ハ市町村長ノ指定シタル場所トス『指定シタル場所』トハ市役所、區役所又ハ町村役場以外ノ場所、例ヘハ學校、公會堂、寺院、圖書館等ニシテ市町村長ニ於テ縱覽ニ供スルニ適當ナリト認メ指定シタル場所ヲイフ

『關係者』トハ選擧人名簿ニ關シ利害關係ヲ有スル者ヲイフ、隨テ選擧有權者ヲ指シ必スシモ其ノ選擧人名簿ニ登載セラレタル者ニ限ル事ヲ要セス

二、選擧人名簿ヲ縱覽セシムルコトハ選擧人ノ權利ヲ保護スルモノナルヲ以テ廣ク其ノ利害關係者ニ對シ縱覽セシムルコトヲ要ス、之カ爲ニハ其ノ縱覽ニ供スル場所ニ付テモ一般關係者ニ周知セシムルノ要アルヲ以テ本項ハ其ノ縱覽開始ノ日前三日目

迄ニ縦覧ノ場所ヲ告示スヘキコトヲ命シタリ、故ニ此ノ所定期間迄ニ告示ヲ為サスシテ為シタル縦覧ハ本條ニ違背スルヲ以テ之ニ依リ調製シタル選擧人名簿ハ違法タルヲ免レス、從テ所定期間迄ニ必ス縦覧ノ告示ヲ為スコトニ留意スルコトヲ要ス
『縦覧開始ノ日前三日目迄』トハ縦覧開始ノ日ノ前日ヨリ起算シ三日目ニ當ル日迄ヲ指シ即チ縦覧開始ノ日ト告示ノ日トハ中二日ヲ存セシメサルヘカラス
選擧人名簿ハ十一月五日ヨリ縦覧ヲ開始スルモノナルヲ以テ十一月五日ノ前日タル四日ヨリ起算シ三日目タル十一月二日迄ニハ必ス之カ告示ヲ為スヘキトス

第三項　異議ノ申立及決定

第二十一十八條ノ三　選擧人名簿ニ關シ關係者ニ於テ異議アルトキハ、縦覧期間內ニ之ヲ市(第六條ノ市ニ於テハ區長ヲ經テ)町村長ニ申立ツルコトヲ得、此ノ場合ニ於テハ市町村長ハ縦覧期間滿了後三日以內ニ之ヲ市町村會ノ決定ニ付スヘシ、市町村會ハ其ノ送付ヲ受ケタル日ヨリ十日以內ニ之ヲ決定スヘシ
前項ノ決定ニ不服アル者ハ府縣參事會ニ訴願シ其ノ裁決又ハ第三項ノ裁決ニ不服アル者ハ行政裁判所ニ出訴スルコトヲ得
第一項ノ決定及前項ノ裁決ニ付テハ市町村長ヨリモ訴願又ハ訴訟ヲ提起スルコトヲ

得

前二項ノ裁決ニ付テハ府縣知事ヨリモ訴訟ヲ提起スルコトヲ得

選擧人名簿ハ選擧權ノ存在ヲ形式的ニ確定スル公簿ニシテ之ニ登載セラルルニ非サレハ選擧權ヲ行使シ得サルモノナルヲ以テ名簿調製ノ適否及其ノ登載ノ可否ハ直ニ選擧人ニ重大ナル關係アリ、故ニ市制第二十一條ノ二町村制第十八條ノ二ノ規定ニ依リ之ヲ關係者ノ縱覽ニ供スルコトトセリ而シテ名簿縱覽ノ結果名簿ノ調製又ハ其ノ登載ノ當否ニ付キ關係者ニ於テ異議アルトキハ一定期間内ニ申立ヲ爲サシメ其ノ當否ヲ審議シ其ノ違法ナルトキハ名簿ヲ無效ト決定シ更ニ適法ナル名簿ノ調製ヲ爲シ誤載脱漏アルトキハ修正ノ途ヲ講シ以テ選擧人名簿ノ完備ヲ期シ延テ選擧人ヲシテ選擧權ノ行使ヲ完カヲシムルノ必要アリ

一、選擧人名簿ニ關シ關係者ニ異議アルトキハ縱覽期間内ニ市町村ニ對シ異議ノ申立ヲ爲スコトヲ得セシム『選擧人名簿ニ關スル異議』トハ選擧人名簿ハ毎年九月十五日現在ニ依リ調製スヘキモノナルニ之カ期日ヲ異ニシテ調製シタルトキ、選擧人名簿ニハ選擧人ノ氏名住所及生年月日ヲ記載スヘキモノナルニ之カ記載ノ一部ヲ脱落シタルモノアル爲メ果シテ選擧人タルヤ否ヤ判別シ難キトキ、選擧人名簿ハ十一月五

日ヨリ十五日間毎日之ヲ關係者ノ縱覽ニ供スヘク且縱覽ノ場所ハ之ヲ告示スヘキモノナルニ之ニ違背シタル措置ヲナシタルコトアルトキ、又ハ選擧權ナシト認ムル者ヲ登載シタルモノナルトキ、若ハ選擧權アル者ノ登載ヲ脫落シタルモノアルトキ等ノ場合ニ於テ異議アルコトヲ指スモノナリ『異議ノ申立』トハ叙上ノ異議アルトキ其ノ救濟ヲ求ムル手段ニシテ、調製期日ヲ誤リ又ハ適法ノ縱覽期日ニ縱覽ヲ許ササル等適法ノ手續ヲ履踐セサル名簿ニ付テハ之ヲ無效ト決定シ又選擧權アル者ヲ脫落セルモノニ付テハ名簿ニ登載ヲ求メ、反之選擧權無キ者ノ登載アルニ付テハ之カ削除方ヲ申立ツルモノナリ、而シテ行政上ノ救濟ヲ求ムル手段ニ異議ノ申立、訴願及行政訴訟ノ別アリ、異議ノ申立ハ大體其ノ市町村內部ノ機關ニ對シ反省ヲ求ムルモノニシテ訴願ハ上級行政廳又ハ監督官廳ニ對シ市町村會、市參事會ニ於ケル異議ノ決定ニ對シ救濟ヲ求メ行政訴訟ハ訴願ノ裁決ニ服セサル者カ之ニ對シ行政裁判所ニ出訴シテ救濟ヲ求ムルモノナリ

異議ノ申立ハ文書ヲ以テスルヲ通例トシ之ヲ市町村長ニ申立ツヘク第六條ノ市即チ東京京都大阪ノ三市ニ在リテハ選擧名簿ハ區長ヲシテ調製セシムルモノナルヲ以テ異議ノ申立ハ區長ヲ經由シテ市長ニ申立テシムルコトトセリ、而シテ異議ノ申立ハ

縱覽期間即チ毎年十一月五日ヨリ十五日間以內ニ限リ之ヲ爲シ得ルニ止マリ期間經過後ハ之ヲ爲シ得サルヲ原則トス、故ニ此ノ期間ヲ經過シテ申立テタル異議ハ受理セラレサルヲ本則トスルモ特ニ宥恕スヘキ事由アルトキハ期間經過後ニ於テモ受理セラルノ例外アリ、又異議申立ハ市町村長又ハ第六條ノ市ノ區長ニ對シ縱覽期間內ニ到著セサルヘカラス、所謂受信主義ニ基クモノニシテ單ニ縱覽期間內ニ異議申立書ヲ發送シタルコトアルモ期間內ニ到著セサルトキハ適法ナル異議ノ申立ト云フヲ得サルナリ

如上市町村長ニ於テ異議ノ申立ヲ受理シタルトキハ縱覽期間滿了後三日以內ニ之ヲ市町村會ノ決定ニ付スヘキモノトス『縱覽期間滿了後三日以內』トハ縱覽期間滿了期日タル毎年十一月十九日ノ翌日ヨリ起算シ三日目ニ當ル十一月二十二日迄ヲ指ス義ニシテ、市町村長ハ異議ニ付キ此ノ期日迄ニ必ス市町村會ノ決定ニ付スヘキモノトス、縱覽期間滿了後三日以內ハ決定ニ付スヘキ最終期ノ制限ナルヲ以テ同日以前ニ市町村會ノ決定ニ付スルハ固ヨリ妨ケナキモ、餘リニ早急ニ決定ニ付スレハ其ノ後ニ申立テタル異議ニ付キ更ニ市町村會ヲ招集シ決定ニ付セサルヘカラサル等手續繁多ナルヲ以テ相當期日ニ於テ一括付議スルヲ便宜ナリトス、此ノ決定ニ付スルニ當

リテハ市町村長ニ於テ決定案ヲ付シ提出スルヲ通例トス
市町村會ハ異議ヲ決定ニ付セラレタル日ヨリ十日以內ニ之ヲ決定スルコトヲ要ス、如斯決定ノ期間ヲ定メタルハ異議申立ノ決定ヲ市町村會ノ任意ニセムカ往々其ノ決定ヲ遲滯シ永ク重要ナル選擧權ノ行使ヲ不確定ニ置クノ虞アルヲ以テ、一定ノ期間內ニ之カ決定ヲ爲サシムルコトトセリ『送付ヲ受ケタル日ヨリ十日以內』トハ異議ヲ決定ニ付セラレタル日ノ翌日ヨリ起算シ十日目迄ニハ必ス決定セサルヘカラサルノ意ナリトス、若其ノ期間到來スルモ調査ニ藉口シテ決定ヲ爲ササルコトアラムカ市町村長ハ市町村會其ノ決定スヘキ事件ヲ決定セサルモノトシテ市制第九十一條町村制第七十五條ニ依リ夫々措置スルコトヲ得ヘシ

二、前項ノ異議ニ對スル市町村會ノ決定ニ不服アル者ハ府縣參事會ニ訴願シ其ノ裁決ニ不服アル者、又ハ第三項ノ裁決ニ不服アル者ハ行政裁判所ニ出訴スルコトヲ得セシム『不服アル者』トハ必スシモ異議ノ申立ヲ爲シタル者ト同一人タルコトヲ要セス他ノ關係者ノ申立ニ依リテ爲サレタル市町村會ノ決定ニ對シ不服アル利害關係者ヲモ包含ス『第三項ノ裁決』トハ第一項ノ市町村會ノ決定ニ對シテハ第三項ノ規定ニ依リ公益上ノ立場ヨリ市町村長ヨリモ府縣參事會ニ對シ訴願ノ提起ヲ爲シ得ルヲ以テ

之カ訴願ニ對シテ爲サレタル裁決ヲイフ、訴願及行政訴訟ノ提起ニ關シテハ市制第百六十條第百六十條ノ二町村制第百四十條第百四十條ノ二ノ規定ニ依ルヘキモノトス

三、市町村會ノ爲ス異議ノ決定ニ關シテハ之ニ不服アル者ヲシテ訴願ノ提起ヲ爲サシムルノ途アリト雖、其ノ決定ニシテ公益上不當ナリトスルモ申立人ニ對シ有利ナルモノナルトキハ利害關係者ニ於テ更ニ訴願ヲ提起シ其ノ決定ノ匡正ヲ求ムルカ如キハ殆ント望ムヘクモアラス、從テ其ノ決定ハ不當ノ儘確定スルノ不都合アルヘキヲ以テ此ノ塲ニ於テハ市町村長ヲシテ訴願ヲ提起セシメ公益ノ保持ヲ爲サシメムトス又府縣參事會ノ裁決ニ對シテ府縣知事及市町村長ニ對シ行政訴訟ノ提起ヲ認メタルモ亦同一趣旨ニ基ケルモノナリ

町(村)會議員選擧人名簿ニ對スル異議ヲ町(村)會ノ決定ニ付スルノ件

第　　號
年　月　日

何町（村）長　何　　某㊞

何町（村）會議長

何町（村）長　何　　某殿

何町（村）大字何何番地

何　　某

異議申立決定ノ件

右者ハ昭和何年九月十五日現在ヲ以テ調製ニ係ル町（村）會議員選擧人名簿ニ對シ別紙ノ通異議申立アリタルニ依リ御決定方御取計相成度及送付候也

備　考

一、名簿ノ縦覧期間満了後三日以内ニ本例ニ依リ町（村）長ヨリ町（村）會議長宛送付スルヲ以テ法律上「町村會ノ決定ニ付シ」タルコト、ナルニ依リ殊更ニ急施町（村）會ヲ招集シテ決定セシムルノ必要ナシ

二、前項ニ依リ町（村）會ノ決定ニ付シタル日カ即チ町（村）會ニ於テ送付ヲ受ケタル日ナルヲ以テ其ノ日ノ翌日ヨリ起算シテ十日以内ニ決定ヲ了シ得ヘキ日取リニ依リ町（村）會ヲ招集スルコト

三、町村會ニ於テハ各議員ニ回覽スルカ若ハ朗讀シテ知ラシムルヲ要ス

町村會議員選擧人名簿ニ對スル異議申立決定

決定案第　號

決　定　書

何郡何町(村)大字何何番地
異議申立人　何　某
年　月　日生

右異議申立ノ要旨ハ昭和何年九月十五日現在ニ依リ調製シタル本町(村)會議員選擧人名簿ニ異議申立人ノ氏名登載ナキニ依リ之ガ登錄ヲ求ムルモノニシテ、其ノ理由トスルトコロハ異議申立人何某ハ客年何月何日付ヲ以テ寄留届出ヲ爲シタリト雖、事實ハ昭和何年何月何日(二年以前)ヨリ本町(村)大字何何番地ニ住所ヲ有シ居タル者ニシテ正式ナル届出ハ其ノ當時之ヲ爲サヽリシモ實質的ニ二年以來本町(村)ノ住民タルハ勿論帝國臣民タル年齡二十五年以上ノ男子ニシテ町村制第七條第一項但書ノ各號ニ揭クル缺格條項ニ抵觸セサル者ナリ、故ニ前年縣會議員ノ選擧ノ際モ有權者トシテ選擧ニ

參與シタル者ナルニ今回ノ町(村)會議員人名簿ニ登載ナキハ全ク町村當局者ニ於テ調査粗漏ノ爲誤脱セラレタルモノナリト謂フニ在リ
依テ町村制第十八條ノ三第一項ノ規定ニ依リ之ガ送付ヲ受ケ審査ヲ遂クルトコロ異議申立人何某ハ町村制第七條ノ規定ニ依ル要件ヲ具備スル者ナリト雖、客年執行セラレタル縣會議員總選擧ノ際選擧違犯ニ依リ客年何月何日罰金刑ニ處セラレタル者ニシテ衆議院議員選擧法第百三十七條ノ規定ニ依リ其ノ後五年間衆議院議員及衆議院議員選擧法ノ罰則ヲ準用スル議會ノ議員ノ選擧權即チ町村會議員ノ選擧權モ亦之ヲ有セサルモノナリ
以上ノ理由ニ基キ町村制第十八條ノ三第一項ノ規定ニ依リ決定ヲ爲スコト左ノ如シ
異議申立ハ其ノ理由ナキモノニシテ本町(村)會議員選擧人名簿ニ登錄スヘキ限ニ在ラス

昭和何年　月　日

何　町(村)　會

右ノ通決定致度

年　月　日提出

何町(村)會議長

何町(村)長　何　　某

備考

一、本例ニ依ル決定案ヲ議長ニ於テ作製セス決定案ノ起草委員ヲ選ビ之ニ依リ作製セシムルモ可ナリ此ノ場合ハ提出者ヲ起草委員ノ氏名トスルコト

二、異議ノ決定ハ文書ヲ以ヲ爲シ之ヲ申立人ニ交付スベシ（町村制第百四十條第六項）

三、異議ノ決定ハ町村制第百四十條ノ期間内ニ訴願ナキニ依リ確定スルヲ以テ其ノ確定ノ日、訴願アリタルトキハ裁決確定ノ日、行政訴訟アリタルトキハ判決ノ日ニ於テ名簿修正ヲ爲スコト

町村會議員選擧人名簿ニ關スル訴願辯明書

議案第　　號

訴願ニ對スル辯明書

何郡何町(村)大字何何番地

訴　願　人　　何　　某

處分ヲ爲シ且訴願經由ニ當レル行政廳

久　慈　郡　何　町（村）會

右訴願人ニ對シ　年　月　日本町（村）會ニ於テ爲シタル異議ノ決定ニ對シ右　願人ヨリ　訴願ノ提起アリ　年　月　日其ノ訴願書ヲ受領シタルニ依リ訴願法第十一條第一項ノ規定ニ基キ其ノ辯明ヲ爲スコト左ノ如シ

不服ノ要点ニ對スル辯明

何々（訴願書ニ記載アル不服ノ要点ニ對シ辯明スルコト）

理由ニ對スル辯明

訴願人ハ何々（訴願書ニ記載アル理由ノ辯明ヲ記載スルコト）

要求ニ對スル辯明

訴願人ノ申立相立タサル旨ノ裁決ヲ與フルヲ相當ト信ス

年　月　日

何　郡　何　町（村）會

何縣參事會議長

何縣知事　何　某殿

右ノ如キ辯明書ヲ作成シ必要文書トシテ異議決定當時ノ町(村)會議録抄本及何々(必要ト認ムルモノ)ヲ添付致度

年　月　日提出

何町(村)會議長

何町(村)長　何　某

備　考

一、此ノ場合ノ經由行政廳ハ町村ニ非ラスシテ町村會ナルニ依リ議長ニ於テ辯明書案ノ提出ヲ爲スコトニ注意ノコト

二、辯明書議決ノ上十日以内ニ上級行政廳ヘ發送スルコト(訴願法第十一條)

町村會カ經由行政廳トナリシ場合ノ訴願經由

議案第　號

訴願經由ノ件

別紙本町(村)何某ヨリ提起ニ係ル訴願ヲ經由スルモノトス

年　月　日提出

何町（村）會議長

何町（村）長　何　　某

備　考

一、簡單ナルヲ以テ文書ト爲サス議長ガ會議ニ臨ミ口頭ヲ以テ經由スベキ旨ヲ諮リ決スル方却テ便宜ナランン

二、訴願裁決書ノ交付ヲ爲ス場合モ町村會ヲ經由スヘキニ依リ直ニ町村會ヲ招集シ本例ニ準シテ經由ノ上交付スルコト

町村會議員選擧人名簿ニ關スル町村長ヨリノ訴願書

訴　願　書

訴願人　何郡何（町）村長　何　　某

不服ノ要点

何郡何町（村）ハ昭和何年何月何日同町（村）大字何番地何某カ町（村）會議員選擧人名簿ニ登載ナキヲ以テ之ガ登錄ヲ求ムル旨ノ異議申立ヲ爲シタルニ當リ何年何月何日其ノ

理由ナキヲ以テ名簿ニ登載スヘキ限ニ在ラストノ決定ヲ爲シタルハ違法ノ處分ニシテ　願人ノ服スルコト能ハサル所ナリ依テ町村制第十八條ノ三第三項ノ規定ニ依リ右處分ニ對シ茲ニ　願ヲ提起ス

理　由

何町(村)會ハ何某ニ對シ客年何月何日縣會議員ノ選擧ニ當リ選擧違犯ニ依リ罰金刑ニ處セラレタル者ナルヲ以テ衆議院議員選擧法第百三十七條ノ規定ニ依リ其ノ裁判確定ノ日ヨリ五年間衆議院議員及衆議院議員ノ選擧罰則ヲ準用スル議會ノ議員選擧即チ町村會議員ノ選擧權モ亦之ヲ有セサル者ナリト云フモ其ノ後同人ハ昭和何年何月何日恩赦令ノ規定ニ依リ復權シタル者ニシテ復權ハ法令ノ定ムル所ニ資格ヲ喪失シ又ハ停止セラレタル者ガ將來ニ向ツテ資格ヲ回復スベキモノナリ故ニ同人ハ本町(村)會議員ノ選擧權ヲ有セル者ナルニ之カ名簿ニ登載ナキハ全ク　願人ノ調査粗漏ナリシ結果ニシテ本町(村)會ノ何某ニ對シ爲シタル異議決定ハ不當ナリ

(其ノ他理由トスル事項數項アル場合ハ第一項何々、何二項何々ト記載スルコト)

要　求

本町(村)會カ昭和何年何月何日何某ニ對シ爲シタル「異議申立人ノ申立ハ其ノ理由ナ

キモノニシテ本町(村)會選擧人名簿ニ登載スベキ限リニ在ラス」トノ決定ハ之ヲ取消シ「何某ハ本町(村)會議員ノ會議員ノ選擧權ヲ有シ本町(村)會議員選擧人名簿ニ登載スベキ者ナリ」トノ裁決相成度候也

證據書類

一 何々

一 何々

年 月 日

右訴願人 何郡何町(村)長 何 某㊞

何縣參事會

何縣知事 何 某殿

備考

一、町村制第十八條ノ三第三項ノ規定ニ依ル訴願ハ町村長ノ爲シ得ルモノナルヲ以ヲ町村會ノ議決ヲ經ベキモノニ非ラス

第八章　選擧會

第一項　選擧會場及投票日時並ニ議員數ノ告示

第二十二條　市町村長ハ選擧ノ期日前七日目（第三十九條ノ二ノ市ニ於テハ二十日目）迄ニ選擧會場（投票分會場ヲ含ム以下之ニ同シ）投票ノ日時及選擧スヘキ議員數（選擧區アル場合ニ於テハ各選擧區ニ於テ選擧スヘキ議員數）ヲ告示スヘシ投票分會ヲ設クル場合ニ於テハ併セテ其ノ區劃ヲ告示スヘシ

十九…

總選擧ニ於ケル各選擧區ノ投票ハ同日時ニ之ヲ行フ（市制）

投票分會ノ投票ハ選擧會ト同日時ニ之ヲ行フ

天災事變等ノ為投票ヲ行フコト能ハサルトキ又ハ更ニ投票ヲ行フノ必要アルトキハ市町村長ハ其ノ投票ヲ行フヘキ選擧會又ハ投票分會ノミニ付更ニ期日ヲ定メ投票ヲ行ハシムヘシ、此ノ場合ニ於テ選擧會場及投票ノ日時ハ選擧ノ期日前五日目迄ニ之

ヲ告示スヘシ
選擧ノ告示ハ市町村長ニ於テ之ヲ爲スヲ要ス單ニ市町村長トアルモ若市町村長ニ故障アルトキハ其ノ職務ヲ代理スヘキ市町村助役ニ於テ之ヲ爲スヘキハ論ヲ俟タサルナリ告示ノ方法ハ一定ノ公告式ニ依リ之ヲ爲スヘキモノニシテ、即チ市町村公報ヲ以テ公告式ト爲セルモノハ市町村公報ニ登載スヘク又一定ノ掲示場ニ掲示スルヲ以テ公告式ト爲セルモノモ亦之ニ依ラサルヘカラス、告示ハ一回之ヲ爲セハ足リ其ノ時期ハ一般市町村ニ在リテハ選擧期日前七日目迄トシ、市制第三十九條ノ二ノ市ニ於テハ選擧期日前二十日目迄ト爲セリ、「選擧期日前七日目迄」トハ選擧期日ノ前日ヨリ七日目ニ相當スル日以前ニ告示スヘキモノニシテ即チ選擧期日ト告示ノ日トハ中六日以上ヲ存セシムヘキモノナリ、「選擧期日前二十日目迄」トハ選擧ノ期日ト告示ノ日トハ中十九日以上ヲ存セシムヘキ義ナリ、市制第三十九條ノ二ノ市制ニ限リ選擧期日前二十日目迄ニ告示セシムルコトト爲セルハ是等ノ市制第三十九條ノ二ノ規定ニ基キ勅令ヲ以テ指定セラレタル市ニシテ市會議員ノ選擧ニ關シ議員候補者制度ヲ採用シ又府縣會議員選擧ニ於ケル選擧運動及選擧運動費用ノ制限等ニ關スル規定ヲ準用スルノ結果議員候補者ノ屆出又ハ推薦屆出、選擧運動費用ノ告示ヲ爲スノ關係上相等期間ヲ要スルカ故ニ一般市町村ノ選擧ト異リ府縣會議員選擧ノ塲合ト同樣ナルヲ以テ府縣制第十三條ノ例ニ倣ヒ選擧期日前二十日目迄ニ告示スヘキコトトセリ

選擧ノ告示ニハ必ス左記ノ事項ヲ定メ之ヲ記載スルコトヲ要ス

(一) 選擧會塲　選擧會塲トハ選擧人ヲシテ投票ヲ爲サシムヘキ一定ノ場所ヲイフ、選擧會塲ノ告示ヲ爲スハ選擧人ヲシテ其ノ投票ヲ爲スヘキ場所ヲ知ラシル爲メナリ即チ市役所又ハ町村役塲ヲ以テ會塲ト爲ストキハ其ノ市役所名又ハ町村役塲名ヲ告示スヘク若公會堂學校寺院等ヲ以テ之ニ充ツル塲合ニハ其ノ所在地竝其ノ公會堂學校及寺院等ノ名稱ヲ告示スヘキモノトス、選擧會塲ヲ定ムルハ固ヨリ市町村長ノ權限ニ屬シ市町村會ノ議決ヲ經ヘキモノニ非ス而シテ市町村長ニ於テ之ヲ定ムルニ當リテハ一般選擧人ノ往來ニ便宜ナルト且選擧ノ取締上適當ナル塲所ヲ選擇スルヲ可ナリトス

茲ニ選擧會塲トハ投票分會ヲ設クル市町村ニ於テハ投票分會塲ヲ包含スルモノトス而シテ以下各條項ニ選擧會塲ト規定セルモノノ意義亦之ト同樣ニ解スヘキモノトス

(二) 投票ノ日時　投票ノ日時トハ選擧人ノ投票ヲ爲スヘキ期日及時間ヲイフ其ノ日

時ハ市町村長ニ於テ之ヲ定メ告示スヘキモノトス、即チ何月何日午前第何時ヨリ午後第何時ニ至ルト告示スヘキモノトス、只茲ニ注意スヘキハ告示ノ時間内ニ選擧會場ニ入ラサル選擧人ハ如何ナル理由アルモ選擧ヲ行フヲ得サルハ勿論ナリト雖告示ノ時間内ニ於テ選擧會場ニ入リタル選擧人ハ其ノ告示ノ投票時間ヲ過クルモ投票ヲ爲シ得ルコト是ナリ、仍此ノ點ニ付テハ市制第二十五條町村制第二十二條ニ於テ說明スル所アルヘシ

又告示ノ投票時間内ニ選擧人名簿ニ登載セル選擧人ノ總テカ投票ヲ了スルコトアルモ投票ヲ終ルヘキ時間ニ至ルニ非サレハ投票函ハ之ヲ閉鎖スルコトヲ得ス、是レ選擧人名簿ニ登錄ナキモ之ニ登錄セラルヘキ確定裁決書又ハ判決書ヲ所持シ選擧會場ニ到ル者無キヲ保セサルカ爲ナリ

（三）選擧スヘキ議員數　選擧スヘキ議員數トハ總選擧ニ在リテハ市制第十三條町村制第十條ノ規定ニ依ル議員ノ定數、補闕又ハ增員選擧等ニ在リテハ補闕又ハ增員選擧スヘキ議員ノ數ヲ指スモノトス、而シテ本號ノ如ク議員數ノ告示ヲ爲スハ選擧人ヲシテ選擧スヘキ議員數ヲ克ク知ラシムカ爲メナリ

以上ハ選擧區又ハ投票分會ノアラサル場合ニ於テ告示スヘキ要件ヲ定メタルモノニ

シテ若市ニ於テ選擧區アルトキハ前揭（三）ノ告示事項ハ更ニ左ノ（四）ニ依ルヘク又市町村ニ於テ投票分會ヲ設ケタルトキハ前揭（一）乃至（三）ノ外更ニ（五）ノ事項ヲ併セテ告示スルヲ要ス

（四）選擧區ヨリ選擧スヘキ議員數　每選擧區ヨリ選擧スヘキ議員數トハ市ニ於テ選擧區アル塲合ニ其ノ選擧區每ニ選擧スヘキ議員數ヲ指シタルモノニシテ卽チ甲選擧區何人乙選擧區何人ト告示スルカ如シ

（五）投票分會ニ於テ選擧ヲ行フ區劃　投票分會ニ於テ選擧ヲ行フ區劃ヲ告示スヘキモノトス卽チ二大字ヲ以テ一分會ノ區劃ト爲シタル塲合ニハ大字何々大字何々トシ又一大字ヲ以テ分會ノ區劃ト爲シタルトキハ其ノ大字名ヲ前記（一）乃至（三）ノ事項ト併セテ告示スルモノトス

町村會議員ノ選擧會塲、投票ノ日時及選擧スベキ議員數ノ告示

何町（村）告示第　　號

本町（村）會議員總選擧ニ於ケル選擧會場（投票分會場）投票ノ日時及選擧スヘキ議員數（並投票分會ノ區劃）左ノ如シ

一　選　擧　會　場　　本町（村）役場（又ハ何所）

（二　投票分會場）　（第一投票分會場ハ大字何々何所）
（第二投票分會場ハ大字何々何所）

三　投　票　ノ　日　時　　何月何日自午前（八）時至午後（四）時

四　選擧スベキ議員數　　何人

（五　投票分會ノ區劃）　（第一投票分會ハ大字何、大字何、大字何ノ内字何）
（第二投票分會ハ大字何、大字何、大字何ノ内字何）

年　月　日

何町（村）長　何　某

第二項　選擧長ノ職務及選擧立會人

第二十三條　市町村長ハ選擧長ト爲リ選擧會ヲ開閉シ其ノ取締ニ任ス
各選擧區ノ選擧會ハ市長又ハ其ノ指名シタル吏員第六條ノ市ニ於テハ區長選擧長ト爲リ之ヲ開閉シ其ノ取締ニ任ス（市制）
市長（第六條ノ市ニ於テハ區長）町村長ハ選擧人名簿ニ登録セラレタル者ノ中ヨリ二

人乃至四人ノ選擧立會人ヲ選任スヘシ　但シ選擧區アルトキハ各別ニ選擧立會人ヲ設クヘシ

投票分會ハ市町村長ノ指名シタル吏員投票分會長ト爲リ之ヲ開閉シ其ノ取締ニ任ス市長（第六條ノ市ニ於テハ區長）町村長ハ分會ノ區劃內ニ於ケル選擧人名簿ニ登錄セラレタル者ノ中ヨリ二人乃至四人ノ投票立會人ヲ選任スヘシ

選擧人立會人及投票立會人ハ名譽職トス

選擧會ニハ選擧ニ關スル事務ヲ管理セシムル爲選擧長ヲ置ク、選擧長ハ當然其ノ職務ニ伴フモノト指名ニ依ルモノトノ二アリ、即チ市町村長ハ其ノ職務ニ伴ヒ當然選擧長ト爲ルヘキモノニシテ若故障アルトキハ其ノ職務ヲ代理スヘキ市町村助役代テ選擧長ト爲ルヘキハ勿論ナリトス而シテ市制第六條ノ市ハ區長選擧長ト爲リ其ノ他ノ市ハ市長又ハ市長ノ指名シタル吏員選擧長ト爲ルヘキモノトス

然シテ選擧會ノ開閉及其ノ取締ニ就テハ之カ職權ヲ選擧長ニ委シタルヲ以テ監督官廳ト雖直接之ニ關與スルヲ得ス、此ノ故ニ選擧會監視ノ爲監督官廳ヨリ派遣シタル官吏ニ於テ選擧人中選擧會場ノ秩序ヲ紊スカ如キ行爲アルヲ發見スルモ單ニ選擧長ニ對シテ之カ注意ヲ加ヘ得ルニ止マリ直接之ヲ制止スルヲ得サルモノトス

選擧長ニ指名スヘキ吏員ハ法律上全ク之ヲ市長ノ選擇ニ一任シ何等ノ制限アルナシト雖市長ニ於テ一旦指名シタル以上ハ其ノ選擧長タル點ニ於テ市長タル選擧長ト同一ノ權限ヲ有スルモノナルヲ以テ市長ハ其ノ選擧ニ關シテ最モ適任ナリト認ムヘキ者ヲ採リ選擧執行上遺算ナキヲ期セサルヘカラス

選擧會及選擧分會ニハ選擧事務ニ關シ立會ヲ爲サシムル爲選擧立會人ヲ置ク、選擧立會人ハ二人乃至四人トシ市町村長臨時ニ其ノ市町村内ノ選擧人名簿ニ登錄セラレタル者ノ中ヨリ選任シ市制第六條ノ市ニ在リテハ區長其ノ區内ニ於ケル選擧人名簿ニ登錄セラレタル者ノ中ヨリ之ヲ選任スヘキモノトス、而シテ選擧區ヲ設ケタル市ニ在リテハ各選擧區毎ニ選擧立會人ヲ設クヘキモノニシテ選擧區ノ選擧立會人ハ其ノ選擧區ニ屬スル選擧人名簿ニ登錄セラレタル者ノ中ヨリ區長之ヲ選任スヘキモノトス玆ニ「選擧人名簿ニ登錄セラレタル者ノ中」ト規定セルヲ以テ苟モ選擧人名簿ニ登錄セラレアレハ足リ選擧立會人トシテ選任スルトキ選擧權ナク又ハ其ノ後ニ於テ選擧權ヲ失フコトアルモ之カ爲メ選擧立會人トシテノ選任ノ效力又ハ選擧立會人タルノ地位ヲ失フモノニアラス

選擧立會人ヲ設ケタルハ選擧ノ嚴正公平ニ執行セラルルヲ期スルニ在リ故ニ選擧立會

人ナクシテ選擧ヲ執行シタルトキ又ハ立會人ノ員數二人ニ滿タサルトキ若ハ選擧人名簿ニ登錄セラレタル者ニ非サル者ヨリ立會人ヲ選任シタル場合ノ如キハ選擧ノ規定ニ違反セルモノナリ

選擧立會人ノ員數ニ付テハ之ヲ二人乃至四人ト定メ最多限度ヲ四人ト爲シ最少限度ヲ二人ト爲シタルニ依リ三人ヲ選任スルモ固ヨリ之ヲ妨ケス然レトモ一旦市町村長ニ於テ選任シタル選擧立會人カ故障ノ爲辭任シタルトキ又ハ中途ニ退任シタルカ爲缺員ト爲リタルトキニ於テハ假令其ノ法定數ヲ缺クニ至ラサル場合ト雖モ直ニ之カ補充選任ヲ爲スヲ要ス、尤モ此ノ場合ニ於テ市町村長カ其ノ補闕ノ必要ナキヲ認メ最初定メタル立會人ノ員數ヲ變更スル旨ヲ宣言シタルトキハ更ニ補充選任スルヲ要セス

第三項　選擧會場ノ取締

第二十一條　選擧人ニ非サル者ハ選擧會場ニ入ルコトヲ得ス但シ選擧會場ノ事務ニ從事スル者選擧會場ヲ監視スル職權ヲ有スル者又ハ警察官吏ハ此ノ限ニ在ラス

選擧會場ニ於テ演說討論ヲ爲シ若ハ喧擾ニ涉リ又ハ投票ニ關シ協議若ハ勸誘ヲ爲シ其ノ他選擧會場ノ秩序ヲ紊ス者アルトキハ選擧長又ハ投票分會長ハ之ヲ制止シ命ニ從ハサルトキハ之ヲ選擧會場外ニ退出セシムヘシ

前項ノ規定ニ依リ退出セシメラレタル者ハ最後ニ至リ投票ヲ爲スコトヲ得但シ選擧長又ハ投票分會長會場ノ秩序ヲ紊スノ虞ナシト認ムル場合ニ於テ投票ヲ爲サシムルヲ妨ケス

一、凡ソ選擧會場ニ入ルコトヲ得ル者ハ其ノ選擧ニ直接關係ヲ有スル選擧人タルヲ要ストモ雖選擧事務ニ關シテ監視ノ職權又ハ特種ノ用務ヲ有スル者ハ選擧人ニ非サルモ選擧會場ニ入ルコトヲ得ヘシ、即チ左ノ如シ

一、選擧會場ノ事務ニ從事スル者　所謂「選擧會場ノ事務」トハ選擧人名簿ノ照合、投票用紙ノ交付選擧會場ノ取締及選擧ニ關スル諸般ノ事務ヲ指セルモノナリ從テ選擧立會人及投票立會人ハ勿論選擧事務ヲ補助スル助役書記其ノ他ノ吏員及選擧ニ關シテ使役スル給仕使丁ノ如キモ之ニ包含ス

二、選擧會場ヲ監視スル職權ヲ有スル者　トハ監督官廳即チ府縣知事及内務大臣竝選擧事務監督ノ爲是等ノ官廳ヨリ特ニ命セラレタル官吏ヲ謂フ

三、警察官吏　選擧會場取締ノ爲必要トスル場合ハ警察官吏ハ選擧長ノ請求ヲ待タスシテ當然入場スルヲ得ヘシ

以上ハ即チ選擧會場ニ入ルコトヲ得ヘキ者ノ制限ナリ隨テ是等以外ノ者ハ何人タリ

トモ選擧會塲ニ入ルコトヲ許サス若入塲シタルトキハ選擧長ハ直ニ之ヲ退塲セシムルヲ要ス、又選擧人ニ非サル者カ選擧會塲ニ入リ選擧ニ參與シタル事實アルニ於テハ所謂選擧ノ規定ニ違反シタルモノトイフヘク、此ノ場合ニ於テ其ノ選擧人ニ非サル者ノ爲シタル投票ノ爲ニ選擧ノ結果ニ異動ヲ生スルノ虞アルトキハ其ノ選擧ノ全部若ハ一部ハ無效トナルヘキモノナリ、選擧ノ效力ニ關シテハ後章ニ更ニ之ヲ詳述スヘシ

二、選擧會塲ノ秩序保持ニ關シテハ絕對ニ選擧會塲ニ於テ左記ノ行爲ヲ爲スコトヲ得サルモノナリ

(一) 演說討論ヲ爲スコト

(二) 喧擾ニ涉ルコト

(三) 投票ニ關シ協議若ハ勸誘ヲ爲スコト

(四) 其ノ他選擧會塲ノ秩序ヲ紊スコト

前揭(一)(二)ノ行爲ヲ禁止シタルハ專ラ選擧會塲ノ靜肅ヲ保タシメンカ爲ニシテ演說討論ノ如キハ其ノ選擧ニ關スルモノト然ラサルモノトヲ問ハス之ヲ禁止シタルモノナリ又(三)ノ行爲ヲ禁止シタルハ選擧人ヲシテ其ノ權利ヲ自由ニ行使セシメントスルノ

趣旨ニ出テタルモノニシテ投票ニ關シテ他人ト協議ヲ爲シ又ハ他人ヲ勸誘シテ其ノ意ニ非サル者ヲ投票セシムルカ如キ弊ナカラシメンカ爲ナリ（四）ノ其ノ他選擧會場ノ秩序ヲ紊ス行爲ハ一ニ選擧會塲取締ノ責任ヲ有スル選擧長又ハ投票分會長ノ認定ニ由ルモノナリト雖其ノ二三ノ例ヲ擧クレハ或ハ暴行強迫ヲ爲ス者或ハ他人ノ投票ヲ窺ヒ見ル者ノ如キハ之ニ該當ス

選擧會場ニ於テ以上ノ行爲ヲ爲シタル者アルトキハ選擧長又ハ投票分會長ハ先ツ之ヲ制止スルヲ要ス若其ノ制止ニ從ハサルトキハ之ヲ選擧會塲外ニ退出セシムヘキモノトス、假令此ノ如キ行爲ヲ爲セル者アリトスルモ選擧長又ハ投票分會長ニ於テ之ヲ制止セスシテ直ニ退場セシムルカ如キハ法ノ認メサル所ニシテ固ヨリ爲シ得ヘカラサルナリ而シテ是等ノ行爲ヲ爲シタル者ニシテ選擧長又ハ分會長ノ制止ニ從ハサルカ爲ニ選擧會塲外ニ退出セシメラレ更ニ其ノ成規ノ投票時間內ニ入リタル者ハ最後ニ至リテ投票ヲ爲スコトヲ得、尤モ選擧長又ハ分會長ニ於テ最早再ヒ會塲ノ秩序ヲ紊スノ虞ナシト認ムルニ於テハ最後迄之ヲ待タシムルヲ要セス隨時投票ヲ爲サシムルコトヲ得ヘキナリ

第九章 選擧投票

第一項 選擧ノ方法

第二十五條 選擧ハ無記名投票ヲ以テ之ヲ行フ

選擧ハ一人一票ニ限ル

選擧人ハ選擧ノ當日投票時間内ニ自ラ選擧會場ニ到リ選擧人名簿又ハ其ノ抄本ノ對照ヲ經テ投票ヲ爲スヘシ

投票時間内ニ選擧會場ニ入リタル選擧人ハ其ノ時間ヲ過クルモ投票ヲ爲スコトヲ得

選擧人ハ選擧會場ニ於テ投票用紙ニ自ラ被選擧人一人ノ氏名ヲ記載シテ投函スヘシ

投票ニ關スル記載ニ付テハ勅令ヲ以テ定ムル點字ハ之ヲ文字ト看做ス

自ラ被選擧人ノ氏名ヲ書スルコト能ハサル者ハ投票ヲ爲スコトヲ得ス

投票用紙ハ市町村長ノ定ムル所ニ依リ一定ノ式ヲ用ウヘシ

選擧區アル場合ニ於テ選擧人名簿ノ調製後選擧人ノ所屬ニ異動ヲ生スルコトアルモ其ノ選擧人ハ前所屬ノ選擧區ニ於テ投票ヲ爲スヘシ（市制）

投票分會ニ於テ爲シタル投票ハ投票分會長少クトモ一人ノ投票立會人ト共ニ投票函ノ儘之ヲ選擧長ニ送致スヘシ

一、「選擧ハ無記名投票ヲ以テ之ヲ行フ」投票トハ選擧人カ自己ノ適任ナリト認ムル被選擧人ヲ指定スル要式行爲ヲイフ、從テ選擧人カ選擧長ノ面前ニ於テ被選擧人ノ氏名ヲ言明スルカ如キ方法ハ所謂投票ニ非ス、投票ノ方法ニハ二種ノ別アリ、一ハ選擧人ノ何人タルヤヲ明ニシ得ヘキ方法即チ公開選擧ノ目的ヲ以テ投票ニ選擧人ノ氏名ヲ明記セシムルモノ之ヲ記名投票法トイヒ、一ハ選擧人ノ何人タルヤヲ得サル方法即チ祕密選擧ノ目的ヲ以テ投票ニ選擧人ノ氏名ヲ書スルヲ許ササルモノ之ヲ無記名投票法トイフ、元來記名投票ト無記名投票トノ利害得失ニ付テハ各一長一短アリト雖記名投票法ニ在リテハ各種ノ關係上ヨリシテ威壓誘導行ハレ易ク爲ニ自己ノ意思ヲ枉クルノ已ムヲ得サルニ至ル者アルヲ免レス、即チ此ノ弊ヲ避ケ選擧人ヲシテ自由ニ自己ノ信スル者ニ投票セシメンカ爲本法ニ於テハ無記名投票ノ法ヲ採用セリ故ニ投票ニ選擧人ノ氏名ヲ記入セルモノハ勿論投票ニ選擧人ノ何タルタヤ推知シ得ルカ如キ記號ヲ附セルモノヽ如キハ無效ナリトス

二、所謂「投票ハ一人一票ニ限ル」トハ單記投票ノ義ニ非ス單記投票ニハ一箇ノ投票用

紙ニ被選擧人一人ノ氏名ヲ記載スルヲ謂フモノナレトモ一人一票ニ限ルトハ選擧人一人ニテ一箇ノ投票ヲ爲スニ止マルノ意ニシテ所謂複數投票ノ制ヲ採用シタルノ趣旨ヲ明ニシタルモノナリ

三、本項ハ選擧人カ投票ヲ爲スニハ選擧ノ當日投票時間內ニ自ラ選擧會場ニ到リ選擧人名簿又ハ其ノ抄本ノ對照ヲ經テ投票ヲ爲スヘキナリ選擧會場及投票ノ日時ハ市制第二十二條町村制第十九條ニ依リ市町村長ノ告示スヘキモノニシテ選擧人ハ其ノ告示シタル選擧ノ期日投票ノ時間內ニ自ラ選擧會場ニ到ルコトヲ要シ代人ヲ出スヲ許可サレサルモノトス

投票ニ代人ヲ許サヽルノ理由ハ蓋シ選擧權ハ公ノ權利タルト同時ニ公ノ義務タルノミナラス、選擧人ニ於テ自己ノ信スル所ニ依リ其ノ自由意思ヲ以テ選擧ヲ行ハンニハ自ラ之レヲ爲スヲ要スルニ由レリ、又選擧人カ投票ヲ爲スニハ選擧人名簿投票分會ニ於テハ其ノ抄本ノ對照ヲ經ルヲ要ス、是レ選擧資格ノ有無ヲ調査スルノ方法ニシテ其ノ選擧人名簿ニ登錄セラルヘキ確定裁決書又ハ判決書ヲ所持スル者ノ外確定名簿（抄本）ニ登錄セラレタル者ニ非サレハ選擧ニ參與スルコトヲ得サルヲ以テナリ

四、選擧人ハ市町村長ノ告示シタル投票時間内ニ選擧會場ニ到リ投票ヲ爲スヲ以テ本則ト爲ス、然レトモ投票時間ノ間際ニ至リ多數ノ選擧人選擧會場ニ到リタルトキハ既定ノ投票時間内ニ投票ヲ終了スルコト能ハサルカ如キ場合ナキニ非ス、而カモ此ノ場合ニ於テ投票時間經過シタルノ故ヲ以テ投票ヲ爲サシメサルカ如キハ選擧權ヲ重ンスル所以ニ非ス、故ニ投票時間内ニ選擧會場ニ入リタル選擧人ハ假令其經過後ト雖投票ヲ爲スコトヲ得ヘク、隨テ投票時刻ヲ過クルモ是等選擧人ニシテ未タ投票ヲ了ラサル者アルトキハ投票函ヲ閉鎖スルヲ得サルモノトス、尤モ其ノ會場ニ入リタル選擧人ニシテ他ノ選擧人ノ投票ノ了レルニ拘ラス故意ニ投票ヲ爲サス選擧長ノ注意ヲモ肯セサル者ニ對シテハ假令投票ヲ爲ササルモ其ノ儘投票函ヲ閉鎖スルハ妨ナキコトニ屬ス、

五、投票ハ原則トシテ單記ノ制ヲ採用セリ、故ニ選擧人ハ選擧會場ニ於テ投票用紙ニ自ラ被選擧人一人ノ氏名ヲ記載シテ投函スヘキモノトス、今之ヲ解説スレハ左ノ如シ

（一）投票ハ選擧人選擧會場ニ於テ認ムルヲ要ス「選擧會場」トハ市制第二十二條町村制第十九條ニ依リ市町村長ニ於テ告示シタル場所ヲイフ故ニ其ノ選擧會場外

ニ於テ認メタル投票ハ違法ナルコト言ヲ俟タス

（二）選擧人ハ投票用紙ニ被選擧人ノ氏名ヲ記載スルヲ要ス「投票用紙」トハ本條第八項ニ依リ市町村長ノ定メタル一定ノ式ニ依レル用紙ヲイフ、決シテ他ノ用紙ヲ使用スルヲ許サス又「被選擧人ノ氏名ヲ記載ス」トハ被選擧權ヲ有スル者ノ中ヨリ、自己ノ適任ナリト認ムル者ノ氏名ヲ記載スルノ義ニシテ被選擧權ヲ有スル以上ハ假令自己ヲ被選擧人トシテ投票スルモノ所謂自選投票ヲ爲スモ其ノ投票ハ有效ナリ

「氏名ヲ記載ス」トハ被選擧人ヲ表示スルノ方法ヲイヘルモノニシテ氏名ハ戶籍ニ記載セラレタル文字ヲ記載スルコト最モ完全ナリト雖假名文字羅馬字點字ヲ用ウルモ其ノ何人タルカヲ知リ得ヘキモノナルニ於テハ有效ノ投票タルヲ妨ケス、然レトモ被選擧人ノ何人タルカヲ確認シ難キモノ、又ハ被選擧人ノ氏名ノ外他事ヲ記入シタル投票ハ無效ナルヲ以テ氏名ヲ記載スルニハ假令假名文字ヲ以テスル塲合ト雖成ル可ク正確ニ之ヲ記スヘク而シテ被選擧人ノ氏名ノ外其ノ爵位職業身分住所又ハ敬稱ノ類ハ格別其ノ他ノ事ハ一切之ヲ記載スルヲ許サス

（三）投票ニ記載スヘキ被選擧人ノ氏名ハ必ス選擧人ニ於テ自書スルヲ要ス

盲人カ點字ヲ用ウル場合ノ外必ス自ラ之ヲ自書セシムルコトトシ、投票ノ代書ハ絕對ニ之ヲ爲スヲ許サス、隨テ被選擧人ノ氏名ヲ書スル能ハサル者ニハ投票ヲ爲スヲ得サルモノト爲セリ、所謂自書ストハ自ラ之ヲ書スルノ義ナルカ故ニ被選擧人ノ名刺ヲ投票用紙ノ下ニ置キテ透寫ヲ爲シ、又ハ模型等ニ依リ被選擧人ノ氏名ヲ寫シ出シ或ハ印刷スルモノノ如キハ自書トイフヲ得ス、然レトモ選擧人カ單ニ記憶ヲ惹起スル爲ニ被選擧ノ名刺ヲ持參シ之ヲ傍ニ置キテ投票ヲ認ムルカ如キハ別ニ之ヲ妨ケサルナリ

（四）投票ハ單記ノ法ニ依ルコトヲ要ス、故ニ投票ニ記載スヘキ被選擧人ノ氏名ハ一人ニ限リ一投票ニ二人以上ヲ記載シタルモノハ無效トス

（五）投票ハ選擧人自ラ投函スルヲ要ス、選擧人自ラ之ヲ投票函ニ投入スヘキモノナルヲ以テ自書シタル投票ト雖他人ヲシテ投函セシムルカ如キコトハ違法タルヲ免レサルモノトス

六、投票ニ付テハ選擧人自ラ投票用紙ニ被選擧人ノ氏名ヲ自書スヘキモノナルモ盲人ノ投票ニ關シテハ勅令ノ定ムル點字ハ之ヲ文字ト看做スコトトセリ、此點字ヲ以テスル投票ハ選擧人自ラ點字器ヲ用キテ投票用紙ニ點字ヲ表現スレハ足リ自ラ書スル

コトヲ要セサルモノナルコトハ點字ノ性質上明ナリ、而シテ點字投票ヲ爲シ得ルモノハ盲人ニ限ル一般選擧人ニ在リテハ假令點字ヲ以テ投票スルノ希望アルモ之ニ依ルヲ得サルヤ勿論ナリ「勅令ノ定ムル點字」トハ勅令ノ規定スルトコロノ點字ニ限リ、之ヲ文字ト看做スノ趣旨ナルヲ以テ他ニ點字ノ用例アリトスルモ勅令ノ定ニ異リタルモノハ本法ノ適用ニ於テハ之ヲ文字ト看做スコトヲ得サルヲ以テ其ノ點字ヲ用ヰテ爲シタル投票ハ之ヲ有效ト爲スコトヲ得サルモノトス、而シテ之ニ關スル勅令ハ市制町村制施行令第十一條ノ規定ニシテ、盲人カ投票ニ使用スルコトヲ得ル點字ハ同勅令別表ヲ以テ定メラレタリ、而シテ盲人ニシテ點字ニ依リ投票ヲ爲サムトスルトキハ選擧長又ハ投票分會長ニ對シ其ノ旨ヲ申立ツヘク又選擧長又ハ投票會分長ハ投票用紙ニ點字投票ナル旨ノ印ヲ押捺シテ用紙ヲ交付スヘキモノトス

七、投票ハ市町村長ノ定ノタル一定ノ用紙ヲ用ヰルコトヲ要スルカ故ニ其以外ノ用紙ニ依リタル投票ハ固ヨリ無效ナリトス、此ノ如ク投票用紙ヲ一定ノ式ノモノニ限レル所以ハ前ニ述ヘタルカ如ク若其ノ用紙ヲ限定セサルニ於テハ選擧會場ニ到ルノ前豫メ投票ヲ用意スルカ如キ選擧ニ伴フ諸種ノ弊害少カラサルヲ以テナリ

市制第九項　本項ハ市ノ選擧區ニ於テ選擧人ノ所屬ニ異動アル場合ニ處スルノ規定ナ

リ、
市ニ選擧區アル場合ニ於テ選擧人名簿ノ調製後選擧人ノ所屬ニ異動ヲ生スルコトアル仍其ノ市内ニ於テ選擧權ヲ失ハサル限リハ其ノ市ニ於テ選擧ヲ行ハシムヘキハ勿論ナリ、而シテ既ニ名簿ヲ調製シタル以上ハ其ノ選擧區ノ所屬ニ變更アルカ爲名簿ヲ修正スルカ如キハ煩ニ堪ヘサルノミナラス、殊ニ名簿縱覽期間後ノ異動ノ如キハ名簿ニ修正ヲ加フルノ途ナキヲ以テ名簿調製後ノ異動ニ係ルモノハ總テ其ノ前所屬ノ選擧區ニ於テ投票ヲ爲スヘキモノトス、選擧人ノ所屬ニ異動ヲ生スル場合トハ例ヘハ甲ノ選擧區内ニ住所ヲ有シタル選擧人カ同一市内ニ於テ乙ノ選擧區ニ住所ヲ變更シタルカ如キ場合ヲイフ、唯此ノ場合ニ前所屬ノ選擧區ニ於テ投票ヲ爲シ得ヘキハ該選擧人名簿ヲ用ヰテ選擧ヲ行ヒ得ル期間内タルコト勿論ナリトス

第二項　無效投票

第二十八條　左ノ投票ハ之ヲ無效トス
一　成規ノ用紙ヲ用ヰサルモノ
二　現ニ市町村會議員ノ職ニ在ル者ノ氏名ヲ記載シタルモノ

三　一投票中二人以上ノ被選擧人ノ氏名ヲ記載シタルモノ
四　被選擧人ノ何人タルカヲ確認シ難キモノ
五　被選擧權ナキ者ノ氏名ヲ記載シタルモノ
六　被選擧人ノ氏名ノ外他事ヲ記入シタルモノ、但シ爵位職業身分住所又ハ敬稱ノ類ヲ記入シタルモノハ此ノ限ニ在ラス
七　被選擧人ノ氏名ヲ自書セサルモノ
無效投票ニ付テハ列擧主義ヲ採リ左記ノ一乃至七ニ該當スルトキハ其ノ投票ヲ無效トセリ
一、成規ノ用紙ヲ用ヰサルモノ、投票ハ市制第二十五條第八項町村制第二十八條第八項ニ依リ市町村長ノ定メタル用紙ニ依ルヘキモノナルヲ以テ一定ノ式ニ反スル用紙ヲ用ヰタル投票ハ無效ナリ
二、現ニ市町村會議員ノ職ニ在ル者ノ氏名ヲ記載シタルモノ、現在市町村會議員タル者ヲ更ラニ選擧スルカ如キハ事理ニ照シ其ノ投票ノ無效タルヘキハ固ヨリ言ヲ俟タス、而シテ此ノ規定ハ總選擧ノ場合ハ何人モ議員ノ職ニ在ラサルヲ以テ之カ適用ノ餘地ナシト雖、市制第二十條町村制第十七條ニ依リ補闕選擧ヲ行フ場合市制第十三

條第五項但書町村制第十一條第四項但書ニ依リ、總選擧ト同時ニ行ハサル增員選擧ノ塲合市制第三十七條町村制第三十四條ニ依リ、選擧ノ一部カ無效ト爲リタルトキニ於テ更ニ行フ選擧及議員ノ定數ニ足ル當選者ヲ得ル能ハサルカ爲其ノ不足ノ員數ニ付更ニ行フ選擧ノ塲合ニ於テ之カ適用ヲ見ルモノトス

三、一投票中二人以上ノ被選擧人ノ氏名ヲ記載シタルモノ、一投票ニ二人以上ノ被選擧人ノ氏名ヲ記載スルカ如キハ何人ヲ選擧セントスルニ在ルカ選擧人ノ意思ヲ推測スルニ由ナキヲ以テ、此ノ如キノ投票ハ無效トス

四、被選擧人ノ何人タルカヲ確認シ難キモノ、本號ニ依リ投票ヲ無效トスルハ被選擧人ノ何人タルカヲ明確ニ認識シ難キモノニ限ルヲ以テ、假令投票ノ記載不完全ニシテ、例ヘハ其ノ氏名ニ多少ノ誤記脫字アリ、又ハ異名商號屋號等ノ類ヲ記シ、或ハ單ニ名ノミ記載セルカ如キ塲合ト雖、苟モ其ノ何人ヲ指セルカヲ確認シ得ヘキモノナルニ於テハ之ヲ有效ト決ス可キナリ

五、被選擧權ナキ者ノ氏名ヲ記載シタルモノ、此ノ投票ノ無效ナルハ因ヨリ說明ノ要ナシ「被選擧權」ナキ者トハ市町村公民ニ非サル者ハ勿論又假令市町村公民ナリト雖、公民權停止中ノ者又ハ市制第十一條町村制第九條ノ塲合ニ當ル者、市制第十八

條第二項第三項町村制第十五條第二項第三項ニ該當スル者及特別ノ法令ニ依リ被選擧權ナキ者ヲイフ、今之ヲ掲記スレハ左ノ如シ

（イ）公民權停止中ノ者｛名譽職擔任義務ニ違反シ公民權停止ノ制裁ヲ受ケツツアル者

（ロ）市制第十一條町村制第九條ノ場合ニ當ル者
- 一、陸海軍ノ現役ニ服スル者
- 二、戰時又ハ事變ニ際シ召集中ノ者
- 三、兵籍ニ編入セラレタル學生生徒
- 四、志願ニ依リ國民軍ニ編入セラレタル者

（ハ）市制第十八條第二項第三項町村制第十五條第二項第三項ニ該當スル者
- 一、檢事警察官吏及收稅官吏
- 二、選擧事務ニ關係アル官吏吏員

ニ　特別ノ法令ニ依リ被選擧權ナキ者
- 一、判事
- 二、行政裁判所官及同評定官
- 三、會計檢查官
- 四、陸軍法務官
- 五、海軍法務官

右ニ該當スル者ノ氏名ヲ記載シタル投票ハ總テ無效トス、又投票ノ當時ニ在リテハ被選擧權ヲ有スル者モ開票ノ時ニ於テ之ヲ失ヒタルモノナルトキハ其ノ投票ハ亦之ヲ無效ト爲スヘキモノナリ

六、被選擧人ノ氏名ノ外他事ヲ記入シタルモノ、茲ニ所謂「他事ノ記入」トハ有害無

用ノ事ヲ記入スルモノ是ナリ、例ヘハ被選擧人氏名ノ外選擧人自身ノ氏名ヲ記載シ又ハ投票ニ捺印ヲ爲シ或ハ選擧ニ關スル自己ノ意見ヲ述ヘ、又ハ假名文字數字等ヲ以テ或意味ヲ表スルカ如キハ總テ無效ナリ、是レ選擧人自身ノ氏名ヲ記シ又ハ捺印スルカ如キハ祕密選擧ノ本旨ニ反スルハ勿論其ノ他ノ記事ト雖、故ラニ無用ノ文字等ヲ記スルハ誠實ニ選擧ヲ行フノ意思ナキコトヲ推測シ得ヘキヲ以テナリ、然レトモ被選擧人ノ爵位職業身分住所又ハ敬稱ノ類ヲ記入スルカ如キモノハ單ニ被選擧人ノ何人タルカヲ明ニシ、又ハ被選擧人ニ敬意ヲ表スルニ在ルヲ以テ此等ハ毫モ選擧ニ有害ナルモノニ非サレハ、所謂他事ヲ記入シタルモノニ該當セス、從テ其ノ投票ハ無效トスルノ限ニ在ラス

七、被選擧人ノ氏名ヲ自書セサルモノ、被選擧人ノ氏名ヲ自書セサル投票ノ無效ナルハ前叙ノ如ク、市制第二十五條第七項町村制第二十二條第七項ニ「自ラ被選擧人ノ氏名ヲ自書スルコト能ハサル者ハ投票ヲ爲スコトヲ得ス」ト規定シタル法ノ精神ヨリ見ルモ其ノ無效ナルハ明白ニシテ從前是等ノ投票ハ何レモ無效トシテ取扱ヒ來レリ、而シテ「自書セサル投票」トハ活字木印ゴム印其ノ他ノ型ヲ用ヰテ被選擧人ノ氏名ヲ描出シタルモノ、被選擧人ノ氏名ヲ印刷セル用紙、又ハ名刺ヲ下敷トシ之ヲ

透寫シタルモノ、又ハ被選擧人ノ氏名ヲ表シタル他ノ用紙ノ一部ヲ投票ニ貼付シタルモノ等孰レモ選擧人自ラ投票ニ手記セサルモノヲイフ、自巳ノ記憶ヲ呼起ス爲メ被選擧人ノ名刺ヲ傍ニ置キ之ヲ手本トシテ投票ヲ記載スルモノノ如キハ之ヲ本號ニ包含セサルモノトス、然レトモ市制第二十五條第六項町村制第二十二條第六項ノ規定ニ依ル盲人ノ點字投票ニ付テハ、自書ヲ條件トセサルヤ勿論ナリ

第三項　投票ノ有効無効ノ決定

第二十六九條　投票ノ效力ハ選擧立會人之ヲ決定ス可否同數ナルトキハ選擧長之ヲ決スヘシ

選擧會ニ於ケル投票ノ效力決定ノ機關ハ選擧立會人ナリ、其ノ決定ノ方法ハ多數決ヲ以テ之ヲ爲スヘク若選擧立會人ノ意見カ可否同數ナルトキハ選擧長ニ於テ之ヲ決定スルモノトス

投票ノ效力ヲ決定ストハ、各個ノ投票ニ就キ其ノ有效無效ヲ決定スルヲイフ、即チ選擧立會人ニ於テ其ノ有效無效ヲ議決シ、若選擧立會人ノ意見カ可否同數ニ岐レタルトキハ選擧長ニ於テ之ヲ決定スヘキモノトス、而シテ普通ノ例ニ依レハ無効投票ニ付テ

ハ、特ニ一々選擧立會人ノ決定ヲ經ルニ拘ラス其ノ有效ニシテ、毫モ疑ナキモノニ付テハ、殆ント決定ヲ經サルカ如キ觀ナキニ非スト雖、是レ唯形式上ノ省略ニ止マリ、其ノ實ハ等シク選擧人ノ決定ヲ經タルモノト認ムルヲ得ヘシ、而シテ本條ニ依ル投票ノ効力ヲ決定スルニ方リ其ノ無効ト爲スヘキモノニ付テハ、市制第二十八條町村制第二十五條ニ列記スルトコロニ依ルヘキモノトス

第十章　當選者ノ決定及當選ヲ失ヒ又ハ當選スルモ議員タルコトヲ得サル場合

第一項　當選者ノ決定

第三十七條　市町村會議員ノ選擧ハ、有効投票ノ最多數ヲ得タル者ヲ以テ當選者トス但シ議員ノ定數（選擧區アル場合ニ於テハ其ノ選擧區ノ配當議員數）ヲ以テ有効投票ノ總數ヲ除シテ得タル數ノ六分ノ一以上ノ得票アルコトヲ要ス
前項ノ規定ニ依リ當選者ヲ定ムルニ當リ、得票ノ數同シキトキハ年長者ヲ取リ年齡同シキトキハ選擧長抽籤シテ之ヲ定ムヘシ

一、當選者ヲ決定スルノ立法例ニ絶對多數ノ法ト比較多數ノ法トノ例アリ、絶對多數ノ法トハ投票數ノ一定ノ歩合ヲ定メ、其レ以上ノ得票アルニ非サレハ當選者タルコトヲ得サルヲイヒ、之ニ反シテ比較多數ノ法トハ得票數ノ絶對的ノ多少ニ拘ラス比較的ニ多數ナルモノヲ以テ當選者ヲ定ムルヲイフ、所謂比較多數ノ法ヲ採リ單ニ有効投票ノ多數ヲ得タル者ヲ以テ當選者ト爲スニ於テハ衆望ナキ者ト雖、往々少數ノ得票ヲ以テ當選ヲ僥倖スルノ弊ナキニ非ス、故ニ法ハ絶對多數ノ制ヲ採用シ有効投票ノ數ニ比例シテ其ノ得票ノ最少限度ヲ定メタリ法定得票數之ナリ、然シテ市町村會議員ノ選擧ニ付テハ、有効投票ノ最多數ヲ得タル者ヲ以テ當選者トス、茲ニ所謂「有効投票ノ最多數」トハ比較多數ノ義ニ非スシテ絶對多數ノ意味ナリ、故ニ其ノ得票ニハ一定ノ制限アリ、即チ一般市町村ニ在リテハ議員定數ヲ以テ又選擧區アル市ニ在リテハ其ノ選擧區ノ配當議員數ヲ以テ有効投票ノ總ヲ除シテ得タル數ノ六分ノ一以上ノ得票アルコトヲ要ス、所謂「有効投票」ノ總數トハ市制第二十五條町村制第二十二條ノ規定ニ依リ、選擧人ノ自ラ爲シタル投票ニシテ市制第二十八條町村制第二十五條ニ列記スル、無効投票ニ該當セストシテ市制第二十九條町村制第二十六條ニ依リ、有効投票ナリト決定セラレタル投票ノ總數ヲイフ、故ニ開票分會ニ於

ヲ決定セラレタル有効投票ハ當然之ヲ包含スヘキモノトス
今町村ニ就キ當選者ヲ定ムル例ヲ示セハ選擧會ニ於テ投票ノ計算ヲ爲シ一々投票ヲ點檢シ、有効投票ト否トノ決定ヲ終リタルトキハ其ノ有効投票ノ總數ヲ計算シ、且開票分會アルトキハ其ノ分會ニ於テ決定セラレタル有効投票ノ總數ヲ之ニ合算シタルモノ、即チ有効投票ノ總數ニシテ其ノ數千五百六十二票ナルトキ、此ノ町村ニ於ケル議員定數（町村制第十一條ニ依ル、議員定數若增員又ハ減員條例ノ設アルトキハ之ニ基ク議員定數）十八人ト假定スレハ當選者タルニハ有効投票ノ總數千五百六十二票ヲ議員定數十八ニテ除シテ得タル數八十六票七分ヲ更ニ六ニテ除シタル數、即チ十四票四分五厘以上ノ得票アルコトヲ要ス、又選擧區アル市ニ就キ當選者ヲ定ムル例ヲ示セハ選擧本會ノ有効投票數三千九百八十七票開票分會ノ有効投票數千百二十七票ナルトキ、此ノ有効投票ノ總數ハ五千百十四票ニシテ、市會議員ノ定數四十四人中其ノ選擧區ニ配當セラレタル議員數九人ナリト假定スレハ其ノ當選者タルニハ有効投票ノ總數五千百十四票ヲ配當議員九人ヲ以テ除シタル數五百六十八票二分餘ヲ更ニ六ニテ除シタル數九十四票七分餘ノ得票アルコトヲ要ス、本項ニ「六分ノ一以上」トアルヲ以テ、若計算ノ結果一票ニ滿タサル端數ヲ生スルコトアルモ之ヲ切捨ヘキモノニ非ス、即チ右ノ例示ノ場合ニ於テ當選者ト爲スヘキ得票數ノ最少限度ハ町村ノ場合ハ十四票四分五厘、市ノ場合ハ九十四票七分餘ナルヲ以テ町村ノ當選者ハ十五票市ノ當選者ハ九十五票以上ヲ要スルモノトス

二、當選ハ前項ノ規定ニ依リ一定ノ最少限度以上ニ於テ其ノ得票ノ多キ者ヨリ順次之ヲ定ムヘキモノナルモ若其ノ得票數相同シキトキハ年齡ニ依リ、其ノ多キ者ヲ取リテ當選者トシ、年齡相同シキトキハ選擧長抽籤シテ當選者ヲ定ム、年齡ノ計算ニ付テハ明治三十五年法律第五十號ニ依リ、其ノ出生ノ日ヨリ起算シ曆ニ從フヘキモノトス、故ニ「年齡同シキト」キトハ出生ノ年月日同一ナル場合ヲイフ、抽籤ノ方法ニ付テハ別ニ規定スル所ナキヲ以テ選擧長ニ於テ適宜ノ方法ニ依ルヲ得ヘシト雖、最モ公正ニ之ヲ行ヒ、決シテ他ノ疑ヲ招クカ如キ行爲アルヘカラス

第二項　當選ヲ失フヘキ場合

第三十七條ノ二　當選者選擧ノ期日後ニ於テ被選擧權ヲ有セサルニ至リタルトキハ當選ヲ失フ

市町村會議員選擧ノ結果有効投票ノ最多數ヲ得タル者ハ當選者タルヘシト雖、選擧期

日後其ノ當選者カ被選擧權ヲ失フニ至リタルトキハ、其ノ當選ヲ失ヒ議員タルヲ得サルモノナリ
從前ノ規定ニ依レハ選當者カ選擧期日後ニ於テ被選擧權ヲ喪失スルコトアルモ其ノ當選ヲ失ハシムルコトナキヲ以テ單ニ選擧期日ニ於テ被選擧權ヲ有スレハ其ノ後被選擧權ヲ失フコトアルモ、當選辭任期間ノ經過ニヨリテ當然議員ト爲ルモノトセリ、蓋シ當選者ハ選擧當日ノ資格ニ基キ選擧會ニ於テ選擧長之ヲ決定スヘキモノナルカ故ニ成規ノ手續ニ依リテ定マリタル當選者カ其ノ後ニ至リ被選擧權ヲ喪失シタルヤ、否ヲ單ニ行政廳ノ認定ニ任スルハ適當ナラサルヲ以テ宜シク其ノ被選擧權ノ有無ハ議員ト爲リタル後市町村會ノ審查決定ニ俟ツヘキモノト爲シタルニ外ナラス、然レトモ當選者ト定マリタル者カ選擧ノ期日後被選擧權ヲ喪失シタル場合ニ於テハ、假令議員ト爲ルモ市制第三十八條町村制第三十五條ノ規定ニ依リ、失職スヘキモノナルヲ以テ之ヲシテ議員タラシムルハ往々無資格者ヲシテ議事ニ列セシムルコトト爲リ、且無用ノ手續ヲ繰返スニ了リ加之其ノ退職後補闕選擧ヲ爲スコトトセハ其ノ手續遲延スルヲ免レス故ニ當選者カ選擧ノ期日後被選擧權ヲ喪失シタル場合ハ其ノ被選擧權喪失ノ事實發生シタルトキヨリ當然將來ニ向テ當選ノ効力ヲ失フモノナリ

選擧《センキヨ》（投票）ノ期日ニ於テ被選擧權ヲ有シ當選者トナリタル者カ其ノ翌日ヨリ議員タルニ至ル迄ノ間即チ當選辭任期間ニ於テ被選擧權喪失ノ原因ヲ發生シタルモノヲイフ、而シテ此ノ選擧期日トハ總選擧ノ場合ハ勿論、補闕選擧增員選擧、又ハ市制第三十三條第三十七條町村制第三十條第三十四條ノ規定ニ依リ、更ニ行フ選擧ノ場合ニ於ケル投票ヲ行フ日ヲ指スモノトス、彼ノ天災事變等ノ爲更ニ投票ヲ行フ場合ニ於テハ選擧期日ヲ變更スルコトナク、單ニ投票ノ日ヲ變更スルモノナルヲ以テ茲ニイフ、選擧期日ハ此ノ投票ヲ行フ日ニアラスシテ、曩ニ決定セラレタル選擧期日ニヨルヘキモノトス、隨テ選擧期日ニ於テハ有効投票ノ最多數ヲ得タル者ヲ以テ當選者ト爲スヘキモノナルヲ以テ假令其ノ者カ選擧期日後當選者ヲ定ムル迄ノ間ニ於テ被選擧權ヲ喪失スル場合ト雖、一旦必ス當選者ト定メサルヘカラス、而シテ其ノ當選者ト決定スルト共ニ當然其ノ當選ヲ失フヘキモノトス、「又當選ヲ失フ」トアルハ當選者ハ一旦適法ニ當選者ト爲リタル者ナルモ選擧期日後被選擧權喪失ト言フ新ナル事實ノ發生ニ因リ、其ノ當選ノ効力ヲ將來ニ向テ喪失セシムルモノトス、故ニ彼ノ當選ノ効力ニ關スル異議ノ決定若ハ訴願ノ裁決確定シ、又ハ判決アリタルニ由リ當選無効ト爲リタル場合ノ如ク選擧ノ當日ニ遡リ、其ノ當選ヲ無効ト爲スモノトハ其ノ性質ヲ異ニスルモノナルコトヲ知ルヘシ、而シテ將來ニ向テ當選ノ効力ヲ失ヒタル塲合ニ於テハ其ノ者ノ補充ヲ如何ニスヘキカ、是レ市制第三十三條町村制第三十條ノ規定スルトコロニ依リ、其ノ當選ヲ失ヒタルトキヨリ三月以内ニ更ニ選擧ヲ行フカ、又ハ同條第一項但書ニリ選擧ヲ行フコトナクシテ直ニ當選者ヲ定メサルヘカラサルナリ

第三項　當選スルモ議員タルコトヲ得サル塲合

第三十二條（第二十九條）　當選者定マリタルトキハ市町村長ハ直ニ當選者ニ當選ノ旨ヲ告知シ（第六條ノ市ニ於テハ區長ヲシテ之ヲ告知セシメ）同時ニ當選者ノ住所氏名ヲ告示シ且選擧錄ノ寫（投票錄アルトキハ併セテ投票錄ノ寫）ヲ添ヘ之ヲ府縣知事ニ報告スヘシ當選者ナキトキハ直ニ其ノ旨ヲ告示シ且選擧錄ノ寫（投票錄アルトキハ併セテ投票錄ノ寫）ヲ添ヘ之ヲ府縣知事ニ報告スヘシ

當選者當選ヲ辭セムトスルトキハ當選ノ告知ヲ受ケタル日ヨリ五日以内ニ之ヲ市町村長ニ申立ツヘシ

一人ニシテ數選擧區ニ於テ當選シタルトキハ最終ニ當選ノ告示ヲ受ケタル日ヨリ五

日以内ニ何レノ當選ニ應スヘキカヲ市長ニ申立ツルヘシ、其ノ期間内ニ之ヲ申立テサルトキハ市長抽籤シテ之ヲ定ム（市制）

官吏ニシテ當選シタル者ハ所屬長官ノ許可ヲ受クルニ非サレハ、之ニ應スルコトヲ得ス

前項ノ官吏ハ當選ノ告知ヲ受ケタル日ヨリ二十日以内ニ之ニ應スヘキ旨ヲ市町村長ニ申立テサルトキハ其ノ當選ヲ辭シタルモノト看做ス、（第三項ノ場合ニ於テ何レノ當選ニ應スヘキカヲ申立テサルトキハ總テ之ヲ辭シタルモノト看做ス）

市町村ニ對シ請負ヲ爲シ、又ハ市町村ニ於テ費用ヲ負擔スル事業ニ付市町村長若ハ其ノ委任ヲ受ケタル者ニ對シ請負ヲ爲ス者若ハ其ノ支配人又ハ主トシテ同一ノ行爲ヲ爲ス法人ノ無限責任社員、役員若ハ支配人ニシテ當選シタル者ハ其ノ請負ヲ罷メ又ハ請負ヲ爲ス者ノ支配人、若ハ主トシテ同一ノ行爲ヲ爲ス法人ノ無限責任社員、役員若ハ支配人タルコトナキニ至ルニ非サレハ、當選ニ應スルコトヲ得ス、第二項（又ハ第三項）ノ期限前ニ其ノ旨ヲ市町村長ニ申立テサルトキハ其ノ當選ヲ辭シタルモノト看做ス

前項ノ役員トハ取締役、監査役及之ニ準スヘキ者竝請算人ヲ謂フ

市町村ニ對シ請負ヲ爲シ、又ハ市町村ニ於テ費用ヲ負擔スル事業ニ付市町村長若ハ其ノ委任ヲ受ケタル者ニ對シ請負ヲ爲ス者ノ如キ或ハ議員タルノ地位ヲ利用シ、私曲ヲ圖ルノ弊ニ陷リ易キ一定ノ業務ニ從事セル者ニ對シ其ノ弊ヲ防遏センカ爲ニ是等ノ者ハ其ノ請負ヲ罷メ、又ハ其ノ業務ニ從事スルコトナキニ至ルニ非サレハ、假令當選ノ告知ヲ受クルモ之ニ應シ市町村會議員タルコトヲ得サラシメタリ

（一）　市町村ニ對シ請負ヲ爲シ、又ハ市町村ニ於テ費用ヲ負擔スル事業ニ付市町村長若ハ其ノ委任ヲ受ケタル者ニ對シ請負ヲ爲ス者及其支配人「請負」トハ民法第六百三十二條ニ所謂請負ヲ指シタルモノニシテ、當事者ノ一方カ或仕事ヲ完成スルコトヲ約シ、相手方カ其ノ結果ニ對シ報酬ヲ與フルコトヲ約スルノ契約ヲイフ而シテ請負ノ事實ハ必スシモ一定ノ期間繼續スルコトヲ要セサルヲ以テ、苟モ當選ノ際又ハ一旦議員トナリタル以後ニ於テ市町村トノ間ニ請負ヲ爲セル事實アルトキハ當選者タルコトヲ得サルハ勿論議員ノ資格ヲ失フモノトス、本項ニ關スル政府提案ニ依レハ「常ニ工事ノ請負物件勢力供給ノ契約ヲ爲ス者、又ハ市町村ノ爲金錢出納ノ取扱ヲ爲ス者云々」トアリシカ衆議院ニ於テ單ニ之ヲ「請負ヲ爲シ云々」ト修正可決シタルヲ以テ或論者ノ如キハ玆ニ所謂請負トハ通俗ノ請負ト同

一ニ廣汎ナル意義ヲ有スルモノナリト解シ、其ノ削除セラレタル物件勞力ノ供給ノ如キモ、亦之ヲ包含スルモノトナセルモ法カ單ニ請負ト規定セル以上ハ民法ノ請負ト同意義ナリト解スルヲ正鵠ヲ得タルモノトハサルヘカラス、隨テ物品供給契約又ハ勞力ノ供給契約ノ如キハ本項ニ所謂請負ニ該當スルモノニ非ス、主務省ノ見解亦吾人ノ所見ト相一致セリ

又請負ノ存續期間ニ關シテハ、一旦工事ノ請負ヲ爲シタル以上假ニ工事完成シ引渡シタリト雖、仍其ノ保證期間ハ請負ノ關係ニアルモノナリト解スル論者アリト雖、既ニ工事ノ引渡ヲ了シタル者ハ假ニ未タ其ノ代金ノ受授結了セス、又ハ保證期間滿了セサルト雖、請負關係ハ工事引渡ノ完了ニ依リ直ニ終了スヘキモノニシテ其ノ請負ヲ爲ストハ現ニ請負契約ニ依リ義務ヲ負擔スル者ノミヲ指スモノナリト解スヘキナリ

「市町村ニ對シ請負ヲ爲シ」トハ自己カ選擧權ヲ有スル其ノ市町村ニ對シテ選擧ノ當日請負ヲ爲シツツアル者ヲイヒ、曾テ市町村ニ對シ請負ヲ爲シタルコトアリ又ハ平素市町村ニ對シテ請負ヲ爲スヲ常業トスル者ト雖、選擧ノ當日ニ於テ市町村ト請負ノ關係ナキ者ハ之ニ該當セス、又「市町村ニ於テ費用ヲ負擔スル事業ニ

付市町村長、若ハ其ノ委任ヲ受ケタル者ニ對シ請負ヲ爲ス者」トハ市町村本來ノ事業ニ付市町村ニ對シ請負ヲ爲スニ非サルモ市町村ニ於テ費用ヲ負擔スル事業、例ヘハ道路ノ擴張改築工事ノ如キ都市計畫事業ノ如キ、元來是等ノ事業ハ國ノ事業ニシテ法令ノ規定ニ依リ其ノ事務ノ管理及事業ノ執行ヲ市町村長ニ委任シ、之ニ要スル費用ハ市町村ノ負擔ニ歸セシメタルモノナリ、是等ノ事業ハ市町村ニ於テ費用ヲ負擔シ、市町村長又ハ其ノ委任ヲ受ケタル者ニ於テ執行スヘキモノナルヲ以テ其ノ事業ニ對シ市町村長又ハ委任ヲ受ケタル者ト選擧ノ期日ニ於テ現ニ請負ヲ爲シツツアル者ヲイフ、「支配人」トハ商業使用人即チ主人ニ代リテ其ノ營業ニ關スル行爲ヲ爲スノ權限ヲ有スル者ヲイフ、故ニ主人ニ代リテ其ノ營業ニ關スル行爲ヲ爲ス權限ナキ使用人ハ所謂支配人ニ包含スルモノニ非ス

（二）　市町村ニ對シ又ハ市町村長等ニ對シ主トシテ請負ヲ爲ス法人ノ無限責任社員役員及支配人、茲ニ市町村ニ對シ又ハ市町村長等ニ對シ主トシテ請負ヲ爲ス法人トイフハ、市町村ニ對シ又ハ市町村長等ニ對シ請負ヲ爲スヲ主タル目的トスル法人ヲ指シタル義ニシテ、時々市町村等ノ爲ニ請負ヲ爲シ又ハ一般公私ノ爲ニ請負ヲ爲ス法人ノ如キハ之ニ該當セス何トナレハ斯ノ如キ者ハ主トシテ市町村又ハ市

町村長等ニ對スル請負ヲ爲ス者トイフヲ得サレハナリ、從テ是等法人ノ無限責任社員、役員及支配人ノ如キハ固ヨリ市町村會議員ノ被選擧權ヲ有セサルモノニアラス

「無限責任社員」トハ合名會社、合資會社及株式會社ノ債務ニ付自已ノ全財産ヲ以テ無限ニ之カ辨濟ノ責任アル社員ヲイフ、故ニ是等會社ノ債務ニ對シ自己ノ出資金持分ノ限度ニ於テノミ辨濟ノ責任ヲ有スル、所謂有限責任社員ハ之ニ該當セサルハ勿論ナリ

「其ノ請負ヲ罷メ」トハ市町村ニ對シ又ハ市町村長等ニ對シ請負ヲ爲シツヽアル者カ其ノ請負ヲ罷ムルノ義ニシテ、即チ現ニ請負ヲ爲シツヽアル者カ市町村會議員ノ選擧ニ於テ當選シタルトキ之ニ應セムトセハ、宜シク市町村又ハ市町村長ニ對スル請負關係ヲ絕チ當選ノ告知ヲ受ケタル日ヨリ五日以內ニ其ノ請負ヲ罷メタル旨ヲ市町村長ニ申立ツルコトヲ要シ、又請負ヲ爲ス者ノ支配人若ハ主トシテ是等ノ行爲ヲ爲ス法人ノ無限責任社員役員支配人等ナラハ、當選ノ告知ヲ受ケタル日ヨリ五日以內ニ其ノ支配人、無限責任社員、役員ヲ罷メ又ハ其等ノ身分タルコトナキニ至リ、且右期間內ニ市町村長ニ其ノ旨ヲ申立ツルコトヲ要ス、若其期間內ニ之カ申立ヲ爲ササルトキハ其ノ

當選ヲ辭シタルモノト看做サレ、當選者タルノ効力ヲ失フモノトス、其ノ申立ヲ爲スハ文書ヲ以テスルト、口頭ヲ以テスルトハ法ニ何等ノ制限ナキモ事ノ性質ニ鑑ミ文書ヲ以テ爲スヲ適當トス、而シテ其ノ申立ハ右期間内ニ必ス市町村長ニ到達スルコトヲ要スルモノトス

右ノ内「役員」トハ取締役、監査役及之ニ準スヘキ者竝清算人ナリ、「取締役」トハ商法第百二十三條及第百六十四條ニ依リ選任セラレタルモノニシテ、株式會社ノ業務ヲ執行スル重要ナル職分ヲ有スル者ヲ謂ヒ、「監査役」トハ商法第百二十三條第二百三十九條ニ依リ選任セラレ、會社ノ業務及會社財產ノ狀況ヲ調査シ必要アルトキハ株主總會ヲ招集シ取締役カ株主總會ニ提出セントスル書類ヲ調査シ其ノ意見ヲ總會ニ報告シ、又ハ無限責任社員ヲシテ株主總會ノ決議ヲ執行セシムル等常ニ會社ノ業務執行ノ監査ニ從事スヘキ職分ヲ有スル者ヲ謂フ、「之ニ準スヘキ者」トハ株式會社又ハ株式合資會社ニ於ケル取締役、監査役等ノ如ク會社ヲ代表シテ其ノ業務ヲ處理シ又ハ其ノ監査ヲ行フ等何レモ重キ職務權限ヲ有スル責任者ノ地位ニ在ル者ヲ指ス義ニシテ、例ヘハ日本勸業銀行ノ總裁、副總裁ノ如キ者ヲ謂ヒ、「清算人」トハ會社ノ解散後ニ於ケル殘務ノ結了、債權ノ取立及債務ノ辨濟、殘餘財產ノ分配等ノ事務ヲ執行セシムル爲

メ利害關係人又ハ檢事ノ請求ニ因リ選任セラレタル者ヲ謂フ

而シテ取締役、監査役之ニ準スヘキ者及淸算人等ハ何レモ會社ヲ代表シテ其ノ業務ヲ執行シ、若ハ業務ノ監査ニ任シ又ハ會社ノ殘務ヲ結了スヘキ者ナルカ故ニ是等ノ者ヲシテ議員タラシメサルハ議員タル地位ヲ利用シテ私曲ヲ營ムノ虞アルヲ以テナリ

第十一章　選擧無効トナルヘキ場合及選擧又ハ當選ノ効力ニ關スル異議

第一項　選擧無効トナルヘキ場合

第三十二五條　選擧ノ規定ニ違反スルコトアルトキハ選擧ノ結果ニ異動ヲ生スルノ虞アル場合ニ限リ其ノ選擧ノ全部又ハ一部ヲ無效トス、但シ當選ニ異動ヲ生スル虞ナキ者ヲ區分シ得ルトキハ其ノ者ニ限リ當選ヲ失フコトナシ

選擧ノ執行ニシテ選擧ノ規定ニ違背シ爲ニ選擧ノ結果ニ錯誤ヲ生スルトキハ選擧人ノ意思ニ反シ立法ノ本旨ニ悖ルモノナルヲ以テ選擧ノ結果ニ異動ヲ生スルノ虞アル場合ニ於テハ該選擧ヲ無效ストルノ途ナカルヘカラス「選擧ノ規定ニ違反スルコトアルト

キ」トハ其ノ如何ナル場合カ果シテ規定ニ違反スルノ選擧ナルヤ一々之ヲ列記スルヲ得スト雖其ノ重ナル場合ニ付之ヲ例示スレハ左ノ如シ

（一）無效ノ選擧人名簿ニ依リテ選擧ヲ行ヒタルトキ、市制第二十一條乃至第二十一條ノ五町村制第十八條乃至第十八條ノ五ノ規定ニ依ラスシテ調製シタル名簿ヲ用ヰテ爲シタル選擧又ハ同條ノ規定ニ依リ調製シタル名簿ト雖其ノ確定セサル前ニ之ヲ使用シテ爲シタル選擧ノ如キハ規定ニ違反スルモノトス

（二）選擧ニ關シテ適法ノ告示ヲ爲ササリシトキ、選擧會場票日時及選擧スヘキ議員ノ員數等ハ市制第二十二條町村制第十九條ニ依リ選擧ノ期日前七日目迄ニ告示スルヲ要ス、然ルニ其ノ告示ニシテ之ニ適ハサルトキハ規定ニ違反スルモノトス

（三）一定ノ投票用紙ニ依ラスシテ選擧ヲ行ヒタルトキ、投票用紙ハ市制第二十五條町村制第二十二條ニ依リ市町村長ニ於テ一定ノ式ヲ定メ之ヲ用ウヘキモノナリ、然ルニ其ノ定メタル投票用紙ニ依ラスシテ爲シタル選擧ハ規定ニ違反スルモノトス

（四）告示シタル場所又ハ時間以外ニ於テ選擧ヲ行ヒタルトキ、市制第二十二條又ハ町村制第十九條ニ依リ告示シタル選擧會場以外ノ場所又ハ投票ヲ行フヘキ時間以外ニ於テ選擧ヲ行ヒタルトキハ規定ニ違反スルモノトス

（五）正當ノ事故アルニ非スシテ選擧本會ト投票分會トノ投票ヲ同日時ニ行ハサリシトキ、投票ハ天災事變等ノ事由アル場合ノ外本會ト同日時ニ之ヲ行フヘキモノナルハ市制第二十二條第二項町村制第十九條第二項ニ規定スル所ナリ、是等ノ事由アルニ非スシテ分會ノ投票ヲ本會ト同日時ニ行ハサルトキハ選擧ノ規定ニ違反スルモノトス

（六）選擧ヲ行フコトヲ得サル者ニ選擧セシメタルトキ又ハ代書投票ヲ爲シタル者アルトキ、選擧權ナキ者確定名簿ニ登錄セラレサル者又ハ確定裁決書若ハ判決書ヲ所持セサル者ノ如キハ選擧ニ參與スルコトヲ得ス、然ルニ若是等ノ者ニシテ投票ヲ爲シタルトキ又盲人ノ點字投票以外ハ投票ハ自ラ之ヲ記載スヘキモノナルニ拘ラス代書投票ヲ爲シタル者アルカ如キ場合ハ選擧ノ規定ニ違反スルモノトス

以上例示ノ場合ノ如キハ孰レモ選擧ノ規定ニ違反スルモノニシテ其ノ違反ノ程度カ選擧ノ結果ニ異動ヲ生スルノ虞アル場合ハ其ノ選擧ノ全部又ハ一部ハ無效トナルナリ所謂「選擧ノ結果ニ異動ヲ生スルノ虞アル場合」トハ全ク事實上ノ問題ニ屬シ一々之ヲ列擧スルヲ得スト雖、例ヘハ前掲（六）ノ場合ニ於テ選擧權ナキ者カ投票ヲ行ヒ又ハ代書投票ヲ爲シタルトキ其ノ投票數ハ三票ナルニ當選者ノ得票ト次點者ノ得票トノ差

四票以上ナルニ於テハ其ノ無資格者ノ投票又ハ代書投票ノ數ヲ無效ト爲シ之ヲ當選者ノ得票中ヨリ控除スルモ次点者ノ得票ハ尚當選者ノ得票ヨリ少數ナルヲ以テ此ノ場合ニハ選擧ノ結果ニ異動ヲ生スルノ虞アルモノトイフヲ得ス之ニ反シ無資格者又ハ代書投票ノ數五アリテ當選者ノ得票ト次點者ノ得票トノ差ハ僅ニ三票ニ過キサル場合ニ於テ若此ノ無效ノ投票五票カ當選者ノ得票中ニ在リトセハ之ヲ控除スルトキハ其得票ハ次點者ノ得票ヨリモ少數トナリ當選者ト次點者トノ位地ヲ轉倒スルカ如キ結果ヲ生スヘキヲ以テ此ノ場合ハ選擧ノ結果ニ異動ヲ生スルノ虞アルモノトイハサルヘカラス

「選擧ノ全部又ハ一部ヲ無效トス」トイフハ即チ選擧カ違法ニ執行セラレタル爲選擧ノ結果ニ異動ヲ生スル場合ニ於テ其ノ程度ニ依リ選擧ノ全部ヲ無效トシ又ハ其ノ一部ヲ無效ト爲スノ義ナリ、所謂選擧ノ全部トハ選擧全體ヲ指シ一部トハ投票分會又ハ開票分會アルトキハ本會又ハ各分會ノ選擧ノ如ク理論上區分シ得ルモノヲイフナリ

規定違反ノ爲ニ選擧ノ全體ニ異動ヲ生シ其ノ全部又ハ一部ヲ無效ト爲スヘキ場合ヲ例示スレハ前掲（一）無效ノ選擧人名簿ニ依リテ選擧ヲ行ヒタルトキ（二）選擧ニ關シテ適法ノ告示ヲ爲ササリシトキ（三）一定ノ投票用紙ニ依ラスシテ選擧ヲ行ヒタル如キハ多クハ選擧ノ全部ニ異動ヲ生スルノ虞アル場合ニシテ即チ選擧ノ全部ヲ無效トス

ヘク又前掲（六八）選擧ヲ行フコトヲ得サル者ニ選擧セシメ又ハ代書投票カ某投票分會ニ於テノミ爲シタルモノナル場合ニ於テハ某ノ投票分會ノ選擧ノミヲ無效ト爲スヘキモノニシテ即チ選擧ノ一部ニ該當スルモノトス

「當選者ニ異動ヲ生スル虞ナキ者」トハ前述ノ如ク選擧ノ無效トナル原因カ假リニ其ノ者ニ在リトスルモ其ノ當選ヲ失フコトナカルヘキ者ヲイフ、例ヘハ選擧權ナキ者五人カ投票ヲ爲シタリシニ甲ハ三十五票乙ハ二十九票ニシテ次點者ハ二十七票ナリトセムニ、乙ト次點者トノ得票ノ差ハ二票ナルヲ以テ若選擧權ナキ者カ乙ニ投票シタリトスレハ乙ノ有效投票數ハ二十四票ト爲リ却テ次點者ヨリ少數得票者ト爲ルヘキモ之ニ反シテ甲ニ在リテハ次點者トノ得票數ノ差ハ八票ナルヲ以テ假リニ選擧權ナキ者ノ投票カ甲ニ爲サレタリトスルモ甲ノ有效投票ノ得票數ハ仍三十票ニシテ次點者ヨリハ依然トシテ多數ノ得票者ナルヲ以テ之カ爲其ノ當選ヲ失フノ虞ナキナリ、即チ甲ハ茲ニ所謂「當選ニ異動ヲ生スル虞ナキ者」ニ該當スヘシ、故ニ是等ノ者ヲ區分シ得ルトキハ假令選擧無效ニ歸スルモ其ノ者ニ限リ當選ヲ失フコトナカラシメ、殘餘ノ者ニ付テノミ三月以内ニ選擧ヲ行フヘキモノトス

茲ニ注意ヲ要スルハ規定違反ノ爲ニ選擧ノ結果ニ異動ヲ生シ其ノ選擧ノ全部若ハ一部

カ無效タル場合ニ於テモ法律上當然無效タルモノニ非ス市町村長若ハ監督官廳ニ於テモ亦直ニ之ヲ無效ト爲スコトヲ得ス其ノ之ヲ無效ト爲スニハ町村制第三十三條ノ規定ニ依ラサルヘカラサルコト是ナリ

第二項　選擧又ハ當選ノ効力ニ關スル異議

第三十六三十三條　選擧人選擧又ハ當選ノ效力ニ關シ異議アルトキハ選擧ニ關シテハ選擧ノ日ヨリ當選ニ關シテハ第三十二二十九條第一項又ハ第三十四三十一條第二項ノ告示ノ日ヨリ七日以内ニ之ヲ市町村長ニ申立ツルコトヲ得、此ノ場合ニハ市町村長ハ七日以内ニ市町村會ノ決定ニ付スヘシ市町村會ハ其ノ送付ヲ受ケタル日ヨリ十四日以内ニ之ヲ決定スヘシ

前項ノ決定ニ不服アル者ハ府縣參事會ニ訴願スルコトヲ得

府縣知事ハ選擧又ハ當選ノ效力ニ關シ異議アルトキハ選擧ニ關シテハ第三十二二十九條第一項ノ報告ヲ受ケタル日ヨリ、當選ニ關シテハ第三十二二十九條第一項又ハ第三十四三十一條第二項ノ報告ヲ受ケタル日ヨリ二十日以内ニ之ヲ府縣參事會ノ決定ニ付スルコトヲ得

前項ノ決定アリタルトキハ同一事件ニ付爲シタル異議ノ申立及市町村會ノ決定ハ無

效トス

第二項若ハ第六項ノ裁決又ハ第三項ノ決定ニ不服アル者ハ行政裁判所ニ出訴スルコトヲ得

第一項ノ決定ニ付テハ市町村長ヨリモ訴願ヲ提起スルコトヲ得

第二項若ハ前項ノ裁決又ハ第三項ノ決定ニ付テハ府縣知事又ハ市町村ヨリモ訴訟ヲ提起スルコトヲ得

第二十七條、第三十三條又ハ第三十四條第一項若ハ第三項ノ選擧ハ之ニ關係アル選擧又ハ當選ニ關スル異議申立期間、異議ノ決定若ハ訴願ノ裁決確定セサル間又ハ訴訟ノ繋屬スル間之ヲ行フコトヲ得ス

市町村會議員ハ選擧又ハ當選ニ關スル決定若ハ裁決確定シ又ハ判決アル迄ハ會議ニ列席シ議事ニ參與スルノ權ヲ失ハス

一、市町村會議員ノ當選者ハ選擧會ニ於テ之ヲ定メ選擧ハ當選者ノ定マルニ由テ終了スト雖之ニ依リテ選擧及當選者ハ直ニ確定スヘキモノニアラス選擧ニシテ其ノ規定ニ違反シ其ノ結果ニ異動ヲ生スルノ虞アル塲合ニハ前ニ於テ述ヘタル如ク其ノ選擧ノ全部又ハ一部ハ無效トナヘク又選擧ハ假令適法ニ行ハレタリトスルモ當選者ヲ定

ムルニ當リ錯誤アリタルトキハ其ノ當選ハ無效ニ歸スヘシ是等選擧又ハ當選ノ效力ニ關シ選擧人若ハ監督官廳ニ於テ異議アル塲合ニ其ノ效力ノ如何ヲ決定スルノ手續アリ

「選擧又ハ當選ノ效力ニ關シ異議アルトキ」トハ選擧ノ效力ニ關シ異議アル塲合ニ在リテハ選擧カ規定ニ違反シタルカ爲其ノ結果ニ異動ヲ生スルノ虞アルトキニ於テ選擧ノ效力ニ關シ異議アルヲイフ、更ニ之ヲ言ヘハ選擧其ノモノノ效力如何ニ關スルモノニシテ當選者ヲ云爲スルモノニ非ス即チ其ノ事例ヲ擧クレハ前ニ於テ述ヘタル所ノ如ク（一）無效ノ選擧人名簿ニ依リテ選擧ヲ行ヒタルトキ（二）選擧ニ關シ適法ノ告示ヲ爲ササリシトキ（三）一定ノ投票用紙ニ依ラスシテ選擧ヲ行ヒタルトキ（四）告示シタル塲所又ハ時間以外ニ於テ選擧ヲ行ヒタルトキ（五）正當ノ事故アルニ非スシテ選擧本會ト分會トノ投票ヲ同日時ニ行ハサリシトキ（六）選擧ヲ行フコトヲ得サル者ニ投票セシメタルトキ、又ハ代書投票ヲ爲シタル者アルトキ等ノ如キ塲合ニ於テ選擧ノ結果ニ異動ヲ生スルノ虞アルトキ起スヘキ異議是ナリ、當選ノ效力ニ關シ異議アル塲合ハ選擧ハ有效ニ行ハレタリトスルモ得票ノ審査ヲ誤リ又ハ當選者ノ決定ニ錯誤アリト認メタル塲合ニ起スヘキ異議ヲイフ、其ノ重ナル二三

ノ事例ヲ擧クレハ左ノ如シ

（一）當選者有效投票ノ最多數ヲ得タルモノニ非サルトキ、即チ選擧會ニ於テ役票ノ有效無效ノ決定ヲ誤リ無效タルヘキ投票ヲ有效トナシ、有效タルヘキ投票ヲ無效トナシタル爲若ハ得票數ノ計算ヲ誤リタル爲事實最多數ノ有效投票ヲ得タルモノニ非サル者ヲ以テ最多數ヲ得タルモノトシ當選者ト爲シタル場合（市制第二十八條乃至第三十條町村制第二十五條乃至第二十七條）

（二）投票ノ最多數ヲ得タル者其ノ數同シキトキニ於テ當選者ノ年長者ナラサリシトキ、即チ最多數ノ投票ヲ得タル者二人以上同數ナルトキニ於テ其ノ年齢ノ比較ヲ誤リ、年少者ヲ以テ當選者ト爲シタル場合（市制第三十條第二項町村制第二十七條第二項）

（三）前掲（二）ノ場合ニ於テ年齢相同シキニ抽籤ニ依ラスシテ當選者ヲ定メタルトキ、即チ最多數ノ投票ヲ得タル者二人以上同數ニシテ、且年齢相等シキトキ選擧長ニ於テ抽籤ヲ爲サスシテ當選者ヲ定メタル場合（市制第三十條第二項町村制第二十七條第二項）

（四）當選者ニシテ法定ノ最少限度以上ノ得票アラサルトキ、即チ議員ノ定數ヲ以テ有效投票ノ總數ヲ除シテ得タル數ノ六分ノ一以上ノ得票者ニアラサルニ之ヲ當選者ト定メタル場合（市制第三十條第一項但書町村制第二十七條第一項但書）

（五）當選者ニシテ被選擧權ヲ有セサリシトキ、當選者タルニハ選擧ノ際被選資格ヲ備フルコトヲ要ス、然ルニ被選擧權ヲ有セサル者ヲ以テ當選者ト定メタル場合（市制第十八條第二項第三項町村制第十五條第二項第三項）但シ茲ニ注意ヲ要スルハ其ノ選擧ノ當時ニ於テ被選擧權ヲ有セサルモ之ヲ當選者ト爲シタル後ニ於テ其ノ當選ノ效力ニ關スル異議申立期間ヲ經過スルトキハ假令其ノ者カ最初ヨリ被選擧權ヲ有セサルコトヲ發見スルモ此ノ場合ニ於テハ當選無效ノ異議ヲ申立ツルヲ得スシテ議員失職ノ原因タルモノトス、隨テ市制第三十八條町村制第三十五條ノ議員資格審査ノ規定ニ依ラサルヘカラス

選擧人ニシテ選擧又ハ當選ノ效力ニ關シ異議アルトキハ之ヲ市町村長ニ申立ツルコトヲ得茲ニ選擧人トイフハ選擧權ヲ有シ選擧ニ參與スルコトヲ得ル者ノ謂ナリ、即チ選擧權ヲ有スル者ニシテ選擧人名簿ニ登錄セラレタル者若ハ選擧ノ期日ニ於テ市制第二十五條ノ二第一項但書町村制第二十二條ノ二第一項ニ該當シ選擧人名簿ニ登錄セラルヘキ確定裁決書又ハ判決書ヲ所持セル者ナルコトヲ要ス、然レトモ其ノ選擧人カ現ニ選擧ヲ行ヒタルト否トハ問フ所ニアラス

異議申立ノ期間ハ選擧ノ效力ニ關シテハ選擧ノ日ノ翌日ヨリ當選ノ效力ニ關シテハ市町村長カ市制第三十二條第一項第三十四條第二項町村制第二十九條第一項第三十

一條第二項ニ當選者ノ住所氏名又ハ當選者ナキコト若ハ當選者議員ノ數ニ達セサルコトヲ告示シタル日ノ翌日ヨリ起算シ七日以內ナリトス、所謂「選擧ノ日」トハ其ノ選擧ヲ終リタル日ヲ指セルモノナリ又其ノ期間ニ付テハ市制第三十二條町村制第二十九ノ下ニ於テ說明シタルカ如ク、總テ之ヲ其ノ日ノ翌日ヨリ計算スヘキモノナリ又異議ハ「七日以內ニ之ヲ市町村長ニ申立ツルコトヲ得」トアルヲ以テ其ノ申立ハ七日以內ニ市町村長ニ到達スルヲ要スルハ固ヨリ言ヲ俟タス、然レトモ其ノ期間經過後ニ於テモ特ニ宥恕スヘキ事由アリト認ムル場合ニ限リ市制第百六十條第四項町村制第百四十條第四項ノ規定ニ依リ尙之ヲ受理スルコトヲ得

市町村長ニシテ異議ノ申立ヲ受ケタルトキハ其ノ受ケタル日ノ翌日ヨリ七日以內ニ之ヲ市町村會ノ決定ニ付スルヲ要シ、又市町村會ハ其ノ送付ヲ受ケタル日ノ翌日ヨリ十四日以內ニ其ノ申立ノ當否ヲ決定スルコトヲ要ス、異議決定ノ方式等ニ付テハ市制第百六十條町村制第百四十條ノ規定ニ依ルモノトス、即チ決定ハ必ス文書ヲ以テシ、且之ニ理由ヲ附シテ申立人ニ交付スヘシ又市町村會ノ決定アリタルトキハ市町村長ハ市制第三十九條町村制第三十六條ノ規定ニ依リ遲滯ナク之ヲ告示スルヲ要ス

二、前項ノ決定ニ對シテ不服アル者ハ府參事會ニ訴願スルコトヲ得、茲ニ「不服アル者」トイフハ單ニ異議ノ申立ヲ爲シタル者ノミニ止マラス汎ク一般選擧人ヲモ之ニ包含ス、訴願提起ノ期間ニ付テハ本項ニ何等規定スル所ナキヲ以テ市制第百六十條町村制第百四十條ノ通則的規定ニ依リ其ノ決定アリタル日ノ翌日ヨリ二十一日以內ニ之ヲ爲スヘキモノトス

三、市町村會議員ニシテ其ノ選擧又ハ當選ノ效力ニ關シテ異議ヲ申立テラレ、或ハ訴願又ハ訴訟ヲ提起セラレタルトキハ其ノ決定若ハ裁決確定シ又ハ判決アリタル後ニ非サレハ議員トシテノ地位ハ確定スルモノニ非ス、故ニ理論上選擧又ハ當選ノ效力ニ關スル異議申立訴願又ハ訴訟ノ提起アリタルトキハ其ノ決定若ハ裁決確定セス又ハ判決アラサル間ハ其ノ資格不明瞭ナルノミナラス、若其ノ選擧又ハ當選ノ效力ニシテ他日無效ト確定スルトキハ其ノ議員ノ參與シタル市町村會ノ議決若ハ選擧モ亦無效ナリトセサル可カラス、然レトモ此ノ如キハ實際ニ極メテ不便ニシテ市町村ノ事務ハ紛糾ヲ免カレサルヲ以テ本項ニ於テ特ニ規定ヲ設ケ一旦市町村會議員ト爲リタル以上ハ選擧又ハ當選ノ效力ニ關シ異議ノ申立又ハ訴願、訴訟ヲ提起セラルルコトアルモ選擧若ハ當選ヲ無効トスルノ決定、若ハ裁決確定シ又ハ行政裁判所ノ判決

アル迄ハ會議ニ列席シ參與スルノ權ヲ失ハサルモノナリ、「會議ニ列席シ議事ニ參與スルノ權ヲ失ハス」トイフハ啻ニ會議ニ列席シ發言シ得ルニ止マラス、其ノ議決ニ加ハルノ權ヲモ失ハサルノ義ナリ隨テ選擧又ハ當選ヲ無效トスルノ決定若ハ裁決確定シ、又ハ判決アリタル場合ト雖其ノ以前ニ於テ該議員ノ參與シタル議決ノ效力ハ固ヨリ完全ニシテ有效タルヘキハ言ヲ俟タサル所ナリ

第十二章　議員ノ失職スヘキ場合

第三十八〔五〕條　市町村會議員被選擧權ヲ有セサル者ナルトキ又ハ第三十二〔二十九〕條第六〔五〕項ニ揭クル者ナルトキハ其ノ職ヲ失フ、其ノ被選擧權ノ有無又ハ第三十二〔二十九〕條第六〔五〕項ニ該當スルヤ否ハ市町村會議員カ左ノ各號ノ一ニ該當スルニ因リ被選擧權ヲ有セサル場合ヲ除クノ外市町村會之ヲ決定ス

一　禁治產者又ハ準禁治產者ト爲リタルトキ

二　破產者ト爲リタルトキ

三　禁錮以上ノ刑ニ處セラレタルトキ
四　選擧ニ關スル犯罪ニ依リ罰金ノ刑ニ處セラレタルトキ
市町村長ハ市町村會議員中被選擧權ヲ有セサル者、又ハ第三《二》十二《九》條第六《五》項ニ掲クル者アリト認ムルトキハ之ヲ市町村會ノ決定ニ付スヘシ市町村會ハ其ノ送付ヲ受ケタル日ヨリ十四日以内ニ之ヲ決定スヘシ
第一項ノ決定ヲ受ケタル者其ノ決定ニ不服アルトキハ府縣參事會ニ訴願シ其ノ裁決又ハ第四項ノ裁決ニ不服アルトキハ行政裁判所ニ出訴スルコトヲ得
第一項ノ決定及前項ノ裁決ニ付テハ市町村長ヨリモ訴願又ハ訴訟ヲ提起スルコトヲ得
前二項ノ裁決ニ付テハ府縣知事ヨリモ訴訟ヲ提起スルコトヲ得
第三十六《三》條第九項ノ規定ハ第一項及前三項ノ場合ニ之ヲ準用ス
第一項ノ決定ハ文書ヲ以テ之ヲ爲シ其ノ理由ヲ附シ之ヲ本人ニ交付スヘシ
一、凡ソ市町村會議員タルニ一定ノ要件ヲ具有スルコトヲ要スト定メラレタル以上ハ其ノ當選ノ際ハ勿論、尙其ノ就職後ニ在リテモ常ニ其資格要件ヲ具有スル者ニ非サレハ議員タルノ資格ヲ繼續スルコトヲ得サルハ蓋シ當然ノ理ナリ、『市町村會議員ニ

シテ被選擧權ヲ有セサル者ナルトキ又ハ第三十二（二十九）條第六（五）項ニ掲クル者ナルトキハ其ノ職ヲ失フ」ト定規シタルハ畢竟此ノ當然ノコトヲ規定シタルニ過キス市町村會議員カ當選ノ際ヨリシテ被選擧權ヲ有セサリシトキハ其ノ者ノ得タル投票ハ市制第二十八條第一項第五號町村制第二十五條第一項第五號ニ所謂被選擧權ナキ者ノ氏名ヲ記載シタル投票ナルヲ以テ、其ノ投票ハ無効トスヘキモノナレハ此ノ如キ者ハ當選者タルノ理ナシ既ニ當選者タルノ理ナキモノトスレハ又議員タルノ理ナキモノナリ、又若此ノ如キ者ニシテ誤テ當選者トナルモ市制第三十六條町村制第三十三條ニ於テ當選ノ效力ニ關スル異議申立ノ途アレハ之ニ依リテ其ノ當選ヲ無効トスヘキニ依リ、此ノ如ク當初ヨリ被選擧權ナキ者ハ議員トナリ得ルノ理ナシト雖、實際ニ於テハ選擧立會人ニ於テモ其ノ者ノ被選擧權ナキニ心付カスシテ其ノ得票ヲ有効トシ選擧長ニ於テ之ヲ當選者ト定ムルコトアリ、又選擧人、市町村長、監督官廳ニ於テ孰レモ其ノ被選擧權ナキニ心付カス爲ニ異議ノ申立ヲ爲サスシテ一定ノ期間ヲ經過シ其ノ當選ノ確定スルコトアルハ往々事實ニ於テ免ル可カラサルコトニ屬ス、然レトモ是等ノ者ヲシテ議員ノ職ニ在ラシムルハ法律ノ趣旨ニ悖ルモノナルヲ以テ本項ニ依リ之ヲ失職セシムルコトト爲シタルナリ、又當選ノ際被選擧權ヲ有シ

タリト雖其ノ後ニ至リ被選擧權ヲ失ヒタル者モ亦失職者タルヘキハ固ヨリ言ヲ俟タサル所ナリトス

『第三十二（二十九）條第六（五）項ニ掲クル者ナルトキ』トハ市町村ニ對シ請負ヲ爲シ又ハ市町村ニ於テ費用ヲ負擔スル事業ニ付市町村長若ハ委任ヲ受ケタル者ニ對シ請負ヲ爲ス者其ノ支配人又ハ之ト同一ノ行爲ヲ爲ス法人ノ無限責任社員、監査役取締役之ニ準スヘキ者、淸算人若ハ支配人タル者ヲイヒ、是等ノ者ハ市制第三十二條第六項町村制第二十九條第六項ノ規定ニ依リ市町村又ハ市町村長等ニ對スル請負ヲ罷メ又ハ叙上ノ職ニ在ラサルニ至ルニ非サレハ市町村會議員ト爲ルコトヲ許ササルヲ以テ、假令當選者ト定メラルルモ其ノ當選辭任期間中ニ請負ヲ罷メ、又ハ其ノ職ニ在ラサルニ至ルニ非サレハ其ノ當選ヲ辭シタルモノト看做サレ、結局市町村會議員タルヲ得サラシム、故ニ是等ノ者ハ選擧ノ際ニ於テ當然除斥セラルルヲ以テ固ヨリ其ノ議員トナルコトナカルヘキモ時ニ錯誤ニ依リ當選確定セルモノトシテ議員タルニ至ルコトナキニ非ス、又市町村會議員ト爲リタル後市町村又ハ市町村長等ト請負關係ニ立ツ塲合ヲ生スヘシ、若如斯ニ至レハ議員タルノ資格ヲ具ヘサルニ至ルヘキヲ以テ其ノ職ヲ失ハシムルハ理ノ當然タリ叙上市町村會議員カ其ノ被選擧權ヲ有セサルモノナリヤ否ヤ、又市町村若ハ市町村長等ト請負關係ヲ有スルモノナリヤ否ヤノ問題ハ單純ナル推定ヲ以テ斷スヘキモノニ非サルヲ以テ、之ヲ市町村長ノ認定ニ委セムヨリハ寧ロ市町村會ニ於テ之カ資格審査ヲ爲サシムルヲ適當トスルニアリ、玆ニ『市町村會之ヲ決定ス』トアルハ單ニ議員ノ被選擧權ノ有無ニ付市町村會ニ於テ之ヲ決定スルノ意義タルニ止マラス、其ノ事項ニ付テハ他ノ發案アルヲ待タス市町村會自ラ發案スルノ權アルコトヲ認メタルナリ、故ニ若議員ニ於テ議員中無資格者アリト認メタルトキハ自ラ發案シ市町村會ニ於テ之ヲ決定スヘキモノトス

然レトモ市町村會議員カ（イ）禁治産者又ハ準禁治産者ト爲リタルトキ（ロ）破産者ト爲リタルトキ（ハ）禁錮以上ノ刑ニ處セラレタルトキ及（ニ）選擧ニ關スル犯罪ニ依リ罰金ノ刑ニ處セラレタルトキ等ノ如キハ司法裁判所ノ判決又ハ決定ニ依リ確定スルモノニシテ、其ノ事實極メテ明瞭ナルヲ以テ特ニ市町村會ノ決定ニ付スルノ要ナキカ故ニ本項ニ於テハ『左ノ各號ノ一ニ該當スルニ因リ被選擧權ヲ有セサル場合ヲ除クノ外市町村會之ヲ決定ス』ト規定セリ

（イ）　禁治産者又ハ準禁治産者ト爲リタルトキ　禁治産者トハ民法ノ規定ニ依リ心

神喪失ノ常況ニ在ルヲ理由トシテ司法裁判所ヨリ禁治産者ノ宣告ヲ受ケタル者ヲ謂ヒ、準禁治産者トハ民法ノ規定ニ依リ心神耗弱者聾者啞者盲者又ハ浪費者タルノ故ヲ以テ同裁判所ヨリ準禁治産ノ宣告ヲ受ケタル者ヲ謂フ、是等裁判ノ宣告アリタルコトハ公知ノ事實ニシテ何等爭ヲ生スヘキ餘地ナキヲ以テ別ニ市町村會ノ決定ヲ俟タス之ニ該當スル場合ハ直ニ市町村會議員ヲ失職スルモノトス

(ロ) 破産者ト爲リタルトキ　トハ破産ノ宣告ヲ受ケ破産者ト爲リタルトキヲ謂ヒ破産ノ宣告ヲ受ケトハ債務ノ辯償ヲ爲シ得サルニ因リ破産法ニ依リ司法裁判所ヨリ破産ノ宣告ヲ受ケタル場合ナリ是等ノ宣告ヲ受ケ破産者ト爲リタルトキハ直ニ市町村會議員ノ職ヲ失フモノトセリ

(ハ) 禁錮以上ノ刑ニ處セラレタルトキ　禁錮以上ノ刑トハ死刑、無期懲役、有期懲役又ハ禁錮ノ刑ヲ云フ、是等ノ刑ノ宣告ヲ受ケ之カ確定シタルトキハ其ノ事實ノ有無ニ付市町村會ノ決定ヲ要セス直ニ市町村會議員ヲ失職スルモノトセリ

(ニ) 選擧ニ關スル犯罪ニ因リ『罰金ノ刑ニ處セラレタルトキ』トハ市町村會議員ノ選擧ハ勿論府縣會議員ノ選擧、衆議院議員ノ選擧其ノ他改正衆議院議員選擧法ノ罰則ノ規定ヲ適用、又ハ準用スル議會ノ議員ノ選擧ニ於テ選擧ニ關スル犯罪ニ

依リ罰金ノ刑ニ處セラレタル者ヲイフ、是等ノ者ハ其ノ裁判確定ノ後五年間市町村會議員其ノ他上掲ノ議會ノ議員ノ選擧權及被選擧權ヲ有セサラシメラルルヲ以テ其ノ裁判確定スルト共ニ直ニ市町村會議員ヲ失職スヘキモノトス

二、元來市町村會議員ノ被選擧權ノ有無又ハ第三十二（二十九）條第六（五）項ニ掲クル者ニ該當スルヤ否ヤハ市町村會ヲシテ自ラ發案シ決定セシムルヲ以テ本則ト爲スト雖、市町村會ニ於テハ其ノ議員中被選擧權ヲ有セサル者アルニ心付カサルコト之ナシトセス、又被選擧權ヲ有セサル者又ハ第三十二（二十九）條第六（五）項ニ掲クル者アルヲ知ルモ、或ハ黨派ノ關係等ニ依リ故意ニ之ヲ看過セントスルコトナキニ非ス、然レトモ議員タルノ資格ナキ者ハ市町村會ノ議事ニ參與セシムヘキモノニ非サルカ故ニ此ノ如キ場合ニ於テハ市町村長ニモ亦之カ發案ノ權ヲ付與シ兩者相俟チテ遺算ナカラシメンコトヲ期シタルナリ、隨テ市町村長ニ於テ若議員中被選擧權ヲ有セサル者又ハ第三十二（二十九）條第六（五）項ニ掲クル者アリト認ムルトキハ市町村會ニ提案シ之カ決定ニ付スヘキモノトス

市町村長カ市町村會ノ決定ニ付シタル場合ハ市町村會ハ其ノ送付ヲ受ケタル日ノ翌日ヨリ十四日以内ニ之ヲ決定セサルヘカラス、而シテ若市町村會カ本項所定ノ期間内ニ決定ヲ爲ササルトキハ市ニ在リテハ市制第九十一條第五項ノ規定ニ依リ市會ノ

決定スヘキ事件ヲ決定セサルモノナルヲ以テ其ノ事件ニ付府縣參事會ノ議決ヲ請ヒテ處置スヘク町村ニ在リテハ町村制第七十五條第三項ノ規定ニ依リ町村會ノ決定スヘキ事件ニ付府縣知事ニ具狀シテ指揮ヲ請ヒ町村長ニ於テ處置スヘキモノトス

三、第一項ニ依リ被選擧權ナシトスル市町村會ノ決定又ハ第三十二《二十九》條第六《五》項ニ揭クル者ニ該當セリトスル市町村會ノ決定ヲ受ケタル者、其ノ決定ニ不服アルトキハ府縣參事會ニ訴願シ、又其ノ裁決ニ不服アルトキ若ハ次項ノ規定ニ依リ市町村長ヨリ提起シタル訴願ニ對シテ府縣參事會ノ爲シタル裁決ニ不服アルトキハ行政裁判所ニ出訴スルコトヲ得ヘシ、本項ニハ『第一項ノ決定ヲ受ケ云々』トアルヲ以テ只第一項ニ依リ市町村會ニ於テ議員中被選擧權ヲ有セサル者又ハ第三十二《二十九》條第六《五》項ニ揭クル者ニ該當スル者アリト認メ其ノ資格ノ有無ニ付決定シタル塲合ノミヲ指シタルカ如キ感ヲ有スル者ナキニ非スト雖、第二項ニ依リ市町村長カ議員中被選擧權ヲ有セサル者又ハ第三十二《二十九》條第六《五》項ニ揭クル者ニ該當スル者アルヲ認メ、市町村會ノ決定ニ付シタル塲合モ亦第一項ニ依リ市町村會ニ於テ決定スヘキモノナルヲ以テ之ニ包含スヘキハ勿論ナリ、茲ニ『決定ヲ受ケタル者其ノ決定ニ不服アルトキハ云々』トアルヲ以テ本項ニ依リ訴願訴訟ヲ提起スルコトヲ得ルハ被選擧權ナシトスル市町村會

ノ決定ヲ受ケタル者ニ限ル義ニシテ市町村會又ハ府縣參事會等ハ本項ノ規定ニ依リ訴願若ハ訴訟ヲ提起スルヲ得サルモノトス

町村會議員中被選擧權ヲ有セサル者アリト認ムル場合ノ決定

何町（村）長　何　某㊞

第　號

何町（村）會議長

何町（村）長　何　某殿

町（村）會議員中被選擧權ヲ有セサル者アリト認ムルヲ以テ之ガ決定ノ件

本町（村）會議員何某ハ町（村）會議員ノ被選擧權ナシト認メラルヽヲ以テ御決定方御取計相成度別紙調書及送付候也

（別　紙）

調　書

何町(村)大字何々番地
何町(村)會議員　何　某
右何某ハ本町(村)會議員ナル處昭和何年何月何日一家ヲ擧ケテ隣村何々村大字何々番地ニ移轉シ何月何日ヨリ呉服營業ヲ開業シツヽアリ故ニ本町(村)ニハ僅ニ所有不動産トシテ田何畝歩ヲ有スルニ過キス、其ノ他同人ノ財産ト認ムヘキモノナク生活ノ本據地ハ本町(村)ナリト謂フヲ得ス、從テ本町(村)ニ住所ヲ有セサルヲ以テ町村制第七條第一項ノ規定ニ依ル用件ヲ缺キタル者ナリ依テ本町(村)會議員ノ被選擧權ナキ者ト認ム

備考
本文例ハ町村制第三十五條第二項ノ場合ニ於テ町村長ノ發案ニ依リ町村會ノ決定ニ付スル例ヲ示シタルモノナリ、故ニ同條第一項ノ場合ハ本例ニ依ルノ必要ナク直ニ次文例ニ依ルヘキモノトス

同上決定書案

第　　號
決

何郡何町(村)大字何々番地
何町(村)會議員　何　　某

決　定　書

右何某ハ本町(村)會議員ナル處昭和何年何月何日一家ヲ擧ケテ隣村何々村大字何々番地ニ移轉シ何月何日ヨリ呉服商ヲ營ミツヽアリテ本町(村)ニハ僅ニ不動産トシテ田何畝歩ヲ有スルニ過キス、其ノ他同人ノ財産ト認ムヘキモノナク、生活ノ本據地ハ本町(村)ナリト謂フヲ得ス、從テ本町(村)ニ住所ヲ有セサルヲ以テ町村制第七條第一項ノ規定ニ依ル用件ヲ缺キタル者ナレハ本町(村)會議員ノ被選擧權ナキ者ト認メ町村制第三十五條第二項ノ規定ニ依リ昭和何年何月何日何町(村)長何某ヨリ本町(村)會ノ決定ニ付シタルモノナリ

依テ本町(村)會ニ於テ之ヲ審査スルニ右何某ハ何々(其ノ理由詳細ニ記載)ナリ故ニ右何某ハ(何町(村)會議員ノ選擧權ヲ有セサル者ナリ)(何町(村)會議員ノ被選擧權ヲ有セサル者ナリト謂フコトヲ得ス)

右ノ理由ニ依リ決定スルコト左ノ如シ

何々町(村)會議員何某ハ本町(村)會議員ノ被選擧權ヲ有セサルモノトス

（又ハ被選擧權ヲ有ス）

昭和何年何月何日

何郡何町（村）會

右ノ通決定致度

年　月　日提出

何町（村）會議長

何町（村）長　何　某

備　考

町村制第三十五條第三項ノ規定ニ依レハ「第一項ノ決定ヲ受ケ云々」トアルヲ以テ同案第二項ノ決定ニ對シテハ訴願、訴訟ノ途ナシト解スルノ外ナシ、故ニ等シク町村會議員ノ被選擧權ニ關スル決定シテ其ノ決定法ニ多少ノ相違アルモ其ノ實質ニ於テ全ク同一事件ナルニ不拘一ハ訴願、訴訟ヲ許シ他ハ之ヲ許サザルハ法律ノ不備ト認メラル。尤モ市制町村制逐條示解等ニ於テハ「第二項ニ依リ市町村長カ議員中被選擧權ヲ有セサル者アルヲ認メ市町村會ノ決定ニ付シタル場合モ亦第一項ニ依リ市町村會ニ於テ決定スヘキモノナルヲ以テ之ニ包含スヘキハ勿論ナリ」トテ第二項ノ決定ニ對シテモ第三項ノ訴願、訴訟ヲ提起シ得ルモノト解釋セリ、一考ノ餘地アラム乎、サルニテモ法文ノ不備ナルハ免レサルモノト存ス

第十三條　市町村會

第一項　市町村會ノ議決權限

第三十九條　市町村會ハ市町村ニ關スル事件及法律勅令ニ依リ其ノ權限ニ屬スル事件ヲ議決ス

第四十一條

一、凡ソ法人ニ關スル特別ノ法規ハ其ノ內部關係ヲ律スル規定ナリトス、蓋シ自然人ニ在リテハ其ノ組織機能等ハ總テ法律上講究スヘキ所ニアラスト雖、法人ニ在リテハ之ト異ナリ唯觀念上實在トナスニ止マリ、自然人以外ニ於ケル權利主體ヲ認ムルニ在レハ法人ノ內部關係ニ於ケル機關活動ノ範圍機限ヲ定ムルニ非サレハ其ノ意思ト行爲トノ統一ヲ期スル能ハサルナリ、是ニ於テカ其ノ權限ノ範圍內ニ於テノミ機

關アリ權限ノ範圍內ニ於ケル行爲ノミ法人ノ行爲タルヲ得ルナリ

市町村ハ公ノ權力ノ主體ニシテ即チ公法人ナリ、故ニ其ノ事務ヲ行フニハ一ニ機關ニ依ラサルヲ得ス、此ノ機關ヲ別チテ（一）意思決定（二）事務執行ノ二トス、意思決定機關ニ屬スルモノハ市ニ在リテハ市會、町村ニ在リテハ町村會ナルモ法ハ市ニ於テハ仍市參事會ヲ置キ一定ノ事務ヲ決定スル機關トセリ、本款ニ於テ規定スル所ノモノハ意思決定機關タル市町村會ノ職務權限ニ在リ、而シテ市町村會ハ複數ノ自然人ニ依リテ組織セラルル合議制ノ機關ナルヲ以テ一人ノ自然人ニ依ル獨任制ノ機關ト異ナレリ、隨テ其ノ意思ヲ決定スルノ方法ヲ定ムルニ非サレハ市町村ノ意思タルヲ得サルナリ、是レ本款ニ於テ其ノ職務及權限ノ限界ヲ規定セル所以ナリトス

市町村ノ執行機關ハ包括的ニ市町村長之ヲ行フヲ以テ市町村會ハ外部ニ對シ市町村ヲ代表スルノ權ナシト雖、特別ノ場合ニ於テハ其ノ決定シタル意思ヲ以テ外部ト交涉スルヲ得ヘシ、例セハ諮問ノ答申意見書提出ノ如キ是ナリ

市町村會ノ職務權限ハ大要上記ノ如シ更ニ之ヲ概括スレハ凡ソ左ノ權限ニ分ツヘシ

（甲）外部ノ權限

（一）議決　市制第四十一條、第四十二條　町村制第三十九條、第四十條

（二）選舉　市制第四十四條、第五十五條　町村制第四十一條、第五十一條
（三）檢査　市制第四十五條　町村制第四十二條
（四）意見ノ陳述　市制第四十六條、第四十七條　町村制第四十三條、第四十四條
（五）決定　本款中ニ規定セス各條項ニ於テ規定セリ
（乙）内部ノ權限（機關ノ組織秩序上ノ權限）
（一）役員ノ設置　市制第四十四條、第四十九條　町村制第四十五條（町村長及其ノ代理者ハ法定ナリ）
（二）會議規則傍聽人取締規則ノ設定　市制第六十三條　町村制第五十九條
（三）資格審査　市制第三十八條　町村制第三十五條

市町村會ハ市町村ニ關スル事件ト法律勅令ニ依リ市町村會ノ權限ニ屬セシメタル事件トヲ議決スヘキ權限ヲ有ス、玆ニ所謂『市町村ニ關スル事件』トハ約言スレハ町村制第二條ニ依ル市町村ノ事務ヲ指シ『其ノ權限ニ屬スル事件』トハ法律勅令ノ規定ニ依リ意思決定機關タル市町村會ニ對シ直接其ノ權限ニ屬セシメタル事件ヲイフ

然レトモ市町村ノ事務ハ直ニ市町村ノ議決事件ニ非ス、何トナレハ市町村ニ屬スル事務ト雖悉ク市町村會ノ議決ヲ要セス、執行機關タル市町村長ニ於テ法令又ハ慣例ニ依

リ直接執行スヘキ事項アレハナリ、而シテ如何ナル事項カ議決ヲ要セスシテ之ヲ執行シ得ルヤハ一ニ法規ニ依リ決セサルヘカラス、市町村會ハ本條ノ規定ニ依リ原則トシテ市町村ニ關スル事件ニ對スル意思決定機關ナルコトハ明ナル所ニシテ、即チ市町村會ハ意思決定ニ關シテハ廣キ推定ヲ受クヘキモノナリト雖、法ハ特ニ他ノ機關ヲ以テ尚意思決定ヲ爲サシムヘキ特例ヲ規定セリ、例ヘハ市ニ於ケル市參事會ノ如キハ市ノ意思ノ一部ヲ決定スルハ明ナルノミナラス、前記ノ如ク市町村長ニ於テモ市制第九十二條第九十二條ノ二町村制第七十六條ニ所謂專決處分ノ如キ市町村會議決ノ範圍內ニ於テ其ノ細目ニ關スル市町村ノ意思決定ヲ爲ス如キ是ナリ

市町村ノ事務ハ其ノ何タルヲ問ハス悉ク國家ノ事務ナリト雖、其ノ國家ヨリ委任セラルル態様ニ依リ之ヲ分チテ二ト爲ス、即チ一ハ市町村ノ公共事務ニシテ市町村ノ自治行政ト稱スヘキモノナリ、普通之ヲ固有事務ト稱ス、他ノ一ハ國家及他ノ地方團體ノ委任ニ依リ市町村ノ區域內ニ其ノ行政ヲ行使スルモノ、即チ第二條ノ所謂『從來法令又ハ慣例ニ依リ及將來法律勅令ニ依リ市町村ニ屬スル事務云々』ト規定セルモノニシテ普通之ヲ委任事務ト稱ス、本條ニ所謂『事件』ナルモノハ此ノ固有事務竝委任事務ヲ合セ稱スルニ外ナラサルナリ、而シテ其ノ固有事務ハ第二條ノ公共事務即チ市町村

ノ生存發達上必要ナル事務ナルヤ否ヤニ依リテ之ヲ決スヘク、隨テ如何ナル事務カ公共事務ナルヤハ豫メ一定ノ標準ヲ示シ難シト雖、要ハ市町村全體ヨリ觀察シテ必要トセラルル事務ナルニ在リ、又委任事務ハ市町村制施行前ニ於ケル法律命令及慣例ニ依リ同施行後ニ於ケル法律勅令ヲ解釋シテ之ヲ決スヘキモノニシテ其ノ一二ノ例ヲ擧クレハ水利組合法第五十四條ニ依ル組合費賦課徵收事務ノ如キ小學校令第六條及第九條ニ依ル尋常小學校設置ノ如キ是ナリ

『法律勅令ニ依リ其ノ權限ニ屬スル事件』ハ本法中ニ規定セルモノ少カラス、他ノ法律ニ規定セルモノ例ヘハ府縣制第百九條ニ依リ府縣稅賦課細目ヲ議決スヘキカ如キ是ナリ、而シテ玆ニ法律勅令以外ノ命令ヲ以テシテハ其ノ權限ヲ付與スルヲ得サルハ固ヨリナリト雖、法律勅令ノ委任ニ依レル命令ハ形式上法律勅令ニアラサルモ實質ニ於テハ其ノ根源タル法律勅令ト同一ノ効力ヲ有スルヲ以テ此ノ權限ヲ付與スルヲ得ヘキナリ

市町村會ノ議決權限ハ大要上記ノ如キモ原則トシテハ議決ニ關スル議案ヲ發スルコトヲ得サルナリ、何トナレハ町村制第三十九條ニ於テハ議決スヘキコトノミヲ規定シ議案ヲ發スヘキコトハ市制第八十七條第二項第一號町村制第七十二條第二項第一號ニ於

テ之ヲ市町村長ノ擔任スヘキ事務ト定メタレハナリ、隨テ市町村會ノ議決權限ニ屬スル事件ト雖自ラ發案シ之ヲ議決スレハ其ノ權限ヲ超ユルモノナリト謂ハサルヘカラス然レトモ此ノ原則ニハ仍例外ヲ存セリ
發案權カ市町村會ニ屬セサルヲ原則トスルコトハ上記ノ如シ、故ニ其ノ發案權ヲ有スル例外事件ハ最モ嚴格ニ之ヲ解スヘクシテ廣キ推定ヲ許スヘキニ非ス、若此ノ分界ヲ誤ランカ執行機關ト意思決定機關トハ互ニ權限ノ混淆ヲ來スニ至ルヘシ、今其ノ例外トシテ市町村會ニ於テ發案權ヲ有スル事項ノ主ナルモノヲ擧クレハ市制第七十三條ニ依ル或ハ町村制第六十三條ノ町村長ノ選擧、市長選擧ノ如キ市制第三十八條町村制第三十五條ノ資格審査及本款中ノ公益ニ關スル意見書ノ提出會議規則傍聽人取締規則ノ如キハ市町村會ニ發案權アルモノト解スルヲ得ヘシ、而シテ其ノ他ニ尙市制第二十一條ノ三第三十八條町村制第十八條ノ三第三十三條第三十五條等ノ決定事項ハ其ノ發案權ヲモ合セテ市町村會ニ有スルトノ疑問ヲ生セシコトアリ、多少其ノ餘地アルカ如キモ此ノ場合ニ就キ法ハ意思決定機關ニモ亦發案權ヲ認メタルヤ明ナラサルヲ以テ發案權ハ市町村會ニ屬セサルモノト解スルノ外ナシ
茲ニ議決ノ結果ニ付研究ヲ要スヘキモノアリ、即チ修正可決否決ハ議決權ノ作用ニシ

テ議案カ可決又ハ變更ノ上茲ニ議決トナルナリ、其ノ可決否決ニ付テハ別ニ說明ヲ要セスト雖、修正トハ如何ナル範圍ヲ指スキハ議論ノ存スル所ナリ、按スルニ豫算議決ノ際或科目ノ金額ヲ增減シ又ハ削除スルカ如キハ修正ノ範圍ナルヤ明ナルモ全ク新ナル款項ヲ設ケ其ノ豫算金額ヲ見積ルカ如キ又ハ土木委員設置ノ議決ヲ爲スニ當リ原案ニハ河川堤防ニ關スル爲トアリシヲ更ニ衞生ノコトモ併セヲ調査スルノ要アリトシ、之ヲ修正スルカ如キハ發案權ヲ侵害スルモノニシテ修正權ノ範圍ヲ脫セルモノト謂ハサルヘカラス

市町村會議決ノ効力ニ關シ（一）議決カ違法ナルトキ（二）權限外ナルトキ（三）公益ヲ害スルトキ（四）收支ニ關シ不適當ナルトキハ之ヲ强制セラルルコトアリ、是レ即チ市制第九十條町村制第七十四條ノ規定スル所ニシテ國家監督權ノ作用ニ屬ス外部ニ對シ市町村ヲ代表スルノ權ハ原則トシテ市町村會ニ屬セサルハ市制第八十七條第二項第一號町村制第七十二條第二項第一號ニ於テ包括的ニ市町村長ニ屬セシメタルニ依リテ明ナリ、故ニ例外ノ塲合例ヘハ公益ニ關スル意見書ノ提出又ハ官廳ノ諮問ニ對スル答申或ハ各種異議ノ決定ノ如キハ自ラ市町村會ノ名ヲ以テ外部ニ對シ意思ヲ表示スルコトヲ得

第二項　市町村會ノ議決スヘキ事件

第四十二條　市町村會ノ議決スヘキ事件ノ概目左ノ如シ

一　市町村條例及市町村規則ヲ設ケ又ハ改廢スル事

二　市町村費ヲ於テ支辨スヘキ事業ニ關スル事但シ第九十三／七十七條ノ事務及法律勅令ニ規定アルモノハ此ノ限ニ在ラス

三　歲入出豫算ヲ定ムル事

四　決算報告ヲ認定スル事

五　法令ニ定ムルモノヲ除クノ外使用料、手數料、加入金、市町村稅又ハ夫役現品ノ賦課徵收ニ關スル事

六　不動產ノ管理處分取得ニ關スル事

七　基本財產及積立金穀等ノ設置管理及處分ニ關スル事

八　歲入出豫算ヲ以テ定ムルモノヲ除クノ外新ニ義務ノ負擔ヲ爲シ及權利ノ拋棄ヲ爲ス事

九　財產及營造物ノ管理方法ヲ定ムル事但シ法律勅令ニ規定アルモノハ此ノ限ニ在

ラス

十　市町村吏員ノ身元保證ニ關スル事

十一　市町村ニ係ル訴願訴訟及和解ニ關スル事

市町村會ノ議スヘキ權限ノ範圍ハ既ニ述ヘタルカ如ク各種ノ法規ニ依リテ定マルヲ以テ茲ニ悉ク之ヲ列擧セスト雖、凡ソ一事件ニ對スル議決權限ノ存否ハ其ノ基ク法規慣例ニ依リ之ヲ定メサルヘカラス、更ニ其ノ權限ヲ例示シテ之ヲ明瞭ナラシメタルニ過キス、本來ノ如キ列擧規定ノ場合ニ於テ其ノ規定カ限定的ナルニ於テハ其ノ列擧シタル事件ノ範圍内ナラサルヘカラサルモ之ニ反シテ例示的ノ場合、即チ凡百ノ事項中數箇ノ例ヲ示シタルニ過キサルニ於テハ其ノ規定ハ授權的ノモノニ非サルカ故ニ、前者ノ場合ト後者ノ場合トハ大ニ其ノ性質ヲ異ニセリ、本條カ後者即チ例示ニ過キサルハ其ノ『概目左ノ如シ』トノ明文ヨリ見ルモ明ナル所ナリトス、市制第百六十六條第百六十七條町村制第百四十六條第百四十七條ノ規定ノ如キハ限定的ノモノナルカ故ニ其ノ反面ニ於テハ列記以外ノ事項ニ關シテハ許可ヲ要セサルモノト解シ得ルカ如キモ本條ノ如キハ前條ニ依リテ定ムヘキ權限中一般的ニシテ比較的重ナリト思惟セラルルモノ、即チ市町村條例規則及主トシテ財政上ノ事項ヲ擧ケタルモノナリ、隨テ此ノ點ニ關シテハ府縣制ニ於ケル府縣會ノ議決事項ヲ限定的ニ規定シタルモノトハ大ニ異ナレリ、蓋シ府縣制ニ於テハ市制第四十二條町村制第三十九條前段ノ如キ廣義ノ規定ヲ設ケサリシヲ以テ府縣會ノ議決權ハ府縣制第四十一條ノ列記事項ニ止マルモノナリ本條ニ規定セル事件カ市町付會ノ議決ノ權限ニ屬スルコトハ更ニ說明ヲ要セサル所ナリト雖、此ノ列記以外ノ事ニ關シ市町村會ノ權限ニ屬スル事項ナルヤ否ヤヲ知ランニハ（一）其ノ事務カ市町村ノ事務ナルヤ否ヤ（二）市町村ニ委任シタル事務ナルヤ否ヤ（三）是等ノ事務ハ其ノ決定ノ權限ヲ市町村長又ハ市參事會ノ權限ニ專屬セシメタル事件ニ非サルヤ否ヤニ依リ之ヲ究ムルノ外ナキナリ、以下本條各號ニ付順次說明スヘシ

一、條例及規則ニ關シテハ市制第十二條町村制第十條其ノ他ニ於テ既ニ述ヘタルヲ以テ、玆ニ再ヒ之カ說明ヲ爲サスト雖本來條例ニ關シテハ議決ノ結果ト雖直ニ之ヲ施行シ得サルハ勿論其ノ他ノ議決ト雖許可ヲ要スルモノニ在リテハ許可ヲ受クルニ非サレハ効力ヲ生セサルナリ

市町村條例ハ市町村會ノ議決ニ依ルモ區會ノ設置ニ關スル條例ハ市町村會ノ議決ニ依ルモノニ非スシテ、市制第百四十五條町村制第百二十五條ノ規定ニ依ラサルヘカ

ラス、其ノ他區ニ屬スル事務ニ關スル條例ハ市町村會ニ於テ議決スヘキヤ將タ區會ニ於テ議決スルヲ得ルヤニ關シテハ議論ノ存スル所ナルモ區會區總會ニ關シテハ市制第百四十六條町村制第百二十六條ニ於テ市町村會ニ關スル規定ヲ準用スル旨ヲ規定セルヲ以テ市制町村制第二章ハ區會ニ之ヲ準用スヘキコト明ナリ

二、市町村事業ノ範圍ハ大要第二條ニ於テ之ヲ說明セリ、茲ニ『市町村費ヲ以テ支辨スヘキ事業』トアルハ市町村ノ事業ニシテ市町村費ヲ以テ支辨スヘキヲ謂フ、蓋シ市町村ノ事業ハ殆ント經費ノ之ニ伴ハサルモノナキヲ以テ多クノ場合ニ於テハ市町村會ノ決議ヲ要スヘキナリ

市町村ノ事業ヲ其ノ目的ト性質トニ依リ大別スルトキハ（一）單ニ公共ノ利益ヲ圖ル事業ト（二）公共ノ利益ヲ圖ルト同時ニ市町村ノ收益ヲ併セ得ントスルモノトノ二ト爲スヲ得ヘシ、例ヘハ公園ノ如キハ主トシテ（一）ニ屬シ又近時公營事業ト稱シ特別會計ヲ設置セルモノノ多クハ（二）ニ屬セリ、即チ電氣瓦斯事業家畜市場ノ如キ事業ハ其ノ顯著ナルモノナリ、然レトモ二者孰レニ屬スルモ市町村ノ事業ハ公共ノ利益ヲ伴フモノニ非サレハ市町村本來ノ目的ニ副フ能ハサルモノニシテ、其ノ目的ノ範圍ヲ脫スルモノナリトス、或ハ單ニ收益ノミノ事業ト雖モ其ノ市町村ノ收

益ヲ増加スルノ利益ハ公共ノ利益ニ外ナラサルヲ以テ收益ノミノ目的ヲ以テ事業ヲ經營スルモノヲ妨ケスト爲ス者アルモ、若此ノ說ノ如クンハ市町村ハ如何ナル事業ヲモ經營シ得ルニ至ル可ク要スルニ此ノ說タル國家ノ如キ原始的主權ヲ有スルモノハ格別公共團體ノ如キ繼受的ニ主權ヲ有スルモノニ在リテハ常ニ國家ヨリ制限セラルル範圍內ニ於テノミ其ノ團體ノ生存目的ト爲スヘキモノト論斷スルヲ可ナリト信ス

本號但書ノ規定ハ國及府縣其ノ他公共團體ノ事務ニシテ

（一） 市制第九十三條町村制第七十七條ノ事務即チ市町村長其ノ他ノ市町村吏員ニ委任セルモノ例セハ

イ 精神病者監護法第六條第八條及三十三年勅令第二百八十二號

ロ 行旅病人死亡人取扱法第二條及第七條

ハ 小學校令施行規則第八十條及第八十一條

ニ 所得稅法第三十二條

ホ 徵兵事務例第二十一條

ヘ 二十九年勅令第三百三十一號第十一條河川臺帳副本調製及保管ノ件

ト　府縣制第九條及第十條
チ　衆議院議員選擧法第十二條第三十條第四十四條
リ　道路法第十七條
ヌ　都市計畫法施行第一條
ル　職業紹介法第一條
（二）法律勅令ヲ以テ市町村ニ委任セルモノ例ヘハ
イ　國税徴收法第五條及三十年勅令第百九十五號
ロ　三十三年勅令第八十一號第一條府縣税徴收ニ關スル件
ハ　水利組合法第五十四條
ニ　二十七年勅令第十五號消防組規則第一條
ホ　小學校令第六條及第九條尋常小學校ノ設置
ヘ　同第六十二條學務委員ノ設置
ト　三十一年勅令第二號學校醫ノ設置
チ　傳染病豫防法第十五條
リ　汚物掃除法第二條及第五條

ヌ　史績名勝天然紀念物保存法第五條

ノ如キ事件ニ關シテハ市町村ノ任意事件ニアラスシテ國家直接ノ法規ニ依リ其ノ設備又ハ事務ヲ强要スルモノナリ、斯ノ如ク市町村ニ委任シタル事件ハ市町村會ニ於テ其ノ要否ヲ議定スルノ餘地ヲ存セサルヲ明ニシタルニ止マルカ故ニ、例ヘハ市制第九十三條町村制第七十七條ノ如キ國府縣其ノ他公共團體ノ事務ニ付テハ假令市町村カ費用ヲ支出スルモ其ノ事務ノ要否ハ市町村會ニ於テ之ヲ解決スルノ權限ナキコトヲ注意セサルヘカラス

三、市町村ノ豫算ハ市制第六章第二款町村制第五章第二款ニ規定セル如クニシテ一般竝特別會計ノ總豫算（市制第百三十三條町村制第百十三條）追加更正（市制第百三十四條町村制第百十四條）ハ孰レモ本號ノ歲入出豫算ナリ、歲入出豫算ノ何タルヤハ市制第百三十三條第百三十四條町村制第百十三條第百十四條ノ條下ニ說述セル所ヲ參看スヘシ

四、決算ハ市制第百四十二條町村制第百二十二條ニ依リ出納閉鎖後一月以內ニ證書類ヲ併セテ收入役ヨリ市町村長ニ提出シ市町村長ハ之ヲ審査シ意見ヲ付シテ次ノ通常豫算ヲ議スル會議迄ニ之ヲ市町村會ノ認定ニ付スヘキヲ以テ市町村會ハ之ニ對シテ豫算施行ノ成績ヲ審査シ其ノ正當ナルヤヲ認定ス其ノ認定ノ効力如何ニ付テハ更ニ

市制第百四十二條町村制第百二十二條ニ於テ詳述スル所アルヘシ

五、使用料手數料加入金市町村税又ハ夫役現品ノ賦課ニ關シ本號ニ『法令ニ定ムルモノ』トアルハ本法又ハ本法ニ基ク命令ニ依リテ定マルモノ、例ヘハ市制第百二十三條町村制第百三條及四十四年勅令第二百四十一號ニ定メタル市町村ノ內外ニ亘ル營業收益税所得税鑛區税鑛産税ニ對スル附加税ノ賦課ノ如キ市制第百十條町村制第九十條ニ依ル財産營造物ノ使用ニ關シ市制第百十二條町村制第九十二條ニ於テ、使用料加入金徵收ノ規定アルカ如キ市制第百二十五條町村制第百五條ニ依リ夫役現品ハ直接市税ヲ準率ト爲シ、且之ヲ金額ニ算出シテ賦課スヘキカ如キヲイフ、本法ニ關係ナキ他ノ法令例セハ戶籍法第十四條及大正三年九月勅令第百八十三號ノ規定ニ依ル戶籍手數料ノ如キハ市町村ノ收入トナルモ本號ニ所謂『法令ニ定ムルモノ』トアルニ該當セス、即チ是等別法ノ規定ハ本號ニ關係ナキコトヲ注意セサルヘカラス、而シテ本號ニ於テ『法令ニ定ムルモノヲ除クノ外』ト規定セルカ故ニ、其ノ既ニ本法及ニ基ク命令ニ依リ定マレルモノハ市町村會ノ決議スヘキモノニ非サルヤ言ヲ俟タサルナリ、然ラハ本號ニ所謂市町村會ニ於テ議決スヘキモノハ如何トイフニ、即チ本法又ハ本法ニ基ク命令ヲ以テ定メラレタル使用料手數料加入金市町村税又ハ夫

役現品ニシテ其ノ賦課徴收ニ關シ該法令中ニ規定セルモノニ限ルモトス

六、本號ニ所謂『不動產』トハ性質上其ノ位置ヲ變更スル能ハサル物ニシテ民法第八十六條ニ定ムル所ノ土地及其ノ定著物ヲイフ、而シテ性質上絕對ニ其ノ位置ヲ變更シ能ハサルモノハ獨リ土地アルノミナルモ土地ト密接ノ關係アルモノハ、又容易ニ動カシ難キカ故ニ便宜上之ヲ不動產ト爲シ同一ノ法規ニ從ハシムルコトトナセリ、定著物トハ土地以外ノ者カ土地ト接著スルヲ意味セリ、而シテ其ノ接著ハ自然的タルト若ハ人工的ニ其ノ用法ニ從ヒ土地ト連續セルトヲ問ハサルモノトス、自然的ノ連續トハ自然林ノ如キヲイヒ、人工的連續トハ人爲ニ依ル連續即チ建設物ノ如キヲイフ、立木ニ關シテハ特別法ニ依リテ獨立ノ不動產ト看做シ權利ノ目的トナスヲ得ヘシ（四十二年四月法律第二十二號立木ニ關スル法律參照）

不動產『取得』ノ原因中主ナルモノハ繼受取得即チ當事者ノ法律行爲意思ノ表示ナリ、其ノ他原始取得ニ屬スル時效附合ノ如キ法律的事實ニ依ルモノアリト雖本號ハ法律行爲ニ依ル取得ヲ指シタルモノト解スルヲ相當トス『處分』ハ民法第二百六條ノ『處分』ト同一ニ解スヘキヤ否ヤニ付テハ學者往々意見ヲ異ニスルモノナキニアラス、即チ民法第二百六條ノ『處分』ハ有形處分ノミヲ指シ法律上ノ處分ヲ含マストスルノ說ト『物ノ實質ヲ變更消費シ若ハ破壞シ或ハ物ニ關スル權利ヲ移轉シ、若ハ之ニ負擔ヲ設定スルコト』ヲイフノ說トアルモ本號ノ『處分』ハ後說ノ如ク解スルヲ以テ通說トス、有形處分トハ實體ノ變更破壞例ヘハ建物ヲ取毀ツカ如キヲイヒ法律上ノ處分トハ第三者ニ移轉スルコト物ニ負擔ヲ加フルコト等ノ如シ、故ニ例セハ賣渡贈與交換ノ爲ニスル處分永小作權地上權賃權抵當權ノ設定ノ如キヲイフ、我府縣制ニ於ケル行政實例ハ沿革上ヨリシテ不動產ノ處分トハ賣却讓渡交換等ノ如キ法律上ノ處分ヲ指シ家屋ノ取毀立木伐採等ノ如キ有形處分ハ之ニ包含セサルモノト爲セリ

『管理』トハ不動產所有權者ニ屬スル處分權以外ノ權利即チ使用權收益權ノ行使ヲ總稱スルモノニシテ用法ニ從フ自己ノ使用ハ勿論他人ヲシテ使用セシムル爲賃貸小作預ヲ爲ス等ヲイフ、而シテ管理ニハ其ノ保存即チ有形的滅失又ハ毀損ノ豫防等タルト時効ノ中斷不動產登記ノ如キ法律上ノ原狀維持ニ關スル法律行爲等ヲ含ミ利用又ハ改良即チ果實ヲ生セシメ經濟上ノ價値ヲ增スコト、例セハ不動產ヲ賃貸シ耕地ヲ整理シ森林ヲ開墾スルカ如キヲイフモノトス

以上管理處分及取得ニ關スル事項ハ市町村會ニ於テ之ヲ決議スヘキモノトス

七、本號ハ基本財産（市制第百九條第一項町村制第八十九條第一項）及特別基本財産並積立金穀等（市制第百九條第二項、町村制第八十九條第二項）ノ設置管理並處分ニ關スル事項ハ市町村會ニ於テ議決スヘキヲ示セリ、本號ニハ基本財産トアルヲ以テ動産不動産ノ別ハ問フ所ニアラス、其ノ他管理處分ニ付テハ前號述フル所ニ依リ之ヲ知ルヘク其ノ設置トアル中ニハ取得ト組入トヲモ含ムモノトス、而シテ是等ノ事項中基本財産及特別基本財産ノ處分ニ關シテハ市制第百六十七條町村制第百四十七條ニ依リ許可ヲ受クルニ非サルハ之ヲ執行シ得サルハ勿論ナリトス

八、本號ニ『歳入出豫算ヲ以テ定ムルモノヲ除クノ外新ニ義務ノ負擔ヲ爲シ』トアルハ金錢ハ勿論金錢以外ノ義務ヲ負擔スルヲモ含メリ、例ヘハ豫算外ニ於テ賠償金ノ支出ヲ約スルカ如キ數年ニ亘ル雇傭契約ヲ爲スカ如キ他人ノ債務ニ關シ保證ヲ爲スカ如キハ豫算外義務負擔ノ一例ナリト雖、貸主ニ於テ公課及民法第五百十五條ノ必要費ヲモ負擔シ且無償ヲ以テ要素トスル使用貸借ニ於テ市町村カ借主タル場合ニ負擔スル借用物返還ノ義務ノ如キハ本號ニ包含セサルナリ『權利ノ拋棄』トハ他人ノ爲タルト將タ市町村ノ爲タルヲ問ハス市町村ニ於テ主張シ得ヘキ財産權ノ拋棄ヲ爲スヲイフ、例ヘハ市町村カ債權ヲ有スル場合ニ其ノ拋棄即チ免除ヲ爲スカ如キハ其

ノ一例ナリ、然レトモ市町村税ノ減免ヲ為スカ如キハ市制第百二十八條町村制第百八條ニ依ルヘキモノニシテ本號ニハ包含セス

九、本號ニ所謂『財産』トハ市町村有財産ヲ指セルハ明ナルモ其ノ範圍ハ極メテ狭義ノモノタリ、即チ財産中不動産ニ付テハ本條第五號ニ規定アリ、基本財産ニ關シテハ同第七號ニ規定アリ、營造物ヲ組成スル財産ハ本號ノ營造物ニ屬スヘキヲ以テ共ニ茲ニ所謂財産ニ包含セス、而モ些細ナル財産ノ管理方法マテモ之ヲ規定セルノ主旨ニアラサルヘキヲ以テ結局市制第八條町村制第六條ノ共用權アル財産ニ歸著スヘキナリ、但シ府縣制第四十一條第七號財産ニ關スル行政實例ハ動産ノミヲ謂フモノト解釋セルカ故ニ、本號ノ財産ニ付テモ或ハ之ト同一ノ解釋ヲ下スコトナキヲ保セサルナリ

『營造物』モ亦市町村ニ屬スルモノヲ指セルハ明ナリ其ノ意義ニ關シテハ前既ニ述フル所アリ尚其ノ詳細ハ更ニ財務ノ章ニ於テ之ヲ説明スヘシ

以上ニ對スル管理ノ方法ハ本號ニ於テ市町村會ノ議決スヘキモノタルコトヲ示シタリ、而シテ其ノ實際ノ管理ハ市町村長ノ權限ニ屬スヘキハ言ヲ俟タサル所ナリトス

本號ニハ例外アリ即チ但書ノ所謂『法律勅令ニ規定アルモノ』例ヘハ市制第百十條

町村制第九十條ノ舊慣アル財産及營造物ノ使用ニ關シテハ其ノ方法ヲ議決スルヲ要セサルコト是ナリ、但シ其ノ舊慣ニ依ル使用方法ヲ變更シ又ハ廢止セントスルトキハ之ヲ議決スヘキハ勿論ナリ

一〇、市町村吏員ノ身元保證ノ徵否及保證ノ程度ニ關シテハ町村制第百七十一條町村制第百五十一條ニ基キ市制町村制施行令第三十八條ヲ以テ規定スル所アリ、隨テ市町村會ハ該勅令ノ範圍ニ於テ之カ議決ヲ爲スヘキモノトス、尤モ保證ヲ徵スルト否トハ市町村ノ任意ニ屬シ必スシモ强行的ノモノニ非ス、又市町村吏員ニ在リテモ單ニ其ノ必要ヲ認ムルモノニ限リ其ノ他ノ者ニ就テハ之ヲ徵セサルコトト爲スモ別ニ妨ナキナリ

本法ニ於テハ單ニ保證ト規定セルヲ以テ金錢保證ニ限ラス汎ク物的保證ヲモ認ムルモノト解セラルルノミナラス、更ニ人的保證ニテモ之ヲ妨ケサルナリ、人的擔保トハ各一長一短アリト雖通シテ物的擔保ハ人的擔保ニ比シテ一層確實ナリトイフヘク殊ニ物的擔保中金錢及有價證券ハ之カ處分上最モ便利ナルヲ以テ特殊ノ理由ナキ限リハ金錢擔保ト爲スカ又ハ有價證券擔保ト爲スヲ可トス

一一、「訴願」ハ市町村ノ提出スルモノタルト其ノ辯明書ヲ提出スル場合タルトヲ問ハ

ス『訴訟』ハ行政訴訟タルト民事訴訟タルトヲ問ハサルナリ、又訴訟ニ付テハ市町村ノ原告タルト被告タルト將タ參加人タルトハ固ヨリ問フ所ニアラス『和解』トハ權利關係ニ付、當事者間ニ爭ノ存スル場合互ニ讓歩ヲ爲シテ其ノ爭ヲ除却スルモノ（民法第六百九十五條參照）ヲイフ、本號ハ是等ノ場合ニ於テ市町村會ノ議決ヲ要スル旨ヲ規定セルモノトス

條例設定改廢ノ件

（設定ノ場合）

議案第　　號

何々條例設定ノ件

何町（村）何々條例ヲ左ノ通設定スルモノトス

年　月　日提出

何町（村）長　何　某

何々條例

第一條　何々……………………………………………………………

…………

第二條　何々……

…………………………但シ…………………………………………、…ハ此ノ限ニ在ラス

一　何々……

二　何々……

…………

三　何々…………

第三條　何々…………

附　則

本條例ハ（公布ノ日）（昭和何年何月何日）（昭和何年度）ヨリ之ヲ施行ス
（明治何年何町（村）條例第何號ハ之ヲ廢止ス）

（全部改正ノ場合）

議案第　　　號

何々條例改正ノ件

何町(村)何々條例ヲ左ノ通改正スルモノトス

年　月　日提出

何町(村)長　何　某

何々條例

第一條　何々………

第二條　何々………(以下設定ノ場合ニ同シ)

(一部改正ノ場合)

議案第　號

何々條例中改正ノ件

何町(村)何々條例中左ノ通改正スルモノトス

年　月　日提出

何町(　)長　何　某

第二條中「何々」ヲ「何々」ニ改ム

第三條中「何々」ヲ削ル

第五條中「何々」ノ下「何々」ヲ「何々」ニ改ム
第七條削除
第八條ノ二　何々
……………（一條文ヲ加ヘタル例）……………
附　則
本條例ハ（公布ノ日）（何年何月何日）ヨリ之ヲ施行ス

（廢止ノ場合）
議案第何號
何々條例廢止ノ件
何町（村）（　條例）（明治何年何町（村）條例第何號）ヲ左ノ通廢止スルモノトス
年　月　日提出
何町（村）長　何　某
何々條例廢止條例
何町（村）（何々條例）（明治何年何町（村）條例第何號）ハ之ヲ廢止ス

附　則

本條例ハ（公布ノ日）（昭和何年何月何日）ヨリ之ヲ施行ス

備考

一、町村規則ノ設定改廢ハ條例ノ例ニ依ルコト

二、從來法制局用字例ナルモノアリテ總テ假名ノ濁音ニモ点ヲ附セサリシカ、右ハ大正十五年六月一日內閣訓令ニ依リ濁音ニハ点ヲ附スルハ勿論總テ普通一般ニ用ヒラルル用語ヲ使用シ難解ノ字句ハ可成之ヲ避ケルコト、ナリシヲ以テ注意ノコト、但シ從前ノ條例規則中ノ一部改正ハ仍從前ノ例ニ依ルコト

三、條例ノ名稱ナキモノハ「何年何町（村）條例第何號」ト爲スコト

四、町（村）會ノ議決ヲ經タル上ハ町村制第百四十五條第百四十七條並市制町村制施行令第五十九條ノ規定ニ依リ許可ヲ受クルコト、但シ條例ノ種類ニ依リ許可ヲ受クルヲ要セサルモノアリ、市制町村制施行令第六十條參照ノコト

議案第　　號

町村費ヲ以テ支辨スヘキ事業

役場廳舍改築ノ件

本町（村）役場ハ明治何年ノ建築ニ係リ腐朽甚シク諸所雨漏及壁落等アリ、加之頗ル狹隘ヲ告ケ採光通風ノ關係亦不良ニシテ事務所辨上困難多ク能率增進ヲ要望スル今日局部的修繕ヲ加フルヨリハ寧ロ此ノ際改築ヲ爲スノ得策ナルヲ感ス、依テ別冊設計書ニヨリ工費何萬圓以內ヲ以テ之ガ改築ヲ爲スモノトス

年　月　日提出

何町（村）長　何　某

備　考

一、設計書ハ別冊トシ數冊作製困難ナルトキハ町村會ノ際議員ニ回覽セシムルモ可ナリ

二、工事ノ請負ヲ隨意契約トシテ施行スル場合ハ殊更ニ「工費何程以內云々」トセス請負金額ヲ記載シテ可ナリ

三、町村道ノ新設、改築、修繕等ノ如ク道路法ノ規定ニ依リ町村長ガ之ヲ爲スヘキモノ又ハ小學校令ノ規定ニ依リ尋常小學校ハ町村ニ設置スル旨ノ命令アルモノノ如キハ町村制第四十條第二號但書ノ規定ニ依リ町村會ノ議決ヲ經ルノ要ナシ

四、小學校ハ國ノ營造物ナルヲ以テ校舍ノ新築、改築、增築ヲ爲ス塲合モ亦議決ヲ經ルノ要ナキ如ク解スル向アルモ右ハ小學校令第三十一條ニ基キ知事ノ定メタル小學校令施行規則實施規程第二十條ニ「校舍ヲ新築、改築、增築(中略)セントスルトキハ市町村(中略)ニ於テ知事ノ認可ヲ受タヘシ」トアリ、此處ニ「市町村」ト規定シアルヲ以テ町村會ノ議決ヲ經ルヲ要スト解スヘキナリ

五、前二項ニ依ルトキハ尋常小學校ノ設置ヲ爲ストキハ町村會ノ議決ヲ要セサルモ之カ爲校舍ヲ新築スルトキハ校舍新築ノ議決ヲ要シ高等小學校ヲ設置スルトキハ其ノ設置ニ關スル議決及之ガ爲校舍ノ增改築ヲ爲ストキハ其ノ校舍ノ增改築ニ關スル議決ヲ要スコト、爲ル

實業補習學校ノ設置

議案第　　號

實業補習學校設置ノ件

本町(村)ニ修學年限何年ノ通年制實業補習學校ヲ設置スルモノトス

但シ校舍ハ別ニ建築ヲ爲サス何々尋常高等小學校舍ノ一部テ使用ス

年　月　日提出

何町（村）長　何　某

備　考

一、實業補習學校學則ハ其ノ管理者ノ資格ニ於テ定ムヘキモノニ付町村會ノ議決ヲ經ルヲ要セス

二、實業補習學校ノ設置ハ町村ノ任意事業ニ付町村ノ意思ヲ決定スル爲議決ヲ要ス

三、尋常科ノミノ小學校ニ高等科ヲ設置スル場合モ町村會ノ議決ヲ要ス

村社神饌幣帛料供進

議案第　　號

村社ニ對シ神饌幣帛料供進ノ件

明治三十九年勅令第九十六號第二項ノ規定ニ依リ本縣知事ニ於テ神饌幣帛ヲ供進シ得ヘキ神社ニ指定セラレタル本町（村）内村社ノ三大祭ニハ本町（村）ヨリ神饌幣帛料ヲ供進スルモノトス

年　月　日提出

何町(村)長　何　某

備考

一、從來本件ニ關シテハ町村會ノ議決ヲ經スシテ供進シツヽアル町村多キモ神饌幣帛料ヲ供進スルヤ否ヤハ町村ノ任意(明治三十九年勅令第九十六號第一條第一項參照)ナルニ依リ町村ノ意思決定ヲ爲スノ要アルヲ以テ町村會ノ議決ヲ經スシテ供進スルハ違法ト存ス

二、神饌幣帛料ノ金額左ノ如シ(大正九年內務省令第二十四號)

	新年祭	新嘗祭	例祭
神饌料	二圓	二圓	四圓
幣帛料	六圓	六圓	十圓

三、本件ハ規程臺帳ニ編纂シ恒久的議決トシテ保存スルヲ要ス

收入役ヨリ提出スル決算書

年　月　日

何町(村)收入役　何　某㊞

何町(村)長　何　　某殿

昭和何年度決算書提出ノ件

昭和何年度左記決算書別冊ノ通町村制第百二十二條ノ規定ニ依リ證書類ヲ併セテ此段及提出

記

一　昭和何年度何町(村)歳入歳出決算

二　同　町營質庫歳入歳出決算

三　同　罹災救助基本財産歳入歳出決算

備　考

一、別冊トシテ決算書ニ證書類ヲ併セテ六月末日迄ニ町村長ヘ提出スルコト

二、證書類トハ會計帳簿、支拂證書一切ハ勿論歳入集計調書及之カ附屬書類タル徴稅令書、賦課令書、納額告知書及收入命令書ヲモ指稱スル義ト解セラル

三、決算書ノ樣式ハ市制町村制施行規則第五十四條ノ規定ニ依リ豫算ト同一ノ區分ニ依リ之ヲ調製スルコト

決算ニ付スヘキ町村長ノ意見書

意見書

町村制第百二十二條ノ規定ニ依リ本町(村)收入役ヨリ提出ニ係ル別冊昭和何年度何町(村)歳入歳出決算ハ其ノ併テ提出セル證書類ニ對照審査ヲ遂クルトコロ收支共適正ナルモノト認ム

昭和何年何月何日

何町(村)長　何　　某

備考

一、成ルヘク會計ヲ異ニスル毎ニ各別ニ添付スルコト
二、意見書ノ日時ハ決算ヲ町村會へ提出スル年月日ト同一日附トスルコト
三、決算審査ノ結果適正ナラズト認ムルトキハ其ノ旨具体的ニ記載シ其ノ善後措置ヲモ併記シ決算ハ之ヲ是正セスシテ其ノ儘提出スルコト但シ此ノ塲合ハ町(村)長トシテ會計監督ニ付失態ノ責メハ免レサルモノナリ
四、町(村)長ニ於テ町村制第六十七條第五項ノ規定ニ依リ收入役ノ事務ヲ兼掌スル

場合ハ意見書ヲ付スルノ要ナシ

決算書

昭和何年度何縣何郡何町(村)歳入出決算

歳入

一金　何程　歳入決算高

歳出

一金　何程　經常部決算高

一金　何程　臨時部決算高

合計金　何程

歳入歳出差引

殘金　何程

(又　)

殘金　何程　翌年度へ繰越

内

金何程　　翌年度へ繰越

金何程　　基本財産へ編入

昭和何年度何縣何郡何町(村)歳入歳出決算

(△印ハ減ヲ示ス)

決算			決算説明				
科目 款	科目 項	本年度決算額	種目	本年度決算額	本年度豫算額	増減	附記
一 財産ヨリ生ズル收入		圓		圓	圓	圓	
	一 基本財産收入						
			一 預金利子				豫算ニ對シ金何程ヲ減ジタルハ本年度ニ於テ基本財産蓄積金何程テ處分シタルニ依ル
歳入合計							

歳出

經常部

決算　　　決算説明

科目 款	科目 項	本年度決算額	種目	本年度決算額	本年度豫算額	増減	附記
一神社費		圓		圓	圓	圓	
	一神饌幣帛料						
			一神饌料				豫算ニ對シ金八圓ヲ増シタル村社何神社本年度ニ於テ指定社トナリタルニ依ル雑費ヨリ金二圓流用豫備費ヨリ金六圓支出
經常部計							

臨時部

決算

科目 款	科目 項	本年度決算額
		圓
臨時部計		
歳出合計		

決算説明

種目	本年度決算額	本年度豫算額	増減	附記
	圓	圓	圓	

年　月　日提出

何町(村)長　何　某

備考

一、次ノ豫算提出期迄ニ認定ニ付スルコト然レトモ收入役ヨリ提出アリタルトキハ速ニ審査ヲ了シ成ルヘク早ク認定ニ付スルコト

二、決算ニハ市制町村制施行規則第五十四條ノ規定ニ依リ豫算ニ對スル過不足ノ説明ヲ附スヘキモノニシテ其レハ即チ本表ニ示ス決算説明ナレハ其ノ附記ノ欄ニ

ハ「本費ノ支出多カリシハ豫算ニ比シ多額ノ經費ヲ費セシニ由ル」ト謂フカ如キ抽象的説明ハ之ヲ避ケ可成詳細ニ記載スルコト
三、豫備費ノ決算額欄ハ記載サルコト
四、豫算外ノ支出ニシテ新ニ欵、項、目、ヲ設ケタルモノハ最後ニ記載シ便宜欵項目ノ番號ヲ附スルコト
五、決算ハ町村制第四十條ニモ示ス如ク所謂決算報告ニシテ議案ニ非ス故ニ「議案第何號」トセサルコト

使用料徴收

火葬場使用料條例

第一條　本町(村)火葬場ヲ使用スル者ハ本條例ニ依リ使用料ヲ納付スベシ
第二條　使用料ハ左ノ區分ニ依リ(左ノ範圍內ニ於テ每年度町(村)會ノ議決ニ依リ)使用許可ノ際之ヲ徴收ス
一　年齡十年未滿ノ死屍ハ金　圓(以內)
二　年齡十年以上ノ死屍ハ金　圓(以內)

第三條　前條ノ使用料ヲ納付シタル者ニハ火葬塲使用券ヲ交付ス
第四條　町(村)長ニ於テ使用料ノ納付ニ堪ヘ難シト認ムル者ニ對シテハ之ヲ減免スルコトアルヘシ
第五條　行旅死亡人ノ爲ニスル火葬塲使用ニ對シテハ使用料ヲ徴收セス

附　則

本條例ハ　年　月　日(　年度)(公布ノ日)ヨリ之ヲ施行ス

墓地使用料條例

第一條　本町(村)墓地ヲ使用セントスル者ハ其ノ位置、等級及坪數ヲ記載シタル書面ニ墓地管理者ノ證印ヲ得テ之ヲ町(村)長ニ差出シ其許可ヲ受クヘシ
第二條　墓地ハ之ヲ三等ニ區分シ各等地ニ地割ヲ定メ順次接續地ノ使用ヲ許可ス、但シ特別ノ事情ニ依リ其ノ順序ニ拘ハラス特定ノ地ヲ使用セントスル者アルトキハ町(村)長ハ之ヲ許可スルコトヲ得
第三條　墓地使用ノ許可ヲ受ケタル者ハ地坪一坪毎ニ左ノ使用料ヲ納付スヘシ但シ一坪未滿ハ本條ノ割合ニ依ル

一等地　　金（一圓五十錢）
二等地　　金（一圓）
三等地　　金（五十錢）
前項但書ノ場合ニ於テハ定額使用料ノ何分ノ一ヲ增徵ス
第四條　町（村）長ニ於テ死者ノ名譽ヲ表彰スル爲又ハ其ノ他特別ノ事情アリ使用料ヲ徵セサルヲ適當ト認ムルトキハ之ヲ徵收セサルコトヲ得
第五條　使用料ハ墓地使用許可ノトキ之ヲ徵收ス
第六條　墓地ノ使用坪數ハ出願者每ニ左ノ制限ニ依ルヘシ
一等地　　二坪以上　五坪未滿
二等地　　一坪以上　四坪未滿
三等地　　半坪以上　二坪未滿
第七條　墓地使用ノ許可ヲ受ケタル者ハ其ノ權利ヲ賣買、讓渡、交換其ノ他債務擔保ノ目的ト爲スコトヲ得ス
第八條　墓地使用者ハ使用ノ方法其他墓地內ノ設備ニ付テハ墓地管理者ノ承認ヲ受クヘシ

第九條　墓地使用ノ方法其ノ他墓地內ノ設備ニ付キ他ノ妨害トナリ又ハ危險ノ虞アリト認メタルトキハ町村長ハ其ノ使用者ニ對シ其ノ變更中止又ハ廢止ヲ命スルコトアルヘシ
急迫ヲ要シ墓地使用人ヲシテ前項ノ處置ヲ爲サシムルノ暇ナシト認ムルトキハ町(村)長ハ直接之ヲ處置シ其ノ費用ヲ使用者ヨリ徵收スルコトヲ得

第十條　使用ノ許可ヲ受ケタル墓地ヲ返還セントスル者ハ之ヲ原形ニ復シ墓地管理者ノ證印ヲ得テ町(村)長ニ屆出ツヘシ

第十一條　墓地中ニ等外地ヲ設ケ左ノ各號ノ一ニ該當スル場合ニ於テハ使用料ヲ徵收セスシテ其ノ使用ニ充テシム
一　町(村)長ニ於テ使用料納付ノ資力ナシト認メタル者ニ墓地ノ使用ヲ許可シタルトキ
二　行旅死亡人ノ假埋葬ヲ爲ストキ
前項ノ規定ニ依リ等外地ヲ使用セントスルトキハ町(村)長ハ其ノ位置及ヒ坪數ヲ指定セヘシ

附　　則

本條例ハ公布ノ日（　年度）（　年　月　日）ヨリ之ヲ施行ス
備考
一、本件ハ必ス條例トスルコト（町村制第百九條參照）
二、町村會ノ議決ヲ經ルヲ要ス
三、本條例施行上必要ナル細則ハ町村規則又ハ規程等ヲ以テ定ムルコト

屠場使料條例

第一條　本（町）村ノ屠場ヲ使用スル者ハ左ノ使用料ヲ徴收ス

牛	一頭ニ付　金　圓
馬	一頭ニ付　金　圓
豚	一頭ニ付　金　圓
犢（生後一年未滿）	一頭ニ付　金　圓
羊	一頭ニ付　金　圓

第二條　前條ノ規定ニ依ル使用料ハ使用許可ノ際之ヲ徴收ス
第三條　前二條ノ規定ニ依リ使用料ヲ納付シタル者ニハ屠場使用劵ヲ交付ス

附　則

本條例ハ公布ノ日（　年度）（年　月　日）ヨリ之ヲ施行ス

備　考

一、本件ハ必ス條例トスルコト（町村制第百九條參照）

二、町村會ノ議決ヲ經ルヲ要ス

三、屠場使用料ノ新設增額變更等ニ關シテハ屠場法施行規則（明治三十九年內務省令第十六號）第四條ニ依リ知事ノ認可ヲ受クヘク規定シアルモ町村立ノ屠場ハ町村ノ營造物ニ付之ガ使用料ニ關シテハ町村制ニ基ク許可ヲ受クレハ重テ前記ノ認可ヲ受クルノ要ナシ（明治四十年二月六日地甲第一號ノ內方衞生局長通牒同二月十三日庶第地八二號ノ一郡市長ヘ通牒）

屠場使用規則

第一條　本町（村）屠場ヲ使用セントスル者　屠畜ノ種類、頭數及使用ノ日時ヲ具シ其ノ都度口頭又ハ書面ヲ以テ町（村）長ニ申請シ其ノ許可ヲ受クヘシ

第二條　屠場使用者ハ使用前屠場使用料條例第一條ノ規定ニ依リ使用料ヲ納付スヘシ

第三條　屠畜ニ要スル人夫、藥品其ノ他必要ノ費用ハ總テ使用者ノ負擔トス

第四條　屠場使用者其ノ使用ニ當リ建物、器具等ヲ毀損シタルトキハ之ヲ賠償セシム

第五條　屠場使用者ハ使用後場内及器具ヲ洗滌シ血液、汚物及汚水ヲ處置スル等清潔ニ掃除スヘシ

附　　則

本規則ハ公布ノ日（　年度）（　年　月　日）ヨリ之ヲ施行ス

備　考

一、町村制第十條第二項ノ規定ニ依リ營造物ニ關シ町村條例ヲ以テ規定スルモノ、外町村規則ヲ設クルコトヲ得ルヲ以テ規則ノ文例ヲ此處ニ掲ケタルモ右ハ必スシモ規則トセサルヘカラサルモノニ非ラス

二町村會ノ議決ヲ經ルコト（町村制第四十條第一號）

屠場使用料及屠殺料條例

第一條　町村制第八十九條ノ規定ニ依リ町（村）屠場ニ於テ左ノ使用料及屠殺料ヲ徴收ス

一　使用料

羊豚　一頭ニ付　金（五十錢）
馬　一頭ニ付　金（一圓）
牛　一頭ニ付　金（一圓五十錢）
二　屠殺料
羊豚　一頭ニ付　金（七十五錢）
馬　一頭ニ付　金（一圓五十錢）
牛　一頭ニ付　金（二圓）
第二條　屠塲使用料及屠殺料ハ屠殺ノ都度之ヲ徴收ス
附　則
本條例ハ公布ノ日（　年度）（　年　月　日）ヨリ之ヲ施行ス
備考
一、本例ハ使用料及手數料（屠殺料）ヲ一ノ條例ニ定メタル例ナリ故ニ町村制第百九條ノ規定ニ依リ必ス條例ト爲スヲ要ス
二、町村會ノ議決ヲ經ルヲ要ス

手數料ノ徵收

手數料條例

第一條　本町(村)ハ町村制第九十三條ノ規定ニ依リ特ニ一個人ノ爲ニスル事務ニ手數料ヲ徵收ス

第二條　手數料ヲ徵收スヘキ事件ノ種類及金額左ノ如シ

一	地租、營業收益稅、所得稅其ノ他公課ニ關スル證明	一件ニ付　金(十錢)
二	土地ニ關スル證明	一筆ニ付　金(五錢)
三	建物ニ關スル證明	一棟ニ付　金(十錢)
四	船車牛馬其ノ他動産ニ關スル證明	一件ニ付　金(十錢)
五	資産ニ關スル證明	一件ニ付　金(十錢)
六	鑛業ニ關スル證明	一件ニ付　金(十錢)
七	營業職業ニ關スル證明	一件ニ付　金(十錢)
八	法人ニ關スル證明	一件ニ付　金(十錢)
九	本籍住所居所ニ關スル證明	一件ニ付　金(十錢)

十　寄留ニ關スル證明　一件ニ付　金(十錢)
十一　族籍、身分、氏名、年齡ニ關スル證明　一件ニ付　金(十錢)
十二　身元ニ關スル證明　一件ニ付　金(十錢)
十三　品行經歷ニ關スル證明　一件ニ付　金(十錢)
十四　兵役ニ關スル證明但シ鑛山王ヨリ鑛夫ノ兵役關係ニ付證明ヲ求ムル場合ハ手數料ヲ徵收セス　一件ニ付　金(十錢)
十五　破產ニ關スル證明　一件ニ付　金(十錢)
十六　刑罰、懲戒處分ニ關スル證明　一件ニ付　金(十錢)
十七　褒賞ニ關スル證明　一件ニ付　金(十錢)
十八　生存不在失踪ニ關スル證明　一件ニ付　金(十錢)
十九　出產、死亡、死產、結婚、相續ニ關スル證明　一件ニ付　金(十錢)
二十　在學、修學ニ關スル證明　一件ニ付　金(十錢)
二十一　面識ニ關スル證明　一件ニ付　金(十錢)
二十二　諸資格ニ關ス證明　一件ニ付　金(十錢)
二十三　雇人ニ關スル證明　一件ニ付　金(十錢)

二十四　財産管理人、破産管財人ニ關スル證明　一件ニ付　金（十錢）
二十五　差配人、納稅代人ニ關スル證明　一件ニ付　金（十錢）
二十六　種痘ニ關スル證明　一件ニ付　金（十錢）
二十七　旅行ニ關スル證明　一件ニ付　金（十錢）
二十八　印鑑ニ關スル證明　一件ニ付　金（十錢）
二十九　里程ニ關スル證明　一件ニ付　金（十錢）
三十　航海ニ關スル證明　一件ニ付　金（十錢）
三十一　社寺宗敎ニ關スル證明　一件ニ付　金（十錢）
三十二　埋火葬ニ關スル證明　一件ニ付　金（十錢）
三十三　土地其ノ他被害ニ關スル證明
土地ハ　一筆ニ付　金（十錢）
建物ハ　一棟ニ付　金（十錢）
其ノ他ハ　一件ニ付　金（十錢）
三十四　公權能力ニ關スル證明　一件ニ付　金（十錢）
三十五　漂流物沈沒品ニ關スル證明　一件ニ付　金（十錢）
三十六　文書受理ニ關スル證明　一件ニ付　金（十錢）

三十七　公簿公文書圖面ニ關スル證明　一件ニ付　金（十錢）
三十八　徵稅令書、徵稅傳令書、賦課令書、納額告知書其他之ニ類スルモノノ再下付　一件ニ付　金（五錢）
三十九　公簿、公文書、圖面、印鑑ノ閱覽照合　一件ニ付　金（五錢）
四十　公簿、公文書、圖面ノ謄本、抄本　一件ニ付　金（十錢）

第三條　證明、閱覽照合及謄本抄本ノ下付請求ハ其ノ原本ヲ公衆ノ閱覽ニ供シ差支ナキ部分ニ限ル

第四條　手數料ハ證明、謄本、抄本ノ下付又ハ閱覽照合ノ申請アル際之ヲ徵收ス但シ手數料徵收ノ後其ノ請求事項ヲ變更シ又ハ取消スモ還付セス

前項但書ノ事由ニ依リ手數料ノ額增加スルトキハ更ニ追徵ス

第五條　本町（村）住民ニシテ現ニ公費ヲ以テ救助ヲ受クル者又ハ救助ヲ受ケンカ爲ニ要スルモノ若クハ町（村）長ニ於テ納付ノ資力ナシト認ムル者ニ對シテハ手數料ヲ徵收セス

官公衙ヨリノ請求又ハ公益ノ爲ニ要スルモノニ關シテハ前項ノ例ニ依ル

附　則

本條例ハ公布ノ日（　年度）（年　月　日）ヨリ之ヲ施行ス

備考

一、寄留ニ關シテハ大正三年十二月二十四日內務部長名ヲ以テ寄留手續令公布ニ伴ヒ大正四年一月以降ノ該手數料ハ同令ニ依リ徵收スヘキモノナルヲ以テ手數料條例ヨリ之ヲ削除スヘキ旨ノ通牒アリ、然レトモ寄留手續令第四條ニハ寄留簿ノ閱覽、謄本若ハ抄本ノ三種ニ付テノミ規定シアリ其ノ他ノ寄留ニ關スル證明ニ付テハ何等ノ規定ナキヲ以テ既ニ條例中ニ既定アルモノヲ直ニ削除スルハ如何カト存セラル將來規定スル塲合モ亦同シ故ニ如斯塲合ニ遭遇シタルトキハ監督官廳ニ伺ヒ決定ノ上措置スルコト

二、本文例第二條第十四號ノ但書ヲ設ケタルハ明治四十三年七月二十日地第五一三號ノ內付ヲ以テ地方局長ヨリ左ノ通牒アル以テナリ

記

所在不明ノ徵兵處分未濟者調査上必要ノ爲鑛山主ハ鑛夫ノ徵兵上ノ關係ヲ調査シ置クヘキコトニ其ノ筋ヨリ命令相成居候ニ付鑛山主ヨリ本籍市區町村長ニ鑛夫ノ徵兵關係ニ付證明ヲ求ルコト可有之候得共其ノ證明ニ關シテハ市町

村條例等ニ手數料ヲ徴收セサル旨ノ規定ヲ設ケシムル等之ガ徴收ヲ爲サシメサルコトニ措置相成度

三、本件ハ必ス條例トスルコト（町村制第百九條）

四、町村會ノ議決ヲ要ス

町村有財產又ハ營造物使用ノ舊慣變更又ハ廢止

議案第　　號

町（村）有財產使用ノ舊慣廢止ノ件

本町（村）有左記財產ハ元大字何々有ナリシヲ明治何年ニ於テ本町（村）ヘ寄附セラレタル關係上從來同大字住民ハ之ニ馬匹ヲ放牧スルノ慣習アリ爲ニ立木ノ葉根ヲ害セラレ其ノ成育近來著シク不良ヲ來シノミナラス、年々枯死スルモノ遞增スルニ至レルヲ以テ此ノ際該財產使用ノ舊慣ヲ廢止スルモノトス

記

何町（村）大字何々番地

一　山　林　何百町步

年　月　日提出

何町(村)長　何　　某

備考

町村制第九十二條ノ規定ニ依リ使用料ヲ徴スルコトヲ得ルヲ以テ之ヲ徴セントセハ使用料條例ヲ設クルコト（町村制第百九條）

使用權ノ舊慣アル財産又ハ營造物ヲ新ニ使用セシムル塲合ノ許可

議案第　　號

町村制第九十條第一項財産使用許可ノ件

本町(村)有左記財産ハ町村制第九十條第一項ノ規定ニ依リ大字何住民ニ於テ從來使用ノ權利ヲ有シ馬匹ノ放牧ル爲シツヽアリ、然ルニ本町(村)内別記ノ者ニ於テモ馬匹放牧ノ爲使用致度旨申請アリタルニ依リ之ヲ許可スルモノトス

記

何町(村)大字　　何何番

一山林　何百町歩

年　月　日提出

何町(村)長　何　某

別記

何町(村)大字何々番地　何　某

何、、、、　、　、

備考

一、議決ノ上ハ速ニ本人宛許可指令ヲ發スヘシ

二、前項許可指令ハ左ノ要領ニ依ルコト

何町(村)指令第　號

何町(村)大字何々番地

何　某

昭和何年何月何日申請左記町(村)有財産ヲ新ニ使用ノ件許可ス

年　月　日

何町(村)長　何　　某㊞

記

何町(村)大字何々番

一　山　林　何百町歩

三、新ニ使用ヲ許可ノ場合ニ於テ町村制第九十二條ノ規定ニ依リ一時ノ加入金ヲ徴セントスルトキハ町村制第四十條第五號ニ依リ町村會ノ議決ヲ要スルヲ以テ本文例ノ但書トシテ「但シ加入金何圓ヲ徴收スルモノトス」ト追記シ、許可指令中ニモ「但シ加入金何圓ハ　年　月　日限リ本町(村)收入役ニ納付スヘシ」ト記載スルコト

四、前項ニ依リ加入金ヲ徴スルトキハ町村制第百四十七條第五號ノ規定ニ依リ知事ノ許可ヲ受クルコト

財産又ハ營造物使用料及加入金徴收

土地物件使用料及加入金徴收條例

第一條　舊慣ニ依リ本町(村)有土地物件ヲ使用スルノ權利ヲ有スル者ニ對シテハ左ノ各號ニ依リ使用料ヲ徵收ス

一　馬匹ヲ放牧スル者ハ馬匹一頭ニ付年額何圓

二　秣ヲ採取スル者ハ一人ニ付年額何圓

第二條　前條第一號ノ馬匹ノ頭數ハ何月一日ノ現在ヲ以テ之ヲ定メ其ノ後增加シタルトキハ其ノ差額ヲ追徵スルモ減シタル場合ハ此レカ爲使用料ハ減額セス

前條第二號ノ秣ヲ採取スルモノノ人員ニ關シテハ前項ノ規定ヲ準用ス

第三條　町村制第九十條第二項ノ規定ニ依ル土地物件ヲ新ニ使用ノ許可ヲ受ケタル者ニ對シテハ加入金何圓ヲ徵收ス

前項ノ規定ニ依リ加入金ヲ納付シタル者ト雖仍第一條ノ規定ニ依使用料ヲ徵收ス

第四條　第二條第一項ニ定ムル期日後第一條又ハ前條第二項ノ規定ニ依リ使用料納付ノ義務發生シタルトキノ使用料金額ハ第一條各號ノ範圍內ニ於テ町村長之ヲ定ム

第五條　使用料ノ納期ハ七月一日ヨリ同月末日迄トシ第二條第一項ノ規定ニ依リ差額ヲ徵收スルトキ又ハ前條ノ規定ニ依リ徵收スルトキハ町(村)長其ノ都度之ヲ定ム

加入金ノ納期ハ町村長其ノ都度之ヲ定ム

附　則

本條例ハ年度（　年　月　日）ヨリ之ヲ施行ス

備　考

加入金ノミヲ規定スルニ於テハ必スシモ條例ト爲スノ要ナキモ使用料ニ關シテハ町村制第百九條ノ規定ニ依リ必ス條例ト爲サヽルヘカラス

町村税賦課徴收規程

議案第　　號

町（村）税賦課徴收規程設定ノ件

本町（村）税賦課徴收規程左ノ通設定スルモノトス

年　月　日提出

何町（村）長　何　　某

町（村）税賦課徴收規程

第一條　町（村）税トシテ賦課スヘキ税目左ノ如シ

一　地租附加税

二　特別地租附加稅
三　營業收益稅附加稅
四　鑛業稅附加稅
五　家屋稅附加稅
六　營業稅附加稅
七　雜種稅附加稅
第二條　町村稅ハ別段ノ規定アルモノヲ除クノ外各其ノ本稅ノ納稅者ニ之ヲ賦課ス
第三條　營業收益稅附加稅及鑛業稅附加稅ハ之ヲ年稅トシ地租附加稅及特別地稅附加稅ハ之ヲ期稅トス但シ期稅ハ四月ヨリ九月迄ヲ前期トシ十月ヨリ翌年三月迄ヲ後期トス
營業稅附加稅及雜稅稅附加稅ノ年稅、月稅、隨時稅ノ區別ハ其ノ本稅タル縣稅ノ例ニ依ル
第四條　年稅ノ內國稅ニ對スル附加稅ハ本稅決定ノ日、縣稅ニ對スル附加稅ハ其ノ本稅タル縣稅ノ賦課期日ヲ以テ賦課期日トシ其ノ日ノ現在ニ依リ之ヲ賦課ス
地租附加稅及特別地稅附加稅ハ毎年四月一日及十月一日ヲ以テ賦課期日トシ其ノ他

ノ期税ノ內國税ニ對スル附加税ハ本税決定ノ日、縣税ニ對スル附加税ハ其ノ本税タル縣税ノ賦課期日ヲ以テ賦課期日トシ其ノ日ノ現在ニ依リ之ヲ賦課ス
季税及隨時税ハ其ノ本税タル縣税ノ賦課期日ヲ以テ賦課期日トシ其ノ日ノ現在ニ依リ之ヲ賦課ス
臨時追加ニ係ル(町)村税ノ賦課期日ハ前各項ノ規定ニ依ラス其ノ都度町(村)會ノ議決ヲ經テ之ヲ定ム
第五條　賦課期日後課税標準タル本税額ニ異動ヲ生シ税額增加シタルトキハ其ノ都度差額ヲ賦課シ其ノ之ヲ減シタルトキハ其ノ差額ヲ既徵收ニ係ルモノハ其ノ都度還付シ未徵收ニ係ルモノハ控除シテ定期ニ賦課ス
第六條　徵税令書ヲ發シタル後ニ於テ税額ノ異動又ハ賦課ノ錯誤其ノ他ノ事由ニ依リ徵税令書ノ税額變更ヲ要スル場合ニ於テ其ノ税金既徵收ニ係ルモノニシテ追徵ヲ要スルモノハ直ニ其ノ不足額ヲ追徵シ過納又ハ誤納トナリタルモノハ之ヲ還付シ其ノ税金未徵收ニ係ルモノハ徵税令書ヲ更正シ又ハ別ニ之ヲ告知ス
第七條　賦課期日後ニ於テ物件税ヲ賦課スベキ物件ノ定置場ヲ他市町村ヨリ本町(村)內ニ移轉シ又ハ本町(村)ヨリ他市町村ヘ移轉シタル場合ハ其ノ都度市制町村制第四

十二條第二項ノ規定ヲ準用シ賦課徴收ス

第八條　町(村)稅ノ賦課率ハ每年度町(村)會ノ議決ヲ經テ之ヲ定ム但シ臨時追加ニ係ル賦課率ハ其ノ都度町(村)會ノ議決ヲ經テ之ヲ定ム

第九條　脫稅又ハ逋稅若ハ定期ニ賦課スルコトヲ得サリシ町(村)稅ノ稅率ハ賦課期日ノ屬スル年度ノ稅率ニ依リ之ヲ賦課ス

第十條　地租附加稅、特別地稅附加稅及營業收益稅附加稅ハ稅率ヲ折半シ其ノ他ノ町(村)稅ハ稅率ノ全額ヲ賦課期日ノ現在ニ依リ各其ノ本稅額ニ基キ之ヲ算出賦課ス

前項ノ本稅額ニハ本稅ノ臨時追徵額ハ之ヲ算入セス

第十一條　同一期內ニ地租附加稅又ハ特別稅附加稅ノ納稅義務交互轉換シタルトキハ納稅義務ニ異動ナキモノト見做ス

第十二條　地租附加稅及特別地稅附加稅ハ賦課期日後地價ノ設定、荒地復舊又ハ地目地類變換ノ爲地租ヲ生シ若ハ增加シタル場合ハ其ノ都度之ヲ賦課ス

第十三條　町(村)稅中國稅ニ對スル附加稅ハ縣稅タル附加稅ト同時ニ縣稅ニ對スル附加稅ハ其ノ本稅タル縣稅ト同時ニ之ヲ徵收ス但シ臨時追加ニ係ルモノハ其ノ都度町(村)會ノ議決ヲ經テ之ヲ定ム

第九條ノ規定ニ依ル町(村)稅ハ其ノ都度賦課徵收ス

附　則

本規程ハ公布ノ日(　年度)ヨリ之ヲ施行ス

備　考

本規程ハ條例ト爲スモ勿論差支ナシ然レドモ特別稅ノ如ク必ス條例トスヘキ强制明文(町村制第百九條)ナキモノミナラス市制町村制施行令第五十九條及第六十條ノ委任事項ニアラサルヲ以テ之ヲ條例ト爲スニ於テハ主務大臣ノ許可ヲ受クルヲ要スルニ依リ規程ト爲ス方便宜ナラン但シ條例トシテ定ムルトキハ町村制第百九條第二項及第三項ニ依ル科料ヲ科スルノ規定モ本件中ヘ定ムルコトヲ得ヘシ

町村稅臨時追徵ニ關スル件

議案第　　號

町(村)稅追徵ニ關スル件

昭和何年度町(村)費支辨ノ爲左記ニ依リ町村稅ノ臨時追徵ヲ爲スモノトス

年　月　日提出

何町(村)長　何　某

一　税　目　何々税附加税(特別税戸數割)
二　賦課期日　昭和何年何月何日
三　徵收期　何月何日ヨリ何月何日限
四　賦課率　本税一圓ニ付金程

特別税戸數割條例

特別税戸數割條例

第一條　本町(村)ハ特別税戸數割ヲ賦課ス
第二條　特別税戸數割ハ本町(村)ニ一戸ヲ構フル者又ハ一戸ヲ構ヘサルモ下宿若クハ間借ヲ爲シ獨立ノ生計ヲ營ム者ニ之ヲ賦課ス
第三條　特別税戸數割ハ期税トシ四月ヨリ九月迄ヲ前期、十月ヨリ翌年三月迄ヲ後期トス
第四條　特別税戸數割ハ毎期四月一日十月一日ヲ以テ賦課期日トシ其ノ日ノ現在ニ依

リ之ヲ賦課ス但シ臨時追加ノ場合ニ於ケル賦課期日ハ別ニ之ヲ定ム

第五條　特別税戸數割ハ其ノ年度ニ定メタル豫算額ヲ平分シ之ヲ各期ノ賦課額トス但シ臨時追加ニ係ルモノハ特ニ定ムル場合ヲ除キ追加豫算額全額ヲ以テ賦課額トス

第六條　納税義務者ノ資産ノ狀況ニ依リテ資力ヲ算定シ賦課スヘキ額ハ各期ニ於ケル賦課總額ノ十分ノ二トス

第七條　地方税ニ關スル法律施行規則第二十四條ノ規定ニ依リ控除スヘキ金額ハ左ノ各號ニ依ル

一　所得千圓以下ナルトキハ一人ニ付金(八十圓)

二　所得二千圓以下ナルトキハ一人ニ付金(六十圓)

三　所得三千圓以下ナルトキハ一人ニ付金(四十圓)

第八條　年度開始ノ日ニ於テ特別税戸數割納税義務ヲ有スル者ハ毎年四月末日限リ資力算定ノ標準タル所得額ヲ町(村)長ニ届出ツヘシ

第九條　地方税ニ關スル法律施行規則第二十四條ノ規定ニ依ル控除ヲ受ケムトスル者ハ其ノ申請ヲ前條ノ規定ニ依ル届出ト同時ニ爲スヘシ

第十條　第四條ニ定ムル賦課期日後納税義務發生シタル者ハ其ノ事實ノ生シタル年月

日ヲ記載シ十日以内ニ前二條ノ規定ニ準シ手續ヲ爲スヘシ但シ他市町村ヨリ轉入シタル者ナルトキハ届書中ニ尙左ノ各號ヲ記載スヘシ

一　現住所又ハ居所

二　前住所又ハ居所

第十一條　納税義務消滅シタルトキハ其ノ事由年月日ヲ十日以内ニ町(村)長ニ届出ツヘシ

第十二條　納税義務者第八條又ハ第十條ノ規定ニ依ル届出ヲ爲サス又ハ届出ヲ爲スモ不相當ト認ムルトキハ町(村)長ニ於テ其ノ届出ツヘキ事項ヲ査定スルコトヲ得

第十三條　地方税ニ關スル法律施行規則第二十六條ノ規定ニ依リ所得額二分ノ一以上ヲ減損シタル者アルトキハ其ノ者ノ賦課額ヲ減ス

第十四條　左ニ掲クル者ニハ特別税戸數割ヲ賦課セス

一　軍事救護ヲ受クル者

二　貧困ニ依リ生活ノ爲公私ノ救助ヲ受ケ又ハ扶助ヲ受クル者

三　木挽石切炭燒ノ類ニシテ雨露ヲ凌ク爲山野ニ一時小屋掛ヲ爲シ炊爨ヲ爲ス者

第十五條　詐欺其ノ他ノ不正ノ行爲ニ依リ特別税戸數割ヲ逋脫シタル者ニ對シテハ町

(村)長ハ其ノ逋脱シタル金額ノ三倍ニ相當スル金額(其ノ金額五圓未滿ナルトキハ五圓)以下ノ科料ヲ科スルコトヲ得

故ナク第八條若ハ第十條ノ屆出ヲ爲サス又ハ虛僞ノ屆出ヲ爲シタル者ニ對シテハ町(村)長ハ五圓以下ノ科料ヲ科スルコトヲ得

第十六條　本條例施行ニ關シ必要ナル事項ハ別ニ之ヲ定ム

附　則

本條例ハ公布ノ日(　年度)ヨリ之ヲ施行ス

備　考

一、第六條ニ規定シタル資産ノ狀況ニ依ル資力ノ算定ハ十分ノ二迄ヲ原則トシ地方税ニ關スル法律施行ニ關スル件附則第六項ニ依リ特別ノ事情アル市町村ニ於テハ當分ノ間十分ノ四迄ト爲スコトヲ得ルモノナリ

二、本件ハ必ス條例トスルコト(町村制第百九條)

特別税戸數割條例施行規程

議案第　　號

特別税戸數割條例施行規程設定ノ件

本町(村)特別税戸數割條例施行規程ヲ左ノ通設定スルモノトス

年　月　日提出

何町(村)長　何　某

特別税戸數割條例施行規程

第一條　特別税戸數割納税義務者ノ資力ハ毎期第一號書式ニ依リ其ノ納期開始ノ日前十日目迄ニ町(村)會ノ議決ヲ經テ之ヲ算定ス

前項ノ規定ニ依ル資力算定書ノ提案ハ其ノ納期開始ノ日前二十日目迄ニ之ヲ爲スヘシ

第二條　賦課期日後納税義務發生シタル者ノ資力算定ニ關シテハ其ノ都度第一條第一項ノ規定ヲ準用ス逋税脱税者ニ付テモ亦同シ

第三條　臨時追加賦課ノ場合ニ於テハ最近賦課シタル資力ヲ以テ其ノ課税標準ト爲ス

第四條　賦課額ハ町(村)會ニ於テ算定シタル資力ニ基キ町(村)長之ヲ定ム

逋税脱税者ニ對スル者ノ賦課額ハ大正十五年勅令第三百三十九號第二十五條ノ例ニ依リ町(村)長之ヲ定ム

第五條　特別税戸數割ハ左ノ納期ニ區分シテ賦課徴收ス但シ臨時追加賦課ニ係ルモノ
ノ納期ハ其ノ都度町(村)會ノ議決ヲ經テ之ヲ定ム
前　期　　七月二十一日ヨリ三十一日限
後　期　　十二月十一日ヨリ二十日限
隨時賦課ニ係ルモノノ納期ハ其都度町(村)長ノ定ムル所ニ依リ一時ニ之ヲ賦課ス
第六條　特別税戸數割條例第六條ノ規定ニ依ル屆書ハ第二號書式ニ依リ同條例第七條
ノ申請書ハ第三號書式ニ依ルヘシ
第七條　資産ノ狀況ニ依ル資力ノ算定ハ之ヲ個數ニ表示シテ計算ス

附　則

本規程ハ公布ノ日(　年度)ヨリ之ヲ施行ス

第一號書式

議案第　　號

何年度特別戸數割賦課資力算定書

所得額 総所得額	施行規則ニ依ル控除 二十三條ニ依ルモノ	二十四條ニ依ルモノ	差引所得額	資産ノ状況	備考氏名
圓	圓	圓	圓		

年　月　日提出

何町（村）長　氏　　名

備考

一、所得額ハ圓未滿ノ端數ハ切捨トス

二、本議案ニハ左ノ參考書ヲ添付スヘシ

參　考　書

一　特別稅戶數割賦課總額　　何　程

内

所得額ニ對スル賦課額　　何程

但シ所得額何圓　　一圓ニ付何程ノ割合

資産ノ狀況ニ對スル賦課額　　何程

但シ總個數何箇　　一箇ニ付何程ノ割合

第二號書式

何年度特別税戸數割資力屆

現住所（又ハ居所）

年　月　日　　納税義務者　氏　　名㊞

町（村）長宛

一金　何　圓　　總所得額

内　譯

所得種類	所得ノ生スル場所	收入金額ノ基本員數	施行規則第二十一條ニ依ル經費	所得額	納税義務者又ハ納税義務者トノ續柄	職業氏名

備考

一、納税義務者ト生計ヲ共ニスル同居者ノ所得ハ各別ニ記載スヘシ

二、所得額ハ地方税ニ關スル法律施行規則第二十三條第二十四條ノ額ヲ控除セサル總所得額ヲ掲クヘシ

三、所得ノ種類ハ田畑、山林、俸給、給料、預金利子、賞與、配當、貸家、貸宅地何營業、養蠶等詳細ニ區分スヘシ尙田畑ニ在リテハ自作、小作、貸付等ニ區分スヘシ

四、地方税ニ關スル法律施行規則第二十一條ニ依ル經費ハ例ハ種苗、蠶種、肥料ノ購買費、家畜其他ノモノノ飼養料、仕入品ノ原價、原料品ノ代價、場所物件ノ修繕料又ハ借入料、場所物件又ハ業務ニ係ル公課雇人ノ給料其他收入ヲ得ルニ必要ナル經費ニシテ家事上ノ費用及之ニ關聯スルモノハ包含セス

五、前項ノ經費中家畜飼養料、雇人給料ノ如キ各種ノ收入ニ關聯スルモノハ其ノ關聯スル總收入金額ニ按分スヘシ

第三號書式

特別税戸數割所得額控除申請

現住所(又ハ居所)

納税義務者　氏　名㊞

年　月　日

町(村)長宛

一金　何　圓　　總控除金額

内　譯

金何圓　(納税義務者トノ續柄又ハ不具癈疾ノ事由)　氏　名　生年月日

金何圓　氏　名　生年月日

金何圓　氏　名　生年月日

備　考

一、本例ハ某縣ニ於テ示シタル準則ニ加除ヲ爲シタルモノナリ而シテ本例ノ第五條ハ隨時賦課ニ係ルモノノ納期ハ其ノ都度町村長限リ之ヲ定ムヘク工夫シタリ縣

ノ準則ハ定期及臨時追徴ト等シク町村會ノ議決ニ依ルベク規定シアルモ隨時收入中ニハ賦課ノ錯誤ヲ更正スル塲合ノ如ク資力算定ヲ爲スヘク町村會ヲ招集スルノ必要ナキ塲合屢々アリ之等ニ對シ納期ヲ定ムルノミニテ態々町村會ヲ招集スルハ其煩ニ不堪ヲ思ヒ之ヲ避クルノ方法ヲ講シタリ

夫役現品ノ賦課徵收

議案第　　號

夫役現品賦課徵收規程設定ノ件

本町(村)夫役現品賦課徵收規程左ノ通設定スルモノトス

年　月　日提出

何町(村)長　何　　某

夫役現品賦課徵收規程

第一條　本町(村)ニ於テハ土木工事ノ爲夫役現品ヲ賦課ス

第二條　夫役ハ年齡十七年以上六十年未滿ノ男子ヲ以テ一人トシ六十年以上七十年以下及十五年以上十七年未滿ノ男子若ハ二十年以上五十年以下ノ女子ヲ半人トス但シ

十七年以上六十年未滿ノ男子ハ半日ノ勞働ヲ以テ半人トス
第三條　夫役賦課ノ計算ハ半人未滿ハ半人ニ一人未滿ハ一人ニ繰上ク
第四條　夫役ハ十時間ノ務働ヲ以テ一日トシ五時間ノ務働ヲ以テ半日トス
夫役賦課ノ計算ハ私事ノ故障ニ依リ所定ノ務働ニ服セサル塲合ヲ除キ十時間未滿ヲ以テ一日五時間未滿ヲ以テ半ト看做ス
第五條　夫役ノ出役日時ハ其ノ都度町(村)長之ヲ定ム
第六條　夫役ハ鎌鍬畚ヲ携帶出役スヘシ
第七條　町(村)長ハ夫役病氣其ノ他ノ事故ニ依リ務働ニ堪ヘスト認ムルトキハ更ニ他ノ夫役ヲ出役セシム
第八條　現品ハ其ノ種類ニ依リ豫メ一定ノ材料寸尺ヲ定メテ之ヲ賦課ス
前項ノ規定ニ依ル現品ハ町(村)長之ヲ檢査シ合格セサル物アルトキハ更ニ他ノ現品ヲ提出セシメ之ト引揭フヘシ
第九條　夫役現品ノ賦課率ハ町(村)會ノ議決ヲ經テ毎年度之ヲ定ム但シ臨時追加ヲ要スル塲合ハ其ノ都度之ヲ定ム
第十條　夫役現品ノ準率ト爲ルヘキ町(村)稅ハ前年度ノ賦課ニ係ル稅額ヲ以テシ前年

度ニ於テ之カ賦課ヲ受ケサル者ハ賦課當時ノ現在ニ依ル其ノ年度ノ町（村）稅豫算額ヲ以テス

第十一條　夫役現品ノ賦課ヲ受ケタル者金錢ニ代フル塲合ノ納付期限ハ夫役ノ出役又ハ現品ノ納付期限前三日目迄トス

附　則

本規程ハ昭和何年度ヨリ之ヲ施行ス

備　考

夫役現品ハ其ノ町村住民ニ對シテノミ賦課スルコトヲ得、他町村民ニ對シテハ暇ニ其ノ町村直接町村稅ヲ納ムル者ト雖之ヲ賦課スルコトヲ得スト解セラルルカ故ニ賦課當時（令書發付當時）ノ其ノ町村住民ニシテ而カモ直接町村稅ヲ納ムル者ニノミ賦課スル妥當トス依テ特ニ本規程中ニハ賦課期日ヲ規定スルノ必要ナシト存ス

議案第　　號

夫役現品賦課率

夫役現品賦課率ニ關スル件

本町(村)昭和年度ニ於ケル夫役現品ハ左ノ賦課率ニ依リ賦課スルモノトス

年　月　日提出

何町(村)長　何　某

一　夫　役　　直接町(村)税一圓ニ付何人一人ノ換算金何程

一　現　品

空　俵　直接町(村)税一圓ニ付何俵一俵ノ換算金何程

粗　朶　同　一圓ニ付何束一束ノ換算金何程

但シ一束ハ周圍一メートル束トス

杭　木　同　一圓ニ付何本ノ換算金何程

但シ長サ何メートル末口何センチメートル

蛇　籠　同　一圓ニ付何箇一箇ノ換算金何程

備　考

一、夫役現品ニハ賦課ニ法令上ノ制限ナキモ歳出豫算ニ於テ夫役現品ヲ使用スヘク見積リタル費額ヨリ多額ニ之ヲ賦課スルハ理論上妥當ナラス

二、直接町村税ヲ準率トセサルトキハ其ノ準率トスヘキモノハ如何ナルモノナルカ具体的ニ記載シ町村制第百四十七條第九號ノ許可ヲ受クルコト
三、急迫ノ場合ニ於ケル夫役現品ノ賦課ハ直接町村税ヲ準率トスルノ必要ナキノミナラス金錢ヲ以テ代フルコトヲ得サラシムルコトヲ得

町村有財産ノ管理

議第　　號

町(村)財産管理規程設定ノ件

本町(村)財産管理規程ヲ左ノ通設定シ不動産及基本財産(學校基本財産ヲ含ム)並積立金穀ノ管理ヲ爲スモノトス

昭和　年　月　日提出

何町(村)長　何　　某

何町(村)財産管理規程

第一條　本町(村)財産ハ本規程ノ定ムル所ニ依リ之ヲ管理ス
第二條　土地建物ニシテ公用又ハ公共ノ用ニ供セサルモノハ町(村)會ノ議決ニ依リ五

年以内ノ期間ヲ以テ之ヲ賃貸スルモノトス但シ貸付期間六月未滿ノモノハ町(村)長ニ限リ賃貸スルコトヲ得

前項ノ財産ニシテ營利ノ目的ニアラサル事業ノ爲貸付スル場合ハ料金ヲ徴收セサルコトアルヘシ

第三條　土地建物ノ賃貸料ハ町(村)會ノ議決ヲ經テ之ヲ定ム但シ貸付期間六月未滿ノモノハ町(村)長ニ於テ之ヲ定ムルコトヲ得

第四條　土地建物ヲ賃貸スルトキハ契約書ニ借主ノ義務ヲ保證スルニ足ルヘキ資力ヲ有スル本町(村)居住ノ能力者二名以上ノ連帶證人ヲ付セシムルモノトス但シ官廳、公共團体及第二條第一項但書ノ規定ニ依リ貸付スル場合ハ保證人ヲ要セス

第五條　土地建物賃貸ニ關スル契約ニハ左ノ條件ヲ付セシム

一　貸付期間中本町(村)ニ於テ使用シ又ハ公用若ハ公共ノ用ニ供スルノ必要ヲ生シタルトキハ一月以内ニ之ヲ返還スヘシ

二　借主ハ承諾ヲ受クスシテ使用ノ目的及方法ヲ變更スヘカラス猥リニ變更シタルトキハ直ニ返還セシムルコトアルヘシ

三　前號ノ場合ニ於テ損害ヲ生シタルトキハ之ヲ賠償セシム

第六條　土地ノ賃貸料ハ九月及翌年三月ノ二期ニ建物ノ賃貸料ハ毎月其ノ月五日迄ニ徴收ス但シ貸付期間一年ニ滿チサルモノハ貸付ノトキ之ヲ徴收ス
第七條　國債證券、勸業債券等ノ有價證券及株券ニシテ郵便官署ヘ保護預ケヲ爲シ得ルモノハ之ヲ同官署ニ預託シ其ノ他ノ證書類ハ町(村)長ニ於テ確實ナル銀行ニ保護預ケト爲シ其ノ預リ證書ヲ徴シ又ハ役場備付ノ金庫ニ格納シ保管スルモノトス
第八條　擔保トシテ徴シタル有價證券ノ領置一年未滿ノモノハ役場内金庫ニ格納シ其ノ一年以上ニ亘ルモノハ前條ノ規定ニ依リ保管ス
第九條　現金ノ運用ハ左ノ範圍ヲ出ツルコトヲ得ス
一　國債證券、勸業銀行、農工銀行ノ株券債券、地方債券ヲ購入スルコト
二　大藏省預金、郵便貯金トシ又ハ確實ナル銀行預金ト爲スコト
三　收益ノ確實ナル不動産ヲ購入スルコト
第十條　前條ノ規定ニ依リ購入スヘキ有價證券、及株券並不動産ノ種類ハ其ノ都度町(村)會ノ議決ヲ經テ之ヲ定ム
第十一條　穀物ハ利息附貸付ヲ爲スモノトス
穀物ノ貸付期間ハ一年以内トシ借主ヨリ擔保附契約書ヲ徴シ又ハ町(村)内ニ居住ス

ル能力者ニシテ辨償ノ資力ヲ有スル二名以上ノ保證人連署ノ契約證書ヲ徴シ之ヲ保管ス

第十二條　穀物ノ保存中ハ町(村)役場倉庫ニ格納ス(穀物ノ保存中ハ俵裝面ニ記號ヲ施シ町(村)長ニ於テ確實ナル者ニ保護預ケト爲シ其ノ預リ證書ヲ徴シ保管ス)

第十三條　穀物ノ保存ヲ要セサルモノハ町(村)會ノ議決ニ依リ適當ノ時期ニ於テ之ヲ賣却ス

附　則

本規程ハ(　年　月　日)(　年度)ヨリ之ヲ施行ス

本規程施行前ニ貸付シタル土弛建物又ハ穀物ニ付返還期限ニ達セサルモノハ仍從前ノ規程ニ依ル

本町(村)基本財産管理規程及何々積立金管理規程ハ本規程施行ノ日ヨリ之ヲ廢止ス

備　考

一、本文例ハ町村制第四十條第六號及第七號ノ規程中管理ニ關スル事項ノミヲ規程ノ形式トシテ示シタルモノナリ而シテ目下各町村共明治四十年代ニ於テ定メタル基本財産管理規程ナルモノアルモ收益ヲ目的トセサル行政財産ニ關スル管理規程ナキハ不合理ナリト信ス故ニ行政財産ノ内ノ不動産及基本財産（基本財産ハ不動産タルト動産タルトヲ問ハス）並積立金ヲ一ノ規程ヲ以テ管理スヘク文例ヲ示シタリ故ニ本文例ニ依ル規程ヲ制定セハ單ナル基本財産又ハ積立ノミノ管理規程ハ不用トナルヲ以テ附則第三項ニ於テ「廢止」ストナシタリ

二、本規程ハ大正十五年六月迄ハ監督官廳ノ許可ヲ受クルヲ要シタルモ改正町村制ニ於テハ其ノ必要ナシ

罹災救助資金基本財産管理及處分

議案第　　號

罹災救助資金基本財産管理及處分ノ件

本町（村）罹災救助資金基本財産管理及處分規程ヲ左ノ通設定シ之ガ管理處分ヲ爲スモノトス

年　月　日提出

何町（村）長　何　某

何町（村）罹災救助基本財産管理及處分規程

第一條　本町(村)罹災救助資金基本財産ハ本規程ニ依リ之ヲ管理及處分ス
第二條　本基本財産金ノ運用ハ左ノ範圍ヲ出ツルコトヲ得ス
一　國庫債券、地方債券、農工債券、勸業債券、興業債券、貯蓄債券、拓殖債券ヲ買入ルヽコト
二　大藏省預金ト爲スコト
三　郵便貯金ト爲スコト
四　町(村)長ニ於テ確實ト認ムル銀行ニ利付ニテ當座預金ト爲スコト但シ本基本財産年度始現在高ノ十分ノ二ヲ超ユルコトヲ得ス
第三條　前條ノ債券ハ其ノ保管ヲ郵便局ニ託シ預金通帳ハ本町(村)金庫内ニ格納保管ス
第四條　本基本財産ハ本町(村)内ニ於テ罹災救助資金法及何縣罹災救助資金法施行規則取扱手續第二條ノ範圍ニ屬セサル罹災者アリ町(村)長ニ於テ其ノ救助ヲ要スト認メタル場合ハ繰入レ處分ヲ爲スコトヲ得
第五條　本基本財産金何圓（何縣市町村罹災救助資金補助規程ニ定メタル金額）ヲ超ユル額ハ、其ノ年度始ニ於ケル超過額ヲ限リ五年以内ニ補塡蓄積ノ條件ヲ以テ本町

（村）事業費ニ對シ繰入レ處分スルコトヲ得但シ此ノ場合ハ年利六分五厘以上ノ利子ニ相當スル額ヲ元本ニ併テ補塡スヘシ

附　則

本規程ハ（　年　月　日）（　年度）ヨリ之ヲ施行ス

備　考

一、本文例ハ罹災救助資金ノ特別會計ヲ設基本財産ノ蓄積ヲ爲シ縣費ヲ以テ過去又ハ現在ニ於テ補助ヲ受クルモノニ適用ス

二、前項以外ノ基本財産ハ第二十三文例ノ十ニ包含セシメ規定スルヲ以テ足ル

不動産ノ取得

議案第　號

不動産買收寄附受入ノ件

何郡何町（村）大字何字何何番

一　宅地（又ハ何々）　何百何十坪（又ハ何町何反何歩）

此ノ買收價格何程（一坪何程ノ割）

（寄附受入ノ場合ハ時價ヲ記載ス）

（又ハ何千圓以內ニ於テ土地所有者ト協定ス）

宅地（又ハ何々）本町（村）大字何何某ヨリ　）基本財產トシテ）（役場敷地トシテ）買收スルモノトス（寄附申込アリタルニ依リ之ヲ受ケ入ルヽモノトス）

右年　月　日提出

何町（村）長　何　　某

備　考

一、買收ノ場合ハ議案餘白ヘ理由トシテ買收ヲ必要トスル理由記載スルヲ適當ト認ム

二、基本財產タル現金ヲ以テ基本財產タル不動產ヲ購入スルトキハ歲入出豫算ニ編入スルヲ要セス議決ヲ經タル上直ニ支出シ差支ナシ

、町村道トシテ旣ニ認定シアル個所若ハ町村道變更ノ結果民有地ヲ道路敷トシテ購入ノ場合ハ本文例ノ議決ヲ爲サス道路管理者ノ資格ニ於テ直接購入ノ契約ヲ爲シ國ノ所有地トシテ所有權移轉ノ登記ヲ爲スヘキモノナリ但シ該費用ヲ計算ニ計上スルハ勿論ナリ

不動産ノ處分

不動産處分ノ件（賣却）

議案第　　號

何郡何町（村）大字何字何何番

一　地目反別（隨意契約ニテ賣却スル場合ハ價格記載）

何郡何町（村）大字何何番地

一　木造瓦葺二階（平家）建　　一棟（又ハ何棟）

此建坪何坪（隨意契約ニテ賣却スル場合ハ價格記載）

右不動産不用ニ歸シ（何々）タルニ依リ賣却スルモノトス

（又ハ）

右不動産不用ニ歸シタルニ依リ前記價格ヲ以テ何郡何町（村）大字何何某ニ對シ隨意契約ニ依リ賣却スルモノトス

年　月　日提出

何町（村）長　何　　某

備考

一、本文例ハ基本財産タル不動産ヲ含マサルニ依リ注意ノコト

二、賣却豫定價格ヲ議案ニ記載スルニ於テハ競爭入札ノ塲合質害アルヲ以テ隨意契約ニ依リ賣却スル塲合ノ外記載セサルヲ可トス若シ議員中ヨリ質問アリタル際ハ會議ノ傍聽ヲ禁止シタル上回答スル等適當ノ方法ヲ講スルコト

三、行政財産ト雖其ノ不動産林野ノ塲合ハ町村制第百四十七條第二號ノ規定ニ依リ知事ノ許可ヲ受クル

基本財産ノ處分（繰入使用）

（現金處分ノ塲合）

議案第　　號

基本財産處分ノ件

本町（村）基本財産（小學校基本財産）金ヲ左項ニ依リ處分スルモノトス

年　月　日提出

何町（村）長　何　　某

記

基本財産（小學校基本財産）金處分並其ノ補塡方法

一　繰入使用金額　金何萬何千圓（圓位以下ノ端數ヲ付セサルコト）

二　繰入使用ノ目的　小學校建築費ニ充ツル爲（又ハ何々）

三　繰入使用ノ時期　昭和何年度

四　据置期間　昭和何年何月迄（何年度町（村）債償還ヲ了スル迄ノ年度間）

五　補塡期限　自何年度至何年度何年賦トシ（何年度町（村）債償還完了ノ翌年度ヨリ別紙補塡年項表ノ通但シ町（村）財政ノ都合ニ依リ繰上ケ補塡年限ヲ短縮スルコトヲ得

六　補塡財源　町（村）税（寄附金）

（別紙）

補塡年次表

年度	補塡期限	補塡額		
		元金	年利何分ニ該當スル金額	計

昭和　年度	九月 三月			
昭和　年度	九月 三月			
昭和　年度	九月 三月			
昭和　年度	九月 三月			
昭和　年度	九月 三月			
昭和　年度	九月 三月			
計				

備考

一、基本財産トシテ蓄積中日ノ利子相當額ノ補塡ヲ爲サヾルトキハ一欄削除ノコト

二、本件ハ町村制第百四十七條第二號ノ規定ニ依リ知事ノ許可ヲ受クルヲ要スルハ勿論ナリ然レトモ茲ニ問題アリ即チ基本財産金ヲ處分費消スルトキ其ノ條件ト

シテ補塡方法ヲ定メタルモ町村財政ノ都合ニ依リ既定ノ補塡ヲ爲スコトヲ得サルカ爲補塡年項ノミノ變更ヲ爲ス場合モ亦町村制第百四十七條第二ニ所謂「基本財産ノ處分ニ關スル事」ナルヲ以テ知事ノ許可ヲ受クルヲ要スト論スル者アリ、然レトモ知事ノ許可ヲ受クルヲ要スルハ基本財産處分其ノモノニ關スル事タルヘキハ勿論ニシテ處分後ノ善後策トシテ定メタル補塡方法ハ知事ノ許可ヲ受クルノ要ナシト解セラル

不動産タル基本財産處分（繰入使用）ノ場合

議案第　　號

基本財産處分ノ件

何郡何町（村）大字何本町（村）基本財産山林中ノ

一　立木　杉　何本

　　　　　松　何本

但シ詳細ハ立木調書ノ通

右立木ヲ左項ニ依リ處分スルモノトス

年　月　日提出

何町(村)長　何　　某

記

立木ハ之ヲ賣却シ該代金ノ内左記要領ニ依リ繰入使用ノ上逐次之カ補塡ヲ爲ヌ

一　繰入使用金額　金何萬何千圓

二　繰入使用ノ目的　小學校建築費ニ充ツル爲(又ハ何々)

三　繰入使用ノ時期　昭和何年度

四　据置期間　昭和何年何月迄(何年度町(村)債償還ヲ了スル迄ノ年度間)

五　補塡期限　自何年度至何年度何年賦トシ(何年度町(村)債償還完了ノ翌年度ヨリ別紙補塡年次表ノ通但シ町(村)財攻ノ都合ニ依リ繰上ケ補塡ヲ爲シ又ハ補塡年限ヲ短縮スルコトヲ得

六　補塡財源　町(村)税(又ハ寄附金)

(別紙)

補塡年次表

(補塡年次表ト同様ニ付略ス)

立木調書

樹種	目通	枝下	樹種	目通	枝下
松	十五尺五寸	六間三尺	杉		
同	八尺六寸	十間三尺	同		
同	、、、	、、、、	同		
同	、、、	、、、、	同		
計	四本		計	四本	

備考

一、立木賣却代金ノ全部ヲ繰入使用セサル場合ハ「左記」トシテ示シタル事項ノ記載ヲ爲サヾルコト

二、立木代金ノ全部又ハ一部ニシテ繰入使用セサルモノハ歳計豫算ニ編入セス直ニ蓄積ノ上財産簿ヲ加除シ置クコト

三、基本財産ハ不動産ト雖總テ補塡ノ條件ヲ付スルニ非サレハ處分（繰入使用）ヲ爲サヽル樣注意ノコト

四、土地建物タル基本財産ノ處分ハ第二十三文例ノ十二ト本文例トル斟酌セラルヘシ

一、基本財産タル建物ヲ取毀チ之ヲ賣却スルコトナク更ニ基本財産タル建物建築ノ用材ニ使用スルカ如キハ基本財産ノ處分ニ非ス尙基本財産タル土地ヲ小學校敷地ノ如キ行政財産ニ充當スルハ基本財産ノ處分ナリ

六、學校敷地ノ如キ行政財産ノ地上ニ生長セル立木ヲ賣却スルハ不動産ノ處分ニシテ基本財産ノ處分ニ非サルヲ以テ町村制第百四十七條ノ許可ヲ受クルノ要ナシ

豫算外義務負擔

（其ノ一）

議案第　　號

豫算外ノ義務負擔ヲ爲スノ件

本町（村）内町村道何々線ノ改修工事及何、橋架換工事ハ自昭和何年度至昭和何年度何ケ

年繼續事業ナルモ之カ工事ヲ同一人ニ請負ハシムルハ事業ノ進捗並經費ノ點等ヨリ之ヲ見テ利益多キヲ以テ本年度ニ於テ全工事ノ請負契約ヲ締結スルモノトス

年　月　日提出

何町(村)長　何　　某

(其ノ二)

議案第　　號

豫算外ノ義務負擔ヲ爲スノ件

本町(村)ノ農業發展ヲ期スルニハ町(村)農會ノ活動ニ俟タサルヘカラス、然ルニ本町(村)農會ノ經費ハ目下極メテ逼迫ノ狀態ニ在リ事業費ノ如キモ何年度ニ於テハ僅ニ何圓ヲ計上シタルニ過キス如斯ハ斯業發達促進上洵ニ遺憾トスル處ナリ依テ本町(村)ハ自昭和何年度五年度間每年度金三百圓宛本町(村)農會ニ經費補助ヲ爲スモノトス

年　月　日提出

何町(村)長　何　　某

備　考

一、年度開始前ニ於テ物品購入ノ契約ヲ為スカ如キ數年度ニ渉リ賃貸契約ヲ締結シ町村カ借主タル場合ノ如キ或ハ豫算ニ計上ナキ費目（豫備費ノ支出ヲ為スコトヲ得サルモノ）ノ支出ヲ契約スルカ如キハ何レモ豫算外ノ義務負擔ナリ

二、繼續トシテ議決シタル或ル工事ノ全部ニ對シ初年度ニ於テ請負契約ヲ為スト雖右ノ如キハ豫算外ノ義務負擔トシテ別ニ町村會ノ議決ヲ經ルヲ要セス繼續支出方法ノ議決ハ即チ數年度ニ跨ル豫算額ヲ定メタルモノニシテ之カ全部ノ契約ハ單ナル豫算ノ執行ニ止ムリ豫算外ノ義務負擔ニ非スト論スル者アリ然レトモ繼續費ノ支出方法ノ議決ハ豫算其ノモノノ議決ニ非ス豫算ニハ別ニ「何々費本年度支出額」ノ一欵ヲ設ケテ議決ヲ經ルヲ以テ一會計年度間ノ豫算ニ計上セラレタル範圍以外ノ義務負擔ハ所謂町村制第四十條第八號ノ「歳入出豫算ヲ以テ定ムルモノヲ除クノ外新ニ義務ノ負擔ヲ為シ云々」ニ該當ス故ニ當然町村會ノ議決ヲ經ルヲ要スト存ス

町村ノ權利拋棄

議案第　　號

権利抛棄ヲ爲スノ件

何郡何町(村)大字何番地
何　某

右ハ何年何月何日本町(村)基本財産タル大字何所在田何反歩ヲ年額何圓ノ小作料ヲ以テ一ヶ年間小作スヘク本町(村)ト契約締結ヲ爲シ其ノ後屢々督促スルモ小作料ノ納付ナキヲ以テ詳細調査ヲ遂クルニ本人ハ無資産ニシテ到底今後右納付ノ見込ナキニ依リ小作料徴收ノ權利ヲ抛棄スルモノトス

年　月　日提出

何町(村)長　何　某

備　考

一、町村税、使用料、手數料、加入金、過料、過怠金其ノ他町村制第百十、十一條ニ列記シタル如キ國税徴收法ニ依リ理事者限リ缺損ヲ爲スコトヲ得ルモノ及町村制第百八條ノ規定ニ依ル町村税ノ納税延期許可並町村税ノ減免等ハ町村制第四十條第八號ノ權利抛棄ニ非ス

二、貸地、貸家料、町村ノ金庫事務取扱銀行業者ニ對スル權利等ノ抛棄ハ本文例ニ

依ル

営造物ノ管理法

議案第　　號

公園管理方法ノ件

公園管理規程ヲ左ノ通制定スルモノトス

年　月　日提出

何町（村）長　何　某

公園管理規程

第一條　本町（村）立公園内ノ土地使用シ又ハ公園内何々亭及何館ノ觀覽若ハ使用ヲ爲サントスル者ハ該吏員ノ指揮ニ從フヘシ

第二條　公園内ニ於テハ左ノ行爲ヲ許サス

一　竹木、花卉ヲ折損シ又ハ果實、落葉等ヲ採取スルコト

二　池水ヲ汚濁シ又ハ鳥獸魚貝ノ類ヲ捕獲若ハ傷害スルコト

三　土石ヲ掘鑿、崩壞シ又ハ瓦礫、塵芥等ヲ投棄スルコト

四　牆壁其ノ他建造物ヲ毀損スルコト
五　張紙又ハ樂書ヲ爲スコト
六　火器ヲ玩ヒ其ノ他危險ノ虞アル遊戯ヲ爲スコト
前項ニ定ムルモノノ外特別ノ禁制ハ之ヲ園内ニ榜示ス
第三條　公園内何々亭及何々館ノ觀覽又ハ使用ハ午前八時ヨリ午後四時迄トス但シ町村長ハ時宜ニ依リ之カ伸縮ヲ爲スコトヲ得
第四條　前條ノ規定ニ依リ觀覽又ハ使用中ハ書畫其ノ他ノ物品ニ觸手スヘカラス
前項ノ規定ニ違反シ書畫其ノ他ノ物品ヲ毀損シタル者アルトキハ相當價格ノ賠償ヲ爲サシム

附　則

本規程ハ公布ノ日（　年　月　日）（　年度）ヨリ之ヲ施行ス

備　考

一、本規程ハ單ニ公園管理方法ノミノ例ヲ示シタルモノナルモ苟モ町村ノ營造物タル以上其ノ管理方法ハ町村會ノ議決ヲ經ヘシ
二、使用料徵收方法迄併テ規定シタルトハ町村條例トシテ制定スルコト（町村制第

百九條第一項參照）

町村吏員ノ身元保證

議案第　　號

本町（村）收入役身元保證ニ關スル件

本町（村）收入役身元保證ニ關スル規程左ノ通定ムルモノトス

年　月　日提出

何町（村）長　何　某

何町（村）收入役身元保證ニ關スル規程

第一條　本町（村）收入役ハ本規程ノ定ムル所ニ依リ就職ノ日ヨリ三十日以内ニ身元保證ヲ本町村ニ提供スヘシ

第二條　身元保證ハ何圓トス（身元保證ハ何圓以上ニ於テ町（村）長之ヲ定ム）

第三條　身元保證トシテ提供スルコトヲ得ル物件ハ現金、有價證券及土地トス

前項ノ有價證券ハ國債證券、地方債券及政府ノ保證アル株券ニシテ無記名ノモノニ限ル

第一項ノ土地ニハ本町(村)ニ於テ第一順位ヲ以テ抵當設定登記ヲ爲シ其ノ他ノ保證物件ハ本町(村)財産管理ノ例ニ依リ之ヲ管理ス

前三項ノ規定ニ依ル有價證券及土地ノ價ハ時價ニ依リ町(村)長之ヲ定ム

第四條　現金以外ノ身元保證ヲ提供シタルモノ時價ニ依リ算定シタル價格第二條ノ規定ニ依ル金額ニ滿チサルニ至リタルトキハ町(村)長ハ期限ヲ指定シ更ニ增加提供セシム

第五條　身元保證トシテ提供シタル現金及有價證券ノ果實ハ提供者ニ交付ス

第六條　身元保證ハ町(村)長ノ承認ヲ經タルトキハ二人以上ノ連帶保證人ヲ以テ第三條第一項ノ物件ニ代フルコトヲ得

前項ノ規定ニ依ル連帶保證人ハ本町(村)住民ニシテ直接國稅年額何圓以上ヲ納ムル者タルヘシ

第七條　前項ノ規定ニ依ル連帶保證人死亡又ハ失踪シ若ハ前條第二項ノ規定ニ依ル資格ヲ失ヒタルトキハ收入役ハ直ニ保證人ノ設定又ハ變更ヲ爲スヘシ

第八條　收入役退職又ハ死亡シタルトキハ何日以內ニ身元保證ヲ解除ス但シ町(村)長ニ於テ必要アリト認ムルトキハ仍之ヲ留保スルコトヲ得

附則

本規程ハ（　年　月　日）（公布ノ日）ヨリ之ヲ施行ス

本規程施行ノ際現ニ收入役ノ職ニ在リ身元保證ノ提供ナキ者ハ施行ノ日ヨリ三十日以內ニ之ヲ提供スヘシ

備考

本文例ハ單ニ收入役ニ於ケル塲合ノミヲ一例トシテ示シタルモノニシテ町村ニ於テ必要アル塲合ハ獨リ收入役ニ限ルコトナク他ノ町村吏員ヨリモ身元保證ヲ徵スルコトヲ得ヘキハ勿論ナリ

町村ニ係ル訴願ニ關スルコト

本件ニ該當スル事件ハ町村制中極メテ稀ナリ只一ツ第八條第一項ノ規程ニ依リ處分シタルトキ同條第三項ノ規定ニ依リ處分ニ不服アル者カ縣參事會ニ訴願シタル塲合町村ニ於テ作製スル辯明書ノ議決アルノミナラム乎（本文例ハ第五文例ノ四ニ示シタルヲ以テ再揭ヲ略ス）然レトモ他ノ法律勅令等ニ於テ町村ノ提出シ得ヘキ訴願ハ勿論其ノ辯明書作製等ノ如キ迄町村制第四十條第十一號ノ規定ニ依リ議決ヲ經ルヲ要スルモノ

ナリ但シ町村稅ノ異議、町村會議員選擧人名簿ノ異議、選擧又ハ當選ニ關スル異議等ノ如ク町村會カ決定シ之ニ對シ訴願アリ其ノ辯明書ヲ町村會自体カ作成スル如キハ本條ニ基ク議決ニ在ラサルヲ以テ注意ノコト尙町村制ノ規定中各所ニ散在スル「町村長ヨリモ訴願ノ提起ヲ爲スコトヲ得」ノ條文ニ基ク訴願ハ町村會ノ議決ヲ經ルヲ要セサルナリ

町村ニ係ル訴訟ニ關スル事

議案第　　號

訴訟提起ノ件

本町(村)大字何々番地何某ニ對シ何年何月何日本町(村)大字何地內所在ノ本町(村)基本財產田何町何何反步ヲ年額何圓ノ小作料ヲ以テ貸付シタル處何年分以降何ケ年分此ノ小作料計金何圓ヲ納付期限ヲ過クルモ納入ナキヲ以テ屢々嚴重ナル催告ヲ重ネタルモ更ニ納付ナク到底同人ハ本町(村)ヘ右債務履行ヲ爲スノ誠意ナキモノト認メラルヽニ依リ同人ニ對シ其ノ强制履行請求ノ訴ヲ何々地方裁判所ニ提起スルモノトス

年　月　日提出

何町（村）長　何　　某

備考

一、本例ハ民事訴訟ノ一例ヲ示シタルモノニ過キサルモ其ノ他町村ノ關係スル訴訟ハ行政訴訟タルト民事訴訟タルトヲ問ハス又町村ノ原告タルト被告タルト將又參加入タルトヲ問ハス總テ町村會ノ議決ヲ經ルコト

二、町村制第百四十條第十一號ハ町村ノ關係スル訴訟ニ關スル事項ノ議決ヲ經ヘキコトヲ規定シタルモノニシテ町村制第八條第五項、第十八條ノ三第三項、第三十三條第六項、第三十五條第四項、第七四條第四項、第八十七條第三項、第百九條第五項、第百十一條第七項、第百三十五條第四項等ノ規定ニ依リ提起セル行政訴訟ハ町村長ノ提起スヘキモノニ付町村會ノ議決ヲ經ヘキモノニ非ス

和解ニ關スル事

議案第　　號

和解契約締結ノ件

本町（村）對何郡何町（村）大字何々某トノ土地所有權確認ニ關スル繫爭事件ハ和解スル

ヲ得策ナリト認ム依テ左ノ要領ニ依リ和解契約締結ヲ爲スモノトス

年　月　日提出

何町(村)長　何　　某

和解契約書

何縣何郡何町(村)

當事者　代表者　何町(村)長　何　　某

何縣何郡何町(村)大字何々番地族稱職業

當事者　何　　某

右當事者間ニ於テ何裁判所ニ繫屬セル同裁判所昭和何年何第何號土地所有權確認ノ訴訟事件和解ノ爲メ左ノ契約ヲ締結ス

一　右何某ハ右何縣何郡何町(村)ノ名義ヲ以テ何區裁判所土地登記簿ニ登記セル何(府)縣何郡(市)町(村)大字何々番宅地何坪ハ右何縣何郡何町(村)ニ所有權アルコトヲ確認シ該土地ニ付テハ以後一切自己ニ所有權アリトノ主張ヲ爲サヽルコトヲ約ス

二　右何某ハ昭和何年何月何日何裁判所ニ登記シタル同裁判所昭和何年何第何號土地

所有權確認ノ訴ハ直ニ之カ取下ヲ爲スヘキコトヲ約ス

三　右何縣何郡何町(村)ハ前二項ニ依リ當事者ニ存スル爭ヲ止メシムル爲金何圓ヲ前項訴訴訟取下ノ日ニ於テ右何某ニ交付スヘキコトヲ約ス

右契約ヲ證スル爲此證書ヲ作リ各署名捺印シ各一本ヲ保存ス

年　月　日

右

何町(村)長　何　某

何　某

備　考

一、議決ノ上契約ヲ締結スル際ハ二通ヲ作製シ署名捺印ノ場合ニ於ケル町村側ノ捺印ハ町(村)長ノ職印トスルコト

二、本文例ハ和解契約締結ノ場合ニ於ケル例ヲ示シタルモノナルモ町村會ノ議決ヲ經ベキ和解ニ關スルコト、トハ獨リ契約締結ニノミ限ラス苟モ和解ニ關係スル事件ハ議決ヲ經ルヲ要ス

第三項　市町村會ニ於テ行フ選擧權限

第四十四條　市町村會ハ法律勅令ニ依リ其ノ權限ニ屬スル選擧ヲ行フヘシ
市町村會ノ外部ニ對スル議決權限ニ關シテハ已ニ之ヲ說明セリ、然シテ市町村會ハ法律勅令ニ依リ其ノ權限ニ屬スル選擧ヲ行フヘキモノナルヲ以テ其ノ選擧權限ハ一ニ法律勅令ノ規定ニ根據ヲ有セサルヘカラス、故ニ勅令以外ノ單獨命令ヲ以テシテハ市町村會ニ選擧ヲ行フコトヲ命スル能ハス、市町村會ニ於テモ亦此ノ如キ命令ニ依リ選擧ヲ行フヘキモノニアラスト雖、其ノ命令カ法律勅令ニ基モノナルニ於テハ法律勅令ニ依リ命セラレタルト等シク其ノ選擧ヲ行ハサルヘカラサルヤ論ナシ
選擧方法ハ原則トシテ市制第五十五條町村制第五十一條ニ依ルヘキモノナリト雖、法律ヲ以テ特別ノ規定ヲ設ケタル場合ニ於テハ之ニ依ラサルヘカラス、例ヘハ市制第六十五條ニ於ケル名譽職參事會員ノ選擧ノ如キ是ナリ、法律勅令ニ依リ市町村會ノ選擧スヘキ場合ヲ例示スレハ左ノ如シ

（イ）　市町村吏員及委員

（一）　市町村長市町村助役收入役副收入役（市制第七十三條第七十五條第七十九條町村制第六十三條第六十七條）

（二）　傳染病豫防委員（傳染病豫防法第十五條）

（三）　學務委員（小學校令第六十二條）

（ロ）　其ノ他

（一）　名譽職參事會員（市制第六十五條）

（二）　檢査委員（市制第四十五條 町村制第四十二條）

（三）　市町村出納臨時檢査ニ立會スル市參事會員町村會議員（市制第百十一條 町村制第百二十一條）

（四）　市會議員ヨリ選出スル都市計畫委員會ノ委員（都市計畫委員會官制第八條）

（五）　市町村會議長副議長（市制第四十八條町村制第四十五條）

（六）　臨時横濱神戸港設備委員（臨時横濱港設備委員會官制第三條第四號及臨時神戸港設備委員會官制第三條第四號）

第四項　市町村會ノ市町村事務檢査

第四十五二條　市町村會ハ市町村ノ事務ニ關スル書類及計算書ヲ檢閲シ市町村長ノ報告ヲ請求シテ事務ノ管理、議決ノ執行及出納ヲ檢査スルコトヲ得

市町村會ハ議員中ヨリ委員ヲ選擧シ市町村長又ハ其ノ指名シタル吏員立會ノ上實地ニ就キ前項市町村會ノ權限ニ屬スル事件ヲ行ハシムルコトヲ得

市町村會ハ既ニ說明セル議決及選擧權限ノ外尚市町村事務ノ管理議決ノ執行及出納ヲ

檢査スルノ權ヲ有セリ

抑モ國家ハ市町村ニ對シ數級ノ監督機關ヲ置キ其ノ事務執行機關ト意思決定機關トノ孰レタルヲ問ハス、苟モ違法越權又ハ公益ヲ害スルノ事アルニ於テハ之カ匡正ノ途ヲ取ラシムルモ仍此ノ兩機關相互ノ間ニ於テモ互ニ相戒メ以テ非違又ハ公益ヲ害スルノ結果ニ陷ラシメンコトヲ期セリ、即チ執行機關ニ與フルニ市制第九十條町村制第七十四條ニ於ケル再議若ハ再選擧ヲ行ハシムルノ權又ハ監督機關ノ發動ヲ求ムル等ノ權限ヲ以テシ意思決定機關ニ與フルニ本條ノ檢査權及市制第四十六條町村制第四十三條ノ意見書提出權竝市制第百四十二條町村制第百二十二條ノ決算認定權等ヲ以テスルカ如キ是ナリ

檢査ノ方法ハ分チテ之ヲ二トス、一ハ書面審査他ハ實地檢査ニシテ兩者孰レモ口頭審査ノ附隨セルハ論ヲ俟タス、而シテ其ノ之ヲ行フヘキ場合ハ書面審査ニ在リテハ議場内ニ於テシ實地檢査ハ檢査ノ目的場所ニ於テ爲スモノトス

本件ノ場合ニ於テ市町村長ハ(イ)書類及計算書ノ提出(ロ)請求ニ應シテ報告ヲ爲スコト(ハ)實地檢査ノ場合ニ立會ヲ爲スコト等ノ義務アリ、然レトモ若市町村長カ此ノ義務ヲ履行セスシテ書類計算書ノ提出ヲ爲サス又請求アルモ報告ヲ爲サス、若ハ實地檢

査ノ場合ニ立會ヲ爲サヽルカ又ハ立會吏員ヲ指名セサルトキハ市町村會ハ之ヲ强行スルヲ得サルヘシ、何トナレハ法ハ市町村會ニ對シ以上ノ請求權アルヲ規定セシノミニシテ別ニ强行シ得ルノ權ヲ與ヘサレハナリ、故ニ此ノ場合ニ於ケル救濟方法トシテハ町村制第四十三條ニ依リ市町村會ハ監督官廳ニ意見書ヲ提出シテ其ノ發動ヲ求ムルノ外ナキナリ、或ハ(ハ)ノ立會人ヲ指名セサル場合ニ於テハ市町村會ハ立會人ナクシテ檢査ヲ執行スルヲ得ヘシト論スル者アルモ此ノ説ハ誤レルモノナリト謂ハサルヘカラス、蓋シ立會ハ實地檢査ノ條件ナルヤ明ナルヲ以テ隨テ其ノ條件ヲ缺クニ於テハ檢査ヲ爲シ得サルハ自明ノ理ナレハナリ、檢査執行ノ結果事務及議決ノ執行ニ不當ノコトアリ出納ニ不正ノコトアルヲ發見シタル場合ニ於テハ市町村會ハ如何ナル手段ニ出ツルノ權限アリヤトイフニ、此ノ場合ニ在リテモ亦次條ノ規定ニ依リ市町村長ノ反省ヲ求メ又ハ監督官廳ノ發動ヲ求ムル意見書ヲ提出スルヲ得ルノ外市町村長ニ向テ直接ニ何等ノ手段ヲ加フルヲ得ス、且其ノ意見書ト雖、市町村長ノ身分ニ關シ容喙スルノ權ナキヤ明ナリ、隨テ市町村長ノ不信認ヲ訴ヘ其ノ解職又ハ懲戒ヲ求ムルカ如キ意見書ハ之ヲ提出スルヲ得サルナリ、是レ市町村長ノ適否如何ハ一ニ監督官廳ノ監視スル所ニ屬シ法ハ市町村會ニ事務ニ關スル檢査權ヲ與ヘシモ市町村長ノ身分ニ關スル監督權

ヲ與ヘタルモノニアラサルカ故ナリ、

一、市町村會ノ檢査スヘキ事項ノ範圍ハ獨リ其ノ權限ニ屬スル議決ノ執行ノミニ限ラサルコトハ敢テ說明ヲ要セサル所ニシテ已ニ『市町村ノ事務』トノ明文ヲ規定セルヨリ見ルモ市町村會ノ議決權限ノ範圍內ニ屬スルモノノミナラス、執行機關ニノミ存スル權限事項ニ對シテモ仍檢査ノ權アリト解シ得ヘキナリ、故ニ苟モ市町村ノ事務ニ關スル以上ハ之ヲ檢査シ得ヘシト雖、市町村長若ハ市町村吏員カ國府縣其ノ他公共團體ノ事務ヲ管掌スル塲合例ヘハ市制第九十三條町村制第七十七條ノ如キアリ而シテ是等ノ事務ニ付テモ市町村會ハ仍之ヲ檢査シ得ルヤ否ヤハ嘗テ問題トナリシコトアリタリト雖、本條ニ於テ『市町村ノ事務ニ關スル』ト規定セル以上ハ國府縣其ノ他公共團體ノ事務ハ固ヨリ本條ノ範圍ニアラサルヘク、隨テ之ヲモ檢査スルヲ得ト謂フカ如キハ適當ノ解釋ト認ムル能ハサルナリ、而シテ本項ノ規定ニ依ル檢査ハ所謂書面檢査ニ屬シ實地檢査ニ付テハ次ニ規定セリ、書面檢査ノ方法タル(一)市町村ノ事務ニ關スル書類及計算書ヲ檢閲シ(二)市町村長ノ報告ヲ請求シテ事務ノ管理、議決ノ執行及出納ヲ檢査ス

(一) 市町村ノ事務ニ關スル書類トハ市町村長カ市町村ノ事務處理ノ爲メ作製シタ

ル決定書、諸往復書類、諸統計表臺帳類ヲ指シ計算書トハ徴税ノ爲ニスル臺帳、賦課簿、命令原簿ハ勿論收入後ニ管掌スル現金出納計算書、歲入歲出內譯表等金錢ニ關スル諸計算書ヲ指シ市町村會ハ之ニ就キ檢閱ヲ爲スヲ得ヘシ

（二） 檢閱上必要アルトキハ其ノ檢査上ノ資料ヲ徵スル爲メ市町村長ニ請求シテ報告ヲ徵シ市町村長ノ管掌スル事務ノ管理ノ狀況、市町村會ノ議決ヲ適當ニ執行セルヤ否及出納ニ關シ市町市長ノ命令適當ナルヤ收入役ノ執行スル出納事務及現金保管ノ狀況ノ當否ヲ檢査スルヲ得ヘキナリ

二、事務ノ管理議決ノ執行及出納ニ關スルコト　檢査ハ事務ノ管理議決執行ノ當否出納ノ正否ニ關スヘク其ノ他ニ及ホスヲ得ス、而シテ其ノ檢査ノ結果若不當不正ヲ發見スルコトアルモ市町村會ハ執行機關ニ非サルヲ以テ直接何等ノ處分ヲ爲スヲ得ス次條ノ規定ニ依リ意見書ヲ提出シテ市町村長ノ反省ヲ求ムルカ又ハ監督官廳ノ發動ヲ要求シ得ルニ過キス

三、議員中ヨリ委員ヲ選擧スルコト　議員全部ハ實地檢査ヲ爲スヲ得ス、是レ書類檢査ノミヲ以テハ其ノ目的ヲ達シ難キ場合アルト又議員全部ノ多數ヲ以テスルトキハ或ハ其ノ目的ヲ達スルニ不便アルヘク、寧ロ少數ノ適任者ニ一任スルノ優レルニ如

カストノ主旨ヲ以テ、此ノ方法ニ依ルヘキコトヲ規定シタルモノナルヤ明ナルニ由ル

四、市町村長又ハ其ノ指名シタル吏員ノ立會ヲ要スルコト　檢査ヲ行フニハ必ス立會人ヲ要シ單ニ市町村會ノ選擧シタル委員ノミニテハ之ヲ行フヲ得サルナリ

檢査ハ以上ノ制限ニ從ヒ之ヲ執行スルヲ得ルモノトス、而シテ實地檢査ニ就テハ隨時必要ノ地ニ出張シ得ルヤ勿論ナリ、玆ニ注意スヘキハ檢査ノ範圍ニ差異アリト雖其ノ他ハ大體府縣制第六十九條ト同一ノ意義ト解スヘシ、而シテ議事ニ關スル事項審査ノ爲實地ニ就テハ本件ノ範圍ニ包含セサルコトヲ注意スヘシ

第五項　公益事件ニ關スル意見書提出

第四十六條　市町村會ハ市町村ノ公益ニ關スル事件ニ付意見書ヲ關係行政廳ニ提出スルコトヲ得

市町村會ハ市町村ノ意思ヲ決定スル機關ニシテ外部ニ對シ意思ヲ發表スルヲ得サルヲ原則トスルハ既ニ述ヘタル所ノ如シ、本件意見書提出及町村制第四十三條ノ諮問答申ハ此ノ原則ニ對スル例外ニシテ是等ノ場合ニノミ外部ニ對シ意思ヲ發表スルノ權限ヲ

認メタルモノナリ、是レ市町村會ハ市町村ノ意思決定機關ナルヲ以テ市町村ノ公益上必要ナリト認ムル事件ニ關シ市町村長又ハ監督官廳ニ對シ意見書ヲ提出シ得ルノ途ヲ設ケタル所以ナリ

意見書ニ關スル發案權ハ既ニ説明セシ如ク一般發案權ノ例外ヲ爲シ市町村會自身ニ之ヲ有スルモノナリ、而シテ其ノ意見書ヲ提出スルニハ左ノ條件ニ從ハサルヘカラス

一、市町村ノ公益ニ關スル事件ナルコト　事件ノ範圍ハ之ヲ市町村ノ公益ニ關スル事件ニ限レルヲ以テ他ノ事件ニ對シテ固ヨリ之ヲ提出スルヲ得ス、例ヘハ地租輕減ニ關スル意見書、市制町村制中改正意見書、地方税課税制限ニ關スル改正意見書鐵道布設ニ關スル意見書ノ如キモノニシテ獨リ其ノ市町村ノミニ止マラス汎ク一般ニ亘リテ其ノ改定ヲ求ムルカ如キハ市町村ノ公益事件ニアラサルヲ以テ此ノ如キノ意見書ハ之ヲ提出スルヲ得スト雖、若是等ノ事件ニシテ單ニ其ノ市町村ノミニ關シ改定ヲ求ムルモノナルニ於テハ本條ニ所謂『市町村ノ公益ニ關スル事件』ニ該當スルモノトス、又各地其ノ事例ニ乏シカラサル市町村ヲ通過スル府縣ノ土木事業タル道路架橋等ノ事ニ關シ意見書ヲ提出スルカ如キモ本條ノ範圍ニ屬スルモノト謂ハサルヘカラス、要スルニ市町村ノ公益如何ハ一々個々ノ事實ニ依リ之ヲ判定スルヲ要ス

二、關係行政廳ニ提出スルコト　茲ニ所謂關係行政廳トハ本法ニ於テ監督ノ權限ヲ有スル官廳ヲ指スモノニシテ即チ市制第百五十七條町村制第三十七條ニ示スカ如ク第一次ニ府縣知事第二次ニ内務大臣ヲ謂フ、仍敎育ニ關スル事項ニ付テハ文部大臣モ齊シク監督官廳タルモノトス

三、書面ノ提出ナルコト　本條ニ規定スルハ意見書提出ナルコト明ナリ、故ニ假令市町村ノ公益ニ關スル事項ト雖其ノ意見ヲ陳述スル爲ニ議員ヲ出頭セシムルカ如キハ明ニ本條ノ範圍ヲ脱スルモノトス

四、市町村會ナルコト　意見書ノ提出ハ市町村會ナル機關ニ對シ之ヲ許シタルモノナルヲ以テ市町村會ヲ代表スル市町村會議長ヨリスヘク市町村會ヲ組織スル議員ハ假令全部連署スト雖之ヲ爲スヲ得サルヤ明ナリ

意見書ヲ提出シ得ル事件ノ範圍ニ付テハ『市町村ノ公益ニ關スル事件』ト規定シ別ニ制限ヲ爲サヽルヲ以テ市町村會ノ議決ヲ經ヘキ事項ノミナラス市町村ノ事務其ノ他ニ於テモ苟モ市町村ノ公益ニ關スル以上ハ意見書提出スルヲ得ヘシ、尤モ其ノ意見書タルノ之ヲ受ケタル市町村長又ハ監督官廳ハ之ニヨリ法律上何等ノ拘束ヲ受クルモノニ非ス、又之ニ對シ應答ノ義務ヲ生スルモノニ非ス、即チ之ヲ採用スルト否トハ一ニ其ノ

自由ニ屬セリ、然レトモ法律ニ依リ提出セル意見書ナルヲ以テ前記ノ條件ニ反セサル以上ハ必ス之ヲ受理スルヲ要シ却下又ハ返戻ノ處分ヲ爲スヘキモノニ非ス

町村會ヨリ提出ノ意見書

建議

意見書

本町(村)大字何々ヨリ何々ニ至ル町村道中何川ニ架設セル何橋ハ何年何月ノ建設ニ係ルモノニシテ爾來何十年ヲ閲シ近時漸ク腐朽甚シク車馬ノ通行ニ頗ル危險ヲ感ス、然ルニ昨年大字何々ニ葉煙草收納所ヲ設立セラレテ以來一層通行頻繁ヲ加フルニ至レリ之ヲ此ノ儘放任スルニ於テハ遂ニハ人馬往來全ク杜絶スルハ勿論小學兒童ノ通學ニ支障ヲ來スヘク大字何々地方民ノ脅威ヲ受クルコト洵ニ甚大ナルモノアルヲ以テ速ニ之カ改築ヲ斷行セラレンコトヲ望ム

右町村制第四十三條ノ規定ニ依リ意見書提出候也

年　月　日

何　町(村)　會

町村道管理者
何町(村)長　何　某殿

右及建議候也
年　月　日提出
町(村)會議員　何　某
同　何　某
同　何　某
備考
一、町村ノ公益ニ關スル事件ニ非サレハ意見書提出ヲ爲スヲ得ス
二、意見書ノ提出アリトスルモ町村長ハ其ノ意見書ノ内容ニ拘策セラルヽノ義務ナシ

第六項　市町村會ノ諮問答申

第四十七條　市町村會ハ行政廳ノ諮問アルトキハ意見ヲ答申スヘシ
市町村會ノ意見ヲ徵シテ處分ヲ爲スヘキ場合ニ於テ市町村會成立セス、招集ニ應セ

ス若ハ意見ヲ提出セス又ハ市町村會ヲ招集スルコト能ハサルトキハ當該行政廳ハ其ノ意見ヲ俟タスシテ直ニ處分ヲ爲スコトヲ得

一、諮問トハ市町村會ノ意見ヲ問フモノニシテ同意ヲ求ムルモノトハ固ヨリ異ナレリ同意ヲ求ムルモノニ在リテハ、其ノ同意ヲ處分ノ要件トス、諮問ニ在リテモ例ヘハ『何々ヲ何々セントス其ノ意見如何』トイフ如キ諮問書ヲ發シ恰モ決定シタル意思ヲ表示シテ之ニ對スル同意不同意ヲ應答セシメントスルカ如キコトアリト雖、同意ハ必スシモ處分ノ要件ニアラス故ニ市町村會ノ意見ハ之ヲ否トスルコトアルモ諮問者カ之ニ反スル處分ヲ爲スハ固ヨリ妨ケサル所ナリトス

法規ニ於テ市町村會ノ意見ヲ聽クヲ要素トスルモノト否ラサルモノトアリ、其ノ意見ヲ聽クヲ要素トスルモノハ行政廳ニ於テ諮問ヲ爲スヘキ義務ヲ有スルモノ其ノ之ヲ要素トセサルモノハ單ニ參考ノ爲任意ニ之ヲ爲スモノトス、前者ニ在リテハ市町村ニ關係アル國又ハ公共團體ノ事務ニシテ其ノ意見ヲ聽キテ後之ヲ處分スルヲ以テ事情ニ適スルモノト認メ法令ニ規定セルモノニシテ後者ハ行政廳カ參考ノ爲任意ニ其ノ意見ヲ聽キテ後之ヲ處分セントスル場合ナリトス

本件ノ所謂行政廳トハ前條ノ如キ監督官廳ノミニ非スシテ廣ク行政廳ヲ指スモノナ

リトス、而シテ前記孰レノ場合ト雖、市町村會ハ之ニ應答スルノ義務ヲ有シ又市町村會カ外部ニ對シ意見ヲ發表シ得ルモノニシテ同時ニ其ノ發案權ハ市町村會之ヲ有ヌト解スヘキモノナリ

行政廳ニ於テ市町村會ニ對シ諮問ヲ必要トスル事項ヲ例示スレハ左ノ如シ

（イ）府縣ノ廢置分合又ハ境界變更竝此ノ場合ニ於ケル財產處分（府縣制第三條）

（ロ）市町村ノ廢置分合又ハ境界變更　所屬未定地編入竝其ノ財產處分（市制第三條第四條町村制第三條）

（ハ）市町村ノ區會及町村ノ區總會ノ設置（市制第百四十五條町村制第百二十五條）

（ニ）公益上ノ必要ニ依ル市町村組合又ハ町村組合ノ設置及其ノ變更解除（市制第八章町村制第七章）

（ホ）傳染病毒汚染ノ建物ニ對シ別段ノ處分ヲ行ヒ且其ノ處分ノ爲必要ナル土地ノ使用（傳染病豫防法第九條ノ二）

（ヘ）消防組ノ分劃（消防組規則第五條）消防組員ノ手當竝被服ヲ定ムルコト（同第十一條）同必要ナル器具及建物ヲ定ムルコト（同第十二條）

町村ノ廢置分合、境界變更、所屬未定地編入等內申

町村廢置分合處分申請

第　　號

年　月　日

何郡何村長　何　　某㊞

何縣知事　何　　某殿

町村廢置分合處分ノ義申請

本村ト隣何村トヲ廢シ新ニ何町(村)設置ノ義關係村會ニ御諮問ノ上御處分相仰度左記理由ヲ具シ此段申請候也

理　由

本村ハ縣ノ北部ニ位シ東西何里、南北何里、東南西ノ三方ハ山脈ヲ以テ圍繞セラレ單ニ北部ニ對シテノミ較々平地ヲ存シテ何村ニ界シ人口何程、戸數何程ノ小村ナリ、而シテ村ノ地勢及位置右ノ如クナルヲ以テ村民ハ專ラ農業ヲ營ミ其ノ生活固ヨリ富裕ナルコトヲ得ス其ノ富ノ程度ハ別紙調書ノ如クニ有之、然ルニ近年國及縣財政ノ膨脹ニ

伴ヒ村民ノ負擔夥シク増加シ加之一方ニ於テハ社會ノ進運ニ伴ヒ本村自体ノ教育、衛生、勸業、土木其他ノ施設モ亦企畫スヘキコト尠カラス地方ニ於テハ國及縣行政事務ハ愈々多キヲ加フルト共ニ小村ト雖下級行政區トシテノ事務負擔激増シタルノミナラス村固有ノ事務モ亦愈々益々多キヲ加ヘ從テ村費増加ノ如キ何年前ノ本村豫算ニ比シ約何倍ニ達シ試ニ之ヲ村民ノ收入ニ對シ比スレハ其結果將ニ別表ノ如クナラントス、若シ夫レ將來此ノ勢ヲ以テ進マンカ村民ノ財力到底之カ負擔ニ堪ヘスシテ一村將ニ疲弊ノ苦境ニ沈マントス是ニ於テ村民期スル所アリ、殖產興業、勸勉力行、專ラ増富ノ計ヲ畫シ、何々ノ事業ヲ講シタルモ本村ノ地位、狀態前述ノ如クニシテ到底以テ其ノ結果充分ナルヲ得ス、然ルニ本村ノ北部僅カニ平地ヲ存シテ境ヲ接スル何村ハ東西何里南北何里、人口何程、戶數何程ノ小村ニシテ其ノ地位、財力及村民ノ狀態能ク本村ト酷似シ困憊ノ歎亦相同キモノアリ、是ニ於テ乎今此ノ兩村ヲ合併シテ以テ一ノ町村ト爲サンカ二個各別ニ施設シ各村各別ニ爲スヘキ事業モ一ノ施設、一ノ事業ヲ以テ足リ從テ其ノ事業亦各別ニ爲スヘキモノ併合シテ一ニ爲スヲ以テ足ルヘク、各般ノ經費大ニ減スヘキモノアルヘシト試ニ調査スルニ其ノ結果別表ノ如クニシテ各村民ノ負擔モ亦各々現在ノ半ヲ以テ足レルヲ見ル、加之兩村ノ地勢ヲ見ルニ東西各々山ヲ繞ラシ南北平地ヲ存シテ兩村相接シ正ニ有形上合シテ一町村ト爲スニ適シ其ノ民情、風俗亦全ク同シク、古來克ク相親ミ無形上ニ於テモ亦相合スルニ宜ク寔ニ合併シテ一町村ト爲スニ適ス若シ夫レ幸ニ兩村ヲ合併スルコトヲ得ンカ二個ノ小村ハ適當ナル町村ヲ形成シ其ノ資力亦漸ク法律上及公益上ノ負擔並計畫ヲ爲スニ足ルヘキヲ信シ、村內重立者ヲ集メ前後何回ニ涉リ愼重協議スル所アリ、幸ヒ滿場一致ノ贊成ヲ得隣村何村ニ交涉シタル所之亦重立者ノ協議會ニ於テ贊成セラレタル旨回答アリ之本申請書ヲ提出スル所以ナリ

備考

一、本文例ハ現在二町村ヲ合併一町村ト爲スヘク知事ノ諮問ヲ要求スルノ例ナリ町村ノ廢置分合ニハ左ノ種類アリ

1、甲乙兩町村ヲ廢シ其ノ區域ヲ以テ丙ナル一町村ヲ置ク場合

2、甲町村ノ一部ト乙町村ノ一部ヲ以テ丙ナル町村ヲ置ク場合

3、甲町村ヲ二分シ其ノ一部ヲ乙町村ニ屬セシメ他ノ一部ヲ丙町村ニ屬セシムル場合

4、甲町村ヲ二シテ乙丙ナル二町村ヲ置ク場合

5、甲町村ノ一部ヲ以テ乙ナル一町村ヲ置ク場合

6、甲町村ノ全部ヲ乙町村ニ屬セシムル場合

二、本申請書ニハ左記書類ヲ必ス添付スルコト

1、區域表

區分／名稱	田	畑	宅地	鹽田	鑛泉地	池沼	山林	原野	雜種地	合計	人口	戸數
	反	反	反	反	反	反	反	反	反	反	人	戸
分廢町村名												
合置町村名												

本表欄內各地目反別ノ左方ニ各其地價ヲ附記ス

2、資力表

資力／名稱	諸税並町村費			町村有財産						負債	
						土地					
	國税	地方税	町村費	現金	公債證書等ノ券面金高	耕宅地	山林	建物	米穀	金高	米穀
	圓	圓	圓	圓	圓	反	反	坪	合	圓	合
分廢町村名											

合置町村名

何々ハ何年　月　日現在
3、地圖　山河道路人家ノ聚落及町村役役場（必要ノ時ハ小學校）ノ位置並方位
4、里程　役場ヨリ町村境界ニ至ル距離
5、分合後ノ町村費概算（別紙ノ式ニ依ル）ヲ立テ其ノ前後増減ヲ示スヲ要ス
三、町村境界變更所屬未定地編入ハ町村ノ廢置分合ノ手續ニ準ス

知事ノ諮問ニ對スル意見答申

第　號議案
町村ノ廢置分合（境界變更）（所屬未定地編入）（財產處分）
ニ關スル意見答申
年　月　日諮問第　號何々ニ關スル本縣知事ノ諮問ニ對シ本町（村）會ハ（異議ナキモノトス）（第何項何々ヲ何々ト變更スルヲ相當ト認ム）（何々ナルニ依リ異議アルモノトス）

何　郡　何　町（村）會

右意見答申候也
　年　月　日
　　何縣知事　何　　某殿
右ノ通意見答申致度
年　月　日提出

第七項　市町村會議長

第四十八條　市會ハ議員中ヨリ議長及副議長一人ヲ選擧スヘシ（市制）
議長及副議長ノ任期ハ議員ノ任期ニ依ル（市制）
第四十九條　議長故障アルトキハ副議長之ニ代ハリ議長及副議長共ニ故障アルトキハ臨時ニ議員中ヨリ假議長ヲ選擧スヘシ（市制）
前項假議長ノ選擧ニ付テハ年長ノ議員議長ノ職務ヲ代理ス年齡同シキトキハ抽籤ヲ以テ之ヲ定ム（市制）

第四十五條　町村會ハ町村長ヲ以テ議長トス町村長故障アルトキハ其ノ代理者議長ノ職務ヲ代理ス町村長及其ノ代理者共ニ故障アルトキハ臨時ニ議員中ヨリ假議長ヲ選擧スヘシ（町村制）

前項假議長ノ選擧ニ付テハ年長ノ議員議長ノ職務ヲ代理ス年齢同シキトキハ抽籤ヲ以テ之ヲ定ム（町村制）

特別ノ事情アル町村ニ於テハ第一項ノ規定ニ拘ラス町村條例ヲ以テ町村會ノ選擧ニ依ル議長及其ノ代理者一人ヲ置クコトヲ得此ノ場合ニ於テハ市制第四十八條及第四十九條ノ規定ヲ準用ス（町村制）

市町村會ハ合議制ノ機關ナルヲ以テ會議ヲ綜理シ會議ノ順序ヲ定メ議場ノ秩序ヲ保持スル爲役員ヲ置クノ必要アリ之ヲ議長副議長トス、議長ノ員數ハ法ニ別段ノ規定ナキモ性質上一人ナルヤ論ヲ俟タス、而シテ其ノ議長タルヘキモノハ市ニ在リテハ市會議員中ヨリ市會之ヲ選擧シ町村會ニ在リテハ原則トシテ町村長ヲ以テ議長ト爲スヘキモ特別ノ事情アルトキハ町村條例ヲ以テ別ニ議長及其ノ代理者ヲ置クコトヲ得セシム、此ノ如ク市ト町村トノ間ニ其ノ制度ヲ異ニスルハ、蓋シ市ト町村トハ發達ノ程度ヲ異ニセルカ爲ナラム市ニ在リテハ議長ノ外更ニ一人ノ副議長ヲ置カサルヘカラス、副議長ハ單ニ性質上ヨリ見ルトキハ數人ヲ置クヲ妨ケサルヘキヲ以テ法ハ明文ヲ以テ一人ト限定セリ、副議長ハ議長ト同シク市會議員中ヨリ選出スルヲ要シ、議長故障アルトキ之カ代理ヲ爲スモノニシテ平素ハ普通ノ議員ト區別スル所ナキナリ、市會ニ於テ初メテ議長副議長ヲ選擧スルニ當リテハ未タ議長副議長ナキモ之ヲ以テ故障ト謂フヘカラス、故ニ此ノ場合ニ於テハ市制第四十九條ニ依リ假議長ヲ定ムルニ非スシテ適宜ノ方法ニ依リ議長ヲ定ムルヲ要ス、仍假議長ニ於テ議長ノ選擧ヲ行ヒタル上ハ議長ハ直ニ其ノ職務ヲ行フヘキモノナルヲ以テ副議長ノ選擧ハ議長ニ於テ之ヲ行フヘキモノナルコトヲ注意セサルヘカラス

町村ニ在リテハ原則トシテ町村長議長タルモノナルカ故ニ副議長ヲ常設セス、議長故障アルトキハ町村長ノ代理者ヲ以テ議長ノ職務ヲ代理セシム、町村長ノ代理者トハ町村制第七十九條ニ所謂『助役ハ町村長故障アルトキハ之ヲ代理ス』トアルニ依リ助役タルヘキハ明ナリ、仍町村制第百四十四條ノ代理者モ本條ノ代理者トアルニ該當スルハ疑ナキモ町村制第七十八條第二項ニ所謂『町村長ハ町村吏員ヲシテ其ノ事務ノ一部ヲ臨時代理セシムルコトヲ得』トアル臨時代理者ハ本條ノ代理者ト爲ルコトヲ得ルヤ

否ヤニ關シテハ本條ノ代理者ニ該當スト爲スモノト之ヲ否トスルモノトノ二說アリ、然レトモ要スルニ本條ノ代理ハ法定代理ヲ指シ町村制第七十八條第二項ノ如キ町村長ノ委任ニ依ル代理者ヲ含マスト解スルヲ以テ通說トス、本條代理ノ場合ニ於テハ代理者ハ町村長ノ代理者タルコトヲ表示スルコトヲ要ス、例ヘハ『議長町村長代理助役何某』ト云フ如キ名義ヲ用ウヘキナリ

市ニ於テ議長副議長共ニ故障アルトキハ市會ニ在リテハ直ニ之ヲ選擧スヘキハ當然ナルモ此ノ場合ハ議員中ヨリ臨時ニ假議長ヲ選擧シテ議長ノ職務ヲ行ハシムヘキモノトス、假議長ノ選擧ハ市制第五十五條ニ所謂法律ニ依リ市會ノ行フ選擧ナルヲ以テ市制第五十五條ノ適用アルハ勿論、其ノ選擧ニ付テハ年長ノ議員議長ノ職務ヲ行フヘキモノトス、若年齡同シキ者二人以上アルトキハ抽籤ヲ以テ議長ノ職務ヲ取扱フヘキ者ヲ定ムルモノトス、而シテ其ノ抽籤ヲ執行スル者及其ノ方法ニ關シテハ法律中別ニ何等ノ規定ナキヲ以テ市會ニ於テ異議ナキニ於テハ如何ナル方法ヲ採ルモ可ナルモ豫メ會議規則ニ於テ其ノ方法ヲ定メ置クヲ可トス

然シテ所謂故障トハ（一）一旦議長タル職務ヲ行フヘキ人定マリタルモ之ヲ闕キタル場合（二）其ノ人アルモ事實其ノ職務ヲ執ラサル場合ヲ謂フ、而シテ其ノ（一）ノ場

合ハ議長トナリタル後死亡辭職等ノ事實ニ依リ闕員トナリタルヲイヒ（二）ノ場合ハ病氣忌引旅行等ノ爲職務ヲ執ルコト能ハサルカ如キ或ハ議長其ノ人ニ於テ故意ニ職務ヲ執ラサルカ如キ若ハ一身上ニ關スル事件ノ爲議事ニ參與スル能ハサルカ如キ場合ヲイフ、然レトモ茲ニ注意スヘキハ開議時刻ニ至リ出席議員定數ヲ闕キタル爲散會セル後ニ於テ定數以上ノ議員集會シタルトキ議長ノ出席ナキモ此ノ場合ハ所謂故障ニ該當セサルヲ以テ假議長ヲ選擧シ之ヲシテ議長ノ職務ヲ行ハシムルコト能ハサルコト是ナリ、仍議長タル職務ヲ行フヘキ人ナキ場合ト雖、市會ニ在リテハ改選後未タ議長ノ選擧ヲ了セサルモノナルニ於テハ本條ノ故障ニ非サルコトハ既ニ前ニ述ヘタル所ノ如キモ一旦議長ノ選擧ヲ爲セシ後闕員トナリタル場合ハ本件ノ故障タルヤ論ナシ

町村會ニ在リテハ市會ト異リ原則トシテ町村長ヲ以テ議長トシテ議長ノ職務ハ町村長ノ代理者之ヲ代理スヘキモノナルヲ以テ此ノ兩者カ共ニ故障アルハ稀ナル場合ナリ、是レ町村長助役ナキトキハ執行機關ヲ缺クヲ以テ町村制第百四十四條ニ依リ速ニ臨時代理者ヲ選任スルカ又ハ官吏ヲ派遣スヘケレハナリ、又議長及代理者共ニ一身上ニ關スル事件ノ爲議事ニ參與スルコト能ハサル場合及孰レモ病氣旅行忌引等ノ場合ニ在リテハ議員中ヨリ假議長ノ選擧ヲ爲スヘキモノトス、此ノ選擧ニ付テハ町村制第五十一

條ノ適用アルハ勿論年長者議長ノ職務ヲ行フヘク同年齢者ナルトキハ抽籤ヲ以テ議長ノ職務ヲ行フヘキ者ヲ定ムヘキコト前述中市會ノ場合ト異ルコトナシ
町村長ハ町村會ノ議長トナルモ執行機關タル町村長ト意思決定機關タル町村會ノ議長トハ之ヲ區別スルヲ要ス、隨テ議長タル職務ヲ行フ場合ニ在リテハ單ニ町村長ノ名ノミヲ以テスヘキニ非サルナリ、而シテ町村會議員タル町村長及助役ハ議長タル場合モ議員タル職務ヲ併セ行フヲ得ルハ論ヲ俟タス（市制第五十三條町村制第四十九條參看）
町村會ニ在リテハ以上ノ如ク原則トシテ町村長議長タルモノナリト雖、特別ノ事情アルトキハ町村條例ヲ以テ町村會ノ選擧ニ依ル議長及其ノ代理者ヲ置クコトヲ得ルモノトス『特別ノ事情』トアルカ故ニ特ニ議長及其ノ代理者ヲ置クハ議長ヲ設ケサルヘカラサル特別ノ事情存セサルヘカラス、町村會ニ於テ執行機關タル町村長ヲ以テ議長タラシムルハ一ノ便宜ニ出ツルモノニシテ其ノ人材ヲ得ルニ適セサルト議決機關ト執行機關トノ融和ヲ圖リタルニアルト又施設經營未タ多カラサルカ爲ナリ、然レトモ議決機關ノ構成ハ宜シク其ノ構成員ヲ以テ議長タラシムルヲ以テ本則ト爲スカ故ニ町村ノ發達著シキカ又ハ議長ト執行機關トヲ兼ネシムルニ適セサル場合ニ於テハ町村條例ヲ

以テ別ニ議長及其ノ代理者ヲ設ケ得ルモノトス
町村條例ニ依リ町村會ニ議長ヲ設クルニハ必ス其ノ代理者ヲモ併セテ設クヘキモノナリ、又議長ノ代理者ハ一人ニ限ルヘキモノトス、而シテ此ノ場合ニ於テハ市制第四十八條及第四十九條ノ規定ヲ準用スルモノナリ
『市制第四十八條』ヲ準用スルノ結果町村會ハ議員中ヨリ議長及其ノ代理者ヲ選擧スヘク其ノ選擧ニ付テハ町村制第五十一條ニ依ルヘキハ勿論ナリ、又議長及其ノ代理者ノ任期ハ議員ノ任期ニ依ルヘキモノトス
『市制第四十九條』ヲ準用スルノ結果議長故障アルトキハ議長代理者之ニ代ハリ議長及其ノ代理者共ニ故障アルトキハ臨時ニ議員中ヨリ假議長ヲ選擧スヘク其ノ選擧ニ方リテハ年長議員議長ノ職務ヲ行フヘキコト前述ノ如シ

第八項　議員外ノ議事參與

第五十六條　市町村長及其ノ委任又ハ囑託ヲ受ケタル者ハ會議ニ列席シテ議事ニ參與スルコトヲ得但シ議決ニ加ハルコトヲ得ス
第四………
前項ノ列席者發言ヲ求ムルトキハ議長ハ直ニ之ヲ許スヘシ但シ之カ爲議員ノ演說ヲ

中止セシムルコトヲ得ス

市町村會ニ於ケル議決事件ハ市町村長ノ發案タルト市町村會ノ發案タルトヲ問ハス市町村長及其ノ委任又ハ囑託ヲ受ケタル者ヲシテ議案ノ趣旨ヲ辯明セシメ且事件ノ利害得失ニ付テ十分ノ論議ヲ盡サシムルハ最モ必要ナルコトニ屬ス、然シテ市町村長及其ノ委任又ハ囑託ヲ受ケタルモノハ議事ニ參與スルコトヲ得ルモノニシテ玆ニ所謂『其ノ委任ヲ受ケタル者』トハ市町村吏員ニシテ市町村長ノ命令ヲ受ケタル者ヲイヒ『其ノ囑託ヲ受ケタル者』トハ市町村吏員以外ノ者ニシテ市町村長依囑ヲ受ケタル者ヲイフ、府縣制ニ於テハ『委任若ハ囑託ヲ受ケタル官吏吏員』トアリ、此ノ區別ニ從ヘハ其ノ部下ニ對シテハ委任トイヒ、其ノ部下ニ非サル者ニ對シテハ囑託トイフカ如シ、此ノ如ク府縣制ニハ官吏吏員ト限定セルモ市制町村制ニ於テハ此ノ制限ナキカ故ニ委任ハ其ノ市町村ノ吏員ニ限ルモ囑託ハ其ノ市町村吏員以外ノ者ニ之ヲ爲スヲ得ヘク、而シテ其ノ吏員タルト否トハ問フ所ニ非サルナリ、蓋シ特殊ノ事業例ヘハ水道電氣瓦斯其ノ他植林等ノ事業ニ關シ專門ノ技術者等ヲシテ其ノ擔當又ハ調査セル事業ノ計畫等ニ關シ之カ説明ヲ爲サシムルハ極メテ適切ナルコトアルヘク、仍敎育費ニ關シテハ小學校敎員ニ囑託シ會議ニ列席シテ之カ説明ニ當ラシムルヲ以テ便利ト爲スコトナキ

ニ非サルヘシ
町村ニ在リテハ原則トシテ町村長ハ議長トシテ町村會ノ議事ニ參與スルヲ以テ更メテ此ノ如キ列席權ノ規定ヲ要セサルカ如キモ町村制第四十五條第一項ニハ『町村會ハ町村長ヲ以テ議長トス』トノ規定アルノミナルヲ以テ議長ノ職ヲノミ執行シ得ルニ止マリ其ノ議事ニ參與スルハ本條ノ規定ヲ待チテ始メテ之ヲ爲シ得ルモノトスルノミナラス、町村制第四十五條第三項ニ依リ特ニ議長及其代理者ヲ設ケタルトキハ町村長ハ最早ヤ町村會ノ議事ニ參與スルヲ得サルニ至ルヘシ、而シテ本件ハ市町村長及其ノ委任又ハ囑託ヲ受ケタル者ハ議事ニ參與シ得ルノ權ヲ付與セラレタルニ止マリ、議員ヨリ列席ノ要求アルモ法律上必スシモ之ニ應セサル可カラサルノ義務ナキモノトス、助役ニ在リテハ町村長故障ノ場合議長ノ職務ヲ行フノ權アリト雖其ノ以外ニ於テハ町村長ノ委任アルニ非サレハ列席辯明ヲ爲シ得サルモノナリトス、玆ニ『參與』トアルハ單ニ議事ニ關スル說明ニ止マラス辯論ヲモ爲シ得ルヤ勿論ナリ

第九項　市町村會ノ招集

第五十一條
第四十七　市町村會ハ市町村長之ヲ招集ス議員定數三分ノ一以上ヨリ會議ニ付スヘ

キ事件ヲ示シテ市町村會ノ請求アルトキハ町村長ハ之ヲ招集スヘシ
市町村長ハ會期ヲ定メテ市町村會ヲ招集スルコトヲ得此ノ場合ニ於テ必要アリト認ムルトキ町村長ハ更ニ期限ヲ定メ町村會ノ會期ヲ延長スルコトヲ得
招集及會議ノ事件ハ開會ノ日ヨリ少クトモ三日前ニ之ヲ告知スヘシ　急施ヲ要スル場合ハ此ノ限ニ在ラス
市町村會開會中急施ヲ要スル事件アルトキハ市町村長ハ直ニ之ヲ其ノ會議ニ付スルコトヲ得三日前迄ニ告知ヲ為シタル事件ニ付亦同シ
市町村會ハ市町村長之ヲ開閉ス
一、市町村會ノ招集ハ市町村長ニ於テ之ヲ為スヘキモノナリ、蓋シ市町村長ハ市町村會ノ議事ヲ準備シ其ノ議決ヲ經テ執行ヲ為スヘキモノナルカ故ニ原則トシテ發案權ヲ有スルト同時ニ之ヲシテ市町村會ヲ召集スルヲ得セシムルハ當然ノ事ト言フヘキナリ、然レトモ市町村長ハ其ノ自由意思ニ依ラス他ノ意思ニ依リテ市町村會ヲ招集セサルヘカラサル例外ノ場合アリ、即チ議員定數ノ三分ノ一以上ヨリ事件ヲ示シテ招集ノ請求アリタルトキ是ナリ、要スルニ法律カ此ノ例外ヲ設ケタルハ議員ハ其ノ固有ノ權限ニ基キ市町村長ノ發案セサル事件ニ對シテモ自ラ進ンテ議決ヲ為シ場合ニ依リテハ外部ニ對シ市町村會ノ名ヲ以テ意思ヲ發表スルコトヲ得ルモノナルニ由ル、例ヘハ市制第七十三條ニ依リ内務大臣ノ命ヲ受ケ市長候補者ノ推薦ヲ爲スカ如キ市制第四十五條町村制第四十二條ニ依リ市町村事務ノ管理議決ノ執行及出納ヲ檢査スルカ如キ市制第四十六條町村制第四十三條ニ依リ意見書ヲ市町村長又ハ監督官廳ニ提出スルカ如キ其ノ他市制第六十三條町村制第五十三條ノ二第五十九條ニ依リ會議規則及傍聽人取締規則ヲ制定スルカ如キコト是ナリ

議員ヨリ村會招集ノ請求ヲナス場合ハ單ニ『議員定數三分ノ一以上ヨリ會議ニ附スヘキ事件ヲ示シテ市町村會招集ノ請求アルトキハ市町村長ハ之ヲ招集スヘシ』トアルヲ以テ市町村會議員ハ如何ナル事項ニ付テモ招集ヲ請求スルノ權アルカ如ク解セラレサルニ非スト雖、發案權カ市町村長ニ屬スル事項ニ付テハ議員ハ招集ヲ請求スルヲ得サルナリ（二十七年訓第二一九號參照）蓋シ市町村會ヲ招集スルハ會議ヲ開キテ必要ナル事件ノ議決ヲ爲スニ在リ、然ルニ發案權ノ市町村長ニ屬スル事項ニ在リテハ之ヲ發案スルト否トハ一ニ市町村長ノ任意ナルカ故ニ若シ市町村長ニ於テ發案ヲ爲サヽルトキハ市町村會ノ招集ハ結局無意義ニ終ルヘシ、是レ議員ノ招集請求ヲ爲シ得ルハ自已ニ發案權アル事件ニ限ルト解スル所以ナリ

議員カ招集ヲ請求シ得ルハ其ノ發案權ノ自己ニ屬スル事件ニ限ルハ前ニ述ヘタル所ノ如キモ尙其ノ事件ニ付テモ同一事件ナルヲ要ス、故ニ假令三分ノ一以上ノ議員ヨリ招集ノ請求アルモ其ノ事件カ各々異ナルニ於テハ市町村長ハ之カ請求ニ應スルノ義務ナキヤ論ヲ俟タス

同一事件ニ付議員三分ノ一以上ヨリ招集ノ請求ヲ爲スモ市町村長ニ於テ之ニ應セサルトキハ如何スヘキヤトイフニ、此ノ場合ニ於テハ意見書ヲ提出シテ監督官廳ノ發動ヲ求メントスルモ議會ハ招集セラレサルヲ以テ其ノ意見書提出ノコトヲモ決議スルヲ得ス、故ニ結局市制第百六十一條町村制第百四十一條ニ依リ監督官廳ハ必要ナル命令ヲ發シ又ハ處分ヲ爲スノ外ナシ、而シテ其ノ監督官廳ノ發動ヲ俟タンニハ個人トシテ申告ヲ爲スモ可ナリ

招集ハ議員ニ集合ヲ命スル處分ナルヲ以テ現任議員ノ全員ニ對シ之ヲ爲ササルヘカラス、若シ一人ニテモ之ヲ缺クニ於テハ其ノ招集ハ違法ナルヲ以テ其ノ會議ニ於テ爲シタル議決モ亦違法ナリトス

招集ノ方法形式ニ關シテハ法ハ何等規定スル所ナキヲ以テ文書ヲ以テスルト口頭ヲ以テスルトハ固ヨリ問フ所ニアラサルヘク又其ノ通知ハ住所ニ之ヲ爲スモ將タ居所

ニ爲スモ可ナリ、元來招集ハ各議員ニ對シ之ヲ告知スルニ在ルハ勿論ナリト雖、必スシモ本人ノ之ヲ知ルヲ要セス、故ニ招集ノ告知ヲ其ノ住所ニ送達シタルトキ若シ旅行等ノ爲不在ナルニ於テハ家族ニ交付スルモ可ナルヘク又途中ニ於テ出會シタルトキハ之ニ送付シ若ハ告知スルモ可ナリ

二、市町村會ニ付テハ府縣會ニ於ケルカ如ク法ハ一定ノ會期ヲ設ケス、然レトモ全然會期ヲ定ムルコト能ハサルトキハ一定ノ期日マテニ議決ヲ要スル事件アルニ際シ往々ニシテ不便ヲ來スコトナキニアラス、又假令然ラサルモ徒ラニ議事ヲ遲滯セシムルノ弊害ナシトイフヘカラス、故ニ市町村長ハ豫メ會期ヲ定メテ市町村會ヲ招集スルコトヲ得ルモノナリ、而シテ法ハ『會期ヲ定メ市町村會ヲ招集スルコトヲ得』ト規定セルヲ以テ會期ハ議員ヲ招集スル時ニ於テ之ヲ定ムルヲ要ス、換言スレハ招集狀又ハ招集告知ト同時ニ告知セサレハ會期ヲ定メタルノ効力ナシト解セサルヘカラス、故ニ招集シタル以後ニ於テ隨時會期ヲ定ムルカ如キハ適法ナリトイフヘカラス從來ノ規定ニ依レハ一旦會期ヲ定メテ招集ヲ爲シタル後ハ更ニ會期ヲ延長スルヲ得スト解釋シ來リタルモ今回ノ改正ニ依リ、市町村長ニ於テ必要ト認ムル場合ハ期限ヲ定メ會期ヲ延長スルコトヲ得ルモノトス

會期ヲ定メサル塲合ニ於テ市町村會カ故意ニ議事ヲ遷延シ之カ爲ニ理事者ハ其ノ之ヲ議決スルノ意思ナシト認ムルニ於テハ議決スヘキ事件ヲ議決セサルモノトシテ閉會ヲ爲スヲ得ヘク、而シテ其ノ結果市制第九十一條町村制第七十五條ノ處分ヲ求ムルヲ得ヘキナリ

三、市町村會招集ノ時期ニ付テハ法ハ何等ノ制限ヲ設ケス、從テ市町村長ハ隨時之ヲ招集スルヲ得ルト雖、若咄嗟ニ之ヲ招集スルカ如キコトアランカ之ニ伴フテ種々ノ不便ト弊害トヲ惹起スヘキヲ以テ招集告知ノ期日ニ關スル制限ヲ爲シ且ツ其ノ付議スヘキ事件ニ付議員ニ對シテ豫メ考慮ノ餘地ヲ與フルカ爲原則トシテ其ノ招集及會議ノ事件ハ少クトモ開會ノ日前三日目マテニ之ヲ告知スヘキ旨ヲ定メタリ、玆ニ『開會ノ日前三日目迄』トハ開會ノ日ノ前日ヨリ起算シ三日目ニ當ル日迄ニ告知スルヲ要スル意ニシテ、即チ開會ノ日ト告知ノ日トハ中二日ヲ存セシムレハ足ル義トス、從前ノ規定ニ依レハ『開會ノ日ヨリ少クトモ三日前』ト規定シタル爲メ主務省ハ開會ノ日ト告知ノ日トハ中二日ヲ存スレハ足ルトノ見解ヲ採リタルモ行政裁判所ニ在リテハ開會ノ日ト告知ノ日トハ中三日ヲ存セサルヘカラサルモノトシ、常ニ爭訟ノ因ヲ爲シタルカ故改正ニ依リ之ヲ改メ其ノ解釋上疑義ナカラシメタルモノナリ

而シテコノ規定ハ理事者ニ對スル制限規定ナルヲ以テ市町村會ノ發案スル場合ハ此ノ制限ヲ受ケサルモノト解スヘシ

告知ノ期日ハ之ヲ發シタル日ニ於テ効力ヲ生スルヤ將タ送達シタル日ヨリ起算シテ此ノ期間ヲ要スルヤニ付テハ法ハ何等規定スル所ナキモ之ヲ送達シタル日ト解スヘク從テ郵便ノ到達スヘキ日時ヲ以テ告知ヲ爲シタルモノト認ムルヲ得ヘシ

玆ニ會議ノ事件トイフハ選擧ヲモ含メルコト疑ナキヲ以テ選擧ニ付テモ亦告知ヲ要スルヤ勿論ナリ、仍本項ハ前ニ說明スルカ如ク理事者ニ對スル制限規定ナルヲ以テ市町村會ノ發案スル選擧ニ付テハ市町村長ニ於テ之ヲ告知ヲ爲スヲ要セサルナリ

以上ハ告知期間ノ原則ナリ、而シテ其ノ例外ヲ爲スハ急施ノ事件ニ對スル措置ニシテ此ノ場合ニ於テハ招集竝會議事件ノ告知ハ必スシモ開會ノ日前三日目迄ニ爲スヲ要セス、苟モ開會前ナルニ於テハ一日ニテモ可ナリ、二日ニテモ可ナリ、而シテ其ノ急施事件タルヤ否ヤハ客觀的ニ觀テ急施ヲ要スルモノナラサルヘカラス、急施ノ事件トハ其ノ發生ト處分トノ間ニ時日ノ猶豫ヲ許ササル性質ノ事件ナリトス、例ヘハ災害ノ發生ニ對シテ急速其ノ措置ヲ要スルカ如シ、勿論其ノ急施ヲ要スヘキ程度ノ極メテ大ナルモノハ市ニ在リテハ市制第九十一條ニ依リ市參事會ニ付議スヘク若

之ヲ招集スルノ遑ナシト認ムルトキハ市長ニ於テ之ヲ專決スヘク町村ニ在リテハ町村制第七十六條ニ依リ町村長ニ於テ專決處分スルヲ得ヘキナリ

四、急施事件ニ付テハ開會中ノ市町村會ニ對シ直ニ之ヲ付議スルコトヲ得ルモノトス尤モ此ノ規定ハ理事ニ對スル制限規定ナルヲ以テ市町村會ハ假令急施ニアラサル事項ト雖、直ニ其ノ會議ニ於テ之ヲ議決スルヲ妨ケサルナリ『會議ニ付スル日前三日目迄ニ告知ヲ爲シタル事件ニ付亦同シ』トアルハ招集ト同時ニ付議スヘキ事件ノ告知ヲ要スルヲ原則トスルモ開會後ニ在リテモ其ノ付議スヘキ日前三日目迄ニ告知シタル事件ニ在リテハ急施事件ニ非スト雖之ヲ議決スルヲ妨ケストノ意ナリト解スルヲ相當トス

『會議ニ付スル日前三日目迄』トハ會議ニ付スル日ノ前日ヨリ起算シ三日目迄ニ告知スレハ足ル、即チ會期ニ付スル日ト告知ノ日トハ中二日ヲ存スヘキナリ、例ヘハ市町村會ノ開會中ニ於テ二月一日ニ告知ヲ爲シタル事件ハ二月四日以後ニ於テハ開會中ノ會議ニ付議スルコトヲ得ルモノナリ

五、本項ハ市町村會開閉ニ關スル規定ニシテ其ノ權限ハ市町村長ニ屬セリ、市町村會ニシテ既ニ招集セラレ議員亦定員ノ半數以上集合スルモ市町村長ニ於テ開會ヲ爲サ

サル間ハ議決ヲ爲スヲ得ス、其ノ閉會後ニ於テモ亦議決ヲ爲スヲ得サルハ勿論トス
但シ市町村會ノ議員ニシテ定員ノ半數以上招集ニ應シタルトキハ理事者ハ告知ニ開會ノ期日ヲ定メタル場合ハ其ノ日ヨリ期日ノ定ナキ場合ハ適宜ニ開會スルヲ得ヘシ
開閉ノ方式ニ付テハ別ニ定マレルモノナシ

町村會招集並事件ノ告知

何町(村)長　何　某㊞

第　號
年　月　日

町(村)會議員　何　某殿

左記事件ニ付月　日　午(前)(後)何時(本町(村)役場)(何所)ニ本町(村)會ヲ招集候條此段及告知候也
(追テ會期ハ開會ノ日ヨリ起算シ「何日間」「何日以内」ト相定メ候)

記

一　何々、、件議決

二 何々、、異議決定ノ件
三 何々、、ノ件諮問
四 本町(村)助役ヲ定ムルノ件
五 何年度何(町)村歳入歳出決算認定ノ件

備考

一、急施ト爲ストキハ必ス「急施本町(村)會招集云々」トスルコト
二、急施ニ非サル事件ノ告知ハ開會ノ日前三日目迄ニ洩レナク議員ニ告知スルコト町村會開會中急施ニ非サル事件ヲ會議ニ付セントスルトキハ其ノ事件名ノミヲ告知シ其ノ翌日ヨリ記算シ三日目ニ之ヲ發案スルコト
三、「議員定數三分ノ一以上ノ請求アルトキハ町村長ハ之招集スヘシ」トアルハ町村會ニ發案權ノ屬スル事件ニ限ルモノニ付注意ノコト、而シテ正規ノ招集請求アリタル場合ノ招集告知書ハ本文例中「左記事件ニ付」トアルヲ「別紙ノ通町(村)會議員何某外何名ヨリ請求アリタルヲ以テ」トシ、招集請求書寫ヲ添付スルコト

町村會招集告示

何町(村)告示第　　號

左記事件ニ付何月何日午(前)(後)何時(本町)(村)(役場)(何所)ニ本町(村)會ヲ招集シタリ(但シ會期ハ開會ノ日ヨリ起算シ「何日間」「何日以內」トス)

年　月　日

何町(村)長　何　　　某

記

一　何々、、ノ件議決

二　何々、、異議決定ノ件

三　何々、、ノ件諮問

四　本町(村)助役ヲ定ムルノ件

五　、、、認定ノ件

備　考

一、本告示ハ法律的要件ニ非サルヲ以テ之ヲ爲サヽルモ其ノ町(村)會ハ違法ニ在ラス然レ共町村制第五十二條第一項ノ規定ニ依リ町村會ハ公開スヘキモノナルヲ以テ告示ヲ爲シ管内ニ周知セシムルヲ適當ト認ム加之大正九年七月七日庶發第二三九號ヲ以テ内務部長ヨリ告示ヲ要スル旨ノ通牒アリ

町村會議ノ事件追加

第　　號
年　月　日

何町（村）長　何　某

町（村）會議員　何　某殿

（何月何日招集）（何月何日ヨリ開會中）ノ本町（村）會ノ會議事件ヘ左ノ通追加候條此段及告知候也

記

六　何々議決ノ件
七　何々、、ノ件

備　考

一、急施事件ニシテ直ニ其ノ會議ニ付スルトキハ宛名ヲ町(村)會宛トシ「左記急施事件ヲ本日ノ會議ニ付ス」トシテ其ノ日ノ出席議員ノミニ配付スルコト但シ議決未了ノ儘翌日以降ニ渉リ付議シタル日ニ欠席シタル議員出席シタルトキハ配付スルヲ妥當ト認ム

第十項　市町村會ノ開會ヲナシ得ヘキ議員出席數

第五十二條　市町村會ハ議員定數ノ半數以上出席スルニ非サレハ會議ヲ開クコトヲ得ス但シ第五十四條ノ除斥ノ爲半數ニ滿タサルトキ、同一ノ事件ニ付招集再回ニ至ルモ仍半數ニ滿タサルトキ又ハ招集ニ應スルモ出席議員定數ヲ闕キ議長ニ於テ出席ヲ催告シ仍半數ニ滿タサルトキハ此ノ限ニ在ラス

第四十八條

合議制ノ機關ニ依リテ其ノ意思ヲ決定スルニハ機關ヲ組成スル全員ノ出席ヲ待チテ會議ヲ開クハ最モ理想ニ適シタルモノナルヘキモ、必ス全員ノ出席ヲ得ントスルニ於テハ開會シ得ル場合甚タ少クシテ不便ヲ感スルコト多カルヘシ、故ニ法ハ會議ヲ開キ得ヘキ出席人員ノ最少限度ヲ定メ其ノ限度以下ノ出席者ヲ以テシテハ開會シ得サル旨ヲ規定セリ、此ノ限度數ヲ名ケテ定足數トイフ、斯ノ如ク定足數ヲ定メタルノ規定ハ會

議法ニ於テ普通採ル所ノ方法ニシテ總員ニ對シ衆議院ハ三分ノ一以上府縣會及市町村會ハ半數以上タルヲ要スルコトトセリ、而シテ『議員定數ノ半數以上出席』ト規定セルヲ以テ市町村會ヲ開會センニハ必ス議員定數ノ半數以上ノ出席者ナカルヘカラス、現在議員數ノ半數ヲ指セルニアラス、而シテ茲ニ注意スヘキハ條例等ニ依リ議員數ヲ增加シタル場合ニ在リテハ假令其ノ增加ニ係ル議員ノ選擧ヲ了セスト雖其ノ議員數ハ之ヲ定數中ニ加算セサルヘカラサルコト是ナリ

以上ハ定足數ニ對スル原則ナリ、然レトモ特別ノ場合ニ於テハ此ノ定足數ノ出席ヲ期スヘカサルコトナキニ非サルカ故ニ若此ノ原則ノミニ據ラシメントセハ時ニ會議ヲ開クコトヲ得スシテ爲ニ行政ノ進捗ヲ阻碍スルコトナキニアラス、故ニ必要ナル場合ニ限リ定足數以下ノ出席議員ヲ以テ開會シ得ルノ例外規定ヲ設ケタリ、而シテ此ノ例外規定ニ據ルヲ得ヘキ場合ハ左ノ如シ

一、除斥ノ爲議員半數ニ滿タサルトキ　除斥ノ場合ハ市制第五十四條町村制第五十條ニ規定セル所ニシテ自己又ハ父母祖父母妻子孫兄弟姉妹ノ一身上ニ關スル事件ニ付テハ其ノ議事ニ參與スルヲ得サルヲ以テ之ヲ出席數ニ加フルコトヲ得ス、從テ議員カ此ノ除斥ノ爲定數ヲ闕キタル場合ニ於テ仍定足數ノ原則ニ據ラシメントスルトキ

ハ會議ヲ開クコト能ハサルヘキヲ以テ此ノ如キ場合ニ於テハ議員ノ出席假令半數ニ滿タサルモ殘部ノ議員ヲ以テ會議ヲ開クコトヲ得セシメタリ、例ヘハ議員定數三十人ナル町村ニアリテ六人闕員アリ十人除斥セラレタル場合ニ於テ殘餘ノ議員ハ十四人トナリ、定數ノ半數ニ滿タサルモ是レ除斥ノ爲出席議員定數ノ半數ニ滿タサルモノナルヲ以テ本例外ニ該當スルモノトシ開會スルヲ得ルモノト解セサルヘカラス又前ノ場合ニ於テ闕席議員十四人ニシテ出席議員十六人ナリシニ其ノ中二人ノ議員カ除斥セラレタリトセンカ、是レ亦除斥セラレサルニ於テハ出席議員ハ定數ノ半數以上ナリシモ其ノ定數以下トナリシハ全ク二人ノ議員カ除斥セラレタルニ依ルモノナルヲ以テ此ノ場合モ亦前ノ場合ト同シク本例外ニ該當スルモノト謂ハサルヘカラス然レトモ若當日ノ會議ハ一身上ニ關スル事件ナリトシ、出席セサリシ議員十人アリ其ノ他事故ノ爲闕席セシ議員モ亦七人アリ、結局出席議員ハ十三人ナリト假定センカ此ノ場合ハ十人ノ議員モ亦七人ノ議員ト同シク初ヨリ出席セサルモノニシテ除斥ノ爲メ定數ノ半數以上出席ヲ闕キタルモノト謂フヲ得サルニ依リ本例外ニ該當セサルハ勿論トス、要スルニ除斥トハ出席議員ニ對スルモノナルカ故ニ此ノ例外規定ニ該當スルハ議員半數以上出席アリタルモ除斥ノ爲定數以下ニ下リタル場合ナラサル

ヘカラサルヲ以テ實際ニ處シ深ク之ニ注意シ其ノ適用ヲ誤ラサランコトヲ要ス

二、同一ノ事件ニ付招集再回ニ至ルモ仍半數ニ滿タサルトキ　本例外ニ該當スルモノハ即チ同一ノ事件ニ付招集再回ニ至ルモ應招議員仍半數ニ滿タサル場合是ナリ、例ヘハ或議案ヲ議決セシメンカ爲市町村會ヲ招集セシニ應招議員定數ノ半數ニ滿タサリシヲ以テ會議ヲ開クヲ得ス、更ニ之ヲ招集セシモ仍半數ニ滿タサルトキハ議員ノ出席定足數ニ滿タサルモ會議ヲ開クコトヲ得ルモノトス、蓋シ際限ナク其ノ開會ヲ遷延スルニ於テハ行政ノ進捗ヲ阻碍スルヲ以テ此ノ例外ヲ設ケタルナリ、然レトモ同一ナラサル事件ヲ付議スル場合ハ必ス定足數以上ノ出席アルニアラサレハ會議ヲ開クコトヲ得サルハ論ヲ俟タス、但シ市制第五十一條第四項町村制第四十七條第四項ノ事件ニ關シテハ本項ニ依リ開會セル會議ニ付議スル得ルモノトス

仍玆ニ注意スヘキハ招集再回ニ依リ定足數ヲ滿タサル出席議員ヲ以テ會議ヲ開ケル場合若議員定數ノ半數以上闕員トナリタル場合ニ於テハ市町村會ハ成立ヲ闕クニ至ルヲ以テ會議ハ當然閉會セサルヘカラサルコト是ナリ

三、市町村會ノ招集ニ應スルモ出席議員定數ヲ闕キ議長ニ於テ出席ヲ催告シタルモ仍半數ニ滿タサルトキ　議員招集ニ應シタルモ出席者定足數ヲ闕キ又ハ定足數ノ出席

者アリタルモ議事ノ中途ニ於テ一部議員ノ退席シタルカ爲定足數ヲ闕クニ至リタルトキハ前ニ説明シタル原則ニ依レハ會議ヲ開クヲ得サルモ、此ノ如キハ實際不便少カラサルヲ以テ此ノ塲合ニ在リテハ議長ニ於テ出席ヲ催告シ仍定足數ニ滿タサルモ會議ヲ開クコトヲ得セシメタリ

仍本例外ニ付テハ前例外ノ塲合ノ如ク同一事件ナル制限ナキヲ以テ前ニ付議シタル事件ト異ナリタル事件ヲ議決スルモ別ニ妨ナキナリ

催告ノ方法ニ付テハ法ハ別ニ規定スル所ナキヲ以テ議長ニ於テ適當ト認ムル方法ニ依リテ可ナリ、又催告ハ之ヲ本人ノ居所ニ就テ爲ストヲハ住所ニ就キ之ヲ爲ストハ問フ所ニアラサルモ要ハ本人ヲシテ成ル可ク速ニ之ヲ知ルヲ得セシムルニ在リ、又催告ノ時ヨリ開會ニ至ルマテノ期間ニ付テハ法ニ別段ノ規定ナキモ少クトモ催告ヲ受ケタル議員カ即時出席スルニ於テハ議塲ニ到達シ得ヘキ時間ヲ置キ開會スルヲ相當ナリトス

前第二ノ例外末段ニ揭クル注意事項ハ本例外ニ於テモ亦同一ナリトス

以上三例外ノ塲合ニ於テハ定足數ニ滿タサルモ會議ヲ開クヲ得ヘク而シテ其ノ出席議員數ニ付テハ法ハ何等規定スル所ナキモ會議ヲ開クニハ少クトモ議長ノ外二人以上ノ

議員出席アルヲ要ス、是レ合議體ノ性質上自ラ然ラサルヲ得サルナリ

再回招集

第　　號
年　月　日

何町(村)長　何　　某㊞

何町(村)會議員　何　　某殿

何月何日午(前)(後)何時ヲ期シ招集ノ本町(村)會ハ應招議員何名ニシテ定數ノ半數ニ滿チサル爲會議ヲ開クコトヲ得サリシニ依リ開會セサル儘ト相成居候處左記事件ニ付更ニ何月何日午(前)(後)何時(急施)本町(村)會ヲ(本町)(村)(役場)(何所)ニ招集候條此段及告知候也

(追テ今期ハ開會ノ日ヨリ起算シ「何日間」「何日以內」ト相定メ候)

記

一　何々、、ノ件議決
二　何々、、

備考

一、再回招集ト雖急施事件ニ非サルモノハ急施トセサルコト

二、再回招集ハ同一事件タラサルヘカラサルニ依リ前回招集ノ際告知シタル事件ニ比シ苟モ増減アルヘカラスト論スル者アルモ前回招集ノ際ハ議決ノ必要アリシモ今回ニ至リテハ其ノ必要ナキニ至ルカ如キ事件アリ例ハ縣税家屋税ノ賦課細目（一定ノ期間内ニ町村會ニ於テ議決セサレハ府縣制第百九條第二項ノ規定ニ依リ縣參事會ニ於テ議決ス）ノ如キ或ハ臨時急施ヲ要シ再回招集ヲ爲スノ暇ナシト認メテ町村長カ專決處分ヲ爲シタル場合ノ如シ故ニ必スシモ件數ハ前回告知ト同一ナルノ必要ナク不用ニ歸シタル事件ハ除クコトヲ得ルハ勿論前回告知セサリシ新ナ事件ト雖今回議決ノ必要生シタル場合ハ之ニ加ヒテ告知スルハ差支ナシ但シ新ニ加ヒタル事件ニハ再回招集ノ際議員ノ出席定數ノ半數以上ナラサル場合ハ議題トナスコトヲ得ス

年　月　日

應招議員ニ對スル出席催告

何町(村)會議長

何町(村)長　何　某

町(村)會議員　何　某殿

(本日ノ町(村)會ハ午前(後)何時ニ至ルモ出席議員法定數ニ達セサル爲會議ヲ開クニ
ト能ハサルニ依リ)(本日ノ町(村)會ハ會議中午前(後)何時出席議員法定數ヲ闕キ會議
ヲ中止スルニ至リ候條)午前(後)何時迄ニ御出席相成度此段及催告候也

備考

一、招集ニ應スルモ出席セサル議員トハ其ノ町(村)會期中出席シタルコトアリテ當日缺席シタル議員及招集シタル場所ヘハ參著シタルモ議場ヘ列席セサル者等ヲ指ス義ト存ス

二、本催告ハ當日缺席議員ニ對シテハ洩レナク之ヲ爲シ尙出席中ノ議員ニハ其ノ旨通告スルヲ穩當ト存ス

三、出席催告ハ必ス議長ノ資格ニ於テ之ヲ爲スコト

第十一項　議事ノ採決

第五十三條　市町村會ノ議事ハ過半數ヲ以テ決ス可否同數ナルトキハ議長ノ決スル所
第四十九ニ依ル
議長ハ其ノ職務ヲ行フ場合ニ於テモ之カ爲議員トシテ採決ニ加ハルノ權ヲ失ハス

一、市町村會ハ復數ノ自然人ヲ以テ組織スル一ノ會議體ナルヲ以テ其ノ意思ヲ議員各人ノ意思ニ委スレハ千差萬別トナリ遂ニ歸一セル市町村會ノ意思ヲ決定スルヲ得サルニ至ルヘシ故ニ其ノ意思決定ノ方法ハ所謂多數決ノ方法ヲ採リ議員多數ノ意見ヲ以テ市町村會ノ意思ナリトセリ

市町村會ノ議事ハ出席議員過半數ノ意思ノ一致ヲ以テ之ヲ決ス、故ニ半數ニ滿タサル議員ノ贊成アルモ其ノ意思ハ市町村ノ意思タル能ハサルナリ、若甲乙兩說アリテ各同數ノ贊成者アルトキハ議長ニ於テ之ヲ裁決スヘキモノトス、而シテ此ノ規定ハ定足數以上ノ出席者アル會議タルト否トハ之ヲ問ハサルナリ、茲ニ所謂『過半數』トハ議員ノ定數ニ對スルヤ出席セル議員ニ對スルヤ將タ表決權ノ數ニ對スルヤトイフニ本件ニハ『定數』ナル規定ナキニ依リ議員ノ定數ニ對スルモノニ非サルヤ論ヲ俟タス、然ラハ出席議員數ニ對スルモノナリヤトイフニ出席議員ト雖町村制第五十條ノ規定ニ依リ除斥セラルルモノアルニ於テテハ之ヲ算入スヘキニ非サルカ故ニ絕

對ニ出席議員ニ對スルモノトイフヲ得ス、即チ本條ノ過半數トハ出席議員ニシテ表決權ヲ有スル者ノ過半數ヲ指シタルモノト解スヘキナリ

茲ニ一言注意ヲ要スルハ議場ニ出席ノ議員ハ可否ノ數ニ加ハラサルコトヲ得ルヤ否ヤノ件是ナリ、會議規則ヲ觀ルニ多クハ出席議員ハ可否ノ數ニ加ハラサルコトヲ得ストノ規定ヲ設ケアルモ、此ノ如キハ別ニ規定ヲ俟タス議員ノ職責上當然ナリト解セサルヘカラス

尙選擧ニ付テハ市制第五十五條第六十五條及町村制第五十一條ニ依ルヘキモノトス

採決方法ニ關シテハ尙他ノ問題アリ、例ヘハ原案ニ對シ修正案甲乙二アリ、普通ノ場合ニ於テハ原案ニ最モ遠キモノヨリ採決スルヲ例トスルヲ以テ先ツ乙說ニ就キ採決シタルニ贊成者半數未滿ニシテ否決セラレ、次ニ甲說ノ贊成者亦半數未滿ナル場合ハ如何ニスヘキカ之ニ對シ乙說ハ採決ト同時ニ存在ヲ失ヒ、次ニ甲說モ亦採決ト同時ニ消滅スルヲ以テ原案ノミナリ、此ノ場合議長ハ甲乙兩案ハ孰レモ過半數ノ贊成ナキニ依リ消滅セシヲ以テ原案ニ可決セリト宣告セハ可ナリトイフノ說ト修正案甲乙ハ採決ニ依リ共ニ存在ナキニ至レルモ之カ爲直ニ原案ニ可決セリトイフヘカラス、更ニ原案ニ付可否ヲ定メサルヘカラストイフノ說アリ

右兩說ノ中後說ハ穩當ナル採決方法ナルヘキモ原案ニ付採決ヲ爲サンカ原案モ亦過半數ノ贊成者ナキ塲合ヲ生スルコトアルヘシ、即チ實際ノ例トシテ豫メ會議規則中此ノ如キ塲合ニ於テハ委員ヲ選ヒテ之ヲ調査シ再ヒ會議ニ付スヘキ旨ヲ定ムルモノアリ、蓋シ穩當ナル方法ト謂フヘシ

本規定ニ依リテ議決セル事件ニ手續ノ欠缺其ノ他違法越權等ノ事アラサル限リハ確定力ヲ生ス其ノ議決ノ際議員タルノ資格ナキ者アリ、若之ヲ除クニ於テハ定足數ニ達セサル塲合ト雖仍市制第三十六條末項及第三十八條第六項町村制第三十三條末項及第三十五條第六項ノ規定ニ依リ表決權ヲ有スルヲ以テ議決ノ効力ニ影響ナシ

二、市町村會ノ議事ニ關シ可否同數ナルトキハ議長之ヲ決スヘキコトハ議長ノ特有スル裁決權タリ而シテ一面議長ハ議員タルカ故ニ其ノ職務ヲ行フ塲合ニ於テモ之カ爲メ議員トシテ議決ニ加ハルノ權ヲ失ハサルモノトス、是レ本項ノ規定アル所以ナリ從前ニ在リテハ本項ノ規定ナカリシヲ以テ議員ヲ兼ネタル議長ハ議員トシテ表決權ヲ行使スルノミニ止マルヤ、將タ議長トシテノ裁決權ヲモ併セ行フヲ得ルヤニ付テハ議論アリ、行政裁判所ニ在リテハ議長トシテ裁決權ヲ行フ塲合ニ於テハ同時ニ議員トシテ表決權ヲ行フヲ得サルモノト解シタルモ主務省ニ在リテハ議員ヲ兼ネタル

議長ハ議長トシテ裁決權ヲ行フト共ニ議員トシテ當然表決權ヲ有スルモノト解シ、兩者其ノ見解ヲ異ニシ之カ爲メ爭紛ノ因タルノ弊アリシヲ以テ今回ノ改正ニ於テ新ニ本項ヲ追加シ解釋上疑義ナカラシメタリ

第十二項　會議ニ於ケル議長及議員ノ除斥

第五十四條　議長及議員ハ自巳又ハ父母、祖父母、妻子孫、兄弟姉妹ノ一身上ニ關スル事件ニ付テハ其ノ議事ニ參與スルコトヲ得ス但シ市町村會ノ同意ヲ得タルトキハ會議ニ出席シ發言スルコトヲ得

市町村會ノ議事ニ關シ議決ノ公正ヲ期スル爲法ハ特定ノ場合ニ於テ議長竝議員ノ職務執行ヲ制限セリ所謂除斥是ナリ、而シテ此ノ除斥ヲ爲スハ本條ニ規定スルカ如ク自己又ハ父母祖父母妻子孫兄弟姉妹ノ一身上ニ關スル事件ニ付議決ヲ爲ス場合ナリトス、蓋シ是等ノ場合ニ在リテハ人情ノ常トシテ往往私情ニ驅ラレ私益ニ傾キ議決自ラ公正ヲ缺クノ虞ナキニ非サルヲ以テナリ、故ニ是等ノ事件ニ關シテハ其ノ議決ニ加ハルコトヲ得サルハ勿論其ノ會議ニモ出席スルコトヲ得サルモノトス、而シテ此ノ事タル法律ノ規定ニ據ルモノナルヲ以テ其ノ除斥ニ付テハ固ヨリ市町村會ノ要求アルト否トニ

依リ決スヘキニ非ス、然レトモ場合ニ依リテハ其ノ議員ヲシテ會議ニ出席シ辯明ヲ爲サシムルコト却テ事情ヲ審ニシ適當ノ議決ヲ得ルノ便ナキニ非サルヲ以テ市町村會ノ同意ヲ得タルトキハ會議ニ出席シ發言スルコトヲ得セシメタリ、尤モ之ヲシテ可否ノ數ニ加ハラシムルニ於テハ前ニ述ヘタル如ク議決公正ヲ缺クノ弊害ナシトセサルヲ以テ其ノ議決ニ加ハルカ如キハ全ク之ヲ禁止セリ、茲ニ父母祖父母妻子孫兄弟姉妹トアルハ單ニ血族關係ノミヲ指スニ非スシテ養父母繼父母竝養子繼子等ヲ含ム、即チ民法第七百二十七條及第七百二十八條ノ規定ニ依リ親族關係ヲ定ムヘキコト勿論ナリトス茲ニ所謂『一身上ニ關スル事件』ハ其ノ範圍ヲ示スコト固ヨリ困難ナリト雖抽象的ニ之ヲ謂フトキハ直接其ノ利害關係ヲ有スル事項ナリトイフヘキナリ、例ヘハ自己又ハ父母祖父母妻子孫兄弟姉妹ノ所有ニ係ル土地建物等ヲ市町村ニ於テ買上ケントスル事件ノ如キ或ハ市町村カ自己又ハ父母祖父母等ニ對シ雇傭請負委任寄託等ノ契約ヲ爲スノ場合ニ於ケル事件ノ如キ是ナリ、而シテ是等ノ關係ヲ市制町村制中ノ規定ニ求ムルトキハ市制第九條町村制第七條ノ制限特免市制第十條町村制第八條ノ名譽職ヲ擔任セサル者ノ制裁市制第二十一條ノ三町村制第十八條ノ三ノ選擧人名簿ニ關スル異議ノ決定市制第三十六條町村制第三十三條ノ當選ノ効力ニ關スル異議ノ決定市制第三十八條町村制第三十五條ノ被選擧權ノ有無ノ決定市制第六十三條町村制第五十九條ノ本法及會議規則ニ違反シタル議員ニ對スル制裁市制第六十五條ノ名譽職參事會員選擧ノ際ニ於ケル投票ノ効力ニ關スル異議ノ決定市制第七十五條及第七十九條町村制第六十三條及第六十七條ノ助役收入役及副收入役ヲ定ムルコト、市制第百七條町村制第八十七條ノ給與ニ關スル異議ノ決定市制第百二十八條町村制第百八條ノ市町村税ノ減免等ノ〇事ニシテ自己又ハ父母祖父母妻子孫兄弟姉妹ニ關係アル場合等ナリトス

選擧ノ効力ニ關スル異議ヲ決定スルカ如キ或ハ議員ノ被選擧權有無ノ決定ヲ議事ニ上スヤ否ヤノ動議ニ關スルカ如キ、或ハ市町村長助役ノ給料額又ハ報酬等ヲ定ムルカ如キ或ハ軌道ヲ敷設セントスルニ際シ地方長官カ公共道路ノ維持費ヲ負擔スル市町村ノ意見ヲ問フ場合ニ於テ議員カ其ノ軌道會社ノ發起人タリシトキノ如キハ一見一身上ノ關係事項ナルカ如シモ、是等ハ孰レモ直接關係ナキモノナルヲ以テ除斥ノ原因トナルモノニアラス、然レトモ何某ハ此ノ如キ理由アルヲ以テ其ノ給與額ヲ增加セントイフカ如キ直接其ノ人ニ對スル給與ヲ議スルカ如キハ固ヨリ除斥ノ原因タルハ論ヲ俟タス

第十三項　市町村會ニ於テ行フ選擧ノ方法

第五十五條　法律勅令ニ依リ市町村會ニ於テ行フ選擧ニ付テハ第二十五條第二十八條及第三十一條第二十二條第二十五　及第二十七條ノ規定ヲ準用ス、其ノ投票ノ効力ニ關シ異議アルトキハ町村會之ヲ決定ス

市町村會ハ議員中異議ナキトキハ前項ノ選擧ニ付指名推薦ノ法ヲ用ウルコトヲ得

指名推薦ノ法ヲ用ウル塲合ニ於テハ被指名者ヲ以テ當選者ト定ムヘキヤ否ヲ會議ニ付シ議員全員ノ同意ヲ得タルモノヲ以テ當選者トス

一ノ選擧ヲ以テ二人以上ヲ選擧スル塲合ニ於テハ被指名者ヲ區分シテ前項ノ規定ヲ適用スルコトヲ得ス

一、法律勅令ニ依リ市町會ニ於テ行フ選擧ニ付テハ法律命令ニ別段ノ規定アル塲合ヲ除クノ外單記無記名投票ノ方法ニ依ルヘク又市町村會ノ議決ニ依リ指名推選又ハ連名投票ノ法ニ依ルヲ得ヘキモノトス、而シテ單記無記名投票ニアリテハ有効投票ノ最多數ヲ得タル者ヲ以テ當選者ト爲シ此ノ選擧ニ關シテハ市制第二十五條第二十八條及第三十條町村制第二十二條第二十五條第二十七條ノ規定ヲ準用シ投票ノ効力ニ關シ異議アルトキハ市町村會之ヲ決定スルモノトス、指名推選ハ議事ノ方法ニ依ル選擧ノ一態様ナルヲ以テ多數決ニ依リ當選者ヲ定メ可否同數ナルトキハ議長之ヲ決

スヘキモノトス

玆ニ「法律勅令ニ依リ市町村會ニ於テ行フ選擧」トハ市制第四十四條町村制第四十一條ニ所謂「市町村會ハ法律勅令ニ依リ其ノ權限ニ屬スル選擧ヲ行フヘシ」トノ規定ヲ承ケタルモノナリ、本條ハ即チ其ノ選擧ニ關スル方法ヲ規定セルモノニシテ市制第六十五條ニ依ル名譽職參事會員ノ選擧ノ如キ特別ノ規定アルモノハ之ヲ別トシ市會ノ議長副議長ヲ選擧シ又ハ市町村委員ヲ選擧スルカ如キ苟モ市町村會ニ於テ行フ選擧ハ總テ本條ニ據ルヘキモノトス、但シ本條ニハ法律勅令ニ依リ選擧ヲ行フトアルヲ以テ彼ノ市町村會ニ於テ議事ノ便宜上設クル特別委員ノ如キ法律勅令ノ規定ニ依ラサルモノノ選擧ハ本條ニ依ルヘキモノニアラサルハ勿論ナリトス

選擧ハ一人ヲ選擧スル場合ト數人ヲ選擧スル場合トヲ問ハス均シク一人毎ニ無記名投票ヲ爲シ有効投票ノ過半數ヲ得タル者ヲ以テ當選トス、其ノ二人以上ヲ選擧スル場合ニ於テハ一ノ方法ニ依リテ次ノ一人ヲ選擧シ此ノ如クシテ順次一人ツツ當選者ヲ定メ以テ所要員數ノ選擧ヲ終ルヘク本條第三項ノ連名投票ニ依ル場合ノ外ハ同時ニ數人ヲ選擧スルヲ得サルナリ、而シテ選擧ニ際シ若過半數ノ得票者ナキトキハ得票者ノ中最多數ヲ得タル者二人ヲ取リ之ニ就キ決選投票ヲ爲サシム此ノ決選投票ノ結果ハ前ノ場

合ト異ナリ假令半數以下ノ得票ナル塲合ニ於テモ二人ノ得票數ヲ比較シ其ノ多キ者一人ヲ當選者ト定ムルモノトス、例ヘハ出席議員二十三人ノ中有効投票二十票アリタリトセンカ其ノ過半數ハ十一票以上ナルニ八票ヲ得タル者六票ヲ得タル者五票ヲ得タル者一票ヲ得タル者各一人ナリトセハ此ノ四人ノ中最多數ヲ得タル八票及六票ノ得票者二人ニ就キ決選投票ヲ爲サシメ而シテ其ノ結果一人ハ十票ヲ得一人ハ七票ヲ得三票ハ無効投票ナリトセハ此ノ塲合ニ於テモ亦過半數即チ十一票以上ヲ得タル者ナキモ決選投票ニ於ケル最高點者即チ十票ヲ得タル者ヲ以テ當選者ト定ムルコト是ナリ、又決選投票ヲ爲サントスルニ當リ同點者四人アリタル塲合孰レノ二人ヲ取ルヘキヤニ就テハ法ハ年長者ヨリ順次二人ヲ採リ若年齢相トシキトキハ議長ハ抽籤ニ依リ之ヲ定ムルコトトセリ而シテ其ノ決選投票ノ結果最多數ヲ得タル者ヲ以テ當選者トシ若同數者ナルトキハ年長者ヲ取リ年齢同シキトキハ議長抽籤シテ當選者ヲ定ムルモノトス

然シテ「法律勅令ニ依リ」トアルヲ以テ會議規則ニ依リ調査委員ヲ選擧スルカ如キハ固ヨリ本條ノ手續ニ依ルヲ要セス從テ其ノ選擧ノ方法ハ適宜之ヲ定ムルヲ得ヘキナリ

玆ニ所謂「無記名投票」トハ匿名投票ト同一ニシテ投票用紙ニハ被選擧人ノ氏名ノミヲ書シ自己ノ氏名ハ之ヲ記載スヘカラサルナリ、自選投票即チ自巳ノ氏名ノミヲ記シ

タル投票ハ有効ナリヤ否ヤニ付テハ議論ナキニアラサルモ行政實例ハ之ヲ有効ナリトセリ「有効投票ノ過半數」トハ合規ノ投票數ヲ指シタルモノニシテ投票總數ノ過半數ニ非ス

市町村會ニ於テ行フ選擧ニ關シテモ議決ノ場合ト等シク市制第五十二條町村制第四十八條ノ定足數及其ノ例外規定ニ依ルニ非サレハ之ヲ行フヲ得サルハ既ニ述ヘタル所ノ如シ而シテ其ノ選擧タル法律勅令又ハ其ノ委任命令ニ依リ行フヘキモノナルヲ以テ選擧ニシテ若其ノ權限ヲ超エ又ハ法令若ハ會議規則ニ背クトキハ監督官廳又ハ市町村長ハ市制第九十條町村制第七十四條ニ依リ其ノ選擧ヲ取消シ又ハ再選擧ヲ命スルコトアリ而シテ是レ皆一ニ國家監督權ノ作用ニ屬ス、故ニ市町村長ノ發案ヲ要スル選擧ニシテ其ノ發案ヲ待タス選擧ヲ行ヒタル場合ノ如キハ權限ヲ超エタルモノニシテ其ノ選擧ハ取消サルルモノナリトス

尙得票者ノ年齡ヲ比較スル場合ハ市制第四十九條町村制第四十五條ニ說明セル如ク年齡計算ニ關スル法律ニ依リ生年月日ヲ比較シ之ヲ定ムルモノトス

前項ノ選擧ニ關シ市制第二十五條町村制第二十二條ノ規定ヲ準用スルノ結果選擧人ハ選擧會場議場ニ於テ投票用紙ニ自ラ被選擧人一人ノ氏名ヲ記載シテ投函スヘク從テ自

ヲ被選舉人ノ氏名ヲ書スルコト能ハサル者ハ投票ヲ爲スコトヲ得サルナリ又投票用紙ハ議長ノ定ムル所ニ依リ一定ノ式ヲ用ウヘキモノトス、然レトモ市制第二十五條町村制第二十二條中第三項ノ投票時間選擧人名簿ノ對照同第四項ノ投票時間ニ對スル特例第九項市制ノ選擧區ノ所屬及同第十九項ノ投票分會ニ於ケル投票函送致ニ關スル規定ハ其ノ性質上市町村會ニ於テ行フ選擧ニ準用シ得サルナリ市制第二十五條町村制第二十二條第八項ニ所謂「投票用紙ハ市町村長ノ定ムル所ニ依リ一定ノ式ヲ用ウヘシ」トノ規定ヲ準用スルニ付下ノ三說アリ即チ（一）投票用紙ハ市町村會ノ行フ選擧ニ付テモ市町村長ノ定メタル一定ノ式ヲ用ウヘシト爲スモノ（二）議長ハ市町村長ニ準スヘク隨テ議長ニ於テ定メタル投票用紙ヲ用ウヘシト爲スモノ（三）市町村會内部ノ事ハ市町村會自ラ處理スヘキモノナルヲ以テ投票用紙モ市町村會ニ於テ定ムヘキモノト爲スモノ是ナリ、此ノ點ニ付テハ未タ行政實例トシテ見ルヘキモノナキモ第二說ヲ以テ正鵠ヲ得タルモノト認ム仍決選投票ノ場合ニ於テ投票セラルヘキ資格ナキ者ノ氏名ヲ記載シタル投票ハ被選擧權ナキ者ノ氏名ヲ記載シタル投票ナルヲ以テ其ノ無効タルヤ勿論ナリトス

選擧ノ實際ニ方リ往々立會人ヲ設クル例ナキニアラス然レトモ市制第二十條ハ市町村

會ニ於テ行フ選擧ニ準用スヘキ規定ナキヲ以テ法律上其ノ選任ヲ要スルモノニアラサルヤ明ナリ即チ其ノ立會人ハ便宜上之ヲ設クルニ過キサルヲ以テ法律上何等ノ權限ヲ有スルモノニ非ス

市制第二十八條町村制第二十五條ノ規定ヲ準用スルノ結果投票ノ無効タルヘキモノハ

（一）成規ノ用規ノ用紙ヲ用ヰサルモノ（二）現ニ選擧セラルヘキ職ニ在ル者ノ氏名ヲ記載シタルモノ（三）投票中二人以上ノ被選擧人ノ氏名ヲ記載シタルモノ（四）被選擧人ノ何人タルカヲ確認シ難キモノ（五）被選擧權ナキ者ノ氏名ヲ記載シタルモノ

（六）被選擧人氏名ノ外爵位職業身分住所又ハ敬稱ノ類以外ノ他事ヲ記入シタルモノ

（七）被選擧人ノ氏名ヲ自書セザルモノナリトス而シテ連名投票ノ方法ヲ用ヰタル場合ハ前記（一）（六）及（七）ニ該當スルモノ竝其ノ記載人名選擧スヘキ定數ニ過キタルモノハ無効トシ（二）（四）及（五）ニ該當スルモノハ其ノ部分ノミヲ無効トス

投票ノ有効無効ハ議長之ヲ決スヘキモ若シ議員ニ於テ其ノ決定ニ異議アルトキハ市町村會ニ於テ其ノ有効ナルヤ無効ナルヤヲ決定スヘキナリ而シテ此ノ場合ニ於ケル異議ハ市制第三十六條町村制第三十三條等ニ規定セル異議ト異ナルコト勿論ナリ隨テ申立書ヲ要スルカ如キコトナク又其ノ申立ヲ爲シ得ルハ議員ニ限ル、其期間ニ付テハ別ニ定ナキモ即時之ヲ申立ツルニ非サレハ其ノ効力ナカルヘク且訴願訴訟ヲ許セル事項ニ非サルヲ以テ其ノ決定ニシテ違法ナルニ於テハ議決ノ違法トシテ市制第九十條町村制第七十四條ニ依ル措置ヲ爲スヲ得ヘシ、反對論ハ之ヲ以テ選擧違法ナリト爲スモ此ノ説ノ如クンハ再選擧ヲ行フヲ要ストノ結論ヲ生スルヲ以テ選擧ニ附隨シタル別異ノ議決ト解スルヲ適當トセサルヘカラス

二、市町村會ニ於ケル選擧ハ一人毎ニ之ヲ行フヲ以テ原則ト爲スモ此原則ノミニ依ルトキハ時ニ或ハ煩雜ニ失スルコトナキヲ保シ難シ故ニ特ニ市町村會ノ決議ヲ以テ例外方法ニ依ルヲ得ルコトヲ規定セリ即チ指名推選ノ方法之ナリ指名推選トハ議長又ハ議員ニ於テ口頭ヲ以テ被選擧人ヲ指名シ之ヲ會議ニ問ヒ全員ノ贊成ヲ得タルトキ之ヲ當選者ト爲スヲ謂フ、然シテ一ノ選擧ニ於テ二人以上ヲ選擧スル場合ハ被指名者ヲ區分シテ當選者ヲ定ムルヲ得サルナリ

第十四項　市町村會議ノ公開

第五十二六條　市町村會ノ會議ハ公開ス但シ左ノ場合ハ此ノ限ニ在ラス

一　市長ヨリ傍聽禁止ノ要求ヲ受ケ議長ノ意見ヲ以テ傍聽ヲ禁止シタルトキ

二　議長又ハ議員二三人以上ノ發議ニ依リ傍聽禁止ヲ可決シタルトキ

前項議長又ハ議員ノ發議ハ討論ヲ須ヰス其ノ可否ヲ決スヘシ

第四十五條第三項ノ町村ニ於ケル町村會ノ會議ニ付テハ前二項ノ規定ニ拘ラス市制第五十六條ノ規定ヲ準用ス（町村制）

市町村會ノ議事ハ市町村ノ公益ニ關シ住民全般ノ利害ニ影響スル所大ナルモノナルヲ以テ住民ヲシテ會議ヲ傍聽スルヲ得セシメ其ノ狀況ヲ知得セシムルハ自ラ自治行政ノ事ニ注意セシムル所以ニシテ自治制度ノ本旨ニ適合スルモノナリ、是ヲ以テ市町村會ノ會議ハ之ヲ公開スルヲ原則トセリ然レトモ此ノ原則ヲ一貫セントスルトキハ却テ市町村ノ秩序ヲ保持シ公益ヲ增進スル上ニ於テ時ニ支障ヲ見ルコトナキニ非サルヲ以テ左ノ塲合ニ在リテハ傍聽ヲ禁止スヘキコトヲ規定セリ

一、市長ヨリ傍聽禁止ノ要求ヲ受ケタルトキ　會議ノ條件カ市長ノ發案ニ係ルト市會ノ發案ニ係ル塲合トハ之ヲ問ハサルナリ

二、議長ノ發議ニ依ル傍聽禁止　議長ハ會議ヲ總理シ議塲ノ秩序ヲ保持スルノ權限アルヲ以テ必要ト認ムル塲合傍聽禁止ノ發議ヲ爲シ得ルハ當然ナリトス但シ市會ニ於テハ會議ノ議決ヲ經ルヲ要スルモ町村會ニ在リテハ議長ハ町村長之ニ當ルカ

故ニ其ノ發議ニ對シテハ別ニ會議ノ議決ヲ得ルヲ要セス

三、市會ニ在リテハ議員三人以上町村會ニ在リテハ議員二人以上ノ發議ニ依リ市町村會ニ於テ傍聽禁止ヲ可決シタルトキ　此ノ場合傍聽禁止ノ可否ヲ討論セシムルトキハ却テ祕密會議ト爲サントスルノ主旨ヲ沒却スルナキヲ保セサルヲ以テ此ノ發議エ對シ法ハ討論ヲ用キス單ニ其ノ可否ヲ決スヘキコトヲ規定セリ、而シテ會議ノ案件カ市町村長ノ發案ニ係ルト市町村會ノ發案ニ係ル場合ナルトヲ問ハサルハ第二第三共ニ第一ニ同シ而シテ其ノ議員ノ發議ニ付市會ト町村會トノ間ニ人員ノ最少定限ヲ異ニセルハ議員定數ノ多寡ヲ斟酌シタルモノニ過キス

傍聽禁止ハ單ニ傍聽人ヲ退場セシメ又ハ其ノ入場ヲ拒絶スルニ過キス故ニ職權ヲ以テ入場スル者即チ市町村長其ノ他議事ニ參與スル者及監督官廳又ハ其ノ命ヲ受ケタル官吏ノ如キハ依然議場ニ在ルコトヲ得ルナリ

町村制第四十五條第三項ノ町村ニ於ケル町村會ノ會議ニ付テハ市制第五十六條ノ規定ヲ準用スルモノナリ「第四十五條第三項ノ町村」トハ特別ノ事情アルニ因リ町村條例ヲ設ケテ町村會ノ選擧ニ依ル議長及其ノ代理者ヲ設ケタル町村ヲイフ、此ノ町村ニ於テハ「市制第五十六條ノ規定ヲ準用スル」ノ結果町村會ノ傍聽禁止ニ關シテ

ハ市會ノ場合ト同様（一）町村長ヨリ傍聽禁止ノ要求ヲ受ケタルトキ（二）議長又ハ議員ノ發議ニ依リ傍聽禁止ヲ可決シタルトキニ於テ初メテ傍聽禁止ヲ爲シ得ヘクシテ一般町村ニ於ケルカ如ク議長ノ意見ヲ以テ直ニ傍聽禁止ヲ爲シ得ヘキモノニ非ス、蓋シ一般町村ニ於テ議長ノ意見ニ依リ直ニ傍聽ヲ禁止シ得セシムルハ結局町村長ノ意見ニ依リ傍聽ヲ禁止スルモノニシテ、宛モ市會ニ於テ市長ノ要求ニ基キ傍聽禁止ヲ爲シセ得シムルト同様ナルヲ以テナリ、然ルニ町村制第四十三條第三項ノ町村ニ於ケル町村會ノ議長ハ市會議長ト同様議員ヨリ選出セラレタルモノニシテ執行機關タル町村長ニ非サルヲ以テ市會ニ於ケル場合ト同様單ニ議長ノ意見ヲ以テ直ニ傍聽禁止ヲ爲シ得セシムルノ要ナキヲ以テナリ、玆ニ注意スヘキハ市制第五十六條ノ規定ヲ準用スルノ結果、町村會議員ノ發案ニ依リ傍聽禁止ヲ可決スルニ付テハ發議スヘキ議員ノ數市制ノ規定ニ依ルモノニ付キ發議スヘキ議員ハ三人ナルヲ要ス

第十五項　議長ノ職務及會議ノ秩序

一、議長ノ職權

第五十七條（第五十三條）　議長ハ會議ヲ總理シ會議ノ順序ヲ定メ其ノ日ノ會議ヲ開閉シ議場ノ秩序ヲ保持ス

議員定數ノ半數以上ヨリ請求アルトキハ議長ハ其ノ日ノ會議ヲ開クコトヲ要ス此ノ場合ニ於テ議長仍會議ヲ開カサルトキハ第四十九五條ノ例條ノ依ル

前項議員ノ請求ニ依リ會議ヲ開キタルトキ又ハ議員中異議アルトキハ議長ハ會議ノ議決ニ依ルニ非サレハ其ノ日ノ會議ヲ閉チ又ハ中止スルコトヲ得ス

一、議長ハ市町村會ニ於ケル會議ヲ總理シ會議ノ順序ヲ定メ其ノ日ノ會議ヲ開閉シ議場ノ秩序ヲ保持スルノ職責ヲ有ス、此ノ職責ハ議員ノ委任ニ因リ生スルモノニアラス法律ニ依リ付與セラレタル職權ナリトス其ノ職權ヲ分ツトキハ大要左ノ如シ

一、議事整理權　此ニ屬スルモノハ其ノ日ノ會議ノ開閉スルノ權會議ノ順序ヲ定ムルノ權及其ノ他議事ノ整理ニ關スルノ權ナリトス、市町村會議員ヲ招集シ市町村會ノ活動ヲ開始セシムルノ權ハ市町村長ニ屬スト雖市町村長カ開會ヲ宣告シタル時ヨリ其ノ閉會ヲ宣告スルニ至ルノ間日々ノ會議ヲ開始シ又ハ閉會ヲ宣告スルノ權ハ議長ノ權內ニ屬ス、而シテ會議ノ案件ヲ如何ナル順序ニ依リテ議決セシムルカ其ノ前後案配ヲ定ムルコト即チ議事日程ヲ定ムルコト及議員ノ發言ニ對スル許否竝採決ヲ爲スカ如キ議事ノ整理ニ必要ナル處置ハ孰レモ此ノ整理權ニ屬セリ、是等ノ權利タル無制限ニ之ニ行使スルヲ得ルニ非スシテ法律及會議規則ニ限局セ

ラルルハ勿論ナリト雖其ノ以外ニ於テハ市町村會ノ議決ヲ以テスルモ其ノ職權ヲ侵スコトヲ得サルナリ

議長ハ休會ヲ宣告スルヲ得ルヤ否ヤニ付テハ一ノ問題タルモ其ノ權ナキモノト解スルヲ可トス、然レトモ議事日程ヲ定ムルノ權ハ議事整理ニ屬スルヲ以テ議事日程ヲ定メサルノ間、若ハ數日後ノ議事日程ヲ定メタルトキハ其ノ間ハ事實上自ラ休會ノ狀態トナルヘシ、仍玆ニ注意スヘキハ會議規則ニ於テ會議ハ何時ヨリ始メ何時ニ終ルトイフカ如ク其ノ時間ヲ限定スルハ議長ノ有スル開閉權ヲ侵スモノナルヲ以テ此ノ如キ規定ヲ設クルトキハ併セテ議長ハ會議ノ時間ヲ伸縮スルヲ得ルノ旨ヲ規定スルヲ要スルコト是ナリ

二、秩序保持權　此ニ屬スルモノハ議場內ニ於ケル警察權及之ニ附屬シテ警察官吏ノ發動要求權ナリ、其ノ効力ハ議場內ニアル議員ハ勿論傍聽人ニモ及フモ監督官廳タル職權ヲ以テ場內ニ在ル者ニハ之ヲ及ホスコトヲ得サルモノトス、例ヘハ市制第五十九條及第六十條町村制第五十五條及第五十六條ニ於テ議員及傍聽人ニ退場ヲ命スルカ如キ是ナリ

三、市町村會代表權　市町村會ハ外部ニ向テ直接交渉ヲ爲スノ權ナキヲ原則トス

然レトモ例外ノ場合アルコトハ已ニ說明セル所ノ如シ、例ヘハ公益ニ關スル意見書ノ提出又ハ行政廳ノ諮問ニ對スル答申各種ノ異議決定ノ如キ場合ニ於テ市町村會カ直接外部ニ意思ヲ發表スルニ當リ議長ハ市町村會ヲ代表スルノ權ヲ有ス此ノ職權ハ議長ノ會議總理權ヨリ生スル効果ナルヤ否ヤニ付テハ議論ナキニ非スト雖市町村制ノ精神上議長ハ市町村會ヲ代表スルノ權ヲ有スルモノト解スルヲ可ナリト信ス

四、其ノ他ノ職權　市制第五十三條町村制第四十九條ニ依リ議事ノ際可否同數ナルトキ裁決ヲ爲スノ權市制第六十一條町村制第五十七條ニ依リ書記ヲ任免スルノ權等ニシテ仍市會議長ニ在リテハ會議ノ結果ヲ市長ニ報告シ町村會議長ニ在リテハ傍聽禁止ヲ爲スノ權ナルカ如キ是ナリ

二、市町付會ノ會議ハ議長之ヲ總理シ其ノ開閉權ハ一ニ議長ニ屬スルモノナルヲ以テ議長ハ自己ノ意見ニ依リ會議ヲ開閉スルヲ原則トス、然レトモ議長ハ時ニ一黨一派ノ利害又ハ自己ノ利害ニ專ラニシテ其ノ日ノ會議ヲ開カサルコトアリテ、議事ノ進行ヲ阻害スルコトナキニ非ス此ノ場合ニ在リテハ議員定數ノ半數以上ヨリ議長ニ其ノ日ノ會議ヲ開クヘキコトヲ請求スルヲ得ヘク此ノ請求アリシトキハ議長ハ必ス其

ノ日ノ會議ヲ開クコトヲ要シ議長ハ自己ノ意見ヲ以テ開議ヲ拒ムコトヲ得サルナリ是レ全ク議長ノ有スル會議ノ開閉權ニ加ヘタル一ノ制限ナリ、若シ議長カ議員定員ノ半數以上ノ請求アリタル場合ニ於テモ仍其ノ日ノ會議ヲ開カサル場合ハ市制第四十九條町村制第四十五條ノ例ニ依リ處理スルヲ得セシメタリ

市會ニ於テ議員定數半數以上ヨリ請求アルモ議長ニ於テ開議ヲ爲サヽルトキハ議長ニ故障アルモノト看做シ市制第四十九條ノ規定ヲ適用スル義ニシテ即チ議長故障アルトキハ如何副議長ハ議長ニ代リテ當然其ノ日ノ會議ヲ開クヘキモノナルニ不拘仍之ニ應セサルトキハ更ニ本條ノ規定ニ依リ副議長モ亦故障アルモノト看做シ市制第四十九條ノ例ニ依リ臨時ニ議員中ヨリ假議長ヲ選擧シ以テ議長ノ職務ヲ執行セシムヘキハ勿論トス

尙町村會ニ於テ議員定數半數以上ノ請求アルモ町村長タル議長ニ於テ其ノ日ノ會議ヲ開カサルトキハ町村長ニ故障アルモノトシ町村制第四十五條ヲ適用シ其ノ代理者タル助役議長ノ職務ヲ代理シテ其ノ日ノ會議ヲ開クヘク若シ町村長ノ代理者ニ於テモ仍開議ヲ爲サヽルトキハ之亦故障アルモノト看做シ臨時ニ議員中ヨリ假議長ヲ選擧シ以テ其ノ日ノ會議ヲ開クコトヲ得セシメタリ

「議員定數」トハ市制第五十二條町村制第四十八條ト同意義ニシテ市制第十三條町村制第十一條ニ依リテ定マリタル市町村ノ市町村會議員定數ノ意ニシテ現在議員數ノ謂ニアラサルハ勿論ナリトス故ニ議員ニ闕員アル場合ト雖仍定數ノ半數以上ノ議員ヨリ請求スルニアラサレハ前述ノ適用ヲ受クヘキモノニアラサルナリ、市町村會ハ市町村長ニ於テ開閉シ其ノ開會ヨリ閉會迄ノ間ニ於ケル各日ノ會議ハ議長ニ於テ開閉シ得ヘキハ前述ノ如シ而シテ本規定中ニ所謂「其ノ日ノ會議」トハ議長ニ於テ開閉スヘキ各日ノ會議ヲ指スモノナルハ勿論一旦會議ヲ閉チタル後ト雖モ仍會議スヘキ事件ヲ生シタル場合ニ在リテハ更ニ開議スルニ何等差支アルコトナク其ノ日ノ會議ハ唯一ナリト斷スヘキモノニアラサルナリ

三、市町村會ノ會議ハ議長自已ノ意見ニ依リ閉會シ得ルモノナルモ時ニ議長ハ其ノ職權ヲ濫用シ其ノ日ノ議事ヲ了セサルニ拘ラス閉會ヲ宣告スルコトナキヲ保セス如斯ハ議員ヲシテ克ク審議セシメ得サルノミナラス議事ノ進行ヲ阻害スルモノナルヲ以テ本項ハ議長ノ開閉權ニ制限ヲ加ヘタリ即チ會議カ（イ）前項ノ規定ニ依リ議員定數ノ半數以上ヨリ請求アリテ其ノ日ノ會議ヲ開キタルトキ及（ロ）出席議員中其ノ日ノ會議ヲ閉チ又ハ中止スルニ付異議アルトキハ議長ハ會議ノ議決ヲ經ルニ非サレ

ハ其ノ日ノ會議ヲ閉チ又ハ中止スルコトヲ得サラシメタリ
然ルニ若シ議長カ（イ）及（ロ）ノ場合ニ於テ會議ノ議決ヲ經ス又ハ會議ニ於テ否決スルニ拘ラス自己ノ意思ニ依リ其ノ日ノ會議ヲ閉チ又ハ中止シタル場合ニ於ケル其ノ效果ニ付テハ問題アリ論者ハ假令出席議員中異議アリ又ハ會議ニ於テ否決セラルルコトアリト雖、議長ハ一般的ニ開閉權ヲ有スルカ故ニ其ノ爲シタル閉會ノ宣告又ハ會議中止ノ宣告ハ有效ナリ、唯其ノ宣告タルヤ規定ニ違反スルモノナルヲ以テ必スシモ完全ナル宣告ナリト斷スルヲ得サルモ是ハ瑕疵アル法律行爲ニ外ナラスシテ其ノ取消アル迄ハ一應有效ナリト謂フニ在ルモ論者ノ如ク議長カ一般的ニ會議ノ開閉權ヲ有スルハ論ナキモ本項ノ規定ニ該當スル場合ハ假令議長タリト雖會議ノ議決ニ依ルニ非サレハ絶對ニ會議ヲ閉チ又ハ中止スルコトヲ得サルハ法ノ明定スルトコロニシテ此ノ場合ニ於テハ議長ハ制限的開閉權ヲ有スルニ過キサルヲ以テ本項ノ規定ニ依ラス議員中異議アルニ拘ラス閉會ヲ宣告シ又ハ會議中止ノ宣告ヲ爲スカ如キハ其ノ效力無キモノト云ハサルヲ得ス、殊ニ會議ニ於テ否決スルモ仍一般的開閉權アルカ故ニ該宣告ハ一應有效ナリトノ論ハ法ノ精神ヲ沒却スルモノト謂ハサルヘカラス

二、會議ノ秩序

第五十九條　會議中本法又ハ會議規則ニ違ヒ其ノ他議場ノ秩序ヲ紊ス議員アルトキハ議長ハ之ヲ制止シ又ハ發言ヲ取消サシメ命ニ從ハサルトキハ當日ノ會議ヲ終ル迄發言ヲ禁止シ又ハ議場外ニ退去セシメ必要アル場合ニ於テハ警察官吏ノ處分ヲ求ムルコトヲ得

議場騷擾ニシテ整理シ難キトキハ議長ハ當日ノ會議ヲ中止シ又ハ之ヲ閉ツルコトヲ得

一、議場ノ秩序ヲ保持スルハ議長ノ職權ニ屬ス、會議中議場ノ秩序ヲ紊ス議員アルトキハ議長ハ之ニ對シ左ノ措置ヲ爲スヲ要ス

一、制止シ又ハ發言ヲ取消サシムルコト　本法又ハ會議規則ニ違ヒ其ノ他議場ノ秩序ヲ紊ス議員アルトキハ議長ハ之ヲ制止スルノ權ヲ有ス、本法ニ違フトハ例ヘハ會議中無禮ノ語ヲ用ヰ又ハ他人ノ身上ニ涉リ言論スルカ如キ或ハ議員カ傍聽禁止ヲ發議シタルトキ其ノ可否ニ關シ討論スルカ如キヲイヒ、會議規則ニ違フトハ該規則ニ於テ第一次會ハ總體議ヲ爲シ第二次會ハ逐條審議第三次會ハ確定ナルコト

ヲ規定シタル場合ニ第一次會ニ於テ質問ヲ離レテ可否ヲ論スルカ如キ又該規則ニ於テ議員ノ發言ハ議長ノ許可ヲ受クヘキ旨ヲ規定セル場合ニ其ノ許可ナクシテ發言スルカ如キハ其ノ一例ナルヘシ其ノ他議場ノ秩序ヲ紊スト キトハ本法又ハ會議規則ニハ違反セサルモ議場ノ秩序ヲ紊スコトヲイフモノニシテ種々ノ行爲カ之ニ該當スルモノアルヘク從テ豫メ茲ニ列擧説明スルヲ得サルモ或ハ暴行ヲ爲サントスルカ如キ或ハ喧騷シテ議事ヲ妨害スルカ如キ若シ是等ニ關シ會議規則中別ニ禁止ノ規定ナキニ於テハ其ノ一例ト見ルヲ得ヘシ、以上ノ場合ニ於テハ議長ハ之ニ對シテ言論及行爲ヲ制止スルヲ得ヘク其ノ會議中無禮ノ語ヲ用ヰタルカ如キ場合ニハ議長ハ之ヲ取消サシムルヲ得ヘシ

一、發言ヲ禁止シ又ハ議場外ヘ退去セシメ又ハ必要アル場合警察官吏ノ處分ヲ求ムルコト　前ニ説明シタルカ如ク議長ノ制止又ハ發言取消ノ命ニ從ハサトキハ其ノ議員ニ對シ當日ノ會議ヲ終ル迄發言ヲ禁止シ又ハ議場外ニ退去セシメ又必要アル場合ニハ警察官吏ノ處分ヲ求ムルヲ得ヘシ、其ノ會議ヲ終ル迄發言ヲ禁止スルト議場外ニ退去セシムルトハ專ラ其ノ狀況ニ應シ議長ニ於テ措置スルヲ要ス發言禁止ハ當日ノ會議ヲ終ル迄之ヲ禁止スルヲ得ルニアレハ翌日ニ涉ルヲ得サルハ

論ヲ待タス仍發言禁止ハ讀ンテ字ノ如ク發言ヲ禁止セラルルニ止マルヲ以テ採決ノ際可否ヲ表シ選擧投票ヲ行フハ固ヨリ妨ナク隨テ該議員ハ出席議員數ニ計算スヘキハ疑ナキモ其ノ議場外ニ退去セシメラレタル議員ハ出席議員數ニ算入セラルヘキモノニアラサルヤ勿論ナリ

議長カ議員ニ對シテ議場外ニ退去スヘキ旨命令シタル場合ニ於テ若シ之ニ從ハサルトキハ議長ハ實力ヲ以テ之ヲ强制スルコトヲ得ヘク、而シテ其之ニ應セサルトキニ於テ警察官吏ノ處分ヲ求ムルト將タ初メヨリシテ警察官吏ノ處分ヲ求ムルトハ一ニ議長ニ於テ之ヲ決スルヲ得ヘキナリ而シテ玆ニ「警察官吏ノ處分ヲ求ムルコトヲ得」トアルヲ以テ議長ノ要求アリタル場合ニハ警察官吏ハ必ス之ニ應セサルヘカラサルモノノ如ク解スル者ナキニ非スト雖其ノ求ニ應スルト否トハ一ニ警察官吏ノ自由裁量ニ屬スルヲ以テ若シ議長ノ要求ニシテ其ノ當ヲ得スト認ムルニ於テハ之ニ應スルノ義務ナキヲ以テ此ノ如キ場合ニ於テ議長ノ要求ニ應シタル警察官吏ハ其ノ責任ヲ免ルルコトヲ得サルナリ

二、議長ニ於テ前記ノ手續ヲ採リ其ノ秩序ヲ保タントスルモ多數ノ議員喧騷シテ到底制止ノ効ナク議場ノ秩序ヲ保ツ能ハサルニ於テハ一時會議ヲ中止シ秩序ノ回復ヲ待

チテ再ヒ會議ヲ開クコトヲ得ヘク又當日ノ會議ヲ散會シ議事ヲ後日ニ讓ルコトヲ得ヘシ其ノ二者孰レノ方法ニ依ルカハ一ニ議長ノ職權ニ屬スルモノトス

第十六項　市町村會書記

第六十一條
第五十七條　市町村會ニ書記ヲ置キ議長ニ隸屬シテ庶務ヲ處理セシム
書記ハ議長之ヲ任免ス

一、議長ハ市制第五十七條町村制第五十三條ニ依リ會議ヲ總理スルノ職權ヲ有ス從テ市町村會ニ於ケル內部ノ事務整理ハ議長ニ於テ之ニ當ラサルヘカラスト雖斯ノ如キハ固ヨリ一人ノ力之ヲ克クシ得ヘキニ非サルカ故ニ書記ヲ置キ自巳ニ隸屬シテ庶務ヲ處理セシムルノ要アリ、而シテ其ノ任免權ハ議長ニ屬スルヲ以テ法ニ別段ノ明文ナキモ豫算內ニ於テ其ノ給料額ヲ定メ其ノ支給方法ヲ定ムルカ如キ亦議長ノ職權ニ屬スルモノト解セサルヘカラス尤モ其ノ支出ヲ命令シ又ハ之ヲ支給スルカ如キハ一般市町村吏員ニ對スルト齊シク市町村長又ハ收入役ノ權限ニ屬スルヲ以テ議長ト雖直接其ノ支出ヲ命令シ又ハ之カ支給ヲ得サルモノトス

書記ヲ置クニ當リ之ヲ常置ト爲スト又ハ會議ノ都度臨時之ヲ命スルトハ一ニ議長ノ

適宜ニ依ル仍書記ハ市町村吏員ノ中ニ就キ之ヲ命スルト將タ吏員以外ノ者ニ就キ之ヲ命スルトハ是レ亦議長ノ任意ニ屬スト雖其ノ吏員ノ中ニ就キ之ヲ命スル場合ニ於テハ市ニ在リテハ豫メ市長ノ同意ヲ經ルコトヲ要ス　但シ町村ニ在リテハ議長ハ原則トシテ町村長ナルカ故ニ此ノ場合ニ於テハ市ニ於ケル如ク別ニ其ノ手續ヲ要スルニ及ハサルモノトス

市町村會ノ書記ハ議長ニ隷屬シ市町村長ニ隷屬セサルヲ以テ假令其ノ執ル所ノ事務ハ市町村ノ事務ニ外ナラスト雖其ノ身分關係ハ市制第四章町村制第三章ニ規定スル所ノ市町村吏員ニ非ス從テ市制第十八條町村制第十五條ニ所謂其ノ市町村ノ有給吏員ニ該當セサルハ勿論市制第八十九條町村制第七十三條市制第百五條第百六條町村制第八十五條第八十六條市制第百七十條等ノ適用ヲ受ケサルモノトス

二、市町村會ノ書記ハ議長之ヲ任免ストアリ故ニ議長ハ何時ニテモ之ヲ任命シ又ハ罷免スルコトヲ得ヘシ而シテ市町村會書記ニ付テハ市町村吏員ノ如ク法律中別ニ懲戒ニ關スル規定ナシト雖議長ニ於テ若其ノ職ニ据置クヘカラスト認ムルトキハ適宜之ヲ解任スルコトヲ得ヘキナリ

書記ハ市町村會議員ノ任期滿了ノ場合又ハ市町村會解散ノ場合ニ於テハ當然其ノ職

ヲ失フモノナルヤ否ヤニ付テハ往々議論ナキニ非ス而シテ實例ニ於テハ市町村會組織ノ一部ヲ成セルモノナルヲ以テ散會ノ場合ハ當然失職スヘキモノト爲セルモ其ノ任命ニ際シ別ニ何等ノ條件ヲ附セス又ハ期間ヲ定メサルニ於テハ議員ノ任期滿了ニ依リ又ハ市町村會解散ノ爲失職スルモノニ非スト信ス

第十七項　會議錄

第六十二條　議長ハ書記ヲシテ會議錄ヲ調製シ會議ノ顛末及出席議員ノ氏名ヲ記載セシムヘシ

會議錄ハ議長及議員二人以上之ニ署名スルコトヲ要ス其ノ議員ハ市町村會ニ於テ之ヲ定ムヘシ

議長ハ會議錄ヲ添ヘ會議ノ結果ヲ市長ニ報告スヘシ（市制）

第五十八條　第四十五條第三項ノ町村ニ於ケル町村會ノ會議ニ付テハ市制第六十二條第三項ノ規定ヲ準用ス（町村制）

一、市町村會ノ經過及其ノ議決事項等ハ極メテ重要ナルヲ以テ其ノ顛末ヲ記錄シテ後日ノ證據ト爲スノ必要アリ故ニ議長ハ書記ヲシテ會議錄ヲ調製シ會議ノ顛末及出席議員ノ氏名ヲ記載セシム、而シテ會議錄ニハ其ノ正確ヲ保タシムル爲議長ト市町村會ニ於テ定メタル議員二人以上トカ之ニ署名スルコトヲ必要トセリ、此ノ議長以外ノ署名スヘキ議員ハ通常之ヲ署名委員ト稱セリ署名委員ハ市町村會ニ於テ之ヲ定ムヘキモ其ノ方法ニ關シテハ法ハ選擧ヲ要件トセサルヲ以テ如何ナル方法ニ依ルモ可ナルヘク即チ指名ニ依ルト選擧ニ依ルトハ問フ所ニ非ス又每會議ニ於テ之ヲ改選スルト通シテ之ヲ選任スルトハ一ニ市町村會ノ任意ナリトス

一般ノ町村會ニ在リテハ町村長又ハ其ノ代理者議長タルカ故ニ町村長ニ對シ會議ノ結果ヲ報告スルヲ要セサルモ第四十五條第三項ノ町村會及市會ニ於テハ議長ハ會議錄ヲ添ヘテ會議ノ結果ヲ市町村長ニ報告セサルヘカラス是レ議案ノ多クハ市町村長ノ發案ニ係リ且其ノ議決ハ概ネ之カ執行ヲ要スルノミナラス場合ニ依リテハ市町村長ハ其ノ議決等ニ對シ市制第九十條町村制第七十四條ノ規定ニ依リ再議ニ付スル等相當措置スノ必要アレハナリ　但シ市町村長ハ該報告前ニ在リテモ亦是等ノ措置ヲ採リ得ルハ勿論ナリトス

會議錄調製ノ趣旨ハ旣ニ說明セシ所ナルモ其ノ形式ニ關シテハ別ニ之ヲ定メタルモノナク又其ノ調製ハ日々之ヲ成スヘキヤ或ハ數日若ハ一會期ノ終ニ於テ之ヲ調製ス

ヘキヤニ付テモ何等規定スル所ナキヲ以テ便宜ノ方法ニ依ルコトヲ得ヘシト雖少クモ一會期ノ終ニハ必ス之カ調製ヲ了セサルヘカサルハ論ナシ、而シテ若未調製ノ儘會議ヲ閉チ次ノ會議ニ於テ之カ調製ヲ爲シタルトキハ如何トイフニ此ノ塲合ニ於テハ會議錄ハ固ヨリ瑕瑾アルヲ免レサルモ其ノ議決ノ實體正當ナルニ於テハ議決ハ有効トシテ之ヲ執行セサルヘカラサルヤ疑ヲ容レス

會議錄ハ證據記錄トシテ作成スヘキモノナルコトハ前ニ述ヘタル所ノ如シ然レトモ要式文書ニ非サルカ故ニ之カ作成ノ方法ハ固ヨリ任意ナルモ其ノ目的タル證據記錄ト爲スニ在ルヲ以テ毎葉ニ契印ヲ爲シ文字ノ挿入削除及欄外ノ記入アルトキハ之ニ認印シ文字ヲ削除スルトキハ之ヲ讀ミ得ヘキ爲字體ヲ存シテ其ノ數ヲ記載シ置クハ他日ノ紛爭ヲ防ク上ニ於テ便ナルヘシ、其ノ記錄ノ内容ニ至リテハ議決決定選擧等各塲合ニ適應シテ明瞭ニ記スヘク其ノ他毎日出席議員ノ氏名等ヲ記スルヲ要スルハ勿論ナリトス、市ニ於テハ成ルヘク速記錄ヲ備ヘテ他日ノ考證ニ備フルヲ可トス

二、會議錄ニハ必ス議長及議員二人以上ノ署名ヲ要ス故ニ議長ノ外議員ハ少クトモ二人ハ之ニ署名セサルヘカラサルヤ明ナリ而シテ其ノ議員ハ市町村會ノ定メタルモノナラサルヘカラス

「署名」トハ自ラ氏名ヲ署スルヲイフ而シテ法ハ署名スルコトヲ要スト規定セルヲ以テ署名ノ外別ニ捺印ヲ爲スヲ要セサルモ其ノ署名ヲ爲スニ當リ便宜捺印ヲ爲スモ之ヲ妨ケサルナリ

署名委員ハ自ラ其ノ氏名ヲ署セサルヘカラス故ニ其ノ氏名ヲ自署スルコト能ハサルカ如キ議員ハ署名委員ト爲ササルコトニ注意セサルヘカラス

署名委員ニシテ會議錄ノ記事ニ錯誤アリトシ之カ署名ヲ拒ミタルトキハ如何トイフニ斯ノ如キ場合ニ在リテハ議長ニ於テ其ノ言フ所ヲ理ナリトセハ之ヲ訂正スヘク若理ナシトセハ適宜會議錄ニ附箋シ其ノ署名セサル旨ヲ記載シ置クノ外ナシ署名委員ノ署名ナキ會議錄ハ法律上ノ要件ヲ欠缺セルモノナルヲ以テ會議トシテ完全ノ證據力ヲ有セス故ニ記事ニ付爭議アリタル場合ハ結局事實ニ依リ判斷スヘキモノトス

三、議長ハ會議終了後其ノ會議錄ヲ添ヘ會議ノ顚末ヲ市長ニ報告スヘキモノトス、蓋シ市長ハ市會ヲ招集シ其ノ會議セシメタル事件ニ付テハ執行スルノ義務アルト共ニ一面其ノ議決又ハ選擧ニシテ違法越權其ノ他公益ヲ害シ又ハ收支ニ關シ不適當ナルモノアラハ之ニ對シ相當ノ處置ヲ採ルヲ要スルカ故ニ議長ヲシテ會議錄ヲ添ヘ會議ノ顚末ヲ報告セシムルニアリ、而シテ茲ニ添附スヘキ會議錄ハ正本ナルコトヲ要シ即チ議長及議員二人以上ノ署名アルモノタルコトヲ要ス會議ノ顚末トハ會議錄ニ所載セルモノノ外議決ヲ經タルモノニ付テハ其ノ議決書否決シタルモノニ付テハ其ノ旨ヲ明ニシタルモノヲ報告スヘキモノトス

四、今回ノ改正ニ於テ町村制第四十五條第三項ノ町村ニ於ケル町村會ノ會議ニ付テハ市制第六十二條第三項ノ規定ヲ準用スルコトトセルハ町村ニ在リテハ原則トシテ町村長ヲ以テ議長ト爲セルヲ以テ會議ノ結果ニ付町村長ニ報告セシムルノ要ナキモ町村制第四十五條第三項ノ規定ニ依リ町村條例ヲ以テ特ニ議長及其ノ代理者ヲ設ケタル場合ニ在テハ町村長ハ議長ノ職務ヲ行フモノニ非サルヲ以テ市會ニ於ケルト同樣會議ノ結果ハ議長ヨリ町村長ニ報告セシムルノ要アリトス是レ本項ノ新ニ規定セラレタル所以ナリ「第四十五條第三項ノ町村」トハ該條ノ規定ニ依リ特別ノ事情アル故ヲ以テ町村會ニ於テ選擧スル議長及其ノ代理者ヲ設クル町村ヲイフ「市制第六十二條第三項ノ規定ヲ準用ス」ルノ結果議長ハ會議錄ヲ添ヘ會議ノ結果ヲ町村長ニ報告スヘキモノトス

町村會議錄

昭和　年
第何回町村會々議錄

昭和何年何月何日何町(村)會ヲ(議員何某外何人ノ請求ニ依リ)何町(村)役場(何所)ニ招集ス

午前何時

一　町(村)長町(村)會ノ開會ヲ宣ス

一　議長ハ書記ヲシテ左記議案其ノ他ヲ配付セシム

一　議案第一號　昭和何年度何町(村)歳入歳出ノ豫算議決ノ件附財産表及事務報告書

一　議案第二號　何々區長ヲ定ムルノ件

一　議案第三號　役場新築ニ關スル件

一　議案第四號　何々規程改正ノ件

一　昭和何年度町村歳入歳出決算報告ノ件

一　議長　會議ヲ開クヘキ旨ヲ宣ス

一　議長ハ缺席議員及町村制第四十六條ノ規定ニ依リ町（村）長ニ於テ議事參與員ニ委任又ハ囑託シタル者ノ氏名並町（村）會書記トシテ任命シタル者ノ氏名ヲ報告ス

缺席議員　（何番）　何　某

（何番）　何　某

（未タ席次番號決セサルトキハ氏名ノミヲ記載スルコト）

議事參與員　助役　何　某

收入役　何　某

書記　何　某

町（村）會書記　何　某

一　議長　町（村）會議員總選擧後初回ノ町（村）會ナルニ依リ會議規則第何條ニ依リ抽籤ヲ以テ議員ノ席次ヲ定ムルニ其ノ結果左ノ如シ

一番　何　某

二番　何　某

三番　何　某

四番　何　某

（以下倣之缺席議員ト雖之ヲ定ムルコト）

一　議長　何番及何番ノ二名ヲ會議錄署名員ニ指名ス

（「會議錄ニ署名スヘキ議員ノ數ハ二名トシ毎會議長ノ指名ヲ以テ定ム」ト會議規則ニ定メラレタル塲合ノ例ナリ。此ノ塲合ノ會議錄署名員ノ指名方法ハ必スシモ町村制第五十一條第三項ノ指名推薦ノ法ニ依ル塲合ノ如ク指名ニ異議ナキヤ否ヲ諮ヒチ決スルノ要ナシ如何トナレハ會議錄署名員ハ法律勅令ニ依リ選擧スヘキモノニ非ステシ町村會ノ定ムヘキモノナレハナリ」

一　町（村）長　提出事件ニ對スル大要ノ説明ヲ爲ス

一　議長　財產表及事務報告書ヲ書記ヲシテ朗讀セシメ後當日ノ議事日程ヲ報告ス

第一號議案　第一讀會　第二讀會　第三讀會

一　議長　暫時休憩ヲ宣ス　于時正午

午後一時

一　議長　引續キ會議ヲ開ク旨ヲ宣ス

一　議長　第一號議案ノ第一讀會ヲ開ク旨ヲ宣ス

第一號議案　昭和何年度何町(村)歳入歳出豫算ノ件

第一讀會

一　書記　議案ノ朗讀ヲ爲ス

一　何番　何々ニ付何々ナル旨質問ス

一　町(村)長(助役)(書記何某)右質問ニ付何々ト答フ

(可成第一讀會ニ於テ質問セシムルコト)

一　議長　第一讀會ハ終了ト認メ第二讀會ヲ開クヤ否ニ付會議ニ諮ヒ異議ナキヲ以テ第二讀會ヲ開ク旨ヲ告ク

第二讀會

一　議長　議事ノ便宜上先ツ歳出各欵ヲ連結シテ付議スル旨ヲ告ケ書記ヲシテ議案ヲ朗讀セシム(二讀會三讀會ニ於テハ議案ノ朗讀省略ノ法ヲ講スルヲ便宜ト認ム)

一　何番　歳出經常部第何欵第何項第何目何々ヲ金何程ニ修正スルノ適當ナル旨説明ヲ爲シ之ヲ動議トシテ提出ス

一　町(村)長　何々ノ理由ニ依リ原案ニ計上シタル金額ノ必要ナル旨ヲ力説ス

一　何番　何番ノ修正動議ニ賛成ス

一　議長　何番ノ修正動議ハ一人以上ノ賛成者アリテ成立セシニ付之ヲ議題トシ修正説ニ賛成者ノ起立セラレンコトヲ述ブ

起立者　何　名

一　議長　起立者過半數ニ付修正説ニ決スル旨ヲ告ク

一　何番　歳出臨時部第何欵第何項第何目何々費ヲ金何程ト修正スルノ適當ナル理由ヲ説明シ之カ動議ヲ提出ス

一　何番　何番ノ修正動議ニ賛成ス

一　議長　何番ノ修正動議ハ一人以上ノ賛成アリ成立セシニ付之ヲ議題ト爲ス旨ヲ告ク

滿場修正説ニ異議ナシノ聲起ル

一　議長　全會一致修正説ヲ可決シタルモノト認メ修正説ノ通決スル旨ヲ告ク

一　議長　其ノ他ノ歳出各欵ヲ通シ原案ニ異議ナキヤヲ諮フ

滿場異議ナシノ聲起ル

一　議長　滿場異議ナキヲ認メ其ノ他ノ各欵ハ原案ノ通決スルヲ告ク

一　議長　歳入各欵ヲ連結シテ付議スル旨ヲ告ク

一 何番　歳出ノ修正議決ニ伴ヒ歳入第何欵第何項第何目何々費ヲ金何程ニ修正ノ必要ヲ説キ之カ動議ヲ提出ス

一 何番　何番説ノ如ク第何欵第何項第何目ヲ修正スルヨリ寧ロ第何欵第何項第何目ノ金額何程ト修正スルノ適當ナルヲ説キ動議トシテ提出ス

一 何番及何番ハ何番ノ修正動議ニ賛成ス

一 何番及何番ハ何番ノ修正動議ニ賛成ス

一 議長　何番及何番ノ修正動議ハ何レモ所定ノ賛成者アルニヨリ玆ニ成立シタルヲ以テ之ヲ議題ト爲ス旨ヲ告ク

一 議長　何番説ニ賛成者ノ起立ヲ促ス

起立者　何　名（此ノ時起立者過半數ナルトキハ他ノ動議ニ賛成者少ナキハ確定的ナルニヨリ更ニ起立セシムルノ必要ナシ）

一 議長　何番説ニ賛成者ノ起立ヲ促ス

起立者　何　名

一 議長　何番ノ修正説ニ賛成者過半數ナルニヨリ何番説ノ通決スルヲ告ク

一 議長　其ノ他ノ歳入各欵ニ付異議ナキヤヲ諮フ

滿塲異議ナシノ聲起ル

一　議長　滿塲異議ナキヲ認メ其ノ他ノ各欵ハ原案通決スル旨ヲ告ケ併テ第三讀會ヲ省略シ之ヲ以テ確定議トシ度旨ヲ諮フ

滿塲異議ナシノ聲起ル

一　議長ハ滿塲異議ナキヲ認メ第三讀會ヲ省略第二讀會決定ノ通確定シタル旨ヲ告ク

一　議長　本日ノ會議ハ此レヲ以テ閉チ度旨ヲ述ヘタルニ別ニ異議ナキニ依リ明日ノ議事日程ヲ左ノ通報告ス

第二號議案（會議規則第十六條第二項參照）

第三號議案　第一讀會乃至第三讀會

第四號議案　第一讀會乃至第三讀會

一　議長　本日ノ會議ヲ閉ツル旨ヲ宣ス干時午後何時何分

本日ノ出席議員左ノ如シ

何番　何某

何番　何某

何番　何某

何番　何某

（以下倣之）

昭和何年何月何日

一　議長　（町（村）長）（助役）午前何時會議ヲ開ク旨宣告ス

一　議長　缺席議員ノ報告ヲ爲シ直ニ本日ノ議事日程タル第二號議案ノ會議ニ入ル旨ヲ告ク

第二號議案　何々區長ヲ定ムルノ件

一　書記　議案ヲ朗讀ス

一　町（村）長何々區長闕員中（本月何日滿期ト）ナルニ依リ其ノ後任者トシテ何某ヲ適任者ト認メ推薦シタル旨ヲ説明ス

一　何番　原案ニ賛成ノ旨ヲ述フ

異議ナシノ聲起ル

一　議長　原案ニ異議ナキヲ認メ何々區長ハ何某ニ決スル旨ヲ告ク

一　議長　第三號議案ハ事件ノ性質上第一讀會乃至第三讀會ヲ同時ニ開クヲ便宜ト認メ之ヲ會議ニ諮ル（會議規則第二十條但書及第二十二條但書參照）

滿場異議ナシノ聲起ル

一　議長　滿場異議ナキヲ認メ第一讀會乃至第三讀會ヲ同時ニ開ク旨ヲ告ク

第三號議案　役塲新築ニ關スル議決ノ件

第一讀會乃至第三讀會

一　書記　議案ノ朗讀ヲ爲ス

一　町(村)長　役塲新築ノ必要ナル旨ヲ說明ス

一　議長　滿場異議ナキモノト認メ原案ノ通決スル旨ヲ告ク(「議題ニ對シ發言スル者ナキトキハ議長ハ採決ノ手續ヲ履マスシテ全會一致ヲ以テ可決シタルモノト認メ其ノ旨ヲ宣告スルコトヲ得」ト會議規則ニ定メタル場合ノ例ナリ)

一　議長　第四號議案ノ第一讀會ヲ開ク旨ヲ告ク

第四號議案　何々規程改正議決ノ件

第一讀會

一　書記　議案ヲ朗讀ス

一　町(村)長　何々規程ノ改正ヲ要スル旨ヲ說明ス

一　何番　何々ハ何々ナルヤノ旨ヲ質問ス

一　町(村)書記何某　何々ハ何々ナル旨ヲ答フ

一　議長　第一讀會ハ終了シタルモノト認メ第二讀會ヲ開ク旨ヲ告ク

第四號議案　何々規程改正ノ件

第二讀會

一　議長　議案ノ朗讀ヲ省略シ度旨ヲ會議ニ諮ヒタルニ異議ナキヲ以テ之ヲ省略スル旨ヲ告ク

一　議長　第一條ヲ議題ニ供スル旨ヲ告ク

一　何番　何々トアルヲ何々ト修正スルヲ適當ト認ムル旨ヲ說明シ之ヲ動議トシテ提出ス

一　何番及何番　何番ノ修正動議ニ賛成ス

一　議長　何番ノ修正動議ハ所定ノ賛成者アリ成立シタルニ依リ修正說ニ賛成者ノ起立セラレムコトヲ述フ

起立者　何　名

一　議長　起立者半數即チ可否同數ナルニ依リ町村制第四十九條ノ規定ニ依リ原案通決スル旨ヲ告ク

一　議長　第二條ヲ議題ニ供スル旨ヲ告ク

一 何番 原案ニ異議ナキ旨ヲ述フ

満場異議ナシノ聲起ル

一 議長 満場異議ナキヲ認メ第二條ハ原案ノ通決スル旨ヲ述フ

一 議長 第三條ヲ議題ニ供スル旨ヲ告ク

一 何番 何々トアルヲ何々ト修正スルノ適當ナルヲ説明シ之ヲ動議トシテ提出ス

一 何番 何番ノ修正動議ニ賛成ス

一 何番 何々トアルハ何々ト修正スルノ適當ナルヲ説明シ之ヲ動議トシテ提出ス

一 何番 何番ノ修正動議ニ賛成ス

一 議長 何番及何番ノ修正動議ハ何レモ所定ノ賛成者アリ茲ニ成立シタルヲ以テ之ヲ議題ト爲ス旨ヲ告ク

一 議長 何番説ニ賛成者ノ起立ヲ促ス

起立者 何 名

一 議長 何番説ニ賛成者ノ起立ヲ促ス

起立者 何 名

一 議長 何番説ニ賛成者何名ニシテ過半數ナルニ依リ何番説ノ通決スル旨ヲ告ク

一　議長　第二讀會ハ終了シタルニ依リ次テ第三讀ヲ開ク旨ヲ告ク

第四號議案　何々規程改正議決ノ件

第三讀會

一　議長　議案朗讀ヲ省略シ度旨會議ニ諮ヒタルニ異議ナキヲ以テ之ヲ省略スル旨ヲ告ク

一　何番　第三條何々ヲ何々ト修正シ其ノ他ヲ原案通決スルノ適當ナル旨ヲ力説シテ之ヲ動議トシテ提出ス

一　何番　何番何番ノ三名何番ノ修正動議ニ贊成ス

一　議長　何番ノ修正動議ハ所定ノ贊成者アリタルニ依リ玆ニ成立シタル旨ヲ告ク

一　何番　本規程ハ改正ノ必要ナキヲ說キ原案否決ト致シ度旨ヲ述フ

一　何番何番及何番ハ何番ノ否決說ニ贊成ス

一　助役　本改正規程ニ付詳細ナル說明ヲ試ミ原案維持ニ努ム

一　何番　第一條何々ト修正シ其ノ他ヲ原案通決スルノ適當ナルヲ說明シ之ヲ動議トシテ提出ス

一　何番何番何番ノ三名何番ノ修正動議ニ贊成ス

一　議長　何番ノ修正説ニ三名ノ賛成アリタルニ依リ動議トシテ成立シタル旨ヲ告ク

一　議長　起立ニ依テ採決スヘキ旨ヲ告ケ原案否決説ニ賛成者起立ヲ促ス

起立者　何　名

一　議長　次ニ何番ノ修正動議ニ賛成者ノ起立ヲ促ス

起立者　何　名

一　議長　何レモ過半數ノ賛成者ナキヲ以テ會議規則第(三十三)條ノ規定ニ依リ之ヲ再議ニ付スヘキ旨ヲ告ク

一　議長　本件再議ニ當リテハ讀會省略シ度旨會議ニ諮リタルニ異議ナキヲ以テ讀會省略スル旨ヲ告ク

第四號議案　何々規程改正ノ件

再議　讀會省略

一　議長　議案朗讀ヲ省略シ度旨會議ニ諮ヒタルニ異議ナキヲ以テ之ヲ省略スル旨告ク

一　議長　暫時休憩ヲ宣ス干時午前何時何分

午後何時何分

一　議長　引續キ會議ヲ開クヘキ旨ヲ宣ス

一　助役　本問題ニ關シ再議ニ付スルノ已ムナキニ至リタルヲ遺憾トシ更ニ詳細ナル説明ヲ爲シ原案通過ヲ力説ス

一　何番　原案ニ賛成ノ旨ヲ述フ

滿場異議ナシノ聲起ル

一　議長ハ滿場一致原案ニ賛成ナルモノト認メ原案ノ通可決確定スル旨ヲ告ク

一　議長　本日ノ會議ハ此レヲ以テ閉チ度旨ヲ述ヘタルニ別ニ異議ナキヲ以テ明日ノ議事日程ヲ左ノ通報告ス

昭和何年度何町（村）歳入歳出決算報告ノ件（會議規則第十六條第二項參照）

一　議長　本日ノ會議ヲ閉ツル旨ヲ宣ス干時午後何時何分

本日ノ出席議員左ノ如シ

一　番　何　某
二　番　何　某
三　番　何　某

（以下倣之）

昭和何年何月何日

一　議長（町（村）長）（助役）午前何時何分會議ヲ開ク旨ヲ宣告ス
一　議長　缺席議員ノ報告ヲ爲シ本日ノ議事日程タル昭和何年度何町（村）歳入歳出決算ノ認定ニ當リテハ町村制第百二十二條第五項ノ規定ニ依リ町（村）長助役共議長ノ職務ヲ行フコトヲ得サルニ依リ年長議員タル何番ニ於テ議長ノ職務ヲ代理シ假議長ノ選擧ヲセラレ度旨ヲ告ケテ議長席ヲ退ク
一　何番　年長議員タルノ故ヲ以テ議長席ニ就キ假議長選擧ニ至ル迄議長ノ職務ヲ代理スヘキ旨ヲ告ク
一　何番議長代理　直ニ假議長選擧ヲ行フヘキ旨ヲ告ケ書記ヲシテ投票用紙ヲ配布セシメントス
一　何番　假議長選擧ハ議長代理者ニ於テ指名推薦ノ法ヲ用キラレ度旨動議ヲ提出ス
一　何番　何番ノ動議ニ賛成ス
一　何番議長代理　右動議ヲ議題トシテ會議ニ諮ル
　　滿場異議ナシノ聲起ル
一　何番議長代理　異議ナキモノト認メ指名推薦ノ法ヲ用ユルコトニ決スル旨ヲ告ケ何番ヲ假議長ニ指名シ此ノ指名ニ異議ナキヤヲ諮フ

滿場異議ナシノ聲起ル

一　何番議長代理　滿場異議ナキニ依リ假議長ハ何番ニ決スル旨ヲ告ケテ議長席ヲ退キ議席ニ就ク

一　何番　假議長トシテ議長席ニ就ク

一　假議長　昭和何年度何町(村)歳入歳出決算報告ノ件ヲ議題ニ供スル旨ヲ告ク

昭和何年度何町(村)歳入歳出決算報告ノ件

一　書記　町(村)長ノ付シタル意見書モ併セテ決算報告ヲ朗讀ス

一　何番　決算報告ノ調査ニ付テハ委員附託ト爲スヲ適當ト認ムルニ依リ委員五名ノ選擧ヲセラレ度旨及其ノ選擧ハ假議長ニ於テ指名推薦ノ法ヲ用ヰラレ度旨ヲ動議トシテ提出ス

一　何番何番何番ノ三名何番提出ノ動議ニ贊成ス

一　假議長　何番提出ノ動議ハ所定ノ贊成アリタルニヨリ茲ニ成立シタルヲ以テ議題ト爲ス旨ヲ告ク

滿場異議ナシノ聲起ル

一　假議長　滿場異議ナキヲ認メ何番提出ノ動議ハ可決シタル旨ヲ告ク

一　假議長　委員五名ノ選擧ヲ行ヒ其ノ選擧ハ指名推薦ノ法ヲ用ユル旨ヲ告ケ左ノ通指名ス

何番　何　某
何番　何　某
何番　何　某
何番　何　某
何番　何　某

一　假議長　右指名ニ付異議ナキヤヲ諮フ
　　滿場異議ナシノ聲起ル
一　假議長　滿場異議ナキヲ認メ指名通之ヲ決スル旨ヲ告ケ委員ノ調査ヲ了スル迄休憩ヲ宣ス于時午前何時何分
午後何時何分
一　假議長　引續キ會議ヲ開ク旨ヲ宣シ決算報告調査會ノ經過及結果報告ヲ促ス
一　何番　決算報告調査委員長トシテ昭和何年度歳入歳出決算報告ノ調査經過及其ノ結果ヲ報告シ本決算報告ハ之ヲ認定スルノ至當ナル旨ヲ述フ

一　假議長　委員長ノ報告ニ異議ナキヤヲ諮フ

滿塲異議ナシノ聲起ル

一　假議長　滿塲異議ナシト認ムルニヨリ委員長報告ノ如ク之ヲ認定スルコトニ決スル旨ヲ告ケ議長席ヲ退ク

一　(町村長)(助役)　議長席ニ就ク

一　議長　以上ヲ以テ會議事件全部ヲ議了シタルニ依リ會議ヲ閉チ度旨ヲ述ヘタルニ別ニ異議ナキヲ以テ會議ヲ閉ツル旨ヲ宣ス

一　町(村)長　町(村)會ノ閉會ヲ宣ス干時午後何時何分

本日ノ出席議員左ノ如シ

一番　何　某

二番　何　某

三番　何　某

(以下倣之)

右會議ノ顛末ヲ記載シ町村制第五十八條第二項ノ規定ニ依リ茲ニ署名ス

昭和何年何月何日

町(村)會議長
町(村)長　　何　　某
町(村)會假議長
町(村)會議員　何　　某
町(村)會議長代理
町(村)會議員　何　　某
會議錄署名員
町(村)會議員　何　　某
町(村)會議員　何　　某

備考

一、本例ハ次ニ示ス町(村)會議規則ニ依リ調製シタルモノナリ
二、可成詳細適確ナルヲ望ムモ必シモ言文一致体トシテ一言一句ヲ洩レナク記載スルハ困難ナルヘキニ依リ其ノ必要ナシ尙速記者ヲ備入レ速記シタル塲合ト雖會議錄ハ別ニ作製ヲ要ス
三、出席議員ノ氏名ハ必ス記載スヘシ(町村制第五十八條第一項)會議規則第四十

九條（次文例ニ示ス）ニ掲クル事項亦同シ尚出席議員氏名ハ從來會議録ノ始メニ記載スル例ナリシモ會議半ハニ出席スル者ノ記載ニ不便多キヲ以テ之ヲ末尾ニ記載スルノ例トナシタリ

四、第二日目以降最初ニ記載スル「議長」ノ下ニハ「町村長又ハ助役」ト記載スヘシ單ニ議長トスルトキハ後日實際議長タリシモノハ町村長タリシヤ又ハ助役タリシヤ明瞭ヲ缺ク

五、町村會ノ開閉ハ町村制第四十七條第五項ノ規定ニ依リ町村長之ヲ爲シ、其ノ日ノ會議ノ開閉ハ町村制第五十三條第一項ノ規定ニ依リ議長之ヲ爲ス

六、會議録ハ會議ノ都度之ヲ調製スヘキハ勿論ノ義ニ付次回ノ會議ニ於テ議員ヲシテ署名セシムルカ如キハ本條ノ規定ニ違フト雖是レ單ニ議事ヲ證明スヘキ書類ニ瑕瑾アルニ止マリ議決ノ効力ニ付テハ何等影響ヲ及ホスモノニ非ス（行政實例）

七、會議録署名者ハ一會期ヲ通シテ之ヲ定ムルト又ハ日毎ニ之ヲ定ムルトハ市町村會ノ適宜定ムル所ニ依ル（行政實例）

八、町村會議事録ノ署名者ヨリ其ノ署名取消ノ申出アリタルニ拘ラス町村長ニ於テ

之ヲ取消サスシテ監督官廳ニ提出シタルハ不當ノ處置ナリ（三十一年十一月六日行政判決）

九、本例ニ於テ毎日ノ最後ニ當リ「議長ハ會議ヲ閉チ度旨ヲ述ヘタルニ別ニ異議ナキヲ以テ云々」ト示シタリ其ノ日ノ會議ヲ開閉スルノ權ハ町村制第五十三條第一項ノ規定ニ依リ議長ニ專屬スル權限ナルニ依リ會議ヲ閉ツルニ當リ別ニ異議ノ有無ヲ確ムルノ必要ナキカ如キモ、同條第三項後段ニ「議員中異議アルトキハ議長ハ會議ノ議決ニ依ルニ非サレハ其ノ日ノ會議ヲ閉チ又ハ中止スルコトヲ得ス」ト規定シアルヲ以ヲ其ノ異議ノ有無ハ確ムヘキモノナリト存ス、然レトモ茲ニ一ノ問題アリ即チ町村制第五十五條第二項ニ「議場騷擾ニシテ整理シ難キトキハ議長ハ當日ノ會議ヲ中止シ又ハ之ヲ閉ツルコトヲ得」ト規定シアリ此ノ場合ニ於テモ亦議員中異議アル場合ハ議決ニ依ルニ非ラサレハ其ノ日ノ會議ヲ閉チ又ハ中止スルコトヲ得スト解セサルニ於テハ、時ニ議長ハ職權ヲ濫用シ其日ノ議事ヲ了セザルニ拘ラス會議ヲ閉ツルコトナキヲ保シ難シ即チ町村制第五十三第三項ハ議長ノ會議開閉權ニ加ヘタル一ノ制限規定ナル所以ナリト主張スル論者アリ、然レトモ右ノ如キハ形式的解釋ニ囚ハレタル結果ニシテ其ノ立法ノ精神ハ會議ヲ閉ツル場合ヲ通常ト非常ノ時ニ區別セサルヘカラス、依テ議員中異議アル場合會議ヲ閉チ又ハ中止スルニ議決ヲ要スルハ通常ノ場合ニ於ケル原則的規定ニシテ第五十五條第二項ノ時ノ如ク議場騷擾ニシテ整理シ難キ時ニ於テ議員中ニ就キ異議ノ有無ヲ確ムルノ暇等アルヘキ筈ナシ依テ此ノ場合ハ原則ニ對スル例外的非常ノ手段ニ付議長ノ信スル所ヲ以テ異議ノ有無ニ拘ハラス斷然當日ノ會議ヲ中止シ又ハ之ヲ閉ツルコトヲ得ト解スヘキナリ、唯其ノ場合ニ於テ議長タル者宜ク職權濫用ニ陷ルカ如キコト無キヲ期スヘシ

第十八項　會議規則

第六十三條（五十九）　市町村會ハ會議規則及傍聽人取締規則ヲ設クヘシ
會議規則ニハ本法及會議規則ニ違反シタル議員ニ對シ市町村會ノ議決ニ依リ五日以內出席ヲ停止スル規定ヲ設クルコトヲ得

一、會議規則及傍聽人取締規則ハ市町村會自ラ之ヲ制定スヘキモノトス、是レ市町村會ノ內部ニ關スルコトハ市町村會ヲシテ自ラ之ヲ處理セシムルノ主義ニ出テタルモノナリ、蓋シ本法ニ規定スル所ハ唯其ノ大綱ニ止マルカ故ニ實際ニ處シ會議ノ進捗

ヲ圖ランニハ本法ニ規定スル外更ニ會議ニ必要ナル事項ノ規定ヲ要ス、是レ市町村會ヲシテ會議規則及傍聽人取締規則ヲ設ケシメタル所以ナリ會議規則ニハ如何ナル事項ヲ規定スヘキヤハ一々之ヲ列擧スルヲ得スト雖其ノ一二ヲ例示スレハ議場ノ秩序ヲ保持スル爲議員ノ言動ヲ制限シ會議ノ順序採決ノ方法等ヲ定ムルカ如キコト是ナリ、又傍聽人取締規則ニハ傍聽人カ入場ニ際シ又ハ議場內ニ於テ遵守スヘキ事項ヲ規定スルモノトス

會議規則及傍聽人取締規則ハ市町村會自ラ之ヲ定ムヘキモノナルヲ以テ其ノ發案ハ市町村會ニ於テ爲スヘキモノナルコトハ己ニ說明セシ所ノ如シ、而シテ是等規則中ニ規定スヘキ事項ハ市町村會內部ノコトニ屬スルヲ以テ法ハ擧ケテ之ヲ市町村會ノ定ムル所ニ一任セリト雖其ノ規定ノ事項タル本法又ハ他ノ法律ニ背反スヘカラサルハ勿論ナリ斯ノ如ク會議規則及傍聽人取締規則ハ市町村會ヲシテ自ラ定メシムルコトトシ別ニ命令ヲ以テ之ヲ制限シ得ルノ規定ヲ設ケサルニ依リ單純ナル命令ヲ以テ之カ制限ヲ爲スカ如キハ法ノ精神ニ反スルモノト謂ハサルヘカラス、其ノ他會議規則ニ會議規則以外ノコトヲ規定シ傍聽人取締規則ニ過怠金等ノ如キ制裁ヲ付スルノ規定ヲ設クルハ其ノ範圍ヲ脫スルモノナルヲ以テ効力ナキヤ明ナリ、從テ是等規則

中若斯ノ如キ規定ヲ設ケタルトキハ市制第九十條町村制第七十四條ニ依リ處分セラルルヲ免レサルモノトス

二、會議規則中ニハ市制町村制又ハ會議規則ニ違反シタル議員ニ對シテハ五日以内ノ出席ヲ停止スルノ規定ヲ設ケ得ルニアリ、從前ノ規定ニ依レハ會議規則ヲ以テ規定シ得ヘキ制裁トシテハ三日以内ノ出席停止又ハ二圓以下ノ過怠金ヲ科スルコトナリシモ二圓以下ノ過怠金ヲ以テシテハ制裁トシテハ殆ト効果ナキノミナラス三日以内ノ出席停止ハ未タ其ノ効果ヲ擧ケ得サルヲ以テ今回ノ改正ニ於テ府縣制第六十四條ノ例ニ倣ヒ過怠金ノ規定ヲ削除シ出席停止ノ期間ヲ延長シテ之ヲ五日以内トセリ、而シテ其ノ制裁ヲ附スルヲ得ヘキモノハ現ニ議員タルノ職務ヲ有スルモノナラサルヘカラス、故ニ假令元議員タリシモノト雖已ニ其ノ職ヲ退キタル者若ハ辭職届ヲ爲セル者ニ對シテハ此ノ制裁ヲ加フルヲ得サルナリ又會議規則ハ會議ニ關スル規則ナルヲ以テ議場以外ニ於ケル議員ノ行動ニ對シ制裁ヲ加フルノ規定ヲ設クルヲ得サルナリ仍茲ニ注意スヘキハ議員ニ對シ是等ノ制裁ヲ附センニハ會議規則ニ之ヲ設クルコト竝其ノ制裁ヲ加フルニ付市町村會ノ決議ヲ要スルコト是ナリ、從テ議長ハ假令會議ヲ總理スルノ職權ヲ有スト雖自由ニ之カ制裁ヲ加フルヲ得サルモノトス

町村會々議規則

議案第　號（町村長ノ發案權ニ屬スルモノノ番號順ヲ逐フヘキモノニ非ス）

町（村）會々議規則改正ノ件

本町（村）會々議規則ヲ左ノ通改正スルモノトス

年　月　日提出

何町（村）會議長

何町（村）長　何　某

町（村）會々議規則

第一章　總　則

第一條　會議ノ始終ハ振鈴（拍子木）（何々）ヲ以テ之ヲ報ス

第二條　議員席ニハ番號ヲ附ス

議員ノ席次ハ改選後ノ初回ニ於テ抽籤ヲ以テ之ヲ定ム但シ補闕選擧ニ依リ當選シタル議員ハ前任議員ノ席次トス

第三條　議長席ハ別ニ設ケ町(村)長及其ノ委任又ハ囑託ヲ受ケ議事ニ參與スル者ノ席次ハ番外トシ書記ノ席ハ議長席ニ隣リテ之ヲ設ク

第四條　議員公務疾病其ノ他ノ事故ニ依リ會議ニ出席スルコト能ハサルトキハ書面又ハ口頭ニ依リ其ノ旨議長ニ屆出ヘシ

第五條　議員ハ會議中濫リニ議場ヲ退クコトヲ得ス但シ已ムヲ得サル事故アルトキハ議長ノ許可ヲ受ケ退場スヘシ

議員會議半ニシテ著席スルトキハ議長ノ許可ヲ受クヘシ

第六條　本則ニ關スル疑義ハ議長之ヲ決ス但シ議員三名以上ノ異議アルトキハ會議ニ諮ヒ之ヲ決ス

第七條　議長ハ議員著席ノ後書記ヲシテ議案及報告書類其ノ他ヲ配布セシム

第八條　議長ハ議事ニ先チ諸般ノ報告ヲ爲スヘシ

前項ノ規定ニ依ル報告ヲ爲シタル後ニ非サレハ何人ト雖發言スルコトヲ得ス

第九條　議事ヲ始ムルトキハ議長ハ書記ヲシテ其ノ事件ヲ朗讀セシム但シ議長ニ於テ朗讀ノ必要ナキヲ認メタルトキハ會議ニ諮リ之ヲ省略スルコトヲ得

第十條　町村制第五十條但書ノ規定ニ依リ議事ニ參與セントスル議員ハ其ノ議事ニ充

チ會議ノ同意ヲ求ムヘシ此ノ場合ニ於テハ議長ハ會議ニ諮ヒ討論ヲ須ヰスシテ其ノ可否ヲ決スヘヘシ

第十一條　議事中ハ氏名ヲ唱ヒス議長ハ職名議員ハ議席ノ番號ヲ呼フモノトス

第二章　議事日程

第十二條　議長ハ會議ノ終リニ於テ次日ノ議事日程ヲ會議ニ報告ス但シ初日ノ會議ニ於テハ議事ヲ始ムル前之ヲ報告ス

第十三條　議員中緊急事件ヲ議題トスル爲議事日程變更ノ動議ヲ提出シ議員二名以上ノ賛成アルトキハ議長ハ之ヲ會議ニ諮ヒ可否ヲ決ス

議長ニ於テ緊急事件ト認ムルカ町(村)長又ハ其ノ委任者ハ囑託ヲ受ケタル者ノ請求アルトキハ議事日程ノ變更ヲ爲スヘシ

第十四條　議事日程ヲ定メタルモ其ノ當日會議ヲ開クコト能ハサルトキハ順延トス

第十五條　議事日程ヲ定メタル事件中其ノ當日議了ニ至ラサルトキハ議長ハ更ニ其ノ日程ヲ定メ會議ニ報告ス

第三章　讀會及動議

第十六條　會議ハ第一讀會第二讀會第三讀會ニ區別ス但シ議長ノ意見若ハ議員二名以

上ノ要求アリタルトキハ會議ニ諮ヒ讀會ノ順序ヲ省略スルコトヲ得
諮問ニ對スル答申書ノ議決、決算報告ノ認定異議申立ノ決定及町村制第三十五條ノ決定同法第六十三條第二項及同法第六十八條第二項並同法第六十九條第二項ノ規定ニ依リ町村長ノ推薦ニ依リ町(村)會ニ於テ之ヲ定ムル場合ノ會議ハ前項ニ定ムル讀會ヲ用ユルコトヲ要セス

第十七條　第一讀會ニ於テハ議案ノ總体ニ付討論シ第二讀會ヲ開クヤ否ヲ決ス
議員付議事件ニ付説明ヲ求メントスルトキハ可成第一讀會ニ於テ質問スヘシ

第十八條　第二讀會ニ於テハ付議事付ヲ逐條審議シ之ヲ議決ス但シ議長ノ意見ニ依リ數條ヲ連結シ又ハ一條ヲ分割討議ニ付スルコトヲ得
豫算ヲ定ムルトキハ一款ヲ以テ前項ノ規定ニ依ル一條ト看做ス

第十九條　第二讀會ニ於ケル修正ノ動議ハ議員一名以上ノ贊成者アルニアラサレハ議題ト爲スコトヲ得ス但シ委員會ノ議決ニ依ル修正動議ハ此ノ限ニ在ラス

第二十條　第二讀會ハ第一讀會ヲ終リタル後之ヲ開ク但シ議長ハ會議ニ諮リ第一讀會ト同時ニ開クコトヲ得

第二十一條　第三讀會ニ於テハ第二讀會ノ議決ヲ以テ議題トス

第二十二條　第三讀會ハ第二讀會ノ終リタル後之ヲ開ク但シ議長ハ會議ニ諮リ第二讀會ト同時ニ開クコトヲ得

第二十三條　第三讀會ニ於テハ事件ノ全体ニ就キ可否ヲ決ス第三讀會ニ於ケル修正ノ動議ハ議員三名以上ノ賛成者アルニアラサレハ議題ト爲スコトヲ得ス

第四章　建　議

第二十四條　議會ニ於テ發案權ヲ有スル事件ニ付建議ヲ爲サント欲スルトキハ錄シテ文案トシ議長ニ提出スヘシ但シ緊急事件及簡明ナル事件ニ付テハ口頭ヲ以テ陳述スルコトヲ得

建議ハ議員二名以上ノ賛成アルニアラサレハ議題ト爲スコトヲ得ス

否決シタル建議ハ同一會期內ニ再提出スルコトヲ得ス

第二十五條　議長ニ於テ前條第一項又ハ第二項ノ規定ニ依リ議員ヨリ建議アリタルトキハ其ノ採否ヲ決ス會議ニ於テ其ノ建議ヲ採ルヘシト決シタルトキハ別ニ第一讀會ヲ要セス

第五章　發言及討論

第二十六條　議員又ハ議事參與員ニ於テ發言セントスルトキハ起立シテ議長ト呼ヒ

議長ニ於テ席次番號ヲ回呼スルヲ俟チテ發言スヘシ
第二十七條　二人以上同時ニ起立シテ發言ヲ求ムルトキハ議長ハ其ノ一人ヲ指定シ發言セシム
第二十八條　發言ハ必ス議長ニ向テ之ヲ爲シ議員互ニ相問答スルコトヲ得ス
第二十九條　討論ハ議題外ニ渉ルコトヲ得ス
討論冗長ニ渉リ又ハ無用ノ論説ト認ムルトキハ議長ハ之ヲ制止スルコトアルヘシ
第三十條　討論未タ終ラスト雖議長ニ於テ論旨既ニ盡キタリト認ムルトキハ採決スルコトアルヘシ

第六章　採　決

第三十一條　採決セントスルトキハ議長ニ於テ其ノ問題ヲ宣告ス
前項ノ宣告アリタル後ハ何人ト雖發言スルコトヲ得ス
第三十二條　採決ハ起立ノ法ニ依ル但シ議長ニ於テ必要ト認メ又ハ議員二名以上ノ要求ニ依リ會議之ヲ可決シタルトキハ無記名投票ノ法ニ依ルコトヲ得
前項ノ規定ニ依ル起立又ハ投票ハ書記之ヲ點檢シ其ノ結果ハ議長之ヲ宣告ス
第三十三條　出席ノ議員ハ可否ノ數ニ入ラサルコトヲ得ス

採決ノ際議席ニ在ラサル議員ハ表決ニ加ハルコトヲ得ス

第三十四條　議題ニ付發言スル者ナキトキハ議長ニ於テ異議ナキモノト認メ採決ノ手續ヲ履マスシテ可決シタル旨宣告スルコトヲ得

第三十五條　一事件ニ對シ動議數派ニ分レ過半數ノ贊成ヲ得ルモノナキトキハ議長ハ之ヲ再議ニ付シ尚過半數ノ贊成ヲ得ル動議ナキトキハ其ノ議題ハ廢滅シタルモノトシ其ノ旨宣告ス

前項ノ場合ニ於テ議長ノ意見又ハ議員二名以上ノ要求ニ依リ會議ニ諮リ其ノ議題ヲ廢滅ニ歸セシムヘカラストト決シタルトキハ委員ヲ設ケ動議ヲ立案セシメ更ニ會議ニ付スルコトヲ得

前項ノ規定ニ依ル成案ニ對シテハ更ニ其ノ修正動議ヲ提出スルコトヲ得ス

第三十六條　動議ハ原案ニ先チ可否ヲ決シ數箇ノ動議アルトキハ最原案ニ異ルモノヲ先ニス

第七章　委　員

第三十七條　付議事件ノ調査又ハ意見書答申書若ハ決定書ノ文案起草等ノ為必要アリ議長ノ意見又ハ議員二名以上ノ要求ニ依リ會議之ヲ可決シタルトキハ委員ヲ設クル

コトヲ得

第三十八條　委員ノ數ハ三名又ハ五名又ハ七名トシ議員中ヨリ之ヲ互選ス

前項ノ規定ニ依ル委員ノ選擧ニ關シテハ町村制第五十一條ノ規定ヲ準用ス

第三十九條　委員會ハ委員中ヨリ委員長ヲ選擧スヘシ

前項ノ選擧ニ關シテハ前條第二項ノ例ニ依ル

第四十條　委員ニ當選シタル者ハ正當ノ事由ナクシテ之ヲ辭スルコトヲ得ス

委員正當ノ事由ニ依リ之ヲ辭シタルトキハ速ニ補闕選擧ヲ行フヘシ

第四十一條　委員會ハ委員長之ヲ招集ス

第四十二條　委員會ハ委員三分ノ二以上出席スルニアラサレハ會議ヲ開クコトヲ得ス

出席委員定數ニ滿チスシテ委員會ヲ開クコト能ハサルトキハ第四十條第二項ノ例ニ依リ臨時委員ヲ選擧シ出席セシム但シ此ノ場合ニ於テ缺席中ノ委員出席シタルトキハ之ト交替スルモノトス

第四十三條　委員會ノ議事ハ比較多數ニ依リ之ヲ決ス可否同數ナルトキハ委員長ノ決スル所ニ依ル

委員長ハ其ノ職務ヲ行フ塲合ニ於テモ之カ爲委員トシテ討議及議決ニ加ハルノ權ヲ

失ハス

第四十四條　委員會ハ議員ノ外傍聽ヲ許サス

第四十五條　町(村)長及其ノ委任又ハ囑託ヲ受ケ町村會ニ參與スル者ハ委員會ニ出席シテ意見ヲ逃フルコトヲ得

第四十六條　委員會ヲ終リタルトキハ委員長ヨリ其ノ經過及結果ヲ議長ニ報告スヘシ

第八章　會議錄

第四十七條　町村制第五十八條ニ定ムルノ外會議錄ニ記載スヘキ事項ノ概目左ノ如シ

一　開會閉會ノ顚末

二　會議始終ノ年月日及時刻

三　町村制第五十五條第二項ノ規定ニ依リ當日ノ會議ヲ中止シ之ヲ閉チタルトキハ其ノ年月日及時刻

四　町村制第四十六條ノ規定ニ依リ議事ニ參與シタル者ノ官職氏名

五　町(村)會書記ノ氏名

六　會議ニ付シタル事件ノ名稱

七　議決又ハ決定ノ要旨並選擧ノ顚末及當選者ノ氏名

八　町村制第五十五條第一項又ハ本則第五十五條ノ規定ニ依リ爲シタル處分ニ關スル事項
九　再議又ハ再選擧ニ關スル事項
十　前各號ノ外會議ニ於ケル重要ナル事項
第四十八條　會議錄ニ署名スヘキ議員ノ數ハ二名トシ毎會議長ノ指名ヲ以テ定ム
第四十九條　議員會議錄ニ記載シタル事實ニ異議アルトキハ議長ハ書記ヲシテ之ヲ辯明セシム議員其ノ答辯ニ服セサルトキハ議長ハ會議ニ諮ヒ討論ヲ須キスシテ可否ヲ決ス

第九章　議塲ノ秩序

第五十條　議塲ニ在リテハ異様ノ服裝ヲ爲シ又ハ外套傘杖ノ類ヲ携帶シ若ハ帽子襟卷等ヲ著スヘカラス
第五十一條　議事中ハ喫煙スヘカラス
第五十二條　議事中ハ喧噪ニ渉リ議事ヲ妨クヘカラス
第五十三條　議員出席シタルトキハ出席簿ヘ捺印スヘシ
出席簿ハ書記席ニ之ヲ備フ

第五十四條　議員會議中町村制第五十條ノ規定ニ依ル事件アルニ拘ハラス本則第十條ノ規定ニ依ル同意ヲ求メス議席ヲ退カサルトキハ議長ハ之ヲ退場セシム

第十章　罰則

第五十五條　議員町村制及本則ニ定ムル規定ニ違反シタルトキハ町村會ノ議決ニ依リ五日以内其ノ出席ヲ停止ス

附　則

本則ハ昭和何年何月何日(次ノ町(村)會)ヨリ之ヲ施行ス
本則ノ改正ヲ爲サントスルトキハ議員三名以上ノ賛成ヲ得ルニ非サレハ議題ト爲スコトヲ得ス但シ議長ノ提案ニ係ルトキハ此ノ限ニ在ラス

備　考

一、本件ハ必スシモ議長ヨリ提案スルモノニ非ス起草委員ヲ作リ起草ノ上建議セシムルモ可ナリ、然レトモ町村長タルノ資格ニ於テ發案スルハ絶對ニ違法ナリ

二、議決ノ上ハ町村會議長ノ資格ニ於テ告示スルヲ可ト認ム此ノ場合ノ告示ハ「何町(村)告示第何號」トスヘキモノニ非ス即チ町村ノ告示ニ非スシテ町村會ノ告示ナレハナリ單ニ「告示」ト標記シテ番號ヲ記セサルヲ適當ト認ム

三、町村制中ニ規定シアル條文ト同一趣旨ノ條項ヲ更ニ會議規則ニ規定スル向アルモ如此ハ徒ラニ重複ヲ來シ何等ノ實益ナキニ依リ本文例ハ可成之ヲ避ケタリ

四、會議時間ハ從來概ネ之ヲ規定シ現ニ某縣會々議規則ニ於テモ之ガ規定アリ然レトモ會議ノ開閉ハ町村制第五十三條第一項ニ依リ明ニ議長ノ權限ニ屬シ居ルヲ以テ之ヲ規定スルハ越權ナリト認ム

傍聽人取締規則

議案第　　號

傍聽人取締規則改正ノ件

本町(村)會傍聽人取締規則ヲ左ノ通改正スルモノトス

年　　月　　日提出

何町(村)會議長

何町(村)長　何　　某

傍聽人取締規則

第一條　戎器兇器ヲ携帶シ又ハ異樣ノ服裝ヲ爲シタル者及酩酊シタル者ハ傍聽席ニ入ルコトヲ許サス

第二條　凡ソ傍聽席ニ在ル者ハ左ノ事項ヲ確守スヘシ

一　帽子襟卷又ハ外套ノ類ヲ著スヘカラス

二　杖傘ヲ携帶スヘカラス

三　飮食又ハ喫煙スヘカラス

四　會議ニ對シ公然可否ヲ表シ又ハ喧噪ニ涉リ其ノ他議事ノ妨害ヲ爲スヘカラス

第三條　傍聽ヲ禁シタルトキハ傍聽人ハ速ニ退場スヘシ

第四條　議場ノ都合ニ依リ議長ハ傍聽人ノ員數ヲ制限スルコトアルヘシ

附　　則

本則ハ昭和何年何月何日(次ノ町(村)會)ヨリ之ヲ施行ス

第十四章　市　町　村　吏　員

市町村ノ議決機關タル市町村會及市參事會ニ付テハ前二章ノ下ニ之ヲ規定セリ本章

ハ其ノ執行機關及之カ補助機關タル市町村吏員ニ付規定ナリ
市町村ノ執行機關トハ市町村長ヲ指シ補助機關トハ市參與ヲ始メ助役以下總テノ市町村吏員ヲ指スモノトス、市町村吏員ハ市町村ニ對シ特定ノ勞務ニ從フ特別ノ服從義務ヲ負フ者ニシテ其ノ市町村ニ於ケル關係ハ官吏ノ國家ニ於ケル關係ト別ニ異ナル所ナシ
市町村吏員ハ分チテ名譽職ト有給トノ二種ト爲ス、有給吏員トハ其ノ名ノ如ク給料ヲ受クル吏員ヲ謂ヒ、名譽職吏員トハ給料ヲ受ケサル吏員ヲ謂フ、尤モ名譽職吏員ハ其ノ勤務ニ相當スル報酬ヲ受クルヲ例トスルヲ以テ實際ニ於テハ殆ント有給吏員ト相擇フ所ナキカ如シト雖報酬ト給料トハ其ノ性質自ラ異ナルモノアリ、即チ給料ハ吏員ノ地位ニ相當スル生活ヲ營ムノ資料ニシテ報酬ハ勤務ニ對スル給與タリ、名譽職吏員トハ市ニ在リテハ名譽職市參與名譽職區長區長代理者及委員町村ニ在リテハ名譽職町村長名譽職助役區長區長代理者及委員等ヲ指シ有給吏員トハ市ニ在リテハ市長有給市參與助役、收入役、副收入役、有給區長及其ノ他給料ヲ受クル吏員町村ニ在リテハ有給町村長、有給助役、收入役、副收入役、其ノ他給料ヲ受クル吏員ヲ

イフ
市町村吏員ノ中ニハ市長及町村長ノ如キ市町村會ノ選擧ニ依リ就任スルモノアリ市參與、助役、收入役、區長、區長代理者及委員ノ如キ市町村長ノ推薦ニ依リ市町村會ニ於テ之ヲ定ムルモノアリ又有給區長書記ノ如ノ市町村長ノ任命ニ依ルモノ等アリ
市町村ノ吏員ニ選擧又ハ選任セラルル資格ハ名譽職ト有給トニ依リテ其ノ間自ラ差異ナキ能ハス名譽職吏員ハ公民以外ノ者ヨリ選擧又ハ選任スルコトヲ得ス、之ニ反シテ有給吏員ハ公民權ノ有無ヲ問ハス又市町村民タルト否トニ拘ラス選擧又ハ選任スルコトヲ得ルナリ
市町村吏員選擧又ハ選任ノ效力發生ノ時期ニ付テハ亦名譽職ト有給トノ間ニ差異アリ有給吏員ハ固ヨリ之ニ選擧又ハ選任セラルルノ義務ナキヲ以テ其ノ選擧又ハ選任ハ本人ノ承諾ヲ要スルモ名譽職吏員ハ之ト異ナリ之ヲ擔任スルハ公民ノ義務ナルヲ以テ本人ノ意思如何ニ拘ラス效力ヲ生スルモノナリ
市町村吏員ノ權利ハ名譽職ト有給トニ依リテ亦其ノ間ニ差異アリ即チ名譽職吏員ハ自已ノ業務ノ傍ラ公務ヲ擔任セシムルモノナレハ實費辨償ノ外勤務ニ相當スル報酬

ヲ受クルコトヲ得ルモ、有給吏員ハ給料及旅費ヲ受クルノ外尚退隱料退職給與金死亡給與金及遺族扶助料、給與ノ規定アル塲合ニハ之ヲ受クルコトヲ得ルナリ

市町村吏員ノ義務ハ亦名譽職ト有給トニ依リテ差異アリ、即チ名譽職ハ許可ナクシテ他ノ報償アル業務ニ就クコトヲ得ルノミナラス會社ノ重役支配人其ノ他ノ事務員タルヲ得ヘキモ有給吏員ハ專心其ノ事務ニ從事スヘキノ義務ヲ負ヘルヲ以テ其ノ重大ナル地位ニ在ル者ハ特ニ許可ヲ得スシテ他ノ報償アル業務ニ就クコトヲ得サルノミナラス會社ノ重役支配人其ノ他ノ事務員タルコトハ絕對ニ法ノ禁止スル所タリ

市町村ノ吏員關係ノ消滅スル塲合ハ亦名譽職ト有給トノ間差異ナキニ非ス、其ノ二者相等シキモノヲ擧クレハ任期滿了ニ因リ退職又ハ懲戒ニ因ル解職ノ如キハ最モ著シキモノナリ、其ノ他名譽職ハ公民ニ限リテ任セラルヘキ職務ナルヲ以テ公民權ヲ喪失シ又ハ停止セラルルトキハ當然其ノ職ヲ失フ、有給吏員中重要ナルモノニ付テハ公民權喪失ノ條件ニ當ルヘキ事實ヲ生スル塲合ノ如キハ亦當然其ノ職ヲ失フコトト爲セリ、又名譽職ハ正當ノ事由アルニ非サレハ之ヲ辭スルコトヲ得ス、之ニ反シテ有給吏員ハ何時ニテモ之ヲ辭スルコトヲ得ヘク又下級ノ有給吏員ハ別ニ分限ノ定ナキ塲合ハ任免權アル市町村長ニ於テ隨時ニ之ヲ免職スルコトヲ得ヘシ

以上叙述シタル外市制第六條ノ市ノ有給吏員ノ組織任用分限ニ關シテハ勅令ヲ以テ規定セラルヘキコトハ市制第百七十三條ノ明規スル所タリ

第一項　町　村　長

第六十三條　町村長ハ町村會ニ於テ之ヲ選擧ス(町村制)

助役ハ町村長ノ推薦ニ依リ町村會之ヲ定ム町村長職ニ在ラサルトキハ前項ノ例ニ依ル(町村制)

名譽職町村長及名譽職助役ハ其ノ町村公民中選擧權ヲ有スル者ニ限ル(町村制)

有給町村長及有給助役ハ第七條第一項ノ規定ニ拘ラス在職ノ間其ノ町村ノ公民トス(町村制)

町村長ハ町村會ニ於テ之ヲ選擧シ町村助役ハ町村長ノ推薦ニ依リ町村會之ヲ定メ町村長職ニ在ラサルトキハ町村會ニ於テ之ヲ選擧スヘキモノナリ、故ニ町村長ノ選擧ハ市長ノ選擧ト同シク又町村助役ニ付テハ恰モ市助役ニ於ケルト同一ノ方法ニ依ルモノナリ、町村長町村助役ハ名譽職ヲ原則ト爲スヲ以テ市長助役ノ如ク何人ト雖選擧セラルヘキモノニ非ス、故ニ名譽職タル場合ニハ公民中選擧權ヲ有スル者ヲ以テ資格要件ト爲ス其ノ有給吏員タル場合ニ公民ニ非スシテ之ニ就職シタルトキハ其ノ在職ノ間特ニ公民權ヲ付與シ以テ其ノ地位ニ應シテ優遇スルノ途アルハ市長市助役ニ於ケルト同一ノ趣旨タリ

町村會ニ於テ町村長ヲ選擧スルハ市會ニ於テ市長ヲ選擧スルト異ルコトナシ、町村長ノ選擧ニ付テハ法律ノ規定ニ基クモノナルヲ以テ之カ發案ハ町村會議員ニ於テ之ヲ爲スノ外執行機關ニ於テモ時宜ニ依リ發案スルコトヲ認メタリ、而シテ町村ノ執行機關ハ即チ町村長ナルヲ以テ町村長ノ選擧ニハ其ノ代理者タルヘキ助役又ハ町村制第百四十四條ノ規定ニ依リ監督官廳ノ選任シタル臨時代理者若ハ職務管掌ノ爲派遣シタル官吏ニ於テモ亦發案スルコトヲ得、又町村長トシテハ唯一人ヲ選擧スヘク其ノ他選擧ノ方法ニ付テハ市長選擧ノ場合ニ於テ市制第五十五條ノ規定ニ依ルト同シク町村長ノ選擧ノ場合ニハ町村制第五十一條ノ規定ニ依ルヘキモノトス

市町村長ニ於テ助役推薦ノ場合ハ二人以上ノ候補者ヲ推薦スヘキニ非ス町村長職ニ在ラサルトキハ町村會ニ於テ之ヲ選擧スルモノトス「町村長職ニ在ラサルトキ」トハ單ニ町村長闕員ノ場合ノミヲ指セルニ非ス、例ハ町村長ノ所在不明及町村長ノ職務停止等ノ爲監督官廳ノ選任シタル臨時代理者職務管掌ノ官吏等ハ推薦スルヲ得サ

ルナリ

町村公民ハ町村ノ名譽職ニ選擧セラルル權利ヲ有シ町村ノ名譽職ヲ擔任スルノ義務ヲ負フヘキハ町村制第八條第一項ニ明規スル所ニシテ如何ナル場合ト雖町村公民以外ノ者ニシテ町村ノ名譽職ニ選擧セラルルコトナシ、是レ名譽職町村長名譽職助役ニ付本項ノ規定アル所以ナリ其ノ「選擧權ヲ有スル者」トハ町村會議員ノ選擧權ヲ有スル者ノ謂ニシテ即チ町村公民中ヨリ町村制第十二條但書ニ該書セル者ヲ除外シタルモノヲ指セルナリ

町村長ノ選擧

選擧案（第　　號）（番號ハ附セサルモ可）

町（村）長（助役）（收入役）選擧ノ件

本町（村）長「助役」（「收入役」）（「何月何日任期滿了」「其ノ職ヲ辭シタル」）（目下闕員中）ニ付之カ後任者ノ選擧ヲ爲スモノトス

年　月　日提出

何町（村）長　何　某

備考

一、町村長「助役」「收入役」「副收入役」ノ選擧發案權ハ執行機關及議決機關孰レニモ發案權アリト解スルヲ適當ト認ム

二、本文例ハ執行機關ニ於テ選擧ノ發案ヲ爲スモノ例ナリ議會ニ於テ發案スルトキハ建議ノ方法ニ依ルモ將又議長ノ提案ト爲スモ可ナリ

三、助役、收入役、副收入役ノ選擧ハ必ス町村長職ニ在ラサル場合ニ之ヲ爲シ町村長在職中ノ場合ハ其ノ推薦ニ依リ町村會之ヲ定ムルコト（町村制第六十三條第二項第六十七條第三項參照）

四、現任者ノ任期中其ノ滿了ノ翌日ヲ就職日ト定メタル町村長ノ選擧ハ差支ナシ（大正十五年八月十三日內務部長通牒）

五、市町村長、助役、收入役及副收入役ノ任期ハ就職承諾ノ日ヨリ起算ス尙現任者ノ任期中後任者ヲ選擧シ當選人ニ於テ其ノ就職承諾ヲ爲シタル場合ニ於テハ現任者ノ任期滿了ノ翌日ヨリ就職スルモノトス（大正十五年九月二十三日內務部長通牒）

六、選擧ヲ爲シタルトキハ其ノ結果(當選者ノ住所氏名當選者ナキトキハ其ノ旨)告示スルヲ適當トス

第十五章　職務權限

第一項　市町村長ノ擔任事務

第八十七條　市町村長ハ市町村ヲ統轄シ市町村ヲ代表ス

第七十二條　市町村長ノ擔任スル事務ノ概目左ノ如シ

一　市町村會及市參事會ノ議決ヲ經ヘキ事件ニ付其ノ議案ヲ發シ及其ノ議決ヲ執行スルコト

二　財產及營造物ヲ管理スル事但シ特ニ之カ管理者ヲ置キタルトキハ其ノ事務ヲ監督スル事

三　收入支出ヲ命令シ及會計ヲ監督スル事

四　證書及公文書類ヲ保管スル事

五　法令又ハ市町村會ノ議決ニ依リ使用料手數料加入金市町村稅又ハ夫役現品ヲ賦課徵收スル事

六　其ノ他法令ニ依リ市町村ノ權限ニ屬スル事項

市町村會及市參事會ハ前旣ニ述ヘタル如ク市町村ニ關スル事件ヲ議決スルモ是レ只意思ノ決定ヲ爲スニ止マリ外部ニ對シ市町村ノ名ヲ以テ之ヲ執行スルノ職權ヲ有スルモノニ非ス只例外トシテ市町村カ其ノ外部ニ對シテ交涉スルコトヲ得ルハ市町村ノ公益ニ關スル事件ニ付意見書ヲ提出シ又ハ行政廳ノ諮問ニ應答シ若ハ異議申立ニ對シテ之ニ決定ヲ與フル等特ニ法律カ明文ヲ以テ定メタル場合ノミニ限ル、卽チ市町村ノ意思ヲ外部ニ表示シ市町村ノ名ヲ以テ其ノ行政ヲ執行スルコトヲ得ルモノハ市町村長タル執行機關ナリ

一、市町村長ハ市町村ノ執行機關ナルヲ以テ市町村會又ハ市參事會ニ於テ議決シタル事項ニ付テハ總テ之カ執行ノ責任ヲ有シ內部ニ付テハ一切ノ事務ヲ統轄シ外部ニ對シテハ市町村ヲ代表ス、然レトモ統轄トイヒ代表トイフモ必スシモ市町村ニ屬スル一切ノ權力ヲ總攬スルノ意義ニ非ス、卽チ市町村ニ屬スル事件ニシテ市町村會又ハ市參事會ノ議決ヲ要セサルモノニ付テハ市町村長ハ直ニ之ヲ執行スルコトヲ得ルモ

其ノ議決ヲ要スルモノニ在リテハ市制第九十一條町村制第七十六條ニ規定セル場合ニ限リ專決處分ヲ爲シ得ルノ外其ノ議決ヲ待チテ之ヲ執行セサルヘカラス

二、市町村長ノ擔任スヘキ事務ハ市町村ニ屬スル一切ノ事件ニ亘ルモノニシテ一々之ヲ列記スルコトヲ得ス、故ニ「概目」トシテ單ニ其ノ重要ナル事項ヲ例示シタルニ止マリ固ヨリ其ノ擔任事務ノ全部ヲ悉ク規定シタルモノニ非ス隨テ左記各號ニ列記セサルモノト雖市町村ニ屬スル事務ハ之カ執行ヲ爲ササルヘカラサルハ勿論ナリ

（イ）　市町村長ハ市町村會及參事會ノ議決ヲ經ヘキ事件ニ付其ノ議案ヲ發シ及其ノ議決ヲ執行スルモノトス、發案權ハ原則トシテ市町村長ニ屬ス然レトモ市町村ノ公益ニ關スル事件ニ付市町村長又ハ監督官廳ニ提出スル意見書ノ如キ會議ノ內部ニ關スル事項ヲ規定スル會議規則及傍聽人取締規則ノ如キ又ハ議員ノ資格審査ニ關スル案件ノ如キモノニ在リテハ市町村會又ハ市參事會ニ於テ之カ發案權ヲ有スルコトハ前既ニ述ヘタル所ノ如シ、仍本號ニ於テ議決スヘキ事件ト規定セスシテ議決ヲ經ヘキ事件ト規定シタルハ市會又ハ市參事會ニ於テ發案スヘキ事件ハ之ヲ除外セルモノナルヲ以テ玆ニ所謂「議決ヲ經ヘキ事件」トハ專ラ市町村長ノ發案ニ係ル事件ヲ指シ市町村會若ハ市參事會ニ於テ發案スル事件ハ

之ニ包含セサルモノナリトス
此ノ如ク本號ノ議決ヲ經ヘキ事件ニ對スル發案權ハ市町村長ニ屬スルヲ以テ市町村會及市參事會ニ於テ之カ議決ヲ爲スニ當リ如何ナル程度マテカ議決權ノ範圍ニ屬シ如何ナル場合ニ於テ發案權ヲ侵害スルモノナルカハ全ク事實ニ付判定スルノ外ナシ、之ニ關シテハ從來理事者ト議會トノ間其ノ見ル所ヲ異ニシ爭議ヲ生シタルノ事例乏シト爲サス理論上ヨリ之ヲイフトキハ所謂議決權トシテハ市町村會及市參事會カ市町村長ノ提出シタル議案ニ付單ニ可否ノ孰レカヲ議決シ得ルニ止マラス、議案ノ範圍ヲ超越セサル限度ニ於テ修正ヲ加フルコトヲ得ヘシト雖其ノ議決ノ結果カ市町村長ノ提出シタル議案ト全ク別種ノ事項ヲ包含スルニ至ルトキハ即チ原案ノ性質ヲ變更スルモノニシテ議決權ノ範圍ヲ超越シ發案權ヲ侵害セルモノナリト謂ハサルヘカラス、要スルニ二者ノ限界ハ只其ノ修正ノ結果カ原案ト同一ノ事項ニ關スルモノナルト否トニ依リテ岐ルル所ナリトス此ノ點ニ付テハ前既ニ述ヘタルモノアルヲ以テ玆ニ之ヲ詳說セス
市町村長ニ於テ一旦市町村會又ハ市參事會ニ提出シタル議案ハ之ヲ撤回スルノ權アリヤ否ヤニ就テハ法律中何等規定スル所ナシト雖要スルニ發案ノ權アル者

ハ又之ヲ撤回スルノ權ヲモ有スルハ條理上當然ノ事ナルヲ以テ其ノ未タ議決ヲ經サル議案ニ付テハ市町村長ハ何時ニテモ之ヲ撤回スルコトヲ得ルモノト解スヘキナリ、又議決ヲ經ヘキ事件中ニハ選擧ヲ包含セルヤ否ヤトイフニ選擧ノ如キハ其ノ性質上固ヨリ之ヲ議案ト謂フコト能ハサルノミナラス選擧ト議決トハ明ニ之ヲ區別シテ規定セルヲ以テ選擧ハ之ニ該當セサルモノト解スヘキナリ又「其ノ議決ヲ執行スル事」トアルヲ以テ市町村長ハ市町村會及市參事會ノ議決シタル事件ハ其ノ議決ニシテ權限ヲ越エ法令若ハ會議規則ニ背反シ又ハ公益ヲ害スト認ムル場合ニ於テ市町村長ハ之ヲ再議ニ付シ其ノ執行ヲ要スルモノニ在リテハ之ヲ停止シ府縣參事會ノ裁決ヲ請求シ得ルノ外其ノ議決ハ必ス之ヲ執行セサルヘカラス、隨テ若之カ執行ヲ爲ササルトキハ市町村長ハ固ヨリ職務上怠慢ノ責ヲ免ルル能ハサルモノトス

市町村會若ハ市參事會ノ議決ヲ要スル事件ニシテ其ノ議決ヲ經ス市町村長ニ於テ直ニ之ヲ專決處分シタルトキ其ノ處分ハ有効ナリヤ否ヤトイフニ市制第九十二條町村制第七十六條ノ場合ニ於テハ市町村長ハ其ノ議決ヲ經スシテ之ヲ處分スルヲ得ヘキカ故ニ同條ノ規定ニ基キテ爲シタル處分ノ有効ナルハ勿論ナリト

雖是等ノ場合ニ該當セスシテ專決處分ヲ爲シタルトキハ市町村長ノ權限外ニ亘ルモノトイフヘク隨テ其ノ決定シ處分ヲ爲シタル事件ハ全然効力ナキモノト謂ハサルヘカラス

（ロ）市町村ノ財產及營造物ハ市町村長ニ於テ之ヲ管理ス然レトモ特別ノ事業ノ爲市參與ヲ置キテ其ノ事業ヲ擔任セシメ其ノ財產營造物ヲモ管理セシメタル場合又ハ市町村助役ヲシテ市町村ノ事務ノ一部ヲ分掌セシメタル場合若ハ市町村ノ財產營造物ノ管理ニ關シ委員ノ設アル場合ノ如キハ市參與市町村助役及委員カ自己ノ責任ヲ以テ之ヲ管理スヘキヲ以テ是等ノ場合ニハ市町村長ハ只其ノ管理事務ニ付監督ノ責ヲ負フニ止マルモノトス本號ニハ單ニ「財產及營造物」トアルモ其ノ市町村ノ財產及營造物ヲ指シタルハ論ヲ俟タス、隨テ市町村ニ屬セサル財產及營造物ニシテ法令ノ規定ニ依リ市町村長ニ於テ之ヲ管理スヘキモノニ付テハ固ヨリ本號ニ該當スルモノニ非ス、茲ニ所謂財產トハ市町村有ニ屬スル一切ノ財產ヲ指セルモノニシテ即チ收益ノ爲ニスル市町村ノ基本財產特定ノ目的ノ爲ニ設ケタル基本財產又ハ積立金穀及其ノ他ノ動產不動產等是ナリ、茲ニ注意ヲ要スルハ市町村ノ財產タル現金ノ管理ニ關スルコト是ナリ、財產タル現金ノ管理ニ付テハ往々之ヲ市町村ノ會計事務ニ屬スルモノト爲シ當然收入役ニ於テ掌理スヘキモノノ如ク解スル者ナキニ非スト雖其ノ當該年度ノ歳入出豫算ニ係ル現金ノ收入ハ固ヨリ收入役ノ職權ニ屬スルコト疑ナキモ其ノ他ノ財産ニ在リテハ假令現金ト雖本號ノ所謂財産ニ該當シ市町村長ノ管理ニ屬スヘキモノトス

茲ニ「管理」トイフハ民法ニ所謂管理ト全ク同一ノ意義ニシテ即チ財産及營造物ノ保存改良ノ行爲ヲ指セルモノナルコトハ市制第四十二條町村制第四十條ノ下ニ於テ述ヘタル所ノ如シ

（二）市町村ノ出納其ノ他ノ會計事務ハ收入役ニ於テ之ヲ掌ルヘキハ市制第九十七條町村制第八十條ニ規定スル所ナリ、然レトモ收入役ハ只現實ノ出納ヲ爲シ得ルノミニシテ其ノ收支ノ命令ヲ爲スハ市町村長ノ權限ニ屬ス是レ實際ノ出納ヲ爲ス者ト收支ノ命令ヲ爲ス者トハ各相獨立セシメテ會計上弊害ナキヲ期センセントスルノ意ニ外ナラス而モ市町村長ハ市町村ヲ統轄スルノ職權ヲ有スルモノナルヲ以テ會計監督ノ責任アルハ固ヨリ當然ノ事ナリトス

（ニ）証書及公文書類ヲ保管スルモ亦市町村長ノ權限ニ屬ス所謂「證書」トハ普通貨付金證書土地小作證書又ハ其ノ他ノ契約書ノ如キ類ヲ謂ヘルモノニシテ有價證券ノ如キハ本項第二號ノ「財產」トアルニ該當シ本號ニ所謂「證書」ニ包含セス「公文書類」トハ回議文書ノ如キハ勿論凡ソ市町村行政ニ屬スル一切ノ公簿文書ヲ總稱スルモノトス只茲ニ注意ヲ要スルハ收入役ノ掌ル出納其ノ他會計事務ニ關スル證書及公簿文書ノ類ハ固ヨリ收入役ノ保管ニ屬スル言ヲ俟タサルモ當該年度ノ歲入決算ノ終了ト共ニ是等證書及書類ヲ市町村長ニ提出シタルトキハ市町村長ノ保管ニ屬スルコト是ナリ
使用料手數料加入金市町村稅又ハ夫役現品ハ法令又ハ市町村會ノ議決ニ依リ市町村長ニ於テ賦課徵收スルモノトス所謂「法令」ニ依リ賦課徵收スルノ例ハ市制第四十二條第五號ノ如ク法令ニ基ク命令ニ依リテ賦課スルモノナリ但シ市町村長カ國其ノ他ノ機關トシテ使用料手數料ヲ徵收スルカ如キハ假令其ノ收入市町村ニ歸スルモ茲ニ所謂使用料手數料ノ徵收ニ該當セス
（ホ）前述ノ外法令ニ依リ市町村長ノ職權ニ屬スル事項ハ市町村長ニ於テ之ヲ擔任スルノ義務アリ其ノ「法令ニ依リ市町村長ノ職權ニ屬スル事項」トハ市町村

ノ公共事務及法令等ノ委任ニ依リ市町村ナル團體ニ屬セシメタル事務即チ市制第二條町村制第二條ニ規定セル事務ニシテ法律命令ノ規定ニ依リ特ニ市町村長ノ職權ニ屬スルモノヲイフ、故ニ市制第九十三條町村制第七十七條ニ規定セルモノ即チ法令ノ定ムル所ニ依リ國府縣其ノ他公共團體ノ事務ニシテ市町村長タル機關ニ委任掌理セシムルモノノ如キハ固ヨリ本號ニ該當スルモノニ非ス今令法ニ依リ市町村長ノ職權ニ屬スル事項ヲ例示スレハ左ノ如シ

（一）町村會議長トナル事（町村制第四十五條）

（二）市町村會ヲ招集スル事（市町村制第五十一 四十七條第一項）

（三）市町村會ヲ開閉スル事（市町村制第五十一 四十七條第五項）

（四）市參事會議長トナル事（市制第六十六條）

（五）市參事會ヲ招集スル事（市制第六十八條）

（六）收入役ノ事務ノ一部ヲ副收入役ニ分掌セシムル事（市町村制第九十七 八十七條第三 四項）

（七）會計年度內ニ稅延期ヲ許ス事（市町村制第百二十八條第一項）

（八）例月及臨時出納檢查ヲ爲ス事（市町村制第百四・二十一條第一項）

（九）市町村ノ內外ニ涉ル營業又ハ收入ニ對スル本稅ニ附加稅ヲ賦課スル場合ニ於テ本稅ノ步合ニ付關係市町村ト協議ヲ爲ス事（市制町村制施行令第四十條）

以上ハ即チ市町村長ノ擔任スヘキ事務ノ概目ナリ

第二項　市町村會議決選擧ノ越權違法ノ匡正

第九十・七十四條　市町村會又ハ市參事會ノ議決又ハ選擧其ノ權限ヲ越エ又ハ法令若ハ會議規則ニ背クト認ムルトキハ市町村長ハ其ノ意見ニ依リ又ハ監督廳ノ指揮ニ依リ理由ヲ示シテ之ヲ再議ニ付シ又ハ再選擧ヲ行ハシムヘシ其ノ執行ヲ要スルモノニ在リテハ之ヲ停止スヘシ

前項ノ場合ニ於テ市町村會又ハ市參事會其ノ議決ヲ改メサルトキハ市町村長ハ府縣參事會ノ裁決ヲ請フヘシ但シ特別ノ事由アルトキハ再議ニ付セスシテ直ニ裁決ヲ請

フコトヲ得
監督官廳ハ第一項ノ議決又ハ選擧ヲ取消スコトヲ得但シ裁決ノ申請アリタルトキハ此ノ限ニ在ラス
第二項ノ裁決又ハ前項ノ處分ニ不服アル市町村長市又ハ町村會又ハ市參事會ハ行政裁判所ニ出訴スルコトヲ得
市町村會又ハ市參事會ノ議決公益ヲ害シ又ハ市町村ノ收支ニ關シ不適當ナリト認ムルトキハ市町村長ハ其ノ意見ニ依リ又ハ監督官廳ノ指揮ニ依リ理由ヲ示シテ之ヲ再議ニ付スヘシ其ノ執行ヲ要スルモノニ在リテハ之ヲ停止スヘシ
前項ノ塲合ニ於テ市町村會又ハ市參事會其ノ議決ヲ改メサルトキハ市町村長ハ府縣參事會ノ裁決、知事ノ處分ヲ請フヘシ
前項ノ裁決處分ニ不服アル市町村長市又ハ町村會又ハ市參事會ハ内務大臣ニ訴願スルコトヲ得
第六項ノ裁決ニ付テハ府縣知事ヨリモ訴願ヲ提起フルコトヲ得(市制)
第二項ノ裁決ニ付テハ府縣知事ヨリモ訴訟ヲ提起スルコトヲ得
市町村ノ事務ニ付テハ其ノ議決機關タル市町村會市參事會ニ屬スルモノタルト將タ

其ノ執行機關タル市町村長ニ屬スルモノタルトヲ問ハス監督官廳ハ常ニ之ヲ監視シテ苟モ非違ニ亘ルカ如キコトナカラシムルハ勿論ナリト雖市町村ノ多キ一々之ニ對シテ周到ノ監督ヲ加ヘ以テ完全ニ其ノ實ヲ擧ケシムルハ固ヨリ困難ナル事ニ屬セリ此ノ故ニ法ハ執行議決ノ各機關ヲシテ相互ニ節制監視セシメ以テ其ノ誤ナカラシメンコトヲ期セリ、即チ市制第四十五條及町村制第四十二條ノ如キハ議決機關タル市町村會カ執行機關タル市町村長ヲ監視スルノ規定ニシテ本條ノ如キハ之レト反對ニ執行機關タル市町村長カ議決機關タル市町村會ヲ監視シ其ノ非違ヲ匡正スルノ規定タリ、而シテ本條ニ依リ市町村長カ市町村會ニ對シ匡正ヲ爲シ得ル場合ハ分チテ之ヲ二トス（一）ハ市町村會又ハ市參事會ノ議決若ハ選擧カ其ノ權限ヲ越エ又ハ法令若ハ會議規則ニ背クト認ムル場合ニシテ此ノ場合ニ在リテハ市町村長ハ自己ノ意見ニ依リ又ハ監督官廳ノ指揮ニ依リ理由ヲ示シテ之ヲ再議ニ付シ又ハ再選擧ヲ行ハシムルモノトス、而シテ若其ノ事件カ市町村長ニ於テ執行セサルヘカヲサルモノナルトキハ其ノ執行ヲ停止スヘキモノトス（二）ハ市町村會又ハ市參事會ノ議決カ公益ヲ害シ又ハ市町村ノ收支ニ關シ不適當ナリト認ムル場合ニシテ此場合ニ在リテモ亦（一）ノ場合ト同シク市町村長ハ自己ノ意見ニ依リ又ハ監督官廳ノ指揮ニ依

リ理由ヲ示シテ之ヲ再議ニ付シ若其ノ事件カ市町村長ニ於テ執行セサルヘカラサルモノナルトキハ其ノ執行ヲ停止スヘキモノトス

右述ヘタル（一）ノ場合ニ於テ市町村長カ再議ニ付シタルニ拘ラス市町村會又ハ市參事會カ其ノ議決ヲ改メサルトキハ市町村長ハ府縣參事會ノ裁決ヲ請フヘシ但シ再議ニ付スルモ徒ラニ紛擾ヲ釀シ適當ノ議決ヲ得ヘキ見込ナキ場合ノ如キ特別ノ理由アルトキハ再議ニ付セスシテ直ニ府縣參事會ノ裁決ヲ請フコトヲ得ヘシ、又府縣知事内務大臣ハ市町村長ヨリ府縣參事會ニ對シ裁決ノ申請アル迄ハ何時ニテモ市町村會又ハ市參事會ノ爲シタル議決又ハ選擧ヲ取消スコトヲ得ルモノトス又（二）ノ場合ニ於テ市町村長カ再議ニ付シタルニ拘ラス市町村會又ハ市參事會カ其ノ議決ヲ改メサルトキハ市長ニ在リテハ府縣參事會ノ裁決ヲ請ヒ町村長ニ在リテハ府縣知事ノ處分ヲ請フヘキモノトス此ノ如ク　（一）ノ場合ニ在リテハ市町村長ハ場合ニ依リ再議ニ付セスシテ直ニ府縣參事會ノ裁決ヲ請フコトヲ得セシメ、又監督官廳ヲシテ市町村會又ハ市參事會ノ議決若ハ選擧ヲ取消スコトヲ得セシメタルニ　（二）ノ場合ニ在リテハ市町村長ハ必ス再議ニ付スルコトヲ要シ又監督官廳ニ議決取消ノ權ヲ與ヘサルハ要スルニ　（一）ノ場合ハ違法問題ニ屬シ　（二）ノ場合ハ認定問題ニ係リ二者ノ

間自ラ輕重ノ別アルニ依レリ

一、「市町村會又ハ市參事會ノ議決又ハ選擧其ノ權限ヲ越エ」トハ市町村會又ハ市參事會カ其ノ權限以外ノ事項ヲ議決シ又ハ權限以外ノ選擧ヲ爲シタル場合ヲイフ、市町村會ノ權限ハ市制第四十一條及第四十四條町村制第三十九條及第四十一條ニ市參事會ノ權限ハ市制第六十七條ニ規定セル所ナルヲ以テ其ノ條項ニ含マレサル事項ノ議決又ハ選擧ヲ爲スカ如キハ即チ其ノ權限ヲ越エタルモノト謂ハサルヘカラス、斯ノ如ク市町村會又ハ市參事會ニ於テ議決スヘキ事項ハ法律ニ於テ規定セルモ其ノ事項タル頗ル多岐ニ渉ルヲ以テ其ノ如何ナル議決カ權限ヲ超越ユルヤ否ヤハ一ニ事實ニ依リテ判定セサルヘカラス、隨テ一々玆ニ之ヲ擧クルヲ得スト雖、例ヘハ監督官廳ハ市町村長ノ不信認ヲ議決セルカ如キ又ハ議案ヲ議定スルニ當リ原案以外ニ涉リテ新ナル事項ヲ加フル等發案權ヲ侵害スルノ議決ヲ爲セルカ如キ又或ハ有給吏員ニシテ市町村長ノ任命スヘキモノヲ選擧スルカ如キ是ナリ

「法令若ハ會議規則ニ背ク」トハ市町村會ノ議決又ハ選擧カ其ノ權限外ニ亘レルニ非スシテ議決又ハ選擧ノ實體ハ手續カ法律命令若ハ會議規則ニ違反セル場合ヲイフ而シテ其ノ如何ナル場合カ法令若ハ會議規塲ニ背ケルカハ是レ亦各事實ニ依リ判定

セサルヘカラサルヲ以テ一々事例ヲ擧ケテ之ヲ明示スルヲ得スト雖、例ヘハ一部ノ議員ヲ招集セスシテ會議ヲ開キ議決ヲ爲スカ如キ又ハ定足數ノ出席ナクシテ開會シ過半數ノ同意ナクシテ議決スルカ如キ又ハ會議規則中三讀會ヲ經テ確定議ト爲スノ規定アルニ拘ラス其ノ手續ヲ履マスシテ議決スルカ如キ又ハ市制第五十五條町村制第五十一條ノ手續ニ依ラスシテ市町村長ノ選擧ヲ爲セルカ如キ又ハ名譽職參事會員ヲ選擧スルニ當リ市制第六十五條第二項ニ依ラサルカ如キ又ハ定數外ノ委員ヲ選擧スルカ如キ是ナリ斯ノ如ク市町村會又ハ市參事會ノ議決カ其ノ權限ヲ越エ又ハ法令若ハ會議規則ニ背クト認ムルトキハ市町村長ハ自己ノ意見ニ依リ又ハ監督官廳ノ指揮ニ依リ其ノ越權又ハ違法ナル旨ヲ示シテ之ヲ再議ニ付スヘク若其ノ議決ニシテ執行ヲ要スルモノナルトキハ其ノ執行ヲ停止スヘク又ハ其ノ選擧カ權限ヲ越エ又ハ法令旨ハ會議規則ニ背クト認ムルトキハ市町村長ハ自己ノ意見又ハ監督官廳ノ指揮ニ依リ理由ヲ示シテ再選擧ヲ行ハシムヘキモノトス

「監督官廳」トハ前述ヘタル如ク府縣知事内務大臣ヲイフ尙財務ニ關シテハ大藏大臣敎育ニ關シテハ文部大臣モ亦監督官廳タルハ論ヲ俟タス「理由ヲ付シ云々」トアルハ何カ故ニ之ヲ再議ニ付スルカヲ知ラシムルニ在ルヲ以テ其ノ程度ニ付テハ法律ハ

別ニ之ヲ規定セスト雖其ノ如何ナル點カ越權若ハ違法ナルカヲ擧ケ之ヲ明示スルヲ要ス「再議ニ付シ又ハ再選擧ヲ行ハシムル」ハ市町村會若ハ市參事會ヲシテ自ラ反省シテ其ノ議決若ハ選擧ヲ改メシムルニ在リ其ノ時期ニ付テハ法ニ何等ノ規定ナキヲ以テ其ノ會議ニ於テ之ヲ爲スト將タ次ノ會議ニ於テ之ヲ爲ストハ固ヨリ問フ所ニ非ス要ハ其ノ越權若ハ違法ナリト認メタルトキニ於テハ直ニ之ヲ爲スヘキナリ、或ハ再議ヲ命シ又ハ再選擧ヲ行ハシムルハ其ノ會議ニ於テセサルヘカラストノ說ヲ爲ス者ナキニ非スト雖監督官廳ニ在リテハ概ネ市町村長ノ報告ニ依リテ初メテ之ヲ知ルヘキモノナルヲ以テ若此ノ說ノ如クンハ監督官廳ハ殆ント本件ノ監督ヲ行フコト能ハサルニ至ルヘシ、故ニ再議ヲ命シ再選擧ヲ行ハシムルハ前ニ述ヘタルカ如ク其ノ會議ニ限ラサルモノト解セサルヘカラス再議ニ付スルニ當リ市町村長ハ前ニ付議シタル議案ト異ナリタル議案ヲ付議スルヲ得ルヤ否ヤニ付テハ議論ノ存スル所ナルモ從來主務省ノ採レル例ニ依レハ前ノ議案ト異リタル議案ヲ提出スルカ如キハ不可ナリト爲セリ「其ノ執行ヲ要スルモノニ在リテハ之ヲ停止シ」ト規定シタルハ要スルニ越權若ハ違法ノ議決又ハ選擧ニ付テハ法ハ之カ匡正ヲ命スルニ拘ラス之ヲ執行スルカ如キハ其ノ匡正ヲ命シタル趣旨ト相副ハサルニ由ルナリ

二、本項ハ市町村會又ハ市參事會ニ對シ再議ヲ命シタルモ其ノ議決ヲ改メサル場合ニ處スルノ規定ナリ、市町村會又ハ市參事會ノ議決カ越權又ハ違法ナリト認ムル場合ニ於テハ第一項ニ依リ市町村長ニ於テ之ヲ再議ニ付シ其ノ之ヲ改メサルニ於テハ本項ニ依リ府縣參事會ノ裁決ヲ請ハシム且之ヲ再議ニ付スルモ到底其ノ議決ヲ改ムルノ望ナキカ如キ場合ニ於テハ再議ニ付セス市町村長ヲシテ直ニ府縣參事會ノ裁決ヲ請フコトヲ得セシメタリ是レ「特別ノ事由アルトキハ云々」トノ規定ヲ設ケタル所以ナリ、玆ニ注意スヘキハ本項ハ單ニ議決ニ關スル場合ニノミ止マリ選擧ニ關スル事項ニ及ハサルコト是ナリ、是レ選擧ニシテ違法越權ナルニ於テハ其ノ正シキヲ得ル迄幾回ニテモ之ヲ行ハシメ他ノ機關ヲシテ代テ之ヲ行ハシメサルニ由ル

三、監督官廳ニ於テ市町村會又ハ市參事會ノ議決若ハ選擧カ越權又ハ違法ナリト認ムルトキハ第一項ニ依リ市町村長ヲシテ之ヲ再議ニ付セシメ又ハ再選擧ヲ行フコトヲ命セシムルヲ通例ト爲スモ市町村會又ハ市參事會ニ於テ到底其ノ議決若ハ選擧ヲ改ムルノ見込ナシト認ムルニ拘ラス尙再議ニ付シ再選擧ヲ命セシムルカ如キハ徒ラニ手數ヲ重ヌルニ過キサルヲ以テ斯ル場合ニ於テハ監督官廳ヲシテ直ニ其ノ議決若ハ選擧ノ取消ヲ爲スコトヲ得セシメタルナリ然レトモ市町村長ヨリ上級行政廳タル府

縣參事會ニ對シ裁決ノ申請ヲ爲シタルトキハ其ノ裁決スル所ニ委シ監督官廳ハ之カ取消ヲ爲スヲ得サルモノトス

四、市町村會又ハ市參事會ニ於ケル違法又ハ越權ノ議決議ハ選擧ニ對シ府縣參事會ノ爲シタル裁決又ハ監督官廳ノ爲シタル取消處分ニ對シ之カ救濟方法アリ、即チ市町村會又ハ市參事會ニ於ケル違法又ハ越權ノ議決若ハ選擧ニ對シ府縣參事會ノ爲シタル裁決又ハ監督官廳ノ爲シタル處分ニ不服アル市町村長市町村會又ハ市參事會ハ行政裁判所ニ出訴スルヲ得ヘシ

五、市町村會又ハ市參事會ノ議決公益ヲ害シ又ハ市町村ノ收支ニ關シ不適當ナリト認ムル場合ニ於テ之カ匡正ヲナスヘク所謂「公益ヲ害シ」トアルハ其ノ市町村ニ於ケル公衆ノ利益ヲ害スルヲイフ、其如何ナル議決カ市町村ノ公益ヲ害スルモノナルカハ各其ノ事實ニ付判定スヘキナリ又「市町村ノ收支ニ關シ不適當」トアルハ市町村ノ豫算ニ關シ市町村會又ハ市參事會ノ爲シタル議決、違法越權タラス又公益ヲ害スルノ程度ニ至ラサルモ其ノ當ヲ得サルヲ謂フ、而シテ其如何ナル議決カ不適當ナルヤハ是レ亦一ニ事實ニ依リ判定スヘキモノニシテ一定ノ標準ヲ以テ豫メ之ヲ定ムルヲ得サルナリ

「市町村ノ收支ニ關シ」トアルハ市町村ノ歳入出豫算案ヲ指シタルモノト解スルヲ以テ法ノ眞意ヲ得タルモノト信ス、然レトモ府縣制ニ於ケル主務省從來ノ解釋ハ所謂「關シ」トハ關係アルノ意義ナリトシ汎ク之ヲ適用セリ故ニ此ノ解釋ニ依ルトキハ獨リ市町村ニ於ケル歳入出豫算ニ止マラス繼續費支出方法ノ如キ市町村税ノ課率ノ如キ又ハ學校ノ建築ニ際シ敷地ノ寄附ヲ受納スル議案ノ如キ苟モ豫算ニ關係アル議案ハ孰レモ收支ニ關スルモノト解スヘク隨テ是等議案ニ對スル議決ハ收支ニ關スル議決ナリト謂フヲ得ヘク又「不適當」ノ意義ニ付テハ既ニ前ニ述ヘタル所ノ如キモ是レ亦府縣制ニ於ケル從來ノ行政實例ニ依ルトキハ收支ニ關スル議決ニシテ公益ヲ害シ又ハ公益ヲ害スルノ程度ニ至ラスト雖其ノ議決ニシテ妥當ヲ缺ケルモノハ總テ收支ニ關スル不適當ノ議決ナリトシテ之ヲ取扱ヘリ、故ニ此ノ解釋ニ依ルトキハ本項ノ收支ニ關スル不適當ノ議決トハ其ノ議決ノ公益ヲ害シ又ハ公益ヲ害スルノ程度ニ至ラサルモ妥當ヲ缺クモノハ孰レモ本項ノ收支ニ關スル不適當ノ議決トアルニ依リ之ヲ律スヘキモノナリト解セサルヘカラス

以上市町村會市參事會ノ議決ニシテ匡正ヲ要スヘキモノヲ約言スレハ（一）權限ヲ越エタル議決（二）法律命令ニ背キタル議決（三）會議規則ニ背キタル議決（四）

公益ヲ害スル議決（五）收支ニ關スル不適當ノ議決是ナリ、而シテ右ノ中收支ニ關スル議決ニシテ違法越權ナルモノハ（五）ニ該當セスシテ（一）乃至（三）ニ該當スヘク此ノ點ニ付テハ主務省ノ解釋モ別ニ異ナル事ナキモ只收支ニ關スル議決ニシテ公益ヲ害スルモノニ在リテハ（四）ニ該當セスシテ（五）ニ該當セリト爲セル主務省從來ノ解釋ハ未タ首肯スル能ハサル所ナリ

六、市町村會又ハ市參事會ノ議決カ公益ヲ害シ又ハ市町村ノ收支ニ關シ不適當ナリト認メ市町村長ニ於テ再議ヲ命シタルニ拘ラス仍其ノ議決ヲ改メサルトキハ市ニ在リテハ市長ハ府縣參事會ノ裁決ヲ請フヘク町村ニ在リテハ町村長ハ府縣知事ノ處分ヲ請フヘキモノトス

七、市町村會又ハ市參事會ノ議決公益ヲ害シ又ハ市町村ノ收支ニ關シ不適當ナリト認メタル場合ニ於テ市長ノ申請ニ對シ府縣參事會ノ爲シタル裁決町村長ノ申請ニ對シ府縣知事ノ爲シタル處分ニ不服アルトキハ市ニ在リテハ市長市會又ハ市參事會町村ニ在リテハ町村長又ハ町村會ハ之ヲ內務大臣ニ訴願スルコトヲ得ルモノトス

前述ノ違法越權ノ議決又ハ選擧ニ對スル救濟ニ關シテハ行政裁判所ノ判決ヲ以テ終局ト爲セルニ反シ公益ヲ害スルノ議決又ハ收支ニ關スル不適當ノ議決ニ對スル救濟

ニ關シテハ内務大臣ノ裁決ヲ以テ終局ト爲セルハ是レ前者ハ法律ノ解釋ニ屬スル事件ニシテ後者ハ全ク認定ノ問題タルニ由ル又第一項ノ違法越權ノ議決又ハ選擧ニ對シテハ監督官廳ニ取消ノ權ヲ與ヘタルニ拘ラス第五項ノ公益ヲ害スルノ議決又ハ收支ニ關スル不適當ノ議決ニ對シ監督官廳ニ取消ノ權ヲ與ヘサルモ亦同一ノ趣旨ニ出テタルモノトス

八、市町村會又ハ市參事會ノ爲シタル違法越權ノ議決又ハ選擧並公益ヲ害スルノ議決又ハ收支ニ關スル不適當ノ議決ニ對シ府縣參事會ノ爲シタル裁決ニ付テハ市町村長市町村會又ハ市參事會ニ訴願訴訟ノ提起ヲ許セルノ外本項ニ於テ府縣知事ニモ訴願訴訟ヲ提起スルコトヲ許セリ其此等ノ機關ニ對シ訴願訴訟ヲ許セルノ理由ハ前ニ屢述ヘタルヲ以テ茲ニ重ネテ之ヲ贅セス

本件ニ關スル訴願訴訟提起ノ期間ニ付テハ市制第百六十條町村制第百四十條ニ依ルヘキハ勿論ナリ

越權又ハ法令若ハ會議規則ニ背キタル場合ノ再議、再選擧

再議案（再選擧）第　號

何々ノ件再議（再選擧）

年　月　日本町（村）會ニ於テ議決（否決）（選擧）シタル何々ノ件ハ別記理由ニ基キ本職ノ意見（本縣知事ノ指揮）ニ依リ左ノ通之ヲ再議ニ付ス（再選擧ヲ爲サシム）

年　月　日提出

何郡何町（村）長　何　某

何々規程

第一條　何々

第二條　何々

、、、、、、、

（原案ノ通記載）

理　由

何々（越權又ハ法令若ハ會議規則ニ背キタル理由ヲ記載スルコト）

備　考

一、本例ニハ必ス再議ニ付シ又ハ再選擧ヲ行ハシムル理由ヲ示スヘシ

二、再議ニ付シ又ハ再選擧ヲ行ハシムルトキハ其ノ執行ヲ要スルモノニ在リテ

ノハ包含セス

三、再議ニ付スルコトヲ得ル議決中ニハ異議申立其ノ他法文ニ「決定」トアルモ

ハ之ヲ停止スルコト

前文例ノ措置スルモ仍議決ヲ改メサル場合ノ裁決申請

何郡何町(村)長　何　某

第　號

何縣參事會

何縣知事　何　某殿

町(村)會ノ越權(法令)(會議規則ニ背ク)議決ニ對スル裁決ノ義申請

何年何月何日本町(村)會ハ本職ノ發案ニ係ル學務委員定數規程中ニ任期ノ規定ヲ爲スノ必要アリトシ第何條第二項トシテ「學務委員ノ任期ハ三年トス」ノ一項ヲ加ヒテ修正議決シタリ、依テ學務委員ノ任期ハ小學校令施行規則第百八十四條ニ規定シアルヲ以テ町村會ニ於テ議決スヘキ權限無之旨ノ理由ヲ示シテ之ヲ再議ニ付シタル處何等ノ理

由ナク其ノ議決ヲ改メサルニ依リ本議決ハ之ヲ取消ス（原案ノ通リ執行ス）ヘシトノ
御裁決相成度左記書類相添ヘ此段申請候也

記

一　議決書寫
二　再議ニ付シタル議決書寫（再議ニ付セス直ニ裁決申請ヲ爲ストキハ本書類ノ替リニ「理由書」トシテ特別ノ理由ヲ記載セルモノ添付）
三　關係會議錄抄本

備考

一、裁決申請ハ議決事項ニ限リ選擧ニ對シテハ之ヲ爲スコトヲ得ス

公益ヲ害シ又ハ收支ニ關シ不適當ノ議決ニ對スル再議

議案第　　號

何年度何町（村）歲入歲出豫算ノ件再議

何年何月何日本町（村）會ニ於テ議決シタル何年度何町（村）歲入歲出豫算中歲出經常部（臨時部）第何欵第何項第何目及第何目ノ修正ハ何々左記理由ニ依リ其ノ議決公益ヲ害

スル(收支ニ關シ不適當ナル)モノナリ仍テ町村制第七十四條第五項ニ基キ本職ノ意見(本縣知事ノ指揮)ニ依リ別紙ノ通再議ニ付ス

年　月　日提出

何町(村)長　何　某

記

何々(公益ヲ害シ又ハ收支ニ關シ不適當ナル旨ノ理由ヲ示スコト)

(別紙)

何年度何縣何郡何町(村)歳入歳出豫算

歳　入

歳入豫算高

一金　何　程

經常部(臨時部)豫算高

歳　出

一金　何　程

合計金　何　程

歳入出差引

殘金ナシ

何年度何縣何郡何町(村)歳入歳出豫算

歳入

豫算			豫算説明				
科目 款	科目 項	豫算額	種目	本年度豫算額	前年度豫算額	増減	附記
一 何々							
	二 何々	、、					
			一 何々	、、	、、	、、	何々 何程
四 何々		、、					
	一 何々	、、					
			一 何々	、、	、、	、、	何々 何程
歳入合計		、、		、、	、、	、、	

歳出

經常(臨時)部

豫算			豫算說明				
科目		豫算額	種目	本年度豫算額	前年度豫算額	増減	附記
款	項						
一何々		、、					
	二何々	、、					
			一何々	、、	、、	、、	何々 何程
經常(臨時)部計		、、	、、	、、	、、	、、	
歳出合計		、、		、、	、、	、、	

備考

一、歳出ハ再議ニ付セントスル款、項、目及經常部又ハ臨時部計並歳出合計ヲ摘

記スルコト附記モ亦同シ而シテ金額ハ総テ最初ノ原案通記載スルコト

二、歳入ハ歳出ノ修正ニ伴ヒ増減シタル款項目及歳入合計ヲ掲記スルコト但シ歳出ノ修正ニシテ再議ニ付スルノ要ナキ部分ノ關係スル歳入ノ修正ハ掲記ニ及ハス

三、豫算ニ對シ或ル部分ノ公益ヲ害スル議決又ハ收支ニ關シ不適當ノ議決ハ即チ豫算不可分ノ原則ニ依リ其ノ豫算全部ヲ再議ニ付スヘキモノナルヲ以テ前二項記載ノ如ク關係部分ヲ摘記ノ上再議ニ付スルハ純理上不合理ナリトム。然レトモ嘗テ某縣知事ガ大正十四年ノ通常縣會ニ縣豫算ヲ再議ニ付シタル際本文例ノ要領ニ依リ處置シタルヲ主務省ニ於テ容認シタルノ實例アリ而カモ實際ノ取扱例トシテハ更ニ豫算全部ヲ作製シテ再議ニ付スルヨリハ本文例ニ依リ必要部分ヲ摘記スル方事務簡捷ナリト信ス

四、歳入ノ議決前ニ歳出ノ或ル部分ヲ再議ニ付セントスル場合ハ歳入ノ掲記ヲ要セス

五、歳出中或ル部分ノ議決ヲ第二讀會（逐條審議ノ場合）ニ於テ修正又ハ否決シタルトキ即時之ヲ再議ニ付スル場合ハ計及合計ノ掲記ヲ要セス

六、修正又ハ否決ノ即時ニ於テ再議ニ付セントスルトキハ必スシモ書面ヲ以テセス口頭ニ依ルモ差支ナシ但シ此ノ場合ニ於テモ再議ニ付スヘキ理由ハ之ヲ示スコト

原案執行申請（前文例ノ措置スルモ仍議決ヲ改メサル場合ノ處分申請）

町郡何町（村）長　何　某㊞

第　號

年　月　日

何縣知事　何　某殿

公益ヲ害スル（收支ニ關シ不適當）ノ議決ニ付處分ノ義申請

何年何月何日本町（村）會ハ何年度本町（村）歲入歲出豫算中第何款第何項、第何目何々費何程ト修正（否決）（左記ノ通修正）議決シタリ仍テ別紙ノ通理由ヲ示シテ再議ニ付シタルモ何等ノ理由ナク其ノ議決ヲ改メサルニ依リ原案ノ通執行スヘシトノ御處分相仰度關係書類相添ヘ此段申請候也

記

歳　入

第何欵　何々費金何程ヲ金何程ト修正
　第何項　何々費金何程ヲ金何程ト修正
　　第何目　何々費金何程ヲ金何程ト修正
　　　附記中何費金何程ヲ金何程ト修正
第何欵　何々費金何程ヲ金何程ト修正
　第何項　何々費金何程ヲ金何程ト修正
　　第何目　何々費金何程ヲ全部否決
歳入合計金何程ヲ金何程ト修正

歳出經常（臨時）部

第何欵　何々費金何程ヲ金何程ト修正
　第何項　何々費金何程ヲ金何程ト修正
　　第何目　何々費金何程ヲ金何程ト修正
　　　附記中何々費金何程ヲ金何程ト修正

（以下倣之）

經常（臨時）計金何程ヲ金何程ト修正

歳出合計金何程ヲ金何程ト修正

添付書類

一　議決書寫

二　再議ニ付シタル議決書寫

三　關係會議錄抄本

第三項　市町村會ノ不成立及會議ヲ開キ得サル場合

第九十一條
第七十五條　市町村會成立セサルトキ又ハ第五十二條
第四十八條但書ノ場合ニ於テ仍會議ヲ開
クコト能ハサルトキ又ハ市長ニ於テ市會ヲ招集スルノ暇ナシト認ムルトキハ市長ハ
ハ町村長ハ府縣知事ニ具狀シテ指揮ヲ請ヒ町村會ノ議決スヘキ
市會ノ權限ニ屬スル事件ヲ市參事會ノ議決ニ付スルコトヲ得
事件ヲ處置スルコトヲ得

前項ノ規定ニ依リ市參事會ニ於テ議決ヲ爲ストキハ市長市參與及助役ハ其ノ議決ニ加ハルコトヲ得ス（市制）

市參事會成立セサルトキ又ハ第七十條第一項但書ノ場合ニ決テ仍會議ヲ開クコト能ハサルトキハ市長ハ其ノ議決スヘキ事件ニ付府縣參事會ノ議決ヲ請フコトヲ得（市制）

市町村會又ハ市參事會ニ於テ其ノ議決スヘキ事件ヲ議決セサルトキハ前項ノ例ニ依ル

市町村會又ハ市參事會ノ決定スヘキ事件ニ關シテハ前四項ノ例ニ依ル此ノ場合ニ於ケル市參事會又ハ町村長ノ處置ニ關シテハ各本條ノ規定ニ準シ訴願又ハ訴訟ヲ提起スルコトヲ得

第一項及前三項ノ規定ニ依ル處置ニ付テハ次回ノ會議ニ於テ之ヲ市町村會又ハ市參事會ニ報告スヘシ

一、市町村會及市參事會ハ市町村ノ意思決定機關トシテ重要ノモノニ屬ス、而シテ機關ニハ時ニ故障ナキヲ保セサルノミナラス亦機關トシテノ行動ヲ爲サス若ハ其行動ヲ俟ツノ暇ナキ場合無キニ非ス即チ本條ハ是等ノ場合ニ處シ市町村行政ノ施行ニ支障ナカシメンコトヲ期スルニ在リ所謂機關ニ故障アル場合トハ（一）市町村會又ハ市參事會ノ成立セサルトキ（二）除斥ノ爲會議ヲ開クノ數ニ滿タサルトキ是ナリ所謂機闕トシテノ行動ヲ爲サヽル場合トハ（一）招集再回ニ至ルモ出席者會議ヲ開クノ數ニ滿タサルトキ（二）出席ヲ催告スルモ出席者仍會議ヲ開クノ數ニ滿タサルトキ（三）議決又ハ決定スヘキ事件ヲ議決又ハ決定セサルトキ是ナリ所謂其ノ行動ヲ俟ツノ暇ナキ塲合トハ市町村會ヲ招集スルノ暇ナキ塲合是ナリ而シテ市町村會成立セス又ハ除斥ノ爲會議ヲ開クノ數ニ滿タス又ハ招集再回ニ至ルモ出席者會議ヲ開クノ數ニ滿タス又ハ出席ヲ催告スルモ出席者仍會議ヲ開クノ數ニ滿タス又ハ市町村會ヲ招集スルノ暇ナキトキハ市ニ在リテハ市參事會ヲシテ市會ノ權限ニ屬スル事件ヲ議決又ハ決定セシメ町村ニ在リテハ町村長ハ府縣知事ノ指揮ヲ得テ町村會ノ權附ニ屬スル事件ヲ處置スルコトヲ得ヘク又市町村會ニ於テ議決若ハ決定スヘキ事件ヲ議決若ハ決定セサルトキハ市ニ在リテハ市長ハ府縣參事會ノ議決若ハ決定ヲ請ヒ町村ニ在リテハ町村長ハ府縣知事ノ指揮ヲ得テ之ヲ處置スヘキナリ又市參事會成立セス又ハ除斥ノ爲會議ヲ開クノ數ニ滿タス又ハ招集再回ニ至ルモ出席者會議ヲ開クノ數ニ滿タス又ハ出席ヲ催告スルモ出席者仍會議ヲ開クノ數ニ滿タス又ハ議決若ハ決定スヘキ事件ヲ議決若ハ決定セサルトキハ市長ハ府縣參事會ノ議決若ハ決定ヲ請フコトヲ得ルモノトス

「市町村會成立セサルトキ」トハ其ノ原因ノ孰レニアルヲ問ハス現任議員カ會議ヲ開キ得ヘキ定足數ニ滿タサル場合ヲイフ「第五十二條但書ノ場合」トハ市町村會議員ニ於テ自己又ハ父母、祖父母、妻子、孫、兄弟姉妹ノ一身上ニ關スル事件ノ爲除斥セラレタル結果出席議員ノ半數ニ滿タサルトキ同一ノ事件ニ付招集再回ニ至ルモ出席議員仍會議ヲ開クノ數ニ滿タサルトキ又ハ招集ニ應スルモ出席議員定數ヲ闕キ議長ニ於テ出席ヲ催告スルモ仍出席議員會議ヲ開クノ數ニ滿タサルトキヲイフ「市長ニ於テ市會ヲ招集スルノ暇ナシ」トハ其ノ事件急ヲ要シ市長ニ於テ市會ヲ招集シ其ノ會議ノ議決ヲ待ツノ暇ナキ場合ヲイフ而シテ其ノ市會ヲ招集シテ會議ニ付スルノ暇ナキヤ否ハ一ニ市長ノ認定ニ依ルモノトス

以上掲ケタルカ如キ市町村會ニ故障アル場合又ハ市長ニ於テ市會ヲ招集スルノ暇ナシト認ムル場合ニ於テハ市ニ在リテハ市長ハ其ノ市會ノ權限ニ屬スル事件ヲ市參事會ノ議決ニ付スルコトヲ得、町村ニ在リテハ町村長ハ府縣知事ニ具狀シテ指揮ヲ請ヒ町村會ノ議決スヘキ事件ヲ處置スルコトヲ得ルナリ其ノ市會ノ議決ヲ經ヘキ事件ヲ市參事會ノ議決ニ付スルハ市參事會ハ市會ト同シク市ノ議決機關ニシテ其ノ會員ノ多クハ市會議員ナルヲ以テ市會ニ代テ其ノ意思ヲ決定セシムルハ最モ適當ナルニ

依ル町村ニ在リテハ市ニ於ケル市參事會ノ如キ議決權關ナキヲ以テ其ノ專横ニ流ルルノ弊ナカラシメンカ爲第一次監督官廳タル府縣知事ノ指揮ヲ請ヒ町村長ヲシテ之ヲ處置セシムルコトト爲セルナリ

二、「其ノ議決スヘキ事件ヲ議決セサルトキ」トハ市町村會又ハ市參事會カ法令ノ規定ニ依リ議決セサルヘカラサル事件ノ議決ヲ爲ササル場ヲイフ、其ノ議決ヲ爲ササル場合ニハ市町村長ノ議案ヲ議決セスシテ其ノ儘返付スルカ如キアリ又市町村長ノ發案シタル議案ヲ自己ノ議決スヘキモノニ非ストシテセサルカ如キアリ又會期ノ定アル場合ニ於テ其付議セラレタル議案ヲ議了セサルカ如キアリ、是等ハ其ノ議決スヘキ事件ヲ議決セサル最モ著シキ例ナルモ又或ハ會期ノ定ナキ場合ヲ利シテ空シク時日ヲ徒費シ荏苒議事ヲ遷延スルカ如キモ其ノ故意ニ議決ヲ爲サスト認メラルルニ於テハ是レ亦議決スヘキ事件ヲ議決セサルモノト謂ハサルヘカラス、要スルニ其ノ議決スヘキ事件ヲ議決セサル場合ハ其ノ事ノ極メテ明瞭ナル場合アルモ時ニ其ノ認定ノ極メテ困難ナル場合アルヲ以テ實際ニ臨ミ其ノ適用ヲ誤ラサルコトヲ要ス仍「議決スヘキ事件ヲ議決セサルトキ」トアル中ニハ選擧ヲ包含セサルヲ以テ市町村會又ハ市參事會カ假令選擧ヲ行ハサルモ本項ニ依リ府縣參事會ヲシテ代テ之ヲ行ハシメ

又府縣知事ノ指揮ヲ請フヘキ限ニ在ラサルハ勿論ナリトス
玆ニ一言セサルヘカラサルハ市町村會若ハ市參事會カ市町村長ノ發案シタル議案ヲ議決スヘキモノニ非スト議決シタル場合ニ於ケル法律ノ適用是ナリ、市町村長ノ發案ニ對シ法令ノ範圍內ニ於テ之ヲ可決スルト將タ修正若ハ否決スルトハ固ヨリ市町村會若ハ市參事會ノ權限ニ屬スト雖苟モ市町村長ノ發案シタル議案ハ之ヲ議決スヘキハ法令ノ定ムル所ナレハ其ノ之ヲ議決スヘキモノニ非スト議決スルカ如キハ法令ニ背クノ議決タルヲ免レス、然レトモ主務省從來ノ取扱ハ此ノ如キ議決ヲ爲シタル場合ニハノ議決ハ之ヲ措キ單ニ議決スヘキ事件ヲ議決セサルモノトシテ之ヲ處理ヒリ

三、「決定スヘキ事件」トハ市町村會又ハ市參事會カ法令ノ規定ニ依リ決定セサルヘカラサル事件ヲイフ、市町村會又ハ市參事會カ決定セサルヘカラサル事件ヲ擧クレハ大要左ノ如シ

市町村會ノ決定ヲ要スル事件

一、第二十一十八條ノ三ノ選擧人名簿ニ關スル件

二、第三十六三十三條ノ選擧若ハ當選ノ効力ニ關スル件

三、第三十八五條ノ被選擧權ノ有無ニ關スル件
四、第五十五一條第六十五條ノ投票ノ効力ニ關スル件
五、町村制第八十七條ノ給料給與ニ關スル件
六、町村制第百十條ノ町村税夫役現品ノ賦課財産營造物ノ使用及公法上ノ收入ノ徵收ニ關スル件
七、第百四二十六條ノ區會議員選擧人名簿又ハ選擧若ハ當選ノ効力及區會議員ノ被選擧權ノ有無ニ關スル件

市參事會ノ決定ヲ要スル事件

一、市制第百七條ノ給料給與ニ關スル件
二、市制第百三十條ノ市税夫役現品ノ賦課財産營造物ノ使用及公法上ノ收入ノ徵收ニ關スル件

市町村會又ハ市參事會ニ於テ若是等事件ノ決定ヲ爲サヽルトキハ市ニ在リテハ市長ハ府縣參事會ノ決定ヲ請ヒ町村ニ在リテハ町村長ハ府縣知事ニ具狀シ其ノ指揮ヲ得テ處置スヘキモノトス、其ノ此ノ如キ塲合ニ於テ府縣參事會ノ決定ヲ請ハシメ又ハ府縣知事ノ指揮ヲ得テ町村長ヲシテ處置セシムルハ其ノ議決スヘキ事件ヲ議決セサ

ル場合ニ於ケルト其ノ趣旨同一ナリトス、而シテ此ノ如ク市ニ在リテハ府縣參事會ヲシテ決定セシメ町村ニ在リテハ府縣知事ノ指揮ヲ得テ町村長ヲシテ處置セシメタルノ結果其ノ決定又ハ處置ニ對シ之カ救濟ノ途ヲ存セサルハ穩當ヲ闕クノ嫌ナキニ非サルヲ以テ市町村會又ハ市參事會ノ決定シタル場合ト等シク各本條ノ規定ニ依リ訴願訴訟ヲ提起スルコトヲ得セシメタリ是「此ノ場合ニ於ケル云々」トノ規定ヲ設ケタル所以ナリ

四、本項ニ於テ其ノ府縣參事會ノ議決若ハ決定シタル事件又ハ町村長ニ於テ府縣知事ノ指揮ヲ得處置シタル事件ヲ市町村會又ハ市參事會ニ報告セシムルハ是等ノ事件タル元來市町村會又ハ市參事會ノ權限ニ屬スルモノナルニ依レリ、而シテ其ノ報告ニ過キサルヲ以テ市町村會又ハ市參事會ハ其ノ結果ヲ知了スルニ止マリ其ノ效力ヲ左右スルヲ得サルハ勿論ナリトス

町村會ニ於テ議決又ハ決定スヘキ事件ヲ知事ニ具狀シ指揮ヲ申請スルノ例

第　　號

年　月　日

何郡何町(村)長　何　　某㊞

何縣知事　何　　某殿

町(村)會ノ議決(決定)事件措置ノ義指揮申請

本町(村)ニ於テハ何月何日付ヲ以テ議員何名連袂辭職ノ結果現任議員ハ定數ノ半數ニ滿チサルヲ以テ本會町(村)會ハ目下不成立ノ處町村ノ豫算ハ制第百十三條第一項ノ規定ニ依リ遲クトモ年度開始ノ一月前ニ町村會ノ議決ヲ經サルヘカラサル次第ニ候然ルニ町(村)會議員補闕選擧ノ期日ハ何月何日ト相定メ候爲年度開始後(一ヶ月半)ヲ過キタル曉ニ非サレハ町(村)會成立ノ見込無之候ニ付左記事件ハ別紙ノ通措置致度候條可然御指揮相成度具狀此段及申請候也

記

一　何年度何町(村)歲入歲出豫算ノ件

二　何年度何町(村)稅賦課率ノ件

三　何年度ニ於テ各種團体ヘ補助ヲ爲スノ件

備考

一、別紙トシテ議案又ハ決定案ニ準シタル書類添付ノコト但シ議案番號及提出年月日並提出者職氏名ハ記載ニ及ハス

二、本例ハ單ニ町村會不成立ノ場合ニ於ケル一例ヲ示シタルニ過キサルヲ以テ其ノ他ノ場合ハ左記要領詳細具狀スルコト

イ、除斥ノ爲議員カ會議ヲ開ク數ニ滿チサルニ至リタル事實及除斥ノ理由

ロ、招集再回ニ至ルモ應招議員カ會議ヲ開ク數ニ滿チサル事實

ハ、出席ヲ催告スルモ出席議員會議ヲ開ク數ニ滿チサル事實

ニ、議決又ハ決定ヲ爲サヾル事實

三、前項イ、ハ、ニ、ノ場合ニ於ケル第一項ノ添付書類ハ議案ヲ以テ之ニ替ラシムルモ可ト認ム尚會議錄謄本添付ノコト

同上ノ措置(決定)ヲ次ノ町村會ヘ報告ノ件

第　　號

町村制第七十五條第一項(第二項)(第三項)ノ規定ニ依ル措置(決定)ノ件報告

何々ノ件(左記事件)町村制第七十五條第一項(第二項)(第三項)ノ規定ニ依リ本縣知事ノ指揮ヲ受ケ別紙ノ通處置(決定)シタリ

右町村制第七十五條第四項ノ規定ニ依リ及報告

年　月　日

何町(村)長　何　某

記

一　何年度何町(村)歳入歳出豫算ノ件

二　何年度何町(村)税賦課率ノ件

三　何年度ニ於テ各種團体ヘ補助ヲ爲スノ件

備　考

別紙トシテ指揮申請書及知事ヨリ申請ノ通リ措置スヘキ旨ノ指揮命令書印刷添付ノコト

第四項　市町村會招集ノ暇ナキ場合ノ專決處分

第九十二／七十六條　市參事會町村會ニ於テ議決又ハ決定スヘキ事件ニ關シ臨時急施ヲ要スル場合ニ於テ市參事會町村會成立セサルトキ又ハ市町村長ニ於テ之ヲ招集スルノ暇ナシト認ムルトキハ市町村長ハ之レヲ專決シ次回ノ會議ニ於テ之ヲ市參事會町村會ニ報告スヘシ

前項ノ規定ニ依リ市町村長ノ爲シタル處分ニ關シテハ各本條ノ規定ニ準シ訴願又ハ訴訟ヲ提起スルコトヲ得

一、市町村會及市參事會ハ議決機關トシテ內部ニ於テ市町村ノ意思ヲ決定シ市町村長ハ執行機關トシテ外部ニ對シ市町村ヲ代表スルヲ原則トス、隨テ二者ノ間其ノ權限ニ自ラ區域アルハ固ヨリ言ヲ俟タスト雖議決機關ノ權限ニ屬スル事件ニシテ臨時急施ヲ要スルニ際シ市町村會市參事會成立セス若ハ市町村長ニ於テ之ヲ招集スルノ暇ナシト認ムル場合ニ於テ若一々府縣參事會ノ議決若ハ決定ヲ請ハシメ又ハ府縣知事ノ指揮ヲ得テ處分スルコトトセンカ事機宜ヲ失シテ爲ニ市町村ノ不利ヲ招キ或ハ共同ノ福祉ヲ阻害スルカ如キコトナシトセス、故ニ此ノ如キ場合ニ於テハ執行機關タル市町村長ヲシテ臨機應急ノ措置ヲ爲サシムルヲ必要トス、是レ市町村長ノ專決處分ノ途ヲ開キタル所以ナリ、而シテ第二項ノ規定ヲ設ケタルハ元來市參事會又ハ町村會ノ議決若ハ決定シタル事項ニ對シテハ法ハ概ネ訴願訴訟ノ提起ヲ許セルヲ以テ其ノ訴願訴訟ヲ許セル事件ニ付テハ市町村長ニ於テ專決處分シタル場合ト雖亦訴願訴訟ヲ爲シ得ルコトヲ明規シ以テ權利ノ保存ヲ期シタルナリ

市參事會町村會ニ於テ議決又ハ決定スヘキ事件ニ關シ市町村長ノ專決處分ヲ爲シ得ル場合二アリ、一ハ臨時急施ヲ要スル場合ニ於テ市參事會又ハ町村會カ成立セサルトキ他ハ臨時急施ヲ要スル場合ニ於テ市參事會又ハ町村會ヲ招集スルノ暇ナシト認ムルトキ是ナリ、

所謂「市參事町村會成立セサルトキ」トハ前條ニ於テ既ニ述ヘタル如ク現任市參事會員又ハ町村會議員ノ數カ會議ヲ開キ得ヘキ定足數ニ滿タサル場合ヲ指セルモノナリ而シテ本條ニ依リ市參事會町村會カ成立セサル場合ニ於テ市町村長カ專決處分ヲ爲シ得ルハ更ニ事ノ急迫ヲ告クル場合ナラサルヘカラス即チ府縣參事會ノ議決若ハ決定ヲ請ヒ又ハ府縣知事ノ指揮ヲ受クヘキ猶豫ナキ場合タルヲ要ス又「招集スルノ暇ナシト認ムルトキ」トハ市參事會又ハ町村會ニ付議スヘキ事件緊急ヲ要シ之ヲ招集シテ議決セシムルノ暇ナシト思料シタル場合ヲ謂フモノニシテ此ノ場合ニ於テ市町村長カ專決處ヲ爲シ得ルニハ亦前者ト同シク事ノ急迫ヲ告クル場合ナラサルヘカラ

ス、例ヘハ傳染病ノ蔓延ニ際シ急遽豫防費ノ豫算ヲ發スル場合又ハ非常出水ニ際シ之カ防禦ニ費用ヲ支出シ或ハ被難者ノ救護費ヲ支出セサルヘカラサル如キ場合是ナリ、而シテ其ノ如何ナル事件カ臨時急施ヲ要スルモノニシテ又其ノ如何ナル場合カ市參事會町村會ヲ招集スルノ暇ナキ場合ナルヤ否ヤハ一ニ市町村長ノ認定權ニ屬スルモノナリト雖元來專決處分タル議決機關ノ權限ニ立入ルモノナルヲ以テ若此ノ規定ヲ濫用スルニ於テハ其ノ局議決機關ノ權限ヲ無視スルコトトナリ弊害ノ及フ所決シテ尠少ナラサルヲ以テ實際ニ當リテハ最モ考慮ヲ要セサルヘカラサルハ勿論ナリトス

本件ニハ市參事會町村會トアリテ市會ノ規定ナシ是レ市會ノ成立セサルトキ又ハ其ノ之ヲ招集スルノ暇ナシト認ムル場合ニ於テハ前條ノ規定ニ依リ市會ノ權限ニ屬スル事件ハ之ヲ市參事會ノ議決ニ付スルコトヲ得ヘク其ノ市參事會ニ於テ之カ代決ヲ爲ス能ハサル場合ニ於テハ即チ本項ノ規定ニ依ルヘキヲ以テ結局市會及市參事會共ニ本項ノ場合ニ該當スルトキハ市會ノ議決又ハ決定スヘキ事件ト雖市長ハ之カ專決處分ヲ爲シ得ルヲ以テナリ

本項ニ依リ市町村長ノ爲シタル專決處分ハ市參事會及町村會ニ於テ議決又ハ決定シ

タルト均シク直ニ其ノ効果ヲ發生スヘキモノナリト雖元來市參事會又ハ町村會ノ權限ニ屬スル事項ナルヲ以テ法ハ市町村長ヲシテ次回ノ會議ニ於テ市參事會町村會ニ報告セシムルコトト爲セリ、然レトモ市參事會又ハ町村會ニ對スル報告ハ單ニ之ヲ知了セシムルニ止マルモノナルヲ以テ假令市參事會又ハ町村會ニ於テ其ノ事件ニ關シ異議アルモ其ノ處分ノ効力ニ關係ヲ及ホスヘキモノニ非サルハ勿論ナリ

二、市町村長ノ爲シタル專決處分ニ關シテハ各本條ノ規定ニ於テ市參事會又ハ町村會ノ議決若ハ決定ニ對シ訴願訴訟ノ提起ヲ許セル事項ニ付テハ均シク訴願ヲ提起スルコトヲ得セシム、元來市參事會又ハ町村會ニ於テ議決若ハ決定シタル事件ニ對シ訴願訴訟ヲ許セルモノハ其ノ市町村長ニ於ヲ之ヲ專決處分シタル爲ニ其ノ訴願訴訟提起ノ權ヲ喪失セシムルカ如キハ權利保全ノ途ニ非サレハナリ

町村長ノ專決處分

何年度何縣何郡何町(村)歲入歲出追加豫算

歲　　入

一金一萬五千圓	歲入既定豫算高

一金五百圓　　歳入追加豫算高

歳入合計金一萬五千五百圓

歳　出

一金一萬四千圓　　經常部既定豫算高

一金千圓　　臨時部既定豫算高

一金五百圓　　臨時　追加豫算高

臨時部計金千五百圓

歳出合計金一萬五千五百

歳入歳出差引

殘金ナシ

何年度何縣何郡何町（村）歳入歳出追加豫算

歳　入

豫算

科目 款	科目 項	既定豫算額	追加豫算額	計
十二 繰越金		八〇〇	五〇〇	一、三〇〇
	一 前年度繰越金	八〇〇	五〇〇	一、三〇〇
歳入合計		一五、〇〇〇	五〇〇	一五、五〇〇

豫算説明

種目	既定豫算額	追加豫算額	計	附記
一 前年度繰越金	八〇〇	五〇〇	一、三〇〇	

歳出

臨時部

豫算

科目 款	科目 項	既定豫算額	追加豫算額	計

豫算説明

種目	既定豫算額	追加豫算額	計	附記

二土木費	五〇〇	五〇〇	一、〇〇〇					
一道路橋梁費	三〇〇	五〇〇	八〇〇					
				二橋梁費	—	三〇〇	五〇〇	某橋假橋費
時部計	一、〇〇〇	五〇〇	一、五〇〇					
歳出合計	一五、〇〇〇	五〇〇	一五、五〇〇					

昭和何年何月何日專決處分

何郡何町(村)長　何　某㊞

備考

一、專決處分ヲ爲ス場合ハ主務者ヨリ町村長ニ經伺シ決裁アリタルトキ本文例ニ依リ專決處分ノ事項及町村長名記載ノ上職印押捺スルコト

例

昨夜夜來ノ豪雨ニ依リ町村道何々線橋梁何々ハ遂ニ流失致シ候處右道路ハ本町(村)內唯一ノ幹道ニシテ人馬ノ往來頻繁ナルノミナラス大字何々大字

何々方面ノ兒童通學ニ差支ヲ來シ寸時モ捨置キ難キ現況ニ有之直ニ假橋架橋ノ要有之候得共之カ豫算ノ計上無之ヲ以テ別紙ノ通追加豫算ノ義專決處分可然哉（別紙トシテ本文例ノ追加豫算添付ノコト）

二、專決處分ヲ爲シタルトキハ普通町村會ニ於テ議決又ハ決定シタルト同樣ノ取扱ヲ爲スコト

專決處分ヲ次ノ町村會ヘ報告

報告第　　號

專決處分報告ノ件

昭和何年何月何日ノ豪雨ニ際シ町村道何々線橋梁何々橋流失ニ付之カ應急策トシテノ假橋架橋工事ハ交通ノ頻繁及大字何村字方面ノ兒童通學上ノ支障等ヨリシテ寸時モ捨置キ難キモノナルニ依リ之カ經費ヲ求ムルニ當リ町（村）會ヲ招集スルノ暇ナキモノト認メ別紙ノ通追加豫算ヲ專決處分シタリ

右町村制第七十六條ノ規定ニ依リ及報告

昭和何年何月何日

何町(村)長　何　某

備　考

前様式ノ專決處分書類印刷添付ノコト

第十六章　歳入出豫算及決算

第一項　歳入出豫算

第百三十三條　市町村長ハ毎會計年度歳入出豫算ヲ調製シ遲クトモ年度開始ノ一月前ニ市町村會ノ議決ヲ經ヘシ

市町村ノ會計年度ハ政府ノ會計年度ニ依ル

豫算ヲ市町村會ニ提出スルトキハ市町村長ハ併セテ事務報告書及財產表ヲ提出スヘシ

豫算ハ一會計年度ニ於ケル收支ノ見積計算ナリ市町村長ハ毎會計年度一年度間ニ於ケル一切ノ收入ヲ歳入トシ一切ノ經費ヲ歳出トシ其ノ歳入歳出ノ見積計算ヲ調製シ市町村會ノ議決ヲ經ヘキモノトス、豫算ハ收支ノ見積計算ナルヲ以テ年度開始前ニ成立スルコトヲ要ス、茲ニ於テ乎法律ハ特ニ豫算ハ遲クトモ年度開始ノ一月前ニ市町村ノ議決ヲ經ヘキコトヲ規定セリ豫算調製ノ式ハ内務大臣ノ定ムル所ニ從フヘシ又豫算ヲ市町村會ニ提出スル際ニハ事務報告書及財產表ヲ併セテ提出スルコトヲ要ス是レ其ノ議決ニ關シ重要ナル參考資料タルヘケレハナリ

一、豫算ヲ調製スルハ市町村長ノ權限ニ屬シ市町村會ハ其ノ提案ヲ待チテ之ヲ議決スルノ權限ヲ有スルニ過キス法文ニ「毎會計年度」トアルヲ以テ豫算ハ一會計年度間ニ於ケル收支ノ見積計算タルニ止マリ數年度間ニ涉ルヘキモノニ非ス又數年度分ヲ一時ニ調製スルコトナク毎年度之ヲ調製スヘキモノタルヤ明ナリ、市制第百三十五條町村制第百十五條ニ所謂繼續費ニ付テハ數年ニ涉リ各年度ノ支出額ヲ定ムルコトアルモ是レ豫算ト自ラ異ナレルモノナルヲ知ルヘシ

豫算ハ財政ノ計畫ヲ立テ又之ニ依リテ會計ヲ整理セントスルニ在リ而シテ之カ調製ノ式ハ市制第百四十三條町村制第百十二條ナリトス

二、會計年度ハ財政ノ計畫及實行上ノ限界トシテ定メラレタル期間ヲイフ、會計年度ハ豫算ト共ニ財政計畫ニ關スル整理ノ要件ニシテ又歳入歳出ノ所屬ノ由リテ定マル標準ナリ「政府ノ會計年度ニ依ル」トハ政府ノ會計年度ト同一ニ爲スノ義ニシテ政府ノ會計年度ハ即チ會計法第一條ノ規定ニ依リ毎年四月一日ニ始マリ翌年三月三十一日ニ終レリ、隨テ豫算ハ此ノ期間ヲ標準トシテ收支ノ見積計算ヲ立テ又此ノ期間內ニ之ヲ執行スヘキモノトス此ノ故ニ豫算ハ會計年度ノ開始シタル日ヨリ之ヲ執行シ得ヘク其ノ終了ト同時ニ之カ執行ヲ止メサルヘカラス其ノ經費ニ殘餘ヲ存スルト否トハ問フ所ニ非サルナリ、而シテ一會計年度所屬ノ歳入歳出ニ對スル出納ハ財務規程ノ定ムル所ニ從ハサルヘカラサルヲ以テ出納事務ノ整理ハ固ヨリ會計年度末ヲ以テ完了スルヲ得ス、是レ市制第百四十二條第一項町村制第百二十二條第一項ノ規定アル所以ナリ

三、事務報告書及財產表ハ豫算ヲ議決スルニ當リ重要ナル參考資料タルコト既ニ述ヘタルカ如シ「事務報告書」ニハ市町村吏員ニ於テ取扱ヒタル一切ノ事務ヲ記載スルコトヲ要ス其ノ市町村ノ固有事務タルト委任事務タルト將タ市町村長其ノ他ノ吏員ノ特ニ委任ヲ受ケタル事務タルトヲ問ハス總テ之ヲ網羅シ以テ其ノ事務ノ狀況ヲ明

其ニセサルヘカラス「財産表」ハ市町村ニ屬スル一切ノ財産ヲ記載スルコトヲ要ス其ノ基本財産タルト公用財産タルトハ固ヨリ之ヲ問ハスト雖其ノ收入ヲ生スルモノニ在リテハ豫算ニ密接ノ關係アルヲ以テ特ニ之ヲ區別スヘク且一切ノ財産ハ單ニ現在ノ狀況ヲ明ニスルノミナラス其ノ管理ノ狀況ニ付テモ亦之ヲ明ニセサルヘカラス事務報告書及財産表ノ調製ニ付テハ法文ノ明規ナキヲ以テ如何ナル形式ニ依ルヘキ歟各府縣ニ於テハ概ネ特ニ訓令ヲ發シテ準則ヲ示セルヲ例トス而シテ其ノ記載スヘキ事實ニ付テハ從來事務報告書ニハ曆ニ從ヒ前年一月一日ヨリ十二月三十一日ニ至ル間ノ事務ニ關シ又財産表ニハ前年十二月末日又ハ其ノ年一月一日ノ現在ニ依ルモノヲ最モ多シトス

第二項　豫算ノ追加及更正

第百三十四條　市町村長ハ市町村會ノ議決ヲ經テ既定豫算ノ追加又ハ更正ヲ爲スコトヲ得

追加豫算トハ總豫算ノ定マリタル後於ニテ新ニ歲入出ノ科目ヲ設ケテ其ノ見積金額ヲ定メ又ハ既定豫算金額ノ更正豫算トハ總豫算ノ定マリタル後ニ於テ新ニ歲入出科

目ノ金額ヲ彼此增減シ又ハ科目ノ削除ヲ爲スヲ謂フ、追加豫算ハ豫算不可分ノ原則ニ對スル例外ヲ爲スモノニシテ豫算ニ對シ一時分立ノ形式ヲ爲セリ、而シテ其ノ相合シテ豫算ノ全體ヲ組織スルモノナルカ故ニ追加豫算ハ所謂豫算ノ延長タルニ外ナラス、然ルニ更正豫算ハ其ノ更正スヘキ事實ハ既定豫算ノ範圍内ニ止マレルヲ以テ追加豫算トハ稍其ノ趣ヲ異ニセリ

既定豫算ノ追加ヲ爲ス場合ニ關シテハ會計法第七條第二項ノ如キ法律ノ制限ナク一ニ市町村會ノ議決ヲ經ルコトヲ要件ト爲セリト雖、其ノ之ヲ爲スニハ總豫算ノ定マリタル後ニ於テ避クヘカラサル必要ヲ生シタル場合ナラサルヘカラス、豫算ノ更正ニ付テモ亦同シ元來豫算ハ豫メ收支ノ見積計算ヲ爲セルモノナレハ之カ執行ニ際シ過不足ヲ生スヘキハ性質上免ルヘカラサル所ナリ、而シテ豫算ノ金額ハ支出ノ最高限度ヲ示セルモノナルヲ以テ其ノ金額ニ超過スル支出ヲ要シ又ハ豫算ニ科目ナキ支出ヲ要スルトキトハ如何ニシテ之レカ補充ヲ爲スヘキカ若豫算金額ニ剩餘ヲ生スヘキノ科目又ハ支出ノ不必要ニ歸シタル科目ノ存スルアラハ彼ヲ割キテ之ニ充ツルモ亦不可ナシトス、尤モ他ニ豫算外ノ支出又ハ豫算超過ノ支出ニ充ツル爲メ豫備費(市制第百三十六條町村制第百十六條)ノ設アリト雖豫備費ニハ自ラ限ナキ能ハス是レ既定豫算ノ追加又ハ

更正ヲ爲シ以テ實際ノ必要ニ應セシムル所以ナリ
既定豫算ノ追加又ハ更正ヲ爲スノ時期ニ付テハ法文ニ何等ノ制限ナシト雖市町村長ハ一年度間ノ收支ノ豫測シ得ルモノハ悉ク之ヲ計上スヘキハ勿論ナルヲ以テ其ノ追加又ハ更正ヲ要スルハ豫算調製以後ニ於テ必要ノ生シタルモノナラサルヘカラス豫算ハ一會計年度ヲ以テ限界ト爲スモノナルヲ以テ年度經過後ニ於テハ未タ出納閉鎖期限前ト雖之ニ對シ追加又ハ更正ノ豫算ヲ提出スルコトヲ得サルハ言ヲ俟タサルナリ

第三項　繼續費ノ議定

第百三十五條　市町村費ヲ以テ支辨スル事件ニシテ數年ヲ期シテ其ノ費用ヲ支出スヘキモノハ市町村會ノ議決ヲ經テ其ノ年期間各年度ノ支出額ヲ定メ繼續費ト爲スコトヲ得

繼續費トハ市町村費ヲ以テ支辨スル事件ニ付數年度間ニ渉ル費用ノ支出額ヲ定ムルヲ謂フ、市町村ノ豫算ハ一會計年度ニ止マルヘキヲ以テ市町村ニ於テ經營スル事業ノ二年以上ニ渉リテ竣功ヲ期スル場合又ハ市町村カ或金錢上ノ負擔ヲ爲シ二年以上ニ渉リテ之カ支出ヲ爲サントスル場合ニハ其ノ費用支出ノ全部ニ就キ之ヲ豫算ニ編入スルコト能ハサルヘシ、若數年ヲ期シテ經營スヘキ事業ニ對シテ單ニ繼續事業ノミニ付市町村會ノ議決ヲ經之ニ關スル費用ハ毎年度ノ豫算ニ編入シテ議決ヲ經ルニ過キサリシモノナラハ事業ハ數年ニ渉リテ既ニ確定セルニ拘ラス之ニ伴フ支出ノ確定セルハ纔ニ一年度ヲ出テス故ニ其ノ費途ハ初年度ニ於テ之ヲ可決シタルモ次年度ニ至リテ之ヲ廢除スルカ如キコトアルトキハ　既ニ計畫中ニ屬スル事業ヲシテ終ニ阻止セシムルカ如キ不利ヲ釀スニ至ルヘシ、此ノ如キハ固ヨリ財政上策ノ得タルモノニ非ス、是レ繼續費ノ制ヲ設ケ數年ニ渉ル事業計畫ノ始ニ於テ其ノ竣工ニ至ル迄ノ費用總額及其ノ年期間各年度ノ支出額ヲ定メシムルコトト爲シタル所以ナリ

此ノ如ク繼續費ヲ定ムルハ市町村費ヲ以テ支辨スヘキ事件ニ對シ少クトモ二年以上繼續シテ費用ノ支出ヲ要スル場合ニ在リテ存ス例ヘハ市町村ニ於テ水道ノ布設學校ノ建築道路ノ改修殖林開墾又ハ埋立等ノ事業ニシテ一年度間ニ之カ竣功ヲ見ルコト能ハサル場合ノ如キ市町村ニ於テ土地建物ノ買收代金又ハ他ノ經營ニ對スル寄附金若ハ補助金ヲ數年ニ分割シテ支拂フヘキ場合ノ如キ是ナリ

繼續費ハ數年ニ渉リ支出ヲ要スル費用ヲ定ムルモノナルヲ以テ既ニ其ノ定マリタル

後其ノ各年度ノ支出額ニ就テハ單ニ收支ノ均衡ヲ得セシムル爲ニ當該年度ノ豫算ニ計上スルニ過キス、故ニ市町村會ニ於テ其ノ豫算ヲ議スルニ當リ豫メ繼續費ノ變更ヲ爲サヽルニ先チ直ニ其ノ豫算ノ修正ヲ爲スコトヲ得ス又各年度ノ豫算ヲ執行スルニ當リ殘額ヲ生シタル場合ハ繼續年度ノ終リ迄遞次繰越使用シ得ヘキモノナリ、是レ市町村財務規程第十四條ノ明規スル所ニシテ其ノ繰越使用シ得ヘキ殘額ハ次年度ノ豫算ニ編入スルヲ要セサルモ歲計內譯簿等ニ記帳シ帳簿上ニ說明ヲ附シ以テ整理ヲ爲スヘキハ論ナシ繼續費ハ市町村會ノ議決ヲ以テ其ノ總額及各年度ノ支出額ヲ定メ且市制第百六十七條第十號町村制第百四十七條第十號ノ規定ニ依リ府縣知事ノ許可ヲ受クルコトヲ要ス、其ノ監督官廳ノ許可ヲ受ケシムルハ負擔ヲ後年ニ貽スルモノナルカ爲之カ濫起ノ弊ヲ生スルコトナキヲ期スルニ在リ繼續費ヲ變更スル場合ニ於テモ亦同一ノ手續ヲ經サルヘカラス、繼續費ノ變更トハ繼續年期ノ延長若ハ短縮ヲ爲シ又ハ各年度ノ支出額ヲ增減變更スル場合ヲ謂フ其ノ癈止ノ場合ニ於ハ單ニ監督官廳ニ報告スルヲ以テ足リ別ニ許可ヲ受クルヲ要セサルナリ

第四項　豫備費

第百三十六條　市町村ハ豫算外ノ支出又ハ豫算超過ノ支出ニ充ツル爲豫備費ヲ設クヘシ

特別會計ニハ豫備費ヲ設ケサルコトヲ得

豫備費ハ市町村會ノ否決シタル費途ニ充ツルコトヲ得ス

市町村長カ豫算ヲ執行スルニ際シ天災事變等ノ爲其ノ豫算ニ科目ナキ支出ノ必要ヲ生シ又ハ物價騰貴其ノ他ノ避クヘカラサル事故ノ爲豫算金額ヲ超過スル支出ノ必要ヲ生シタル場合ニ其ノ金額ノ比較的少額ナルニ拘ラス一一市町村會ノ議決ヲ經ヘキモノトスルハ啻ニ事務ノ煩雜ヲ來スノミナラス勞費ヲ要スルコト亦大ナルモノアルヘシ此ノ場合ニ於テ豫メ一定ノ金額ヲ豫算ニ計上シ置キ以テ市町村長限リ之ニ應スルノ支出ヲ爲スコトヲ得セシムルハ最モ便宜ノ方法ニシテ所謂豫備費ノ効用ハ全ク茲ニ存スルモノトス

「豫算外ノ支出」トハ豫算ニ掲ケタル費目ニ屬セサル支出ヲ謂ヒ「豫算超過ノ支出」トハ豫算ニ掲ケアル費目ノ金額ヲ超過スル支出ヲ謂フ、豫備費ヲ支出スヘキハ必ス此ノ二ノ場合ニ限ラサルヘカラス豫備費ヲ設クルコトハ市町村ハ云々トアルヲ以テ市町村會ノ議決ヲ經ヘキハ言ヲ俟タスト雖其ノ既ニ設ケタル豫備費ヲ支出スルニハ市町村會ノ議決ヲ要セス市町村長ニ於テ直ニ之ヲ支出シ得ヘシ其ノ豫算外ノ支出ヲ爲ス爲豫備費ヲ支出スルニ當リテハ會計帳簿ニ其ノ費途ニ對スル科目ヲ新設シ之ヲ記帳シ以テ之ヲ整理スヘキモノトス、豫備費ヲ設クルコトハ法律ニ依ル市町村ノ義務ニ屬スルヲ以テ豫備費ヲ議スルニ當リテハ市町村會ハ其ノ金額ヲ增減スルハ格別其ノ科目ヲ削除スルカ如キコトヲ爲スヲ得ス、若市町村ニ於テ豫算中豫備費ヲ設ケサルトキハ市制第百六十三條第一項町村制第百四十三條第一項ノ規定ニ依リ監督官廳ハ理由ヲ示シ之ヲ豫算ニ加フルコトヲ得ルモノトス

市町村ハ豫算外ノ支出又ハ豫算超過ノ支出ニ充ツル爲メ必ス豫備費ヲ設ケサルヘカラサルモ特別會計ニ在リテハ基本財産蓄積金特別會計ノ如ク其ノ支出ノ範圍狹少ニシテ不時ノ支出ヲ要スルコト尠キモノアリ、是等ニ對シテモ一々　備費ヲ設ケシムルカ如キハ全ク其ノ形式ニ流レ實益ナキノミナラス多數ノ特別會計ニ各豫備費ヲ設クル爲メ市町村ノ歳計ヲ膨脹セシムルノ倶ナキヲ保セス、故ニ特別會計ノ種類ニ依リテハ豫備費ヲ設ケサルコトヲ得セシメタリ、然レトモ特別會計ニ豫備費ヲ設クルヲ要セスト規定シタルカ爲其ノ豫算外又ハ豫算超過ノ支　ヲ必要トスル場合ニ在リテモ他ノ一般會計等ノ豫備費ヨリ支辨シ得セシムルモノニ非サルヲ以テ若其ノ特別

會計ニ豫備費ヲ設ケサル場合ハ絶對ニ豫算超過ノ支出ヲ爲シ得サルモノトス故ニ特別會計ニ豫備費ヲ設クルヤ否ハ其ノ特別會計ノ實質ニ依リテ判定ヲ爲シ以テ實際ノ運用ニ支障ナカラシムルコトヲ要ス

豫備費ハ市町村長限リ之ヲ支出シ得ヘシト雖固ヨリ濫費ニ渉ルコトヲ許サス殊ニ本項ハ之カ支出ノ制限トシテ市町村會ニ於テ豫算議決ノ際其ノ否決シタリシ費途ニ充ツルコトヲ得サル旨ヲ規定セリ蓋シ當然ノ事理ナリ

町村ノ豫算

議案第　　號

昭和何年度　　縣〔　　郡　　町(村)〕歳入歳出豫算

歳　入

一金　　　　　　歳入豫算高

歳　出

一金　　　　　　經常部豫算高

臨時部豫算高

一金

合計金

歳入歳出差引

殘金（ナシ）

市制町村制施行規則第三十七條ニ依リ歳計剰餘金ヲ翌年度ニ繰越サスシテ基本財産ニ編入セントスル場合ニハ左ノ通記載スヘシ

歳計剰餘金ハ全部基本財産ニ編入

又ハ

歳計剰餘金ノ内何歩基本財産ニ編入ス

昭和何年度何縣何市（何郡何町（村））歳入歳出豫算

歳入

豫算			豫算說明				
科目		豫算額	種目	本年度豫算額	前年度豫算額	増減	附記
款	項						

科目					備考
一 財産ヨリ生スル収入	円	円	円	円	
一 基本財産収入					
一 小作米					大字某田何段歩小作米何石此金何圓但一段歩當何石何圓 大字某畑何反何歩小作何何石此金何圓但一段歩當石米一石何圓
二 貸地料					大字某宅地何坪貸地料金何圓但一坪當何圓大字某田何段歩小作料金何圓但一段歩當何圓
三 木竹其ノ他賣拂代金					大字某基本財産林杉間切何本賣拂代金何圓但一本當何圓大字某何松林何反歩落葉賣拂代金何圓但一段歩當何圓
四 貸家料					大字某住宅何棟貸家料但一棟月額何圓
五 貸付金穀利子					貸付金何圓利子金何圓但年利何分貸付現米何石利子何石此金何圓

六 預金利子				銀行預金（又ハ郵便貯金）何圓利子金何圓但年利何分 信用組合預金何圓利子金何圓何但年利何分
七 公債利子				何公債額面何圓利子何圓但年利何分
八 社債利子				勸業債券額何圓利子金何圓但利何分
九 株券配當金				銀行株券額面何圓ニ付何分配當此金金何圓會社株券額面何圓年分配當此金何圓
	二 小學校基本財産收入			
一 小作				大字某田何町歩小作米何石此金何圓但一段歩當何石二石何圓
二 貸地料				大字某畑何町歩貸地料金何圓但一段歩當何圓
三 預金利子				銀行預金何圓利子金何圓但年利何分
四 公債利子				何公債額面何圓利子金何圓但年利何分

五 社債利子
勸業債券額面何圓利子金何圓但年何分

三 罹災救助基本財産收入

一 預金利子
郵便貯金何圓利子金何圓但年利何分

四 何々積立金收入

一 預金利子
銀行預金何圓利子金何圓但年利何分

二 使用料手數料

一 使用料

一 屠場使用料
屠場使用料牛何頭金何圓一頭何圓馬何頭何圓一頭金何圓豚何頭金何圓一頭何圓

水道
私設專用栓使用何戸料金何圓一戸月額何錢
私設共同栓使用何戸料金何圓一戸月額何錢

			二 使用料			公設共同栓使用何戶料金何圓 一戶月額何錢 計量專用栓使用何戶料金何圓 一戶月額何圓
			三 小學校授業料			某小學校高等科兒童何人一人 一ヶ月何錢十一ヶ月分此金何圓 某小學校尋常科兒童何人一人二 ヶ月何錢十一ヶ月分此金何圓
			四 實業學校授業料			某學校生徒何人一人一ヶ月何 錢十一ヶ月分
			五 幼稚園保育料			某幼稚園兒童何人一人一ヶ月 何錢十一何月分
			六 圖書閲覧料			某圖書館圖書閲覧延何人一人 何錢
			七 道路占用料			電柱廻設占用料本柱何本一本 ニ付何錢此金何圓支柱何本一 本ニ付何錢此金何圓 某渡船渡錢何人平均一人何錢 此金何圓 某橋橋錢何人平均一人何錢此 金何圓
			八 市場使用料			一等何戶一戶何圓此金何圓 二等何戶一戶何圓此金何圓 三等何戶一戶何圓此金何圓

二　手數料

一　證明手數料	證明何件一件何錢此金何圓閲覧何回一回何錢此金何圓謄本抄本何枚一枚何錢此金何圓徴税令書等再交付何枚一枚何錢此金何圓
二　督促手數料	縣税督促何件何錢此金何圓何(町村)税督促何件一件何錢此金何圓授業料督促何仲一仲何錢此金何圓
三　戸籍手數料	證明何件一件何錢此金何圓閲覧何回一回何錢此金何圓謄本抄本何枚一枚何錢此金何圓
四　寄留手數料	閲覧何回一回何錢此金何圓謄本抄本何枚一枚何錢此金何圓
五　馬籍手數料	閲覧何回一回何錢此金何圓謄本抄本何枚一枚何錢
六　屠畜手數料	牛何頭一頭何圓此金何圓馬何頭一頭何圓此金何圓豚何頭何圓此金何圓
七　海員手數料	手帖訂正(何々ノ認證又ハ何々)何件一件何錢

三 交付金

一 國稅徵收交付金	一 國稅徵收交付金	國稅何圓此何分ノ何程此金何圓 納額告知書何通一通何錢 此金何圓
二 縣稅徵收交付金	一 縣稅徵收交付金	地租附加稅及特別地稅何圓此何分ノ何程此金何圓 其ノ他縣稅何圓此何分ノ何程此金何圓
三 水利組合費徵收交付金	一 水利組合費徵收交付金	某水利組合費何圓此何分ノ何程此金何圓 某水害豫防組合費何圓此何分ノ何程此金何圓
四 耕地整理組合費徵收交付金		

五 農會費徴收交付金			
	一 耕地整理組合費徴收交付金		某耕地整理組合費何圓此何分ノ何程
	一 農會費徴收交付金		某農會費何圓此何分ノ何程
六 水産會費徴收交付金			
	一 水産會費徴收交付金		某水産會費何圓此何分ノ何程
七 健康保險料其他徴收交付金			
	一 健康保險料其他徴收交付金		健康保險料其他何圓此何分ノ何程

四 國庫下渡金

一 義務敎育費下渡金

一 義務敎育費下渡金

二 一年現役小學校敎員俸給費下渡金

一 一年現役小學校敎員俸給費下渡金

五 納付金

一 納付金

			一 掃除費納付金				汚物掃除法第八條ニ依ルモノ
			二 入院患者費納付金				傳染病豫防法施行規則第三十條ニ依ルモノ
			三 清潔及消毒費納付金				傳染病豫防法第二十六條ニ依ルモノ
			四 害虫驅除費納付金				害虫驅除豫防法第三條ニ依ルモノ
			五 水道給水用具修繕費納付金				水道條例第十三條ニ依ルモノ
			六 下水道設備及管理費納付金				下水道法第八條ニ依ルモノ

(中略)

	一 夫役						
			一 夫役換算金				某堤防修繕夫役換算金相接市町村税何圓本程一圓ニ付何人一人一日何錢
	二 現品						
			一 現品換算金				某堤防修繕材料現品換算金相接市町村税何圓本税一圓ニ付板丸太何本一本何錢
二六 市(町村)債							
	一 市(町村)債						
			一 教育費公債				某小學校舍建築費公費
			二 土木費公債				某堤防災害復舊費公債
歳入合計							

歳出

経常部

豫算説明

科目 款	科目 項	豫算額	種目	本年度豫算額	前年度豫算額	増減	附記
一 神社費		円		円	円	円	
	一 神饌幣帛料		一 神饌料				何神社幣帛料
			二 幣帛料				何神社何饌料
			三 雑費				雑費

二會議費			
	一費用辨償		
		一費用辨償	臨時出納檢査立會議員一人日額何圓延何日此金何圓議員一人日額何圓延何日此金何圓事參會員一人日額何圓延一日此金何圓
	二給斛		
		一書記給料	延何人一人日額何圓
	三雜給		
		一使丁給	延何人一人額何圓
	四需用費		
		一備品費	椅子新調費何圓机修繕費何圓

二 消耗品費　筆紙墨代何圓薪炭油茶代何圓

三 通信運搬費　通信費何圓　運搬費何圓

四 印刷費　會議規則其他印刷費

三 役所（役場）費

一 報酬

一 町村長報酬　月額何圓

二 助役報酬　月額何圓（又ハ何人平均一人月額何圓）

三 市參與報酬　何人平均一人月額何圓

四 區長及區長代理者報酬　區長何人平均年額何圓此金何圓　區長代理者何人平均年額何圓此金何圓

二 給料

	一　市町村長給料			年報何圓（又ハ月俸何圓）
	二　助役給料			年報何圓（又ハ月俸何圓）
	三　市參與給料			何人平均一人月俸何圓
	四　收入役給料			月俸何圓
	五　副收入役給料			月俸何圓
	六　書記給料			何人平均一人月俸何圓
二　雜給				
	一　費用辨償			市參與何圓　町（村）長何圓　助役何圓　區長何圓　區長代理者何圓
	二　旅費			市（町村）長何圓　助役何圓　市參與何圓　收入役何圓　書記何圓

三	手當				戸數割資力調査員手當何圓 傳染病豫防救治從事者手當何圓
四	給仕及使丁給				給仕何人　均一人日額何圓此金何圓 使丁何人平均一人日額何圓此金何圓
五	傭人料				雇員延何人一人日額何圓此金何圓 傭人延何人一人日額何圓此金何圓
六	賞與				有給吏員何圓 給仕及使丁何圓
七	退隱料				
八	一時給與金				有給吏員退職給與金何圓 同死亡給與金何圓　同弔祭料何圓 同療治料何圓
九	年功加俸				
四	需用費				

			一備品費				官報代何圓何器具新調費何圓何機械修繕費何圓圖書費何圓
			二消耗品費				筆紙墨代何圓　薪炭油茶代何圓
			三印刷費				豫算　決算共ノ他印刷費
			四通信運搬費				通信費何圓　運搬費何圓
			五賄費				吏員宿直及徹夜賄費何圓給仕小使宿直及徹夜賄費何圓
			六被服費				吏員事務服新調費何圓給仕服新調費何圓小使法被新調何圓
			七借家地料				役場用借家料（役場敷地借地料）月額何圓
			八電燈費				
			九電話費				維持費
			十雑費				松飾費何圓　何費何圓

	五修繕費		
		一修繕費	小修繕費
四土木費			
	一道路橋梁費		
		一道路費	市(町村)道修繕費
		二橋梁費	橋梁修繕費
	二治水堤防費		
		一河岸費	河岸修繕費
		二堤防費	堤防修繕費
	三用悪水路費		

一水路費　修繕費何圓　浚渫費何圓

二樋管費　修繕費

四堰埭費

一堰埭費　修繕費

五砂防費

一砂防費　土砂打止費

五教育費

一某尋常高等小學校費

一給料　人科正教員何人平均一人月俸何圓此金何圓專科正教員何本平均一人日俸何圓此金何圓准教員何人平均一人月俸何圓此金何圓

	款		項				備考
			二雜給				職員旅費何圓恩給寒金納金何圓賞與何圓特別教授手當何圓住宅料何圓療治料何圓慰勞金何圓學務委員報酬何圓同費用辨償何圓學校醫手當何圓同旅費何圓給仕給何圓使丁給何圓給仕及使丁賞與何圓傭人料何圓
			三需用費				備品費何圓消耗品費何圓印刷費何圓通信運搬費何圓賄費何圓被服費圓圓借家（地）料何圓電燈費何圓電話維持何圓校舍保險料何圓
			四修繕費				校舍屋根何圓柵何圓小修繕何圓
			五雜費				運動會費何圓祝賀式費何圓兒童奬勵費何圓兒童就學奬勵費何圓父兄姉會何圓費學旅行費何圓
	二某學校費						
			一給料				教諭何人平均一人月額何圓此金何圓助教諭何人平均月額何圓此金何圓書記何人平均一人月額何圓此金何圓

		二　雑給				職員旅費何圓　賞與何圓　恩給基金納金何圓　學校醫手當何圓　同旅費何圓　給仕給何圓　使丁給何圓　給仕使丁賞與何圓　傭人料何圓
		三　需用費				備品費何圓　消耗品費何圓　印刷費何圓　通信運搬費何圓　賄費何圓　被服費何圓　借家（地）料何圓　電燈費何圓　電話維持費何圓
		四　實習費				農具費何圓　種苗費何圓　肥料費何圓　作業服費何圓　蠶具費何圓　家畜豢何飼養費何圓
		五　修繕費				牛舍何圓　鷄舍何圓　校舍共他小修繕何圓
		六　雜費				運動會費金圓　祝賀費何圓　生徒獎勵何何圓　修學旅行費何圓
三　幼稚園費						

（中　略）

	四 辨償費		
		一 訴訟辨償費	某訴訟辨償金
十九 土木費 本年度支出額			
	一 道路費 本年度支出額		
		一 道路改修費	自何年度至何年度繼續費何圓ノ內
二十 教育費 本年度支出額			
	一 小學校營繕費本年度支出額		
		一 校舍建築費	自何年度至何年度繼續費何圓ノ內

			二敷地費				自何年度至何年度繼續費何圓ノ内
臨時部計							
歳出合計							

昭和何年何月何日提出

何市〔町(村)〕長　氏　名

(又ハ)

何町(村)組合管理者

何町(村)長　氏　名

議案第　　號

昭和何年度何縣何市何郡何町(村)歳入歳出追加豫算

歳　入

一金一萬五千圓　歳入既定豫算高

一金二萬二千四百五十圓　歳入追加豫算高

歳入合計金三萬七千四百五十圓

歳　出

一金一萬四千圓　經常部既定豫算高

一金千圓　臨時部既定豫算高

一金二萬二千四百五十圓　臨時部追加豫算高

臨時部合計金二萬三千四百五十圓

歳入歳出差引

殘金ナシ

昭和何年度何縣何市〔何郡町(村)〕歳入歳出追加豫算

歳　入

豫算					豫算說明				
科目 款	科目 項	既定豫算額	追加豫算額	計	種目	既定豫算額	追加豫算額	計	附記
十四 市(町村)稅		一〇、〇〇〇円	四五〇円	一〇、四五〇円		円	円	円	

	八 縣税家屋税附加税	二、〇〇〇	二五〇	二、二五〇
	十二 特別税戸數割	五、〇〇〇	二〇〇	五、二〇〇
十六 市(町村)債			三、〇〇〇	三、〇〇〇
	一 市(町村)債		三、〇〇〇	三、〇〇〇
歳入合計		一五、〇〇〇	三、四五〇	三七、四五〇

歳出（臨時部ノミノ追加ナルトキハ歳出標記スルコト）

	一 縣税家屋税附加税	二、〇〇〇	二五〇	二、二五〇	縣税家屋税五百圓本程一圓ニ付五十錢
	一 特別税戸數割	五、〇〇〇	二〇〇	五、二〇〇	四百戸一戸平均五十錢
	一 教育費公債		三、〇〇〇	三、〇〇〇	某小學校舍建案費公債

臨時部

豫算

科目 款	科目 項	既定豫算額	追加豫算額	計
三 某尋常高等小學校營繕費		円	三、四五〇 円	三、四五〇 円
	一 建築費		三、一五〇	三、一五〇

豫算説明

種目	既定豫算額	追加豫算額	計	附記
一 校舎 建築費	円	三〇、〇〇〇 円	三〇、〇〇〇 円	木造平屋瓦葺教室一棟間口三十間奥行五間百五十坪一坪當百圓此金一萬五千圓木造平屋瓦葺事務室一棟間口十間

科目（上段）				科目（下段）				備考
								奥行五間五十坪一坪當百圓此金五千圓
				二敷地費		一、五〇〇	一、五〇〇	敷地用地三百坪代一坪當五圓
				三雑費		六五〇	六五〇	設計費四百圓廣告料二十圓工事監督技術員手當百圓工事監督員手當百圓雑費三十圓
二修繕費		三〇〇	三〇〇					
				一修繕費		三〇〇	三〇〇	校舎屋根トタン葺替百坪一坪當三圓
臨時部計	一、〇〇〇	二、四五〇	三、四五〇					
歳出合計	一五、〇〇〇	二二、四五〇	三七、四五〇					

昭和何年何月何日提出

何市〔町（村）〕長　氏　名

（又ハ）

何町（村）組合管理者

何町（村）長　氏　名

議案第　　號

昭和何年度何縣何市〔何郡何町〕（村）歳入歳出更正豫算

歳　入

歳入既定豫算高　一金三萬七千四百五十圓

歳入更正豫算高　一金三萬七千四百五十圓

歳　出

經常部既定豫算高　一金一萬四千圓

經常部更正豫算高　一金一萬四千圓

臨時部既定豫算高　一金二萬三千四百五十圓

歳出合計金三萬七千四百五十圓

歳入歳出差引

殘金ナシ

昭和何年度何縣何市（何郡何町（村））歳入歳出更正豫算

歳入

豫算

科目 款	科目 項	既定豫算額	更正豫算額
四 國庫下渡金		一、〇〇〇円	一、四〇〇円
	一 義務敎育費下渡金	一、〇〇〇	一、四〇〇
十四 市（町村）税		五、二〇〇	四、八〇〇

豫算説明

種目	既定豫算額	更正豫算額	增減	附記
	円	円	円	
一 義務敎育下渡金	一、〇〇〇	一、四〇〇	四〇〇	

一 特別税戸數割	五、二〇〇	四、八〇〇
歳入合計	三七、四五〇	三七、四五〇

種目	既定豫算額	更正豫算額	増減	附記
一 特別税戸數割	五、二〇〇	四、八〇〇	△四〇〇	四百戸 一戸平均十二圓

歳出

經常部

豫算

科目 款	項	既定豫算額	更正豫算額
三 役所(役場)費		円	円
	三 雜給	六〇〇	六二〇

豫算說明

種目	既定豫算額	更正豫算額	増減	附記
	円	円	円	
二 旅費	二〇〇	二二〇	二〇	市(町村)長五十圓 助役五十圓 市參與五十圓 收入役三十

								圓　書記五十圓
	四需用費	四〇〇	三七〇					
				一備品費	一五〇	一〇〇	△五〇	官報代十圓　何器具新調費五十圓　何機械修繕費三十圓　何圖書費十圓
				二消耗品費	一〇〇	一二〇	二〇	筆紙墨代五十圓　薪炭茶油代七十圓
經常部計		一四、〇〇〇	一四、〇〇〇					
歳出合計		三七、四五〇	三七、四五〇					

昭和何年何月何日提出

何市(町村)長　氏　名

又ハ

何町(村)組合管理者

何町(村)長　氏　名

豫算計上ニ關シ注意スル事項（昭和二年一月三十一日内務部長通牒）

一　使用料及手數料中道路占用料タル渡船渡錢及橋錢ハ市町村道ニ架設又ハ設置シタル渡船場及橋梁ノ收入ヲ計上スヘキモノニシテ道路法第二十六條ノ規定ニ依リ市町村カ國道又ハ府縣道ニ設クル渡船場及橋梁ノ收入ハ雜收入ニ計上スルコト

二　臨時出納檢査立會議員ノ費用辨償ヲ從來役塲費ニ計上シタル向ハ會議費ニ移スコト

三　學務委員ハ市町村ニ置クヘキモノニ付小學校二以上アル塲合ニ於テハ其ノ報酬及費用辨償ハ左記ニ依リ計上スルコト又小學校ニ區分シ得サルモノ（即チ各校共通ノモノ）ハ總テ本項ニ計上スルコト（項）學事諸費（目）雜給（附記）學務委員報酬何圓、同費用辨償何圓

四　各款中ニ電話費アルモ右ハ維持費ヲ計上スヘキモノニシテ通話費ハ通信運搬費ニ計上スルコト

五　自治改良費ニハ苟モ市町村自治ノ改良向上ニ要スル費用ハ本款ニ一括スルコト又例示以外ノ改良費ハ第五目ノ次ニ挿入スルコト

六　前年度豫算アリテ本年度豫算ナキモノニ付テハ其ノ科目ハ其頭ニ×印ヲ付シ左記

ニ依リ存シ置クコト
款全体ナルトキハ各款ノ末尾ヘ款名ノミ
項全体ナルトキハ各項ノ末尾ヘ項名ノミ
目ナルトキハ各目ノ末尾ヘ目名

七 増減欄中減額ハ△印ヲ付スルコト

八 縣税雑種税ニ對スル附加税總額ハ本税總額ノ百分ノ八十九以内ナルモ不均一賦課ノ場合ニ於テ假ニ本税一圓ニ付一圓五十錢ヲ賦課スルモノアリトセハ當初豫算ニ於テ平均本税一圓ニ付八十九錢ナルモ豫算實行ノ後八十九ヲ超過スルカ如キコトナキニアラサルヲ以テ之カ標準（縣税）ヲ調査スルニ當リテハ出來得ル限リ正確ヲ期スルハ勿論豫算ノ實行ニ當リテハ平素此ノ點篤ト注意ヲ要ス

町村豫算編成注意事項

歳入

財産ヨリ生スル收入

基本財産蓄積金ヲ繰入レ使用シタルトキ又ハ繰入使用セムトスルトキハ之ヨリ生スル收入減額スヘキニ付注意ノコト

財産原簿、小作契約、貸地契約、預金通帳等ヲ參照スルコト

使用料及手數料

（イ）使用料

○火葬場屠場其他町村營造物ノ使用料ハ當該條例ニ依リ附記ノ單價ヲ誤ラサル樣注意ノコト

○小學校授業料ハ知事ノ認可ヲ得タル額ヲ徵收スルコト但シ金三十錢ヲ超エタル額ハ徵收期間ヲ定メテ認可ヲ受ケアル筈ニ付之ガ期間ヲ過キタルトキハ更ニ相當措置セラルルコトヲ要ス（小學校令施行規則第百七十六條）

○實業補習學校町村立高等女學校技藝學校等ノ授業料ハ各其ノ學則（認可ヲ經タルモノニ依リ）小學校授業料ト區別シテ各目ニ計上スルコト

○幼稚園保育料ハ保育料ニ關スル規程（小學校設置及廢止規程第十三條ニ依リ知事ノ認可ヲ受ケタルモノ）ニ依リ算出基礎ヲ誤ラサルコト

○道路法第二十八條第四項ノ占用料モ使用料中ノ目トシテ計上スルコト但シ占用料ヲ徵スルトキハ道路法第五十二條ニ依リ監督官廳ノ認可ヲ受クルヲ要ス

○道路法第廿七條ニ依リ橋錢又ハ渡錢ヲ徵收スル橋梁又ハ渡船場ヲ設クル場合

ハ目橋錢料或ハ目渡船料トシテ計上シ道路法第五十二條ニ依リ監督官廳ノ認
可ヲ受クルコト

（ロ）

手數料

○證明手數料ハ手數料條例ニ依リ閲覽又ハ切符再交付手數料ヲモ包含掲上シ且
ツ其ノ單價ヲ誤ラサルコト

○督促手數料條例ニ依リ單價ヲ誤ラサルコト

○戸籍手數料ハ戸籍手數料規則參照ノコト

戸籍除籍ノ謄本又ハ抄本一枚ニ付十五錢

戸簿除簿ノ閲覽一件ニ付十五錢

戸籍ノ屆出又ハ申請ノ受理又ハ不受理ノ證明及戸籍法第三十六條ニ依ル記載
ノ證明一件ニ付十五錢

○寄留手續料ハ寄留手續令第四條參照ノコト

寄留簿ノ謄本又ハ抄本一枚ニ付金十錢

寄留簿ノ閲覽一件ニ付金十錢

○馬籍手數料ハ大正十一年一月勅令第十七號（馬籍法ニ依ル手數料、手當及旅

費ニ關スル件）第一條參照ノコト
馬籍簿ノ謄本又ハ抄本一枚ニ金十錢
馬籍簿ノ閲覽ハ一件ニ付金十錢
○屠畜手數料ハ町村條例ニ於テ定メタル額ヲ計上ノコト
○海員手數料ハ明治三十二年勅令第二四三號（船員手帳ノ交付訂正書換等ニ關スル件第二項）及船員法施行細則四十九條第一項第三項參照ノコト
船員手帳ノ訂正ハ氏名、本籍地、身分、出生年月日等ノ事項一個ニ金五錢
報告書ノ認證一通ニ付金一圓
船長就職又ハ退職ノ認證ハ一件ニ付金二十錢
公認ハ被雇者一人ニ付金十錢但シ船員法第三十四條ノ場合ニ於テハ一人ニ付金五錢
公認ノ認證ハ一件ニ付金五錢
以上何レモ休暇日又ニ管海官廳外ニ於テ爲ス場合ハ金額二倍ヲ徴收スヘキモノナリ

國庫下渡金

○義務敎育費下渡金ハ前年度ニ於ケル實際下渡額ト殆ト同額位計上スルコト但シ前年度資力薄弱ナル町村トシテ特ニ之カ下渡ヲ受ケタル町村ハ其ノ半額位ヲ計上スルヲ可トス

○小學校敎員ニシテ兵役第十條ニ依リ一年現役兵ニ服スル者ヲ生シタルトキハ之カ俸給ハ三分ノ一ヲ給スルコトトナリ其ノ全額ヲ國庫ニ於テ負擔スヘキニ依リ「項」短期現役小學校敎員俸給國庫下渡金ノ科目ヲ追加計上スルコト

（小學校令施行規則第百五十三條ノ二及短期現役小學校敎員俸給費國庫負擔法）

交付金

（イ）國稅徵收交付金ノ豫算附記ノ算出基礎ハ歲入町村稅ノ豫算說明欄ニ於ケル本稅ト附合セシムルコト

地租、營業收益稅個人利得ニ係ル戰時利得稅等ハ徵收金額ノ百分ノ三ニ相當スル金額

以上ノ納稅告知書一通ニ付金二錢ノ割合

（ロ）縣稅徵收交付金ノ算出基礎ハ歲入町村稅ノ豫算說明欄ニ記載ノ直接縣稅額ト符

合セシムルコト（但シ此ノ場合國稅ノ附加タルヘキ縣稅ハ町村稅豫算說明ニ記載ナキヲ以テ符合セシムルコトヲ得サルナリ）

縣稅地租稅特別附加稅地稅ニ對シテハ徵收金額ノ千分ノ七

其ノ他ノ縣稅ニ對シテハ徵收金額ノ百分ノ四

（ハ）水利組合費徵收交付金ハ水利組合法第五十四條ニ依リ交付セラルヘキニ付組合規約ニ依リ其ノ算出基礎ヲ誤ラサルコト

（ニ）農會費徵收交付金町村農會ノ經費又ハ過怠金滯納アル場合農會法第三十條第三項ニ依リ會長ノ請求アルトキハ町村稅ノ例ニ依リ之ヲ處分シ農會ハ其ノ徵收金額ノ百分ノ四ヲ町村ニ交付セラルヘキニ付豫メ計上ノコト

（ホ）水產會費徵收交付金郡水產會ノ經費又ハ過怠金ヲ滯納スル者アル場合モ同樣水產會法第二十六條第二項ニ依リ交付金アル筈ニ付豫メ計上ノコト

國庫補助金

實業學校令ニ依ル技藝學校ニ對シテハ實業教育費國庫補助法第二條ニ依ル補助金ノ交付アル筈ナリ但シ此ノ場合ハ三年ヲ以テ一期トスルヲ以テ此レカ期間中ナルヲ要ス（法第三條）而シテ其ノ額ハ毎年度國庫ノ豫算ヲ以テ定ムル額ナルニ依リ一定セサルモ前年度實收入額ト同額位計上ノコト

縣補助金

（イ）傳染病豫防費補助ハ傳染病豫防費及隔離病舍費ヨリトラホーム豫防費ヲ除キタル額及衛生組合補助ヲ補助規程第三條各號ニ區分算出ノ上計上ノコト但シ歳出計上額五十圓未滿ノ際ハ本補助ヲ計上セサルコト
第三條第一號傳染病院、隔離病舍隔離所及消毒所ノ新築改築增築費ハ二分ノ一
同第二號「コレラ」及「ペスト」ノ豫防ニ關シ特ニ要シタル費用ハ三分ノ一
同第三號傳染病豫防法第二十二條第二項ニ依ル衛生組合ニ對スル補助費ハ三分ノ一
其他ノ諸費ハ六分ノ一

（ロ）トラホーム豫防費補助ハ（イ）ニ於テ除キタル額ヲ同補助規程第一號各號ニ區分算出計上ノコト但シ歳出計上額三十圓未滿ノ際ハ本補助ヲ計上セサルコト
第一條第一號治療ニ要シタル醫師ノ給料、旅費、手當、入院料、治療料ニ對シテハ支出額ノ三分ノ一
同第二號傭人給、備品、消耗品其他治療豫防及消毒ニ關スル諸費ニ對シテハ支出額ノ四分ノ一

（ハ）道路費補助

町村竝水利組合ニ於ケル左記工事費但シ維持修繕ニ屬スル費用ヲ除クニ對シテハ町村ハ三百圓、水利組合ハ組合區域ニ屬スル段別ニ對シ一町歩ニ付金五圓（負擔額三百圓未滿ハ三百圓ニ切上ク）ヲ超過シタル額ニ對シ左記歩合ニ依ル縣費補助アル筈ナリ（大正二年一月縣令第十一號土木費所屬區域及補助規程第二條）各府縣ニ依リ差アルヘシ

道路橋梁　百分ノ四十以内

玉川（伊都村春元縣費所屬ノ上流）何川、何川ノ治水堤防工事　百分ノ五十以内

何川、何川、何川竝ニ十町歩以上ノ耕地ノ濫漑排水ノ爲ニ布設ノ樋管堰埭及之ニ附帶スル水路工事　百分ノ五十以内

面積一町歩以上ノ溜池工事　百分ノ四十以内

面積三百坪以上ノ舟溜及之ニ通スル巾二間以上ノ水路工事　百分ノ四十以内

以上記載ノ道路橋梁治水堤防樋管堰埭溜池水路船溜ノ非常災害復舊費ニ對シテモ前記ニ準シ補助アル筈ナリ（補助規程第三條）

（ニ）勸業費補助

○造林費補助ハ大正三年七月縣令第二十九號(公有林野補助規則)ニ依リ町村ノ事業トシテ村有地ニ造林シタルトキハ支出總額ニ對シ五分ノ二以內ノ補助アル筈ニ付之カ算出基礎ハ歲出造林費ト符合セシムルコト

○採種圃設置補助ハ大正十二年二月縣令第七號(採種圃設置補助規程)ニ依リ町村ニ於テ縣立農事試驗場生産ニ係ル種子ヲ原種トシテ採種圃ヲ經營シタル場合ハ左ノ標準ニ依リ補助金ヲ交付セラルヘキニ依リ算出基礎ハ歲出該經費ト符合セシムルコト

一	水稻	一反步ニ付	金四圓
二	陸稻	同	金三圓
三	大小麥	同	金三圓
四	大豆	同	金三圓

採種圃擔當者ヨリ其ノ生産種子ヲ買上ケ無料配付ヲ爲ス場合ハ其ノ買上費ニ對シ四割以內ノ補助アル筈ナリ之カ計上ニ當ツテハ其ノ算出基礎ヲ歲出ニ於ケル支出額ト符合セシムルコト

○技術員補助ハ大正六年三月縣令第八號(町村其他技術員費補助規程)ニ依リ有資

格者ヲ町村ヘ常設スルトキハ其ノ給料額ニ對シ十分ノ四以內ヲ補助セラル其ノ算出基礎ハ歲出技術員給料ト一致セシムコト

（ホ）敎育費補助

○實業學校令ニ依ル女子技藝學校通年制實業補習學校ニ對シテハ實業敎育費國庫補助法第六條ノ二ニ依リ國庫ヨリ縣ヘ支給シ縣亦之ニ相當奬勵金ヲ合シテ各町村ヘ補助スルコトト爲リ町村ニ於テハ國費及縣費ノ區分明カナラサルヲ以テ縣補助中ヘ計上シ其ノ額ハ前年實收入位ヲ豫想スルコト（補助要項ハ大正九年九月三十日ヲ以テ當時ノ郡長ヨリ學第九七七號通牒參照）

○實科高等女學校補助ハ縣豫算ヘ計上額ニ依リ補助セラルヘキモノニシテ年々一定セサルモ前年度實收額位ヲ計上スルヲ便宜ト認ム

○住宅費補助ハ大正二年縣令第三三號ニ依リ補助セラルヘキモノナリ、而シテ其算出基礎ハ歲出ヘ計上ノ支出額ニ符合セシムルコト尙實業補習學校敎員ニ住宅料ヲ支給スルモ之カ補助ナキヲ從來誤テ計上シタル町村アリ注意ヲ要ス敎員ノ住宅ヲ建設シ又ハ敎員ニ住宅料ヲ給與シ若クハ敎員ニ住宅ヲ供給スル爲賃借料ヲ支拂フトキハ其ノ金額二十五圓以上ノモノニ補助ス

住宅建設又ハ買入ルル場合校他外ナルトキハ　百分ノ四十以內
校地內ナルトキハ　百分ノ二十以內
住宅料賃借料ヲ支出スルトキハ　百分ノ二十以內

寄附金

費途指定ノ寄附金アル場合ハ必ス歳出ニ支出スヘク計上スルコト

繰入金

基本財產ヲ處分スヘキトキハ知事ノ許可ヲ受クルコト(制第百四十七條)

繰越金

三月迄契約シタル債務ハ現年度ニ於テ支拂フヘキモノナルニ依リ之ヲ豫想シテ可成適確ノ數ヲ計リ上ルコト

雜收入

(イ)大正十四年二月縣令第四號(何縣兒童就學獎勵規程)ニ依ル縣交付金ハ「項」兒童就學獎勵金トシテ豫メ計上シ置クコト

(ロ)小學校雜入

不用品賣拂代ノ外ニ物件賣拂代ノ一目ヲ設ケ小學校實習地ヨリ生スル收入ノ計

上ヲ爲スコトニ注意ノコト

（ハ）實業補習學校雜入

物件賣拂代ニハ實習地ヨリ生スル收入竝生徒製作品賣拂代等ヲ計上ノコト

（ニ）繰替金戻入

繰替金ノ戻シ入レハ何レモ市制町村施行規則第四十四條第二項ニ依リ其ノ年度ニ繰替ヘタルモノハ歳出ニ戻入ルルヲ以テ本科目ニ戻入トナルヘキモノハ過年度繰替分タルヘキニ依リ歳出計上ノ繰替金ト附合セシムルノ要ナシ

（ホ）委　託　金

小學校令第八條ノ二ニ依リ他市町村ヨリ敎育事務ノ委託ヲ受ケアル塲合ハ兩市町村ノ協議額ヲ計上スルコト

（ヘ）過年度收入

○過年度町村稅收入ハ前年度以前ノ町村稅ノ滯納ニシテ其ノ年度ノ出納閉鎖迄ニ收入ナク本年度ニ於テ收入セラルヘキ見込ノモノ及脫稅逋稅ニ係ルモノニシテ前年度以前ニ納稅事實發生シ本年度ニ收入スル見込アルモノヲ計上スルコト

○過年度税外收入ハ町村有地建物等ノ借地料其他一切ノ町村收入ニシテ過年度ニ屬スルモノノ收入ヲ計上スルコト
○賃橋及渡船收入ハ國道又ハ府縣道ニ賃橋、渡錢場、等ヲ町村ニ於テ設ケ之ヲ徵スルモノニシテ勿論私法的收入ナレハ使用料中ニ計上シタルモノトハ其ノ性質ヲ異ニスルモノナリ（道路法第二十六條參照）

（ト）雜入

○縣收入證紙ノ賣捌事務ニ對シテハ賣捌額ニ對スル百分ノ四ノ交付金アル筈ニ付相當計上ノコト
○現金保管利子、市制町村制施行規則第六十四條ノ規定ニ依リ收入役保管ニ係ル歲計現金ヲ銀行又ハ其ノ他ヘ預入セシメツツアル町村ハ勿論假令收入ノ任意ニ依リ預入シアル町村ト雖公金ヨリ生スル利子ハ之ヲ町村ノ收入ト爲スヘキモノニ付計上ノコト
○延滯金、町村稅ノ滯納ニ對シ督促ヲ爲シタル場合ニ於テ令書一通ノ稅金五圓未滿ナルトキ、納期ヲ繰上ケ徵收シタルトキ、納稅者ノ住所居所カ帝國內ニ在ラサル爲又ハ其ノ住所居所共ニ不明ナル爲メ公示送達ノ方法ニ依リ納稅ノ

命令又ハ督促ヲ爲シタルトキ竝滯納ニ付酌量スヘキ情狀アリト認ムルトキヲ除キ他ハ何レモ納期限ノ翌日ヨリ稅金完納又ハ財產差押ノ日ノ前日迄ノ日數ニ依リ町村ノ定メタル割合ニ依ル延滯金ヲ徵收スヘキモノニ付豫メ計上スルコト但シ督促狀ニ指定シタル期限迄ニ納入シタル者ハ此限ニアラス（市制町村制施行令第四十五條第一項參照）

町村債

町村ノ財政狀態及之カ償還ニ當リ其ノ負擔ノ堪否等詳細調查ノ上計上スルコト

町村稅

町村稅ニ關シテハ左ノ賦課制限アリ

（一）地租附加稅　本稅ノ　宅地　百分ノ二十八以內
　　　　　　　　　　　其ノ他　百分ノ六十六以內

（二）特別地稅附加稅　田畑地價百圓此ノ百分ノ三、七ノ百分ノ八十以內

（三）營業收益稅附加稅　本稅ノ百分ノ六十以內

（四）鑛業稅附加稅　本稅ノ（鑛産稅）百分ノ十以内 （試掘鑛區稅）百分ノ三以内 （採掘鑛區稅）百分ノ七以内

（五）砂鑛區稅附加稅　本稅ノ百分ノ十以内

（六）家屋稅附加稅　本稅ノ百分ノ五十以内

（七）營業稅附加稅　本脱ノ百分ノ八十以内

（八）雜種稅附加稅　本稅總額ノ百分ノ八十九以内

（九）特別稅戸數割　町村稅豫算總額ノ百分六十以内

A　以上（一）、（二）、（三）、及戸數割ヲ賦課スル町村ノ（六）ハ特別ノ必要アル場合ハ知事ノ許可（委任事項）ヲ受ケ制限ヲ超過シ其ノ百分ノ十二以内ヲ賦課スルコトヲ得

B　内務大臣ノ許可ヲ受ケテ起シタル負債ノ元利償還ノ爲費用ヲ要スルトキ非常ノ災害ニ因リ復舊工事ノ爲費用ヲ要スルトキ、傳染病豫防ノ爲費用ヲ要スルトキハ特ニ内務大臣及大藏大臣ノ許可ヲ受ケ前項制限ヲ超過シテ賦課スルコトヲ得

但シ(一)(二)(三)(六)ノ制限ヲ超ユルコト百分ノ五十以内ハ知事ノ委任許可事項ナリ

C　特別ノ必要アル場合ハ(七)(八)ハ知事ノ許可ヲ受ケ(九)ハ内務大藏兩大臣ノ許可(九)ノ制限超過額町村豫算總額ノ百分ノ七十以内ハ知事ノ委任許可)ヲ受ケ制限外課税ヲ爲スコトヲ得

(10)段別割

段別割ノミヲ課スルトキ　一段步ニ付毎地平均一圓

地租附加税段別割ノ總額ハ其ノ地目ノ地租額ニ對シ宅地ニ在リテハ百分ノ二十八其他ノ土地ニ於テハ百分ノ六十六ノ額ヨリ實際賦課スヘキ地租附加税額ヲ差引キタル殘額ヲ超ユルコトヲ得ス

右ハA、B、ト同シ

歳出

神社費

神饌料幣帛料ハ大正九年八月内務省令第二十四號ニ依リ夫々神社數ニ應シ計上シ附記ニハ單價ヲ明記スルコト

祈年祭	神饌料	二圓	幣帛料	六圓
新嘗祭	同	二圓	同	六圓
例祭	同	四圓	同	十圓

役場費

（イ）報酬

○町村長、助役報酬ハ諸給與規程（自町村會ニ於テ議決セルモノ）ニ依リ計上シ月額ノモノハ必ス附記ニ説明スルコト

○區長及區長代理者報酬ハ區長及其ノ代理者設置ニ關スル規程ニ依リ人員ヲ誤ラス諸給與規程ニ一致スヘキ樣其ノ額ヲ計上スルコト

○委員報酬、學務委員ハ之カ定員規程ニ依リ普通常設委員ハ設置規程ニ依リ人員ヲ確メ諸給與規程ニ報酬額ヲ一致セシムコルコト

（ロ）給料

○收入役給料ハ諸給與規程ニ依リ計上スルコト

○書記給料ハ有給吏員規程（町村制第七十二條第二項ニ依リ町村會ヲ議決ヲ經タルモノ）ノ定數ヲ確メ且諸給與規程ニ依リ給料額ヲ一致スル如ク計上スル

コト

○雇給モ有給吏員定員規程中ニ規定アルモノハ「項」給料ヘ「目」雇給トシテ書記同樣計上スルコト但シ有給吏員トシテ規定ナキトキハ雜給ヘ計上ノコト

（八）

雜給

○區長及區長代理者委員等ノ費用辨償ノ支給方法ヲ定メアルニ之ニ對スル豫算ノ計上ナキ町村アリ注意ヲ要ス

○手當　傳染病豫防救治者ニ對スル手當支給條例ノ設定アリ且傳染病豫防費ニ於テ相當患者發生ヲ豫想セル豫算ヲ計上シアリテ之ニ從事スル者ノ療治料計上ナキ町村アリ注意ヲ要ス

○退隱料ハ退隱料條例ニ依リ計上額ヲ誤ラサルコト

○退職給與金ハ該支給條例ニ依リ計上ノコト

○死亡給與金ハ退隱料及退職給與金條例ニ依リ計上スルコト

○遺族扶助料　退隱料條例ニ依リ計上ノコト

○文具料ハ諸給與規程ニ依リ其ノ單價ヲ誤ラサルコト

○宿直賄料及夜勤賄料ハ縣ノ豫算記載例ニハ項需用費ニアルモ各町村共諸給與

規程中ニ規定シアルヲ以テ「項」雜給ヘ計上スルヲ適當ト認ム之又單價ハ諸給與規程ニ合致セシムルコト

（ニ）需用費

○借家地料ハ賃借契約書ニ依リ計上スルコト

敎育費

（イ）小學校費

○給料　學級數ニ比シ豫算ニ計上シタル敎員數ノ少キ町村アリ必ス一學級一人以上ノ敎員ヲ置ク如ク計上ノコト尙從來代用敎員給料ヲ雜給中ヘ計上シタル町村アルモ何レモ給料中ヘ計上セラレタシ尙一年現役兵ノ敎員アルトキハ俸給額ノ三分ノ一ヲ計上スルコト（小學校令施行規則第五十三條ノ二）

○雜給　恩給基金納金ハ正敎員俸給額ノ百分ノ一ヲ計上スルコト（恩給法第五十九條參照）

學校醫手當ハ囑託辞令額ニ依リ計上スルコト（大正八年十二月縣訓令第三十八號町村立小學校醫ニ關スル件）

○大正十三年一月　皇太子殿下御結婚ニ際シ下賜セラレタル兒童就學奬勵資金

二萬三千八百六十三圓ヨリ生スル收入及縣費繰入金ヲ以テ市町村ノ貧困兒童數及該豫算額、資力ノ狀況等ニ依リ參酌縣ヨリ交付金アル筈ニ付「目」雜費中ヘ計上スルコト

（ロ）幼稚園費

○雜給恩給基金ハ小學校敎育ニ於ケル場合ト同シ

（ハ）實業補習學校費

○給料ニハ專任敎員ノ俸給ヲ計上シ小學校敎員ニシテ兼任ノ者ニ給スル手當ハ雜給ヘ計上スルコト

○雜給ノ恩給基金納金ハ恩給法第五十九條ニ依リ小學校敎員ト均シク町村ノ負擔ナルヘキニ依リ相當計上ノコト但シ手當額ニ對シテハ恩給基金ノ納金ヲ爲スノ要ナシ

（ニ）實科高等女學校及技藝學校費

○給料ニハ專務敎員ノ俸給ヲ計上シ小學校敎員ニシテ兼任ノ者ニ給スル手當ハ雜給ヘ計上スルコト

○雜給　恩給基金納金ハ小學校、實業補習學校ノ場合ト異ナリ本人ノ負擔ナル

ヘキニ付計上ノ必要ナシ

傳染病豫防費　毎年度必要ナル額ヲ計上シ傳染病患者發生ノ場合ニ要スル費用ハ臨時部ヘ計上ノコト

隔離病舍費

（イ）給料及雜給

○事務員給料　傳染病患者發生ナキ場合モ常時設置シアル事務員ニ對スル給料ヲ計上シ臨時ニ必要ナル事務員ハ臨時部ヘ計上ノコト

○看護婦給料　常時雇入レノ看護婦ナキトキハ計上ノ必要ナシ

（ロ）需用費及修繕費

○特ニ傳染病患者發生ノ爲要スル費用ハ臨時部ヘ計上スルコト

勸業諸費

（イ）農事改良費

○技術員費　有給吏員設置規程中ニ技術員ヲ置ク旨定メアルニモ不拘之カ費用計上ナキ町村アリ諸給與規程ニ照ラシ給料其ノ他ノ費用計上ヲ要ス

警備費

（イ）雜給

○手當被服公設消防組諸手當及被服等ハ町村會ニ於テ諮問ヲ受ケ答申ノ結果縣知事ニ於テ定メタル額ニ依リ計上スルコト（明治二十七年二月消防規則第十一條）

○器具建物ニ關スル費用モ前項ニ同シ（消防規則第十二條）

基本財産造成費

（イ）基本財産造成費

○蓄積費ハ基本財産蓄積條例ニ依リ歳入豫算ヘ計上シタル額ヲ合計シタルモノト符合セルモノヲ本年度蓄積金トシ曩ニ繰入レ使用シ補塡中ニ屬スルモノハ補塡年次表ニ依リ其ノ額ヲ計上シ附記ヘハ「何年度繰入ノ分本年度補塡額何程」ト別記スルコト

（ロ）小學校基本財産造成及罹災救助基本財産造成ハ町村基本財産造成ニ同シ

財産費

（イ）維持費

○補植及下刈費ハ施業按（知事ノ認可ヲ受ケタルモノ）ニ依リ相當計上スルコト

諸税及負擔
(イ)諸　税
財産原簿ニ依リ免租ノ手續ナキ土地ニ對スル一切ノ税額ヲ豫想計上スルコト
(ロ)負　擔
義務敎育委託料ハ他市町村ヘ敎育事務委託ヲ爲シ在ル場合兩市町村ノ協定額ヲ計上スルコト

公金取扱費
徵收費(項)　町(村)税徵收交付金(目)
遊興税ニ對スル附加税徵收ノ場合ハ徵收ノ便宜ヲ有スル者ヲシテ之ヲ徵收セシムヘキニ依リ市制町村制施行令第五十六條ノ規定ニ依リ徵收義務者ニ拂込金額ノ百分ノ四ヲ交付スルコトヲ要スルヲ以テ之ヲ計上スルコト

雜　支　出
(イ)滯納處分費
○家畜ノ差押ヲ爲シタルトキノ飼料代等ノ保管費差押物件引上ケニ要スル運搬費差押物件ヲ町村ニ於テ買上ケスル場合ノ買上費等相當計上ノ必要アリ

（ロ）過年度支出

○過年度支出ハ可成計上セサル樣注當スルコト事實ニ於テ債務アル塲合ハ致シ方ナシ

（ハ）繰替金

○行旅病人死亡人取扱費繰替ハ何時事件突發シ支出ノ必要起ルヤモ難計ニ付相當計上スルコト

○徵兵旅費及召集諸費モ相當計上ヲ要ス

豫備費

縣下ニ於ケル各町村豫備費ハ歲出總額ノ一分三厘（昭和三年度）ニ相當セリ之等ヲ參酌シテ計上スルコト

臨時部

小學校營繕費

建築費

本費用計上ノ際ハ直ニ知事ノ認可ヲ受クルコト伺附記說明ハ設計ニ照ラシ詳細記載ヲ要ス

傳染病豫防費

臨時傳染病患者發生ノ際ニ計上スルコト

公債費

○元金償還ハ附記ニ「何年度起債何々費公債何圓ノ内本年度償還元金」ト記載シ償還年次表ニ符合セシムルコト

○利子ハ附記ニ「何年度起債何々費公債元金何圓未償還額何圓年利何分」ト記載シ之亦償還年次表ニ符合セシムルコト

○一時借入金利子　金庫内歳計現金不足ヲ來シ豫算内支出ニ差支フル場合計上スヘキモノニシテ之カ借入レニ當リ町村會ノ議決ナキモノアルカ如キコトアラムカ大ナル失態ニ付充分注意セルコト

補助金

補助金ハ別ニ補助團体名補助金額、補助ヲ必要トスル理由等町村會ノ議決ヲ經、知事ノ許可ヲ要スヘキニ依リ之ニ符合セシムルコト

繼續費

數年度繼續事業ヲ爲サムトスル時ハ「款」某費本年度支出額「項」同上「目」ハ各

費用毎ニ區別シ附記ノ說明ハ其ノ年度分ノ大要ヲ記載スルコト尙本件豫定ノ際ハ別ニ市制町村制施行規則第五十一條ノ別記樣式ニ依リ繼續費ノ年期及支出方法ヲ議スルコト

此ノ場合三年度ヲ超エタル繼續費ナル場合ハ知事ノ許可ヲ受クルコト（制第百十七條及市制町村制施行令第六十條第七號參照）

市制町村制施行規則第五十三條第二項

（豫算ノ各項流用）

議案第　　號

豫算流用ノ件

昭和何年度本町（村）歲出（經常部）（臨時部）豫算第何款何費中左ノ通流用スルモノトス

年　月　日提出

何町（村）長　何　某

△印ハ流用ニ依リ減ズベキ金額ヲ示ス

	項	目	金額	附記
流用ヲ受クヘキ費目金額	一何々費	一何々費 三何々費	三二円五〇 二三五〇	何々購入ヲ要スル處豫算不足ニ付第三項何費第一目何費ヨリ流用何々、、、、
流用スヘキ費目金額	三何々費	一何々費	△三二五〇	第一項何費第一目何費ヘ流用
同上	四何々費	三何々費	△二三五〇	第一項何費第三目何費ヘ流用

備考

一、金額ハ流用スヘキ金額ヲ示シ既定豫算ニ加除シタル額トセサルコト

二、當初豫算ノ議決ヲ經ル際「歳內各項ハ町(村)長限リ流用スルコトヲ得)ル旨ノ議決ヲ爲ス向アルモ本件ハ、追加更正豫算ノ變形セルモノナルヲ以テ必要ノ都度町村會ニ附議スヘキモノナリ注意ノコト

第百六十三條　市町村ニ於テ法令ニ依リ負擔シ又ハ當該官廳ノ職權ニ依リ命スル費用

ヲ豫算ニ載セサルトキハ府縣知事ハ理由ヲ示シテ其ノ費用ヲ豫算ニ加フルコトヲ得
市町村長其ノ他ノ吏員其ノ執行スヘキ事件ヲ執行セサルトキハ府縣知事又ハ其ノ委任ヲ受ケタル官吏吏員之ヲ執行スルコトヲ得但シ其ノ費用ハ市町村ノ負擔トス
前二項ノ處分ニ不服アル市町村又ハ市町村長其ノ他ノ吏員ハ行政裁判所ニ出訴スルコトヲ得
市町村ノ歳入出豫算ハ市町村長之ヲ發案シ市町村會之ヲ議決セサルヘカラサルコトハ前既ニ述ヘタル所ノ如シ、然ルニ其ノ議決シタル豫算中（一）法令ノ規定ニ依リ市町村ノ負擔タルヘキモノ又ハ（二）當該官廳ノ職權ニ依リ命セラレタル費用ヲ計上セサルトキハ第一次監督官廳タル府縣知事ニ於テ理由ヲ示シテ其ノ費用ヲ豫算ニ加フヘキモノトス此ノ場合ニ於ケル市町村ノ豫算ハ監督官廳ノ意思ニ依リ市町村ノ意思ニ出テタルモノニ非サルハ勿論ナリト雖亦同シク市町村ノ豫算タルヲ失ハス此ノ豫算ヲ稱シテ强制豫算ト謂フ
市町村吏員ハ本法ノ規定ニ依リ其ノ團體ニ屬セル事務ヲ執行シ竝其ノ權限ニ屬スル事務ヲ執行セサルヘカラス、然ルニ市町村吏員ニシテ若其ノ職責ヲ盡サス其ノ事務ヲ執行セサルトキハ府縣知事若ハ其ノ委任ヲ受ケタル官吏吏員ハ代リテ其ノ事務ヲ

執行スヘキモノトス、而シテ此ノ場合ニ於テハ市町村ノ機關ニ依リテ執行セラルルニ非スシテ他ノ機關ニ依リ執行セラルルモノナルモ其ノ事務タル仍市町村又ハ其ノ吏員ノ職務ニ屬スル事務タルニ外ナラサルヲ以テ法ハ其ノ事務執行ニ要スル費用ハ市町村ノ負擔タルヘキヲ規定セリ、隨テ市町村ニ於テ若其ノ費用ヲ豫算ニ載セサルニ於テハ本條ニ依リ處置スルヲ得ヘキナリ

右ニ依リ强制豫算ノ處分ヲ受ケタル市町村及代執行ノ處分ニ不服アル市町村吏員ハ共ニ救濟手段ヲ求ムルヲ得ヘシ即チ市町村、市町村長及其ノ他ノ吏員ハ府縣知事ノ處分ニ不服アルトキハ行政裁判所ニ出訴シ救濟ヲ求ムルコトヲ得ヘシ

第四項　決　算

第百四十二條　市町村ノ出納ハ翌年度五月三十一日ヲ以テ閉鎖ス

決算ハ出納閉鎖後一月以內ニ證書類ヲ併セテ收入役ヨリ之ヲ市町村長ニ提出スヘシ市町村長ハ之ヲ審査シ意見ヲ附シテ次ノ通常豫算ヲ議スル會議迄ニ之ヲ市町村會ノ認定ニ付スヘシ

第六十七條第五項ノ場合ニ於テハ前項ノ例ニ依ル但シ町村長ニ於テ兼掌シタルトキ

ハ直ニ町村會ノ認定ニ付スヘシ(町村制)
決算ハ其ノ認定ニ關スル市町村會ノ議決ト共ニ之ヲ府縣知事ニ報告シ且其ノ要領ヲ告示スヘシ
決算ノ認定ニ關スル會議ニ於テハ町村長及助役共ニ議長ノ職務ヲ行フコトヲ得ス(町村制)
市町村ノ會計年度ハ政府ノ會計年度ニ同シク毎年四月一日ニ始マリ翌年三月三十一日ニ終ルト雖年度內ニ發シタル收支命令ニ對スル現金ノ出納ハ事實悉ク之ヲ年度內ニ終了シ得ヘキニ非ス、隨テ其ノ收支命令ノ執行ヲ結了シ以テ會計事務ノ整理ヲ爲サンカ爲年度經過後ニ於テ特ニ出納閉鎖ノ期限ヲ定ムルハ必要ノ事タリ又市町村ノ歲入出豫算ニ對スル實際ノ收支ノ結果ハ之ヲ明確ニセサルヘカラス、是レ豫算執行ノ正確ヲ期スル爲必要ニシテ即チ決算ノ制度ハ之カ爲ニ存セリ

一、決算ハ歲入出豫算ニ對スル實際ノ收支ノ結果ヲ明確ナラシムルカ爲調製スルモノナリ決算ハ收入役ニ於テ調製スヘキモノニシテ其ノ調製ノ式ハ市町村財務規程第二十條ニ依リ豫算ト同一ノ區分ニ依リ之ヲ調製シ豫算ニ對スル過不足ノ說明ヲ付スルコトヲ要ス、豫算ト同一ノ區分トハ豫算ト同一ノ欵項ニ區分スルノ義ナリ、而シテ

一般豫算ノ外特別會計ニ屬スル特別豫算ヲ設クルトキハ決算モ亦之ニ應シテ調製スヘシ然レトモ豫算ノ追加又ハ更正ハ追加又ハ更正ヲ爲シタル豫算ニ包括スヘキヲ以テ隨テ決算モ亦之ニ從フヘキハ言ヲ竢タス收入役ハ決算ヲ調製シタルトキハ證憑書類ヲ添ヘ出納閉鎖後一月以内即チ六月三十日迄ニ市町村長ニ提出スヘク其ノ提出ヲ受ケタル市町村長ハ之ヲ審査シ其ノ收支ニ關スル意見ヲ附シテ次ノ通常豫算ヲ議スル會議迄ニ之ヲ市町村會ノ認定ニ付スヘキモノトス「通常豫算ヲ議スル會議」トハ一般豫算ヲ議スル會議ノ謂ヒニシテ一般豫算ヲ議スル會議ハ市制第百三十三條第一項町村制第百十三條第一項ノ規定ニ依リ遲クトモ年度開始ノ一月前ニ於テ開カルヘキモノニシテ此ノ會議ヲ以テ決算ヲ認定ニ付スヘキ期限トス、唯此ノ期限ハ最終期ヲ示シタルモノナレハ市町村長ニ於テハ此ノ期限ノ到ルヲ待タス收入役提出後ハ成ルヘク速ニ審査ヲ遂ケ意見ヲ附シテ市町村會ノ認定ニ付スルヲ要ス「市町村會ノ認定ニ付ス」トハ市町村會ノ承認ヲ求ムルノ意ナリ而シテ市町村會ニ於テ審査ノ上違法錯誤等ナシト認ムルトキハ之ニ承認ヲ與フヘク之ニ反シテ違法錯誤等アリト認ムルニ於テハ塲合ニ依リテハ監督官廳ニ對シ意見書ノ提出ヲ爲シ又塲合ニ依リテハ市町村ハ之ニ對シ損害ノ賠償ヲ命スルコトアルヘシ

二、決算ハ收入役ニ於テ之ヲ調製シテ町村長ニ提出シ町村長ハ之ヲ審査シ意見ヲ附シテ町村會ノ認定ニ付スルモノナレトモ町村制第六十七條第五項ノ場合即チ町村長又ハ助役カ出入役ノ事務ヲ兼掌シタル場合ニハ如何ニ取扱フヘキカ蓋シ此ノ場合ニ於テハ其ノ町村長タルト助役タルトニ依リテ區別ヲ爲スノ必要アリ、即チ助役ニシテ收入役ノ事務ヲ兼掌スルトキハ決算ノ調製及其ノ提出ハ助役其ノ責ニ任シ收入役ノ場合ト毫モ異ナル所ナシト雖町村長ニ於テ之ヲ兼掌スル場合ハ其ノ町村長自己ノ調製シタル決算ヲ更ニ之ヲ町村長自己ニ提出シ審査ヲ爲シ意見ヲ付スルノ必要ナキヲ以テ直ニ町村會ノ認定ニ付スヘキモノトス

本項ハ決算會議ノ場合ニ於ケル理事者ノ忌避ニ關スル規定ナリ

町村會ニ於テ決算ノ認定ヲ爲スニハ議決ノ方法ニ依ルヘキハ「決算ハ其ノ認定ニ關スル市町村會ノ議決ト共ニ云々」トアルニ徵シテ明ナリ而シテ本項ニ於テハ決算ヲ町村會ノ認定ニ付スル場合ニ在リテハ町村長及助役ハ共ニ町村會議長ノ職務ヲ行フコトヲ得サルモノトセリ是レ是等吏員ハ直接豫算ノ執行ニ當リタル關係上議事ノ公正ヲ保持スルノ必要ニ出ツルモノトス其市參事會ノ場合ハ市長市參與及助役ハ單ニ議決ニ加ハルコトヲ得サルニ止マリ會議ニ列席シテ議事ヲ辯明スルハ何等妨ナシ又

町村會ノ場合ハ單ニ町村會ノ議長タルコトヲ得サルニ止マリ町村長及助役カ町村會議員タル場合ニハ自ラ其ノ資格ヲ異ニスルヲ以テ議員トシテ議事ニ參與スルコトハ法律ノ禁スル所ニ非サルナリ

第十七章　市町村ノ監督

第百五十七條　市町村ハ第一次ニ於テ府縣知事之ヲ監督シ第二次ニ於テ内務大臣之ヲ監督ス

市町村ハ國家ノ監督ヲ承ケ法令ノ範圍内ニ於テ其ノ事務ヲ處理スヘキモノナルコトハ前既ニ述ヘタル所ノ如シ、元來市町村ノ事務タル市町村カ當然ニ有スル權限ニ非ス國家カ其ノ目的ヲ達スル上ニ於テ特ニ之ヲ市町村ニ付與シタルモノニシテ畢竟國家ノ事務タルニ外ナラサルナリ、隨テ其ノ事務ノ擧否以何ハ啻ニ市町村ノ利害ニ關スルノミナラス延テ國家ノ隆替ニ繫ルコト亦大リ此ノ故ニ若市町村ニシテ漫然其ノ事務ヲ拋棄シ又ハ其ノ權限ヲ超越シ或ハ法令ニ違反シテ事務ヲ執行スルカ如キコトアランカ國家ハ遂ニ其ノ目的ヲ達スルコト能ハサルヘシ、是レ國家カ市町村ニ對シ監督權ヲ行使スル所以ナリ、然レトモ市町村ニ對スル國家ノ監督權ハ固ヨリ絕對無限ノモノニ非ス之ヲ行使スルニハ必スヤ法令ノ範圍內ニ於テセサルヘカラス、若其ノ範圍ヲ超脫シテ監督權ヲ行ヒ得ヘシトセンカ自治團體タル市町村ハ爲ニ意思ノ獨立自治ノ實ヲ失フニ至ルヘシ、是レ法規ニ依リ其ノ監督權ノ範圍ヲ限定スル所以ニシテ國家ハ之ニ依ルニ非サレハ市町村ノ事務ニ關與スルコトヲ得サルナリ

國家カ市町村ヲ監督スルハ前叙ノ如ク國家ノ目的ヲ達スルニ在ルヲ以テ之カ監督ノ作用ハ必スシモ單ニ消極的ニ公益ノ侵害ヲ防止スルノミニ止マラス或ハ積極的ニ事務ノ執行ヲ强制スルノ場合アリ今之カ監督ノ作用ヲ概說スレハ左ノ如シ

一、自治行政ノ實況ヲ知ルコト

國家カ市町村ニ對シ監督權ヲ行フニハ第一ニ市町村行政ノ實況ヲ知ラサルヘカラス即チ市町村行政カ如何ニ行ハレツツアルカヲ知ルハ監督權ヲ行フ第一ノ要件ニシテ此ノ目的ノ爲ニ國家ハ市町村ニ對シテ事務ノ報告ヲ爲サシメ書類帳簿ヲ徵シ又ハ實地ニ就キテ之ヲ視察シ檢閱スルノ權ヲ有ス

二、自治行政ノ弊害ヲ防止スルコト

自治行政ノ弊害ヲ防止スルハ國家カ市町村ヲ監督スル主要ナル目的ナリ此ノ目的

ヲ達スル手段トシテ（イ）違法越權若ハ公益ヲ害スル議決ニ對シテハ之ヲ取消シ若ハ之ヲ停止シ（ロ）一定ノ事項ニ關シ認可若ハ許可ヲ與ヘ（ハ）監督上必要ナル命令ヲ發シ若ハ處分ヲ爲シ（ニ）下級監督官廳ノ爲シタル命令處分ヲ停止若ハ之ヲ取消シ（ホ）市町村ノ執行機關ノ組織ニ關與シ（ヘ）市町村ノ執行機關ニ關シテ懲戒處分ヲ加ヘ若ハ議決機關ノ解散ヲ命スルコトヲ得ルナリ

三、行政ノ强制ヲ爲スコト

是レ積極的ニ國家カ市町村ヲ監督スルノ作用ニシテ之ニ屬スルモノハ（イ）市町村ニ對シテ强制豫算及支出ヲ命シ（ロ）市町村ニ代リテ其ノ意思ヲ決定シ（ハ）其ノ他市町村ニ對シテ行爲不行爲ヲ命スル等ノ如シ

以上ハ自動的即チ監督機關ノ自巳ノ發意ニ依レルモノ所謂直接監督ニ屬スル作用ニ付述ヘタル處ナリト雖仍他ニ受動的監督即チ行政機關カ第三者ノ發動ヲ待チテ監督ヲ爲スモノアリ、即チ異議ノ决定訴願訴訟ノ裁決ノ如キハ之ニ屬ス本來訴願訴訟ノ直接ノ目的ハ行政處分ノ爲ニ權利又ハ利益ヲ侵害セラレタルモノヲ救濟スルニ在リト雖畢竟市町村行政ノ公正適法ヲ期スルニ外ナラス學者ハ通常之ヲ間接監督ト稱シ以テ前者ト區別セリ市町村ヲ監督スルハ國ノ行政ニシテ其ノ權利ノ主體ハ常ニ國家ナリ而シテ此ノ監督ヲ行使スヘキ官廳ヲ稱シテ監督官廳トイフ、監督官ハ第一次ニ府縣知事第二次ニ內務大臣ナルヲ常則トスルモ特定ノ事件ニ付テハ他ノ主務大臣ニ於テモ亦監督權ヲ行使ス、其ノ他國家ハ又上級自治團體ノ機關タル府縣參事會ヲシテ之カ監督ヲ爲サシムルコトアリト雖其ノ府縣參事會カ監督權ヲ行使スルノ關係ハ國家ノ機關トシテ之ヲ行フモノニシテ上級自治團體ノ機關トシテ之ヲ行フモノニ非ス、蓋シ監督權ハ固ヨリ、國家ニ屬シ國家ハ唯其ノ監督上ノ必要ヨリ自已ノ機關トシテ府縣參事會ニ監督官廳ノ職務ヲ行使セシムルニ過キサルナリ

市町村ノ監督ヲ行フニハ官廳ニ依ルヲ常則トシテ他ノ公共團體ノ機關ヲシテ之ヲ行ハシムルコトアリ

市町村ニ對シ一般事務ノ監督ヲ爲ス機關タル官廳ハ之ヲ普通監督官廳ト稱ス普通官監督官廳トハ內務大臣府縣知事ニシテ普通監督官廳ノ外更ニ特定ノ事務ニ對シ監督ヲ爲スモノ之ヲ特別監督官廳ト稱ス即チ市町村ノ財務ニ關シテハ大藏大臣ニ於テモ監督ヲ爲スカ如キ敎育事務ニ關シテハ地方學事通則第十二條ノ規定ニ基キ文部大臣ニ於テモ監督ヲ爲スカ如キ市町村ノ營造物タル家畜市場ノ經營ニ關シテハ農林大臣

市町村ノ電氣事業ノ經營ニ關シテハ遞信大臣市町村ノ電車事業ニ對シテハ鐵道大臣ニ於テ監督ヲ爲スカ如キ是ナリ、其ノ他訴願訴訟ニ關シテハ法律ノ規定ニ基キ行政裁判所縣參事會ニ於テ判決若ハ裁決ヲ爲スカ如キ亦市町村ニ對スル特別監督機關ノ監督作用タルニ外ナラス市町村ニ對スル普通監督官廳ノ順位ハ第一次ニ府縣知事第二次ニ內務大臣ナルモ市町村ニ於ケル個々ノ事務ニ對スル監督作用ハ常ニ必スシモ此ノ順位ニ依リテ行ハルルモノニ非ス即チ市町村ノ事務ニシテ事體重キモノニ在リテハ直接內務大臣ノ許可ヲ受クルカ如キコトアルコト是ナリ

昭和四年十二月二十五日印刷
昭和五年一月一日發行

定價金參圓五拾錢
（外ニ送料申受ク）

不許複製

發行所　自治行政事務研究會
東京市外大井町倉田三、二六三
振替口座東京八〇四九〇番

編輯者　自治行政事務研究會

印刷人　杉原庄藏
東京市外大森町三三〇〇

印刷所　杉原印刷所
東京市外大森町三三〇〇

地方自治法研究復刊大系〔第258巻〕

市町村会議員 及 公民提要〔昭和5年初版〕

日本立法資料全集 別巻 1068

2018(平成30)年11月25日　復刻版第1刷発行　7668-8:012-010-005

編　輯　自治行政事務研究会

発行者　今　井　貴

　　　　稲　葉　文　子

発行所　株式会社信山社

〒113-0033 東京都文京区本郷6-2-9-102東大正門前

Ⓣ03(3818)1019　Ⓕ03(3818)0344

来栖支店〒309-1625 茨城県笠間市来栖2345-1

Ⓣ0296-71-0215　Ⓕ0296-72-5410

笠間才木支店〒309-1611 笠間市笠間515-3

Ⓣ0296-71-9081　Ⓕ0296-71-9082

印刷所　ワイズ書籍

製本所　カナメブックス

用　紙　七洋紙業

printed in Japan　分類 323.934 g 1068

ISBN978-4-7972-7668-8 C3332 ¥56000E

広中俊雄 編著 〔協力〕大村敦志・岡孝・中村哲也

日本民法典資料集成

第一巻 民法典編纂の新方針

【目 次】

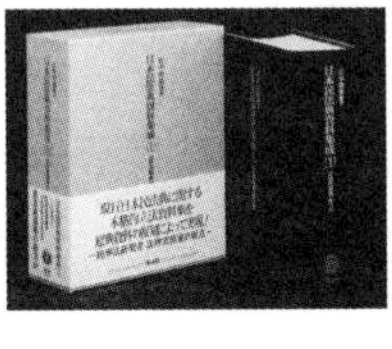

来栖三郎著作集Ⅰ～Ⅲ

《解説》安達三季生・池田恒男・岩城謙二・清水誠・須永醇・瀬川信久・田島裕・利谷信義・唄孝一・久留都茂子・三藤邦彦・山田卓生

◆穂積重遠
法教育著作集
われらの法
全3集
【解題】大村敦志

■第1集 法 学
◇第1巻『法学通論（全訂版）』／◇第2巻『私たちの憲法』／◇第3巻『百万人の法律学』／◇第4巻『法律入門―NHK教養大学―』／◇正義と識別と仁愛 附録―英国裁判傍聴記／【解題】（大村敦志）

■第2集 民 法
◇第1巻『新民法読本』／◇第2巻『私たちの民法』／◇第3巻『わたしたちの親族・相続法』／◇第4巻『結婚読本』／【解題】（大村敦志）

■第3集 有閑法学
◇第1巻『有閑法学』／◇第2巻『続有閑法学』／◇第3巻『聖書と法律』／【解題】（大村敦志）

◆フランス民法
日本における研究状況
大村敦志 著

信山社

日本立法資料全集 別巻

地方自治法研究復刊大系

改正 市制町村制講義 第4版〔明治43年6月発行〕／土清水幸一 著
地方自治の手引〔明治44年3月発行〕／前田宇治郎 著
新旧対照 市制町村制 及 理由 第9版〔明治44年4月発行〕／荒川五郎 著
改正 市制町村制 附 改正要義〔明治44年4月発行〕／田山宗堯 編輯
改正 市町村制問答説明 明治44年初版〔明治44年4月発行〕／一木千太郎 編纂
改正 市制町村制〔明治44年4月発行〕／田山宗堯 編輯
旧制対照 改正市町村制 附 改正理由〔明治44年5月発行〕／博文館編輯局 編
改正 市制町村制〔明治44年5月発行〕／石田忠兵衛 編輯
改正 市制町村制詳解〔明治44年5月発行〕／坪谷善四郎 著
改正 市制町村制註釈〔明治44年5月発行〕／中村文城 註釈
改正 市制町村制正解〔明治44年6月発行〕／武知彌三郎 著
改正 市町村制講義〔明治44年6月発行〕／法典研究会 著
新旧対照 改正 市制町村制新釈 明治44年初版〔明治44年6月発行〕／佐藤貞雄 編纂
改正 町村制詳解〔明治44年8月発行〕／長峰安三郎 三浦通太 野田千太郎 著
新旧対照 市制町村制正文〔明治44年8月発行〕自治館編輯局 編纂
地方革新講話〔明治44年9月発行〕西内天行 著
改正 市制町村制釈義〔明治44年9月発行〕／中川健藏 宮内國太郎 他 著
改正 市制町村制正解 附 施行諸規則〔明治44年10月発行〕／福井淳 著
改正 市制町村制講義 附 施行諸規則 及 市町村事務摘要〔明治44年10月発行〕／樋山廣業 著
新旧比照 改正市制町村制註釈 附 改正北海道二級町村制〔明治44年11月発行〕／植田鹽惠 著
改正 市町村制 並 附属法規〔明治44年11月発行〕／楠綾雄 編輯
改正 市制町村制精義 全〔明治44年12月発行〕／平田東助 題字 梶康郎 著述
改正 市制町村制義解〔明治45年1月発行〕／行政法研究会 講述 藤田謙堂 監修
増訂 地方制度之栞 第13版〔明治45年2月発行〕／警眼社編集部 編纂
地方自治 及 振興策〔明治45年3月発行〕／床次竹二郎 著
改正 市制町村制正解 附 施行諸規則 第7版〔明治45年3月発行〕福井淳 著
改正 市制町村制講義 全 第4版〔明治45年3月発行〕秋野沆 著
増訂 農村自治之研究 大正2年第5版〔大正2年6月発行〕／山崎延吉 著
自治之開発訓練〔大正元年6月発行〕／井上友一 著
市制町村制逐條示解〔初版〕第一分冊〔大正元年9月発行〕／五十嵐鑛三郎 他 著
市制町村制逐條示解〔初版〕第二分冊〔大正元年9月発行〕／五十嵐鑛三郎 他 著
改正 市町村制問答説明 附 施行細則 訂正増補3版〔大正元年12月発行〕／平井千太郎 編纂
改正 市制町村制註釈 附 施行諸規則〔大正2年3月発行〕／中村文城 註釈
改正 市町村制正文 附 施行法〔大正2年5月発行〕／林甲子太郎 編輯
増訂 地方制度之栞 第18版〔大正2年6月発行〕／警眼社 編集 編纂
改正 市制町村制詳解 附 関係法規 第13版〔大正2年7月発行〕／坪谷善四郎 著
改正 市制町村制 第5版〔大正2年7月発行〕／修学堂 編
細密調査 市町村便覧 附 分類官公衙公私学校銀行所在地一覧表〔大正2年10月発行〕／白山榮一郎 監修 森田公美 編著
改正 市制 及 町村制 訂正10版〔大正3年7月発行〕／山野金蔵 編輯
市制町村制正義〔第3版〕第一分冊〔大正3年10月発行〕／清水澄 末松偕一郎 他 著
市制町村制正義〔第3版〕第二分冊〔大正3年10月発行〕／清水澄 末松偕一郎 他 著
改正 市制町村制 及 附属法令〔大正3年11月発行〕／市町村雑誌社 編著
以呂波引 町村便覧〔大正4年2月発行〕／田山宗堯 編輯
改正 市制町村制講義 第10版〔大正5年6月発行〕／秋野沆 著
市制町村制実例大全〔第3版〕第一分冊〔大正5年9月発行〕／五十嵐鑛三郎 著
市制町村制実例大全〔第3版〕第二分冊〔大正5年9月発行〕／五十嵐鑛三郎 著
市町村名辞典〔大正5年10月発行〕／杉野耕三郎 編
市町村吏員提要 第3版〔大正6年12月発行〕／田邊好一 著
改正 市制町村制と衆議院議員選挙法〔大正6年2月発行〕／服部喜太郎 編輯
新旧対照 改正 市制町村制新釈 附 施行細則 及 執務條規〔大正6年5月発行〕／佐藤貞雄 編纂
増訂 地方制度之栞 大正6年第44版〔大正6年5月発行〕／警眼社編輯部 編纂
実地応用 町村制問答 第2版〔大正6年7月発行〕／市町村雑誌社 編纂
帝国市町村便覧〔大正6年9月発行〕／大西林五郎 編
地方自治講話〔大正7年12月発行〕／田中四郎左右衛門 編輯
最近検定 市町村名鑑 附 官国幣社及諸学校所在地一覧〔大正7年12月発行〕／藤澤衛彦 著
農村自治之研究 明治41年再版〔明治41年10月発行〕／山崎延吉 著
市制町村制講義〔大正8年1月発行〕／樋山廣業 著
改正 町村制詳解 第13版〔大正8年6月発行〕／長峰安三郎 三浦通太 野田千太郎 著
改正 市町村制註釈〔大正10年6月発行〕／田村浩 編集
大改正 市制 及 町村制〔大正10年6月発行〕／一書堂書店 編
市制町村制 並 附属法 訂正再版〔大正10年8月発行〕／自治館編集局 編纂
改正 市町村制詳解〔大正10年11月発行〕／相馬昌三 菊池武夫 著
増補訂正 町村制詳解 第15版〔大正10年11月発行〕／長峰安三郎 三浦通太 野田千太郎 著
地方施設改良 訓諭演説集 第6版〔大正10年11月発行〕／鹽川玉江 編輯
戸数割規則正義 大正11年増補四版〔大正11年4月発行〕／田中廣太郎 著 近藤行太郎 著

日本立法資料全集 別巻

地方自治法研究復刊大系

仏蘭西邑法 和蘭邑法 皇国郡区町村編制法 合巻〔明治11年8月発行〕／箕作麟祥 閲 大井憲太郎 譯／神田孝平 譯
郡区町村編制法 府県会規則 地方税規則 三法綱論〔明治11年9月発行〕／小笠原美治 編輯
郡吏議員必携三新法便覧〔明治12年2月発行〕／太田啓太郎 編輯
郡区町村編制 府県会規則 地方税規則 新法例纂〔明治12年3月発行〕／柳澤武運三 編輯
全国郡区役所位置 郡政必携 全〔明治12年9月発行〕／木村陸一郎 編輯
府県会規則大全 附 裁定録〔明治16年6月発行〕／朝倉達三 閲 若林友之 編輯
区町村会議要覧 全〔明治20年4月発行〕／阪田辨之助 編纂
英国地方制度 及 税法〔明治20年7月発行〕／良保両氏 合著 水野遵 翻訳
鼇頭傍訓 市制町村制註釈 及 理由書〔明治21年1月発行〕／山内正利 註釈
英国地方政治論〔明治21年2月発行〕／久米金彌 翻譯
市制町村制 附 理由書〔明治21年4月発行〕／博聞本社 編
傍訓 市町村制及説明〔明治21年5月発行〕／高木周次 編纂
鼇頭註釈 市町村制俗解 附 理由書 第2版〔明治21年5月発行〕／清水亮三 註解
市制町村制註釈 完 附 市制町村制理由 明治21年初版〔明治21年5月発行〕／山田正賢 著述
市町村制詳解 全 附 市町村制理由〔明治21年5月発行〕／日鼻豊作 著
市制町村制釈義〔明治21年5月発行〕／壁谷可六 上野太一郎 合著
市制町村制詳解 全 附 理由書〔明治21年5月発行〕／杉谷庸 訓點
町村制詳解 附 市制及町村制理由〔明治21年5月発行〕／磯部四郎 校閲 相澤富蔵 編述
傍訓 市制町村制 附 理由〔明治21年5月発行〕／鶴聲社 編
市制町村制 並 理由書〔明治21年7月発行〕／萬字堂 編
市制町村制正解 附 理由〔明治21年6月発行〕／芳川顯正 序文 片貝正晉 註解
市制町村制釈義 附 理由書〔明治21年6月発行〕／清岡公張 題字 樋山廣業 著述
市制町村制釈義 附 理由 第5版〔明治21年6月発行〕／建野郷三 題字 櫻井一久 著
市町村制註解 完〔明治21年6月発行〕／若林市太郎 編輯
市町村制釈義 全 附 市町村制理由〔明治21年7月発行〕／水越成章 著述
市制町村制義解 附 理由〔明治21年7月発行〕／三谷軌秀 馬袋鶴之助 著
傍訓 市制町村制註解 附 理由書〔明治21年8月発行〕／鯰江貞雄 註解
市制町村制註釈 附 市制町村制理由 3版増訂〔明治21年8月発行〕／坪谷善四郎 著
傍訓 市制町村制 附 理由書〔明治21年8月発行〕／同盟館 編
市町村制正解 明治21年第3版〔明治21年8月発行〕／片貝正晉 註釈
市制町村制註釈 完 附 市制町村制理由 第2版〔明治21年9月発行〕／山田正賢 著述
傍訓註釈 日本市制町村制 及 理由書 第4版〔明治21年9月発行〕／柳澤武運三 註解
鼇頭参照 市町村制註解 完 附 理由書及参考諸令〔明治21年9月発行〕／別所富貴 著述
市町村制問答詳解 附 理由書〔明治21年9月発行〕／福井淳 著
市制町村制註釈 附 市制町村制理由 4版増訂〔明治21年9月発行〕／坪谷善四郎 著
市制町村制 並 理由書 附 直接間接税類別及実施手続〔明治21年10月発行〕／高崎修助 著述
市町村制釈義 附 理由書 訂正再版〔明治21年10月発行〕／松木堅葉 訂正 福井淳 釈義
増訂 市制町村制註解 全 附 市制町村制理由挿入 第3版〔明治21年10月発行〕／吉井太 註解
鼇頭註釈 市町村制俗解 附 理由書 増補第5版〔明治21年10月発行〕／清水亮三 註解
市町村制施行取扱心得 上巻・下巻 合冊〔明治21年10月・22年2月発行〕／市岡正一 編纂
市制町村制傍訓 完 附 市制町村制理由 第4版〔明治21年10月発行〕／内山正如 著
鼇頭対照 市町村制解釈 附理由書及参考諸布達〔明治21年10月発行〕／伊藤寿 註釈
市制町村制俗解 明治21年第3版〔明治21年10月発行〕／春陽堂 編
市町村制正解 明治21年第4版〔明治21年10月発行〕／片貝正晉 註釈
市制町村制詳解 附 理由 第3版〔明治21年11月発行〕／今村長善 著
町村制実用 完〔明治21年11月発行〕／新田貞橘 鶴田嘉内 合著
町村制精解 完 附 理由書 及 問答録〔明治21年11月発行〕／中目孝太郎 磯谷群爾 註釈
市町村制問答詳解 附 理由 全〔明治22年1月発行〕／福井淳 著述
訂正増補 市町村制問答詳解 附 理由 及 追輯〔明治22年1月発行〕／福井淳 著
市町村制質問録〔明治22年1月発行〕／片貝正晉 編述
傍訓 市町村制 及 説明 第7版〔明治21年11月発行〕／高木周次 編纂
町村制要覧 全〔明治22年1月発行〕／浅井元 校閲 古谷省三郎 編纂
鼇頭 市制町村制 附 理由書〔明治22年1月発行〕／生稲道蔵 略解
鼇頭註釈 町村制 附 理由 全〔明治22年2月発行〕／八乙女盛次 校閲 片野続 編釈
市町村制実解〔明治22年2月発行〕／山田顕義 題字 石黒磐 著
町村制実用 全〔明治22年3月発行〕／小島鋼次郎 岸野武司 河毛三郎 合述
実用詳解 町村制 全〔明治22年3月発行〕／夏目洗蔵 編集
理由挿入 市町村制俗解 第3版増補訂正〔明治22年4月発行〕／上村秀昇 著
町村制市制全書 完〔明治22年4月発行〕／中嶋廣蔵 著
英国市制実見録 全〔明治22年5月発行〕／高橋達 著
実地応用 町村制質疑録〔明治22年5月発行〕／野田籐吉郎 校閲 國吉拓郎 著
実用 町村制市制事務提要〔明治22年5月発行〕／島村文耕 輯解
市町村条例指鍼 完〔明治22年5月発行〕／坪谷善四郎 著
参照比較 市町村制註釈 完 附 問答理由〔明治22年6月発行〕／山中兵吉 著述
市町村議員必携〔明治22年6月発行〕／川瀬周次 田中迪三 合著

信山社